香象渡河

龙头战法逻辑探究与案例分析

彭道富 编著

上海财经大学出版社

图书在版编目(CIP)数据

香象渡河:龙头战法逻辑探究与案例分析/彭道富编著．—上海:上海财经大学出版社,2019.10
ISBN 978-7-5642-3340-2/F·3340

Ⅰ.①香… Ⅱ.①彭… Ⅲ.①股票投资-基本知识 Ⅳ.①F830.91

中国版本图书馆 CIP 数据核字(2019)第 173397 号

□ 策划编辑 王永长
□ 责任编辑 杨 娟
□ 封面设计 贺加贝

香象渡河
龙头战法逻辑探究与案例分析

彭道富 编著

上海财经大学出版社出版发行
(上海市中山北一路 369 号 邮编 200083)
网 址:http://www.sufep.com
电子邮箱:webmaster @ sufep.com
全国新华书店经销
上海叶大印务发展有限公司印刷装订
2019 年 10 月第 1 版 2024 年 10 月第 10 次印刷

710mm×1000mm 1/16 32.5 印张(插页:4) 433 千字
印数:36 001—39 000 定价:98.00 元

特别感谢我的家人，给我前进道路上无私的理解与支持！

谨以此书献给在投资道路上探索的朋友！

聚焦龙头

但 斌

（深圳东方港湾投资管理股份有限公司董事长《时间的玫瑰》作者）

投资一买一卖，看似简单，但做好不易。

为了解决投资这个“不易”，产生了众多的投资思想和策略。其中聚焦龙头，就是个相对易行的策略。

商业竞争中，每个行业都诞生了各自的龙头，比如腾讯、茅台、中国平安，再如国外的亚马逊、苹果、谷歌。龙头代表某个行业最顶尖的企业，也代表最强大的竞争力。所以，进行投资选择的时候，主动靠拢龙头，本质上就是拥抱最强大、最有价值的企业。

本书，笔墨丹青于此，极具价值。本书聚焦龙头，提出龙头信仰，难能可贵。

但正如作者自己所言：龙头后面加个信仰，不是为了让大家看起来够高大上，而是为了让信仰来保持龙头的纯粹。

大多数人提起信仰，往往热血沸腾，殊不知信仰一词是道窄门，很多人是不能承受信仰之重的。如果真正做到龙头信仰，真正坚持信仰，应该：

(1)大胆取舍,非第一性企业不介入。

(2)信仰洁癖,不首鼠两端和患得患失,不搞机会主义,坚守内心之道。价值当道,没有价值,任何龙头都将成为无源之水,无本之木。

(3)做减法。真正的聚焦龙头,应该跟踪少而伟大的公司,而不是四处出击。

龙头与其说是一种策略,不如说是一种价值观,是一种坚守。愿大家能坚守龙头企业,分享伟大企业的经济成果。

深圳

2019 年 4 月 11 日

自序

研究索罗斯的时候，永远难以忘记他在狙击英镑之前，对其操盘手斯坦利·德鲁肯米勒说的一句话：

既然逻辑上无懈可击，为什么不全力以赴？

给我最大的冲击并不是全力以赴豪赌的快意恩仇，而是对无懈可击的逻辑的重视！我清晰地记得当我第一次读到这句话的时候，“逻辑”一词给我带来的那种巨大的心理震撼。原来投资的大道是这么重视逻辑，而不是眼花缭乱的术和各种指标。当然，逻辑的背后是信仰和思想，这些内容在《龙头信仰》一书中已经详细论述过，但具体实战和使用的时候，必须落脚到逻辑上来，于是有了本书。

因为有索罗斯那句话的冲击和点化，我看任何投资的东西，都着重去看其中的逻辑关系，这就养成了我讲逻辑的习惯，我甚至把自己投资的笔记和心得文章，都称为“股市的逻辑”。因为我本人是龙头战法的实践者、先行者和思考者、传播者，所以我的“股市逻辑”大多与龙头股思想有关。这些东西整理起来，就是本书的主要内容。

逻辑往深处走，往细节的地方去，就离不开具体的方法和案例了。或者说，讲方法和案例的时候，必须往逻辑上去靠拢。如此，才不偏离逻辑，又不流于玄论。

提到案例,我本人是不太热衷于就案例而案例的。很多所谓的案例分析,我也不认可。我以前写的书,也不喜欢把案例放在重要位置,甚至不屑于罗列案例。

为什么? 因为很多东西,一旦案例化,就容易“着相”,容易陷入“外求法”。

无论多么经典的实战操作,一旦落笔成字,呈现为具体的案例,就会机械和教条。无论读者多么灵活地去理解,都摆脱不了依葫芦画瓢的阴影,最后很可能成为桎梏大家思想的框框。《天幕红尘》中有一个词汇,叫“见路不走”,倒是我欣赏的哲学。

而且,再精彩的案例,都是特殊时期因缘具足的产物,时过境迁,能够留下成为案例的,往往是其“形”,至于“神”的部分,无论如何还原和捕捉,都会无情地流逝很多。我本人是反对以形比形的,我的哲学观认同内求法,我认为投资次第的第一要义是深刻理解股市的本质、深刻洞察人性,而不是案例归纳。总结了 100 个成功的案例,可能照样做不好第 101 个股票。

案例分析还有一个弊病,那就是操作者有意无意地都是在自夸自谈、自圆其说,好像是逻辑上天衣无缝,但是逆推求证,就会荒唐得可笑。而且,股市里的很多道理都不是线性关系,某种操作在当时当下对,换个时空就可能是谬误。所以,我看股票投资类的书籍,只要是把案例写得神乎其神的,几乎都本能地质疑。成功的案例,站在事后,当然怎么说都对;但作为实战的操盘者,面对信息的残缺和未来的不确定性,其恐惧、贪婪和痛苦,是无论如何也不容易体现在“光辉”的案例上的。

让大家看清楚案例分析背后的真相和不足,再来给大家讲案例分析,我才心安理得。本书的核心是逻辑探究和案例解读,逻辑方面,有的可以独自成章,有的必须寓于案例之中,所以,写案例的根本目的还是为了写逻辑。我希望大家不要把注意力过多的放在案例本身,无论其多精彩和神之一手。而应该是透过案例看本质。

本书的案例解读有两部分,第二部分所涉及的案例为我本人亲手操作,第三部分所涉及的案例为龙头部落其他人的操作。对于我自己分享的案例解读,我苛刻地秉持四个原则。

(1)真实性。必须是亲自操作过的,因为只有亲自做过、亲身经历,才有血肉感受,才有代入感。我不接受那种拿市场上好的股票来做点评的案例解读,因为那是站着说话不腰疼。现在市场上关于投资类的书籍、案例分析可谓汗牛充栋,但是大多数都是找一些过往的牛股,对着股票的走势来"指点江山",夸夸其谈。这是典型的纸上谈兵,而不是战后谈心。只有亲历性的案例分析才有可能触及心灵深处的"兵荒马乱",才能让人"立地成佛"。

(2)历史瞬间性。这些案例不是我事后靠回忆来写,更不是月底或者年底为了总结而写,而是当时我操作时留下的笔记和心得体会。站在今天"更全面"的视角和"更先进"的分析工具来看,这些案例解读可能不完整、不面面俱到,甚至带有严重的"历史局限性",但是,它是第一现场的真实记录,是我操作某个股票留下的现场文字记录。我不粉饰,不躲藏,展示最原始和朴素的思考过程,也让大家看到这些年我的探索和进步。

(3)深度性。深度的案例分析不是流水账,不是吹嘘某某股票符合我的某某理论,更不是炫耀自己曾经做过哪只股票,而是深入分析为什么做那只股票,当时的内心世界和思维方式是怎样的。

(4)逻辑性。这一点是我最看重的。案例解读如果没有逻辑,就没有灵魂,更偏离我的哲学。我写案例分析的目的,就是希望大家能够通过案例形成自己的投资逻辑。

需要说明的是,本书第一、二部分是我一人独立所写,第三部分是我邀请朋友写的。因为我希望呈现给大家第三视角,希望百家争鸣,也许多一个角度，多一种解读，大家会有别样的感受和收获。被我邀请来写第三部分的作者，有机构老总，有基金经理，有民间游资，也有深藏不露甚至连真名都不想说出来的隐士高手，还有我亦师亦友的龙头高级会议的学生。他们有的写道，有的写术，有的写案例分析，有的写心得体会。向他们约稿时，我反复叮嘱一句话：文章千古事，得失寸心知。文章可长可短，可以写成功的案例也可以写失败后的感悟，但一定要以高度负责任的精神来写出对投资的真实感受。所以，第三部分大家读到的内容，也都是啼血之作。

无论是第一部分、第二部分还是第三部分，都是以独立成篇的文章来呈现。这些文章表面上分散而支离，但都是围绕着逻辑、案例和各种方法技巧展开的。宗旨是为了让大家无限接近市场、无限接近真理、无限接近真相。

本书有大量的细节、技巧和案例，但投资实践本身又要求“整”到一块，为了不让大家陷入割裂和分散的局部之“术”中，所以本书以最响亮的也是我最推崇的投资哲学——“香象渡河”来作为书名，提醒大家，“术”都是为最高目标服务的。香象渡河在《龙头信仰》一书中详细阐述过，简而言之，就是拥抱精髓，放弃繁文缛节，不要在“术”上计较，要寻其根本，得“意”忘“形”。

写术，又让大家不要陷入术，不能因为细节的精彩和术的完美，就忘记龙头战法的最高境界——香象渡河。这就是本书书名的良苦用心。希望大家能由术入道，又不被术所限。正如《金刚经》所言：“汝等比丘，知我说法，如筏喻者，法尚应舍，何况非法！”最终达到：无我相、无人相、无众生相、无寿者相。

目 录

第一部分

龙头战法的『数学原理』

缘 起

非百战无以谈知，非践行无以谈理。

作为一个在龙头股领域“深耕”十余年的人，我有太多的体会和感悟想跟读者交流，特别是：

(1)想跟大家交流我的思考过程，让大家看到我的投资思想和理念的前因后果，看到我得出投资结论的心路历程。所以，本书前两部分每一篇文章都是针对某一细节的深度分析。无论是逻辑分析还是案例分析，都力求鞭辟入里。希望通过本书前两部分的文章，能把大家的困惑各个击破。

(2)想跟大家谈谈我亲历的部分操盘过程。这些年，我亲自操作的龙头股太多太多，过后分析都很简单，因为一切信息都已明朗了，但当时是怎么思考的才弥足珍贵。恰巧，有部分案例我操作当时就留下了分析过程，这些可都是第一手资料，可谓热气腾腾。我就把这些东西原汁原味地呈现给大家。

这些内容大多数是我操作了某只股票后的即时总结，或平时思考投资时瞬间有感而写，写作时可能是为了记录刹那间的心得体会，也可能是为了“针砭时弊”，或澄清某个误区，所以读起来可能在某一点上

“用力过猛”，不及其余，甚至比较偏激。这都是为了各个击破，矫枉过正，希望大家理解。

本书前两部分的内容成文时间不一，跨度比较长，有的比较早，彼时我的水平可能还比较低，从今天的视角去看，其中的观点可能有重大的“历史局限性”，观点之间，甚至是冲突矛盾，相互打架。但为了让大家看到我的“与时俱进”，看到我对龙头认知的演进，我尽量保持“历史原貌”，不用今天的分析工具和视角去“粉饰过去”。

投资是个动态过程，不能一劳永逸，任何人都需要在否定之否定中前进。思维的过程和观察问题的视角，比起观点的正确性，更加重要。所以，我希望大家看到我分析理念和分析案例时的切入点，而不是结论本身。如此，方可真正看懂案例要传达的要义。

本书前两部分的一些思想和观点，其成稿时间早于《龙头信仰》，我在写《龙头信仰》时，就直接引用了这些思想和观点，所以，本书前两部分和《龙头信仰》在某些地方会有重复之感，其实，这是一种承启的关系，希望大家明白。

1.1 我的龙头之缘

龙头战法渐入主流，但它到底是个什么东西，却没有一个权威的定论。龙头战法相对来说是个新物种，特别是经过 A 股大涨大跌、大浪淘沙之后升级而成的龙头战法，更加令人耳目一新。相对于道氏理论、波浪理论、江恩理论、价值投资理论、量化理论，龙头战法可以说是一个全新的理论。

正是因为龙头战法不是传统的、经典的、已经成为权威的理论，所以我们对它的讨论才可以自由发挥，任意创新。

从 2007 年开始，因为受到杭萧钢构走势的刺激和震惊，开始倾心龙头股，虽然那个时候，我还没有对龙头形成成熟而独立的认识，但一直没有间断对龙头股的思考、探索和实践。因为没有一个固有的权威理论束缚，没有“理论指导”，所以我对龙头股的研究一般都是从实践出发，然后自己独立思考和总结。当然，也没有人跟我一起交流龙头股，因为那个时候还不流行龙头股，要找到一个能够一起交流龙头股的人，比找个大熊猫还难。

我思考和研究龙头股，用的是内求法和外求法相结合的方法。外求法就是看案例，分析过往龙头股的走势图，总结其共性。但是，仅仅靠外求法是不行的，因为很多龙头股走出来后，虽然能总结其共性，但不知道其内在原因。而那个时候我身边又找不到一本写龙头股的书，没有“理论指导”，更没有“高人指点”，所以只能“内求”。

当然，这里的“内求”并不是简单的指独立思考和靠内因，而是跳出表层的案例总结和经验积累，跳出归纳法，深入到逻辑层面。跳出“是什么”，进入“为什么”。

外求法的核心在于数据的积累，也就是多总结案例，多寻找共性，记住过往龙头股的特征和历史轨迹；内求法的核心在于逻辑的追问，即本质的思考，寻找龙头的内因。

我用内求法的时候，为了思考龙头的成因及本质，会思考很多人类在其他领域的成果，会借鉴很多其他领域的哲学和规律。比如周易、兵法、军事、围棋、中医、武术、管理学、经济学、美术，这些领域看起来与股市无关，但它们都与人性有关，而股市更与人性有关。所以，一些看起来不是股市的东西，只要深入地涉及人性，我都会把它当成股市智慧的来源去吸取，其中，也包括佛教、道教和基督教的书籍与文章。远取诸物、近取诸身、更相问难，大道都是相通的。

可以毫不夸张地说，我应该是对龙头股最下功夫的人之一。下面我就把我对龙头股的一些观点分享给大家。

1.2 龙头战法不是技术分析

外界对龙头战法最大的误解就是把它当成技术分析。可以负责任地说，龙头战法不是技术分析，它不但不是技术分析，也不是技术分析的创新，也不是技术分析的最新成果，更不是技术分析换个马甲换种说法，它压根就不是技术分析。

技术分析的鼻祖是查尔斯道，查尔斯道的道氏理论提出技术分析三大基石，也就是赫赫有名的三大假设：市场行为包括一切、价格沿趋势运动、历史会不断重演。龙头战法对这三大基石承认有限，有时候甚至完全否认。比如，历史会不断重演，在龙头派看来未必，因为每一次龙头都是新的，龙头派甚至认为“见路不走”才是龙头的逻辑。再比如价格沿趋势运动，龙头派也不认可其真理性，因为龙头同时存在领涨和领跌的属性，龙头股强者恒强和物极必反共生。

最关键的是，龙头战法不假设，它以事实为基础，它也不追求买在最低，它喜欢半渡而击。龙头战法在很多地方与技术分析的基石相悖。

比起技术分析的其他理论，比如波浪理论、江恩理论、K 线理论、MACD 理论、布林线理论、RSI 理论等等，龙头理论显得不够“精准”，也不够天衣无缝，更不会左右逢源。龙头理论往往对了就是对了，错了就是错了。不像很多技术分析，对了也可以解释，错了也可以解释。我见过一些技术派分析股票，无论明天涨还是跌，它总是能给你“正确的答案”。而我身边的龙头战法人士，一旦错了，马上就拍大腿：老子错了。龙头派更容易证伪，而技术分析派往往不去证伪，而是去圆自己的错误。在知耻而后勇方面，龙头战法派更勇猛无畏。

当然，我所说的龙头战法不是技术分析，并非仅仅是源于上述理由，而是源于一种更深刻的、更根子上的理由：龙头战法的思维起点、起心动念和逻辑立极点与技术分析存在根本分野！

龙头战法的立极点是强。一只股票，只要能证明它强，它的技术条件可以一个都不符合，它照样当龙头，照样可以让人买入赚钱。如果它仅仅是技术完美，但不够强，再美也可能是垃圾。

龙头的价值观是比谁更强的游戏，而不是比谁更符合技术指标的游戏。龙头战法在乎的不是一个股票的外形，在乎的是它在市场中的地位。龙头股并不在乎一个股票是否在技术上完美无缺，而是在乎一个股票在盘面上是否领涨。

龙头战法与技术分析，可以说是两套逻辑和思维模式。这种区别，让龙头战法和技术分析彻底分裂，各自走各自的路。

请注意，我这里没有否定技术分析或者轻视技术分析的意思，我只是客观地表述龙头战法不是技术分析，以及其背后的深层次缘由。

那么，是不是龙头战法就排斥技术分析呢？

非也！

我们上面说了，龙头战法是寻找强者的游戏，其立足点是在百万军中寻找主帅，那么为了实现这个目标，可以“不择手段”“无所不用其极”，什么方法能帮我们找到最强的股票，我们就可以用什么方法，当然不排斥技术分析。

也就是说，龙头战法会用到技术分析的某些成果和内容，但不执泥于它们。当技术分析能帮助我们识别最强股票的时候，则取之；当技术分析干扰我们对龙头的识别时，则大胆弃之；当技术分析与龙性分析矛盾时，则鞭挞之。

但大多数散户，甚至包括很多大户、游资和部分基金经理，最初接触股市、最先学习的往往都是技术分析，看待股市天然带有技术分析的胎痕，所以要想破执技术分析的迷雾进入龙头境界，是比较难的。也正因为如此，很多人也容易用技术分析的眼光去看待龙头战法。

还有一个更加重要的因素，那就是无论龙头战法的逻辑多么独立，它的外表总要以 K 线和技术形态的形式呈现，总会与涨停板、跳空缺口、成交量有着千丝万缕的联系。所以，别说是圈外的人，就是很多做龙头的人，也会误以为龙头战法就是一种全新的技术分析。

事实上，这是误会了龙头战法，没有抓住龙头战法的精髓。

龙头战法不是空中楼阁，它不能脱离 K 线形态而独立存在，所以它需要以 K 线和技术形态的外表来示人，但其内在灵魂却是跳出技术分析的。它的精髓在于从三四千只股票中寻找最强的股票，然后拥抱最强。它是一种博弈分析，不拘泥于任何具体形态，不囿于具体某个技术指标。它与技术分析的根本诉求是不一样的，它是别开天地、独创一家的全新体系。

1.3 龙头战法也会用到基本面分析

龙头战法对技术分析是大胆的破执和扬弃，而对基本面分析则是积极地拥抱，为何？

其实，龙头战法对技术分析和基本面分析的态度是一致的，但在外界看来，好像龙头战法就是一种新的技术分析，它与基本面丝毫不沾边，所以我才用两种完全不一样的小标题来表明我的态度：龙头战法对技术分析要警惕，对基本面分析要积极地使用。

社会上同样有个误区，那就是把基本面分析当成价值投资的专利，提起基本面分析，好像就等于价值投资。事实上，龙头战法也会用到基本面分析，而且也必须要用到基本面分析。

只是，龙头战法对基本面的使用和价值投资对基本面的使用方法不一样。价值投资者用基本面主要是解决公司质地和估值问题，而龙头战法用基本面主要是解决股价上涨动力问题。

龙头战法要的是最强、最聚集人气，而基本面有时候就可以在这个地方发挥极大的作用。基本面中的业绩预增、产品涨价、新技术、新产品、竞争优势、行业周期、护城河、成长性、政策支持等方面，一旦被市场激活，当作股价爆发力的因素时，就可以迅速聚集人气，帮助一个股票成为最强。

通常，我们把基本面中能够激发股价爆发力的要素，称为题材。题材这个东西，很多人对它有误解，以为它就是瞎炒、是概念和噱头，其实题材的原教旨主义定义是基本面的东西被市场激活，成为股价上涨的动力。

明白了这层道理，龙头战法就不会排斥基本面分析了；相反，真正的龙头战法者，应该是积极地研究基本面，从基本面中去寻找可能引起股价巨变的因子。

基本面和技术面一样，也不是龙头战法的本质，更不是龙头战法的全部。龙头战法也不是基本分析的一种创新和一个分支流派。龙头战法其实对待基本面和技术面的态度是一样的，它会用到里面的某些成果和方法，而又不执于它们、不局限于它们。把龙头股思想等于技术分析是错误，把龙头思想等于基本分析也是错误。龙头战法是综合运用基本分析和技术分析，再加上其他理论和方法，在“第一性”哲学思维指导下形成的一种综合的博弈分析体系。

1.4 龙头战法是道“数学题”

有一次，我参加一个私募基金圈的交流会，遇到一位做量化投资的基金经理，对方问我是什么投资风格，我半开玩笑地说：“我也是做量化投资的。”

对方说：“我记得你好像是做龙头股的喔。”

我说：“是呀，龙头战法就是用量化思维来做投资呀。”

之所以说是半开玩笑，是因为确实有玩笑的成分，龙头战法毕竟不等于量化投资。但龙头战法要用到量化思维和量化投资的一些成果和方法，却是不虚的。

量化投资原本指通过数学和统计的方法以及计算机程序来实现交易的投资流派。量化投资往往是相对于定性投资而言的，它们的区别可以用西医和中医的差别来简单类比。

定性投资就是我们常说的价值投资、技术分析、趋势投资等等，它依靠的是投资者的个人经验和判断，就像中医一样，靠的是望、闻、问、切，靠的是自己多年的行医经验。而西医则不然，它虽然也有个人的经验和判断，但更离不开的是机器检查的结果、拍的各种片子和抽血化验的各种数据。也就是说，中医主要靠个人判断，西医主要靠数据事实。

类比起来，定性投资靠的是投资者对投资标的的理解，定量投资靠的是数据和模型。

回到我们龙头战法上来，龙头战法其实既像中医又像西医。龙头战法肯定离不开对市场的理解，离不开个人的判断和经验积累，但龙头战法思维深处也有很多数据问题，有很多对比分析的内容。

我常常有一种感觉：做龙头股和做数学题一样。我也跟其他做龙头股的人交流过，很多人也有类似的感受。

做数学题是什么感受？逻辑推理，一步一步推导，理性求证，小心冷静，一点都不能带着个人情绪，有时候是冷冰冰的。遇到难做的题，还比较烧脑。有时候一个细节没有考虑到，就有可能算错。

计算、多因子分析、推导、求证、验证，这些是龙头战法最常用到的，这也是数学最常用到的，所以我常常说，龙头战法是道数学题。

也正是从这个意义上，我常跟人说，龙头战法也是量化投资。龙头战法需要考虑到多因子分析，而且不同因子赋予不同权比，龙头战法也需要不同策略，龙头战法更需要一些数据，龙头战法的看盘和下单也越来越需要借助计算机程序和一些软件，一句话，龙头战法越来越有量化的感觉。

我的几个做龙头战法的朋友，包括深圳的几个基金经理，他们都正在做龙头的量化工作，有的甚至计划发行龙头量化私募产品。

龙头战法与数理量化分不开，而且有越来越紧密之势，甚至这种紧密关系可能超过龙头战法与基本面和技术之间的关系。特别是随着科技的进步，随着人工智能的发展，龙头战法必须大胆地去拥抱最新工具，必须具有数学思维。

我一直有一种强烈的直觉：今后消灭我们的，一定是数学。

正是为了强调对数学的重视，我把本篇文章的标题定为“龙头战法的‘数学原理’”。

1.5 龙头战法的“数学原理”

马克思说过，任何一门科学只有充分利用了数学才能达到完美的境界。这句话还有另外一种翻译表述：任何一门学科如果没有发展到能与数学紧密联系在一起的程度那就说明该学科还未发展成熟。

讲到这里就涉及投资圈里一个争论不休的话题：投资到底是科学还是艺术？

关于这个讨论，应该是没有标准答案的，每个人不同的回答，就反应不同的投资风格。

我的观点是这样的：投资既是科学又是艺术，科学的地方越来越极端科学化，艺术的地方越来越极端艺术化。

先来谈谈投资的艺术性。所谓的艺术性，就是说投资有很多灵感性的东西，依靠个人的直觉判断和经验积累，无法标准化，无法模型化。这个我当然承认，而且在龙头战法领域，艺术成分还极其重要。比如心法，特别是关于龙头信仰的建立，心魔的克服，必须通过操作者内心世界的千回百转来完成。没有心理的顿悟和修炼，龙头战法绝对过不了关。这一关，不是任何一个数学公式和科学模型可以替代的，必须经过一段段地磨砺，有时候还要与自己的人性做斗争。

即使过了心法这一关，还有无数个细节等着你。理可顿悟，事须渐修。细节层面的工作量比心法层面更多，很多细节点往往需要历经一次牛熊轮回，看过无数个股票，操作无数个案例才能完成。而且，即使完成对细节的修炼和感性认知，还不够，还必须把细节融为直觉，练就看一眼就知道这个股该不该做、这个股是不是龙头的能力。这种直觉能力我称之为“一眼花开”。这就是投资的艺术性成分，和美术、音乐、书法、茶道、文学一样，道也，进乎技矣！

但投资不仅仅是艺术，还是科学，它还有越来越极端的科学性。

前几年，阿尔法狗（AlphaGo）曾经先后与韩国围棋高手李世石和中国顶级围棋高手柯洁对弈，其结果是代表人类的李世石和柯洁，都败给了阿尔法狗。柯洁几乎代表了当今人类围棋智慧的最高水平，但他在赛后浑身颤抖，几近奔溃，甚至只想大声痛哭。这是对机器的恐惧，是对人类的担忧。

围棋被认为是艺术性非常纯粹的领域，所谓琴棋书画，其中的棋就是指围棋。围棋发展过程中产生的理论和方法，很多也强调艺术性，比如“围棋十诀”，就是艺术性和哲学性的总结。但在围棋手看来是艺术的地方，阿尔法狗却用一套算法给解决了。也就是说，艺术性在数学面前，其领地逐渐丧失。

很多所谓的艺术，后来发现可能是科学，或者说可以通过科学来实现，围棋只是其中的一个例子而已。由此，我想到投资，特别是龙头股。虽然，大家都会泛泛而谈地说投资既是科学又是艺术，但里面的艺术性是不是应该越少越好？艺术性里面的很多东西是不是可以科学化？或者说，艺术性里面的很多东西本身就是科学问题，只是没有人给予科学表述而已。

我们能不能把艺术性的成分降到最低，把科学性的成分提高到最高？

为什么要让科学性挤占艺术性的空间？因为科学性越多，确定性越高，越可控、越稳定。同时，科学性越多，越好传承，越容易培训人才。科学性越多，也越容易累积式发展。正如吴军曾经说过一段话：

> 写诗，我们很难超过李白、杜甫、莎士比亚，也很难有作曲家说自己的水平达到了贝多芬、莫扎特的水平；但牛顿花了几十年的研究成果你可能半年就学会了，欧几里得写的几何原本你可能上过小学就能知道基础了，这就是科技史与文学、战争和艺术的不同，它可以给我们带来叠加式的进步。

科学化和数学化的优势，就是可以累积式提高某个领域的水平，让某个领域呈现纵向跨越式发展。

当然，我并不是排斥艺术性，事实上我所倡导的龙头战法特别强调心法、心性、直觉等艺术成分，并大力推广香象渡河和一眼花开式交易。但我认为艺术性里面，如果能用科学性去表达或者借助科学性的力量去完成，就不要再劳艺术大驾。因为艺术与个人状态和灵感有关，不可复制，科学不需要这些，它只依赖数据、软件以及程序。

所以，关于投资是科学还是艺术的争论，这里我可以给出完整观点：投资既是科学又是艺术，但艺术的地方应该越来越艺术，科学的地方应该越来越科学。同时，能够给予科学化的地方就不要去艺术化，不能够科学化的地方再求助于艺术。

这就是我的龙头战法数学思维，也称为龙头战法的数学原理。当然，我这里的数学原理并不是说要用数学公式和数学语言来表达龙头股，而是借助数学的思维来类比和阐明龙头战法的一些逻辑和道理。

一、求极值的数学思维

我们以前做过这样的题，如下：

已知 $f(a)=\int_0^1(2ax^2-a^2x)dx$，求 $f(a)$ 的最大值。

也做过这样的题，如下：

求函数 $f(x)=-3x^4+4x^3+12x^2+5$ 的最大值。

还做过这样的题，如下：

求函数 $f(x)=-e^x+2x+3$ 的最大值。

事隔多年，虽然重新计算起来已经很吃力了，但求极思维深深地烙印在我的大脑深处。求极值，包括最大值和最小值，在数学上广泛存在，是一种很典型的数学思维。

求极的思维与龙头战法的思维是不谋而合的，或者说，龙头思维就是求极的数学思维在股市上的应用。

龙头股是什么？龙头股就是沪深两市最强的股票或人气最旺盛的股票。如果用数学表达，就是：

从沪深两市总计约 3 600 只股票中，求强度最大的股票。或者从沪深两市约 3 600 只股票中，求人气最高的股票。

求得的极值点，就是龙头股。

当然，这是一种比较简单的表述。因为这里还涉及怎么求最强股票，从哪些角度去求，涉及哪几个因子，其权比如何，如果计算结果相等的情况下，怎么取舍，等等。

这里面有很多无法完全数学化的地方，比如：基本面、竞争力、题材级别、K 线强度、分时图强度、形态强度，都是不好数学化的。这也是为什么做股票无法完全数学化，必须保留一部分艺术性的原因。

但我们可以把思维方式数学化，特别是龙头战法，其整体思维方式就是数学上的求极思维。不管其中的基本面因素和技术面因素如何依靠个人判断，到最后，还是要落脚到：谁最强。

牢牢地抓住这一点，就可以忽略局部的不可量化的地方，追求整体上的、大致上的数学性结果。

这就是寻找龙头的原理，也是数学上的求极原理。正是如此，龙头战法者，也被称为“极客”！

二、求“中心”的数学思维

北宋大哲学家张载有句千古名言：“为天地立心，为生民立命，为往圣继绝学，为万世开太平。”这四句话被冯友兰称为“横渠四句”。

第一句“为天地立心”引起了我的极大思考，天地的“心”在哪里？怎么为天地“立心”？此“心”到底是天地之“心”，还是人之“心”？

我也常常把这种思考引入到股市上：股市有心吗？什么又是股市之心呢？

股市的心，就是股市的心脏，股市的核心，这不就是龙头股吗？

关于龙头股，所有的认知和定义中，以“心”“核心”“中心”来定义龙头股，我认为是最不会走偏的。龙头不就是两市约 3 600 只股票中，有市场地位、有核心地位的股票吗？如果我们能够找到它，就可以放弃一切的“术”，直接拥抱龙头。

找市场地位、找核心，如果换成数学表达，就是找中心。而找中心的方法我们在中学就学过。

比如，从图 1 - 1，请找出其中心。

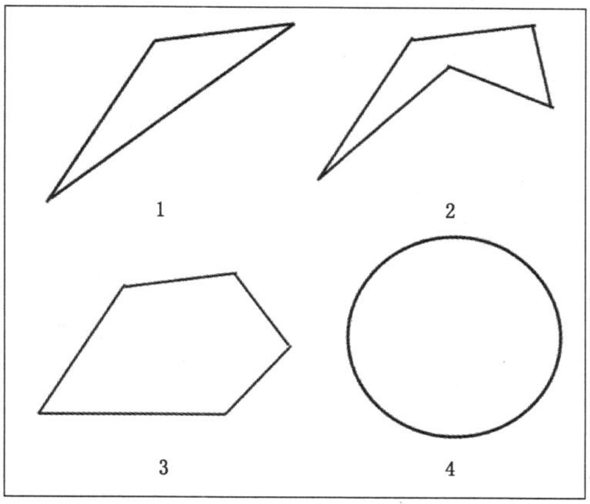

图 1－1

这是一个几何题。如果把其中的“中心”换成“重心”，又是一道物理题。这一道题看起来很简单，但是下面再来一道题就没有那么简单了：

请找出图 1－2 中各图的中心，是不是就很复杂了？

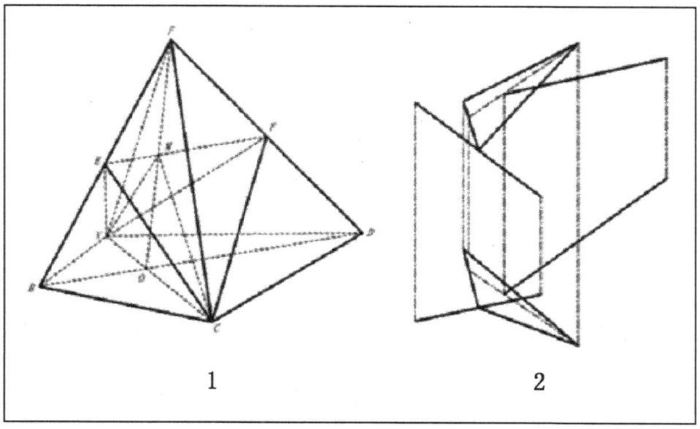

图 1－2

其实，还有更复杂的。而且，再复杂也不如现实中遇到的不规整的物体复杂。股市也是一个道理，有时候可以一眼看出谁是市场的中心，哪个股是两市的焦点，比如中国中车、顺丰股份、万科 A、方大炭素、东方通信、中信建投，都做过市场的中心，而且它们做市场之心的时候很容易识别；而另外的时候，任你寻找半天，也找不好股市之心，比如热点太多、太杂乱无章的时候。

所以，赵老哥说，就怕题材多，题材多势必切换快。

那么，当市场题材多，杂乱无章的时候，无法通过一眼看出股票的“数学”之心的时候，应该怎么办？

我们还回到“为天地立心”这句话上来，对这句话的解释还有一种说法：天地无心而化成。天地本无心，但人有心，人心所向，识仁求仁，好仁恶不仁，就是天地之心。

在股市上，寻找人心更有意义。在龙头战法流派眼里，人心所向就是人气，就是光芒万丈，就是众望所归。炒股养家甚至有个理论“得散户者得天下”，说的就是人心所向的股票。

不过，这个层面思考龙头就不仅仅是数学问题了，而是艺术层面的问题了，需要靠投资者个人的经验和感知。科学性和艺术性，都要派上用场。至于艺术性的细节，就不是本文的重点，这里不再展开。

三、“因子”分析

因子是数学词汇，在数学上：假如整数 n 除以 m，结果是无余数的整数，那么我们称 m 就是 n 的因子。例如，$48=6\times8$，因此 8 是 48 的因子，写作 $8 \mid 48$，亦是 $48=0(\mathrm{mod}\ 8)$。

因子分析这个思维，我们可以引用到股市来，它可以让我们更加干净利索地看透股市本质，更重要的意义还在于，它可以让龙头战法尽可能多的“科学化”，减少模糊地带。

一个股能不能成为龙头，以及一个确定的龙头能不能买入，很多人是靠主观判断，也有人是靠感觉，还有人靠情绪和心情，这样的投资很不严肃，容易摇摆。

我们可以把龙头战法的核心东西变为各个因子，然后赋予不同因子不同的权比，类似量化投资一样，把龙头战法变成可以用数学去类比思考的问题。

当然，龙头战法不可能完全给数学化了，因为里面有很多主观成分。但有很多确确实实是数学问题的成分，用因子分析是完全可以搞定的，为什么还要去劳烦主观判断呢？所谓艺术，应该是在数学和计算机无法解决的地方，才让它去大显神通呀。

龙头战法有两个地方需要特别用到因子分析：一个是定龙；一个是定买卖点。

定龙是确定谁是龙头。当我们对一个疑似龙头股进行审视的过程中，会用到很多角度和方法，其实也即是对各个因子展开分析。比如，题材因子、行情因子、形态因子、盘口因子、大盘因子、板块兄弟股票因子、时机因子等等。其实，这些因子是可以形成一个数理策略的，可以把它们赋予不同权比，形成一个初步判断，然后再在这个基础上进行人工筛选。如此，可以实现科学和艺术的结合。现在已经是计算机和软件很发达的时代了，我们为什么不去尝试把这些多因子分析给计算机化了呢？

买卖点就是确定具体的入场和出场时机的，这个当中虽然有很多随机应变的地方，但是其应变的依据也都可以化为因子分析，比如空间高度、盘口筹码锁定程度、市场跟风程度、量能等等。事实上，并非一定要用复杂的公式才算数学，用数学的逻辑和思维进行思考，制定策略，做出简单的数学博弈模型，同样是数学。

其实，很多人在做龙头股的时候，也会用到这些东西，只是我在这里从数学思维的角度，把它们提溜出来，会让原来似是而非的东西，甚至被某些人说成“艺术和心法”的地方，更加直观、简洁。

而且，数学也更加冷酷无情，严格地用数学上多因子分析，可以避免过于我执，过于热爱某个股票而忽略其他因子，避免入戏太深。

情深不寿、慧极必伤，投资最怕动情，一旦动情就容易对其他因子视而不见。在这方面，数学是可以起到大作用的。

四、空间思维

空间是几何要解决的问题，几何是数学上很重要的一个分支。其实，空间在股市上也十分重要，特别是龙头股。

为什么？

因为龙头股在某种程度上是走直线。既然走直线，它的空间就变得十分重要。

普通股票是爬行动物，对它来说，节奏是第一位的；龙头股是飞行动物，对它来说，空间比节奏更敏感。

空间就是一个龙头股的高低位置。很多人做龙头股缺乏对空间的敏感性，只记住一些特征，比如烂板出龙头、弱转强、助攻、天地板、大长腿等等，但却对最重要的空间问题麻痹大意，缺乏足够的重视。

如果我们用数学思维看待龙头，无论一个龙头再能涨，总要有“终值”，“终值”距离与“初值”之间的距离，就是一个龙头的高度。回顾所有龙头的路线图，我们可以发现一个规律，90％以上的龙头股都有常见的空间高度，当我们把这个空间高度再三等分，就成了龙头低位区、龙头腰位区和龙头高位区，也即是形成了龙头空间划分。

这种空间划分有什么意义呢？

意义大着呢。它可以用定量来定性。

什么意思？我们可以根据定量得出的空间高度，做定性的事情。比如，高位的洗盘和低位的洗盘，其介入方式就完全不一样，腰位区间的追高和高位区间的追高需要注意的因素也有天壤之别。如此，就可以以定性法来指挥买卖，不再是用特征法来买卖。

这里面有大量的敏感细节，比如烂板，同样是烂，为什么第一、二板烂和第三、四板烂的意义完全不一样？同样天龙吸水，有的股票就不能在五板、六板来吸呢？

这个问题的答案不在烂板本身，更与天龙吸水的特征无关，而是与空间有关。

同样一件事，三板、四板做是对的，但六板、七板做就是错的。更极端的情况是，哪怕只相差一天，仅仅是一天，昨天买就是对的，今天买就是错的。用一念天堂、一念地狱来形容，也不为过。为什么？因为 A 股是 T+1 制度，先手和后手有时候是完全不同的两种命运。空间每累计高出一个板，高度每上升一个 10%，所需要的逻辑和条件就是几何级别的增加。

一寸山河一寸血，龙头股在向上空间的拓展上，有时候和战场上的厮杀一样残酷无情。

所以，我们要树立空间意识，培养空间感，养成从空间角度思考问题的习惯。

五、数学没有想通

最终把我们赶出市场的，一定是数学。投资上的很多道理，与其说是没有把市场和投资方法想明白，不如说是没有把一些朴素的数学道理想明白。

第一个问题，多与少的问题。

在很多行业，都会存在一个善良的回馈体系：没有功劳，也有苦劳。只要你做得多，一定能得到回报，至少会得到理解。有些行业，勤奋多干还关乎品格，因为勤奋，一个才华平庸的人，可能会成为一个敬业楷模来颂扬，也或许能攀登到一个单位的最高领导的位置。

所谓勤奋，就是做的多嘛。

这个东西在股市里，完全不是那回事。数学上冷冰冰的现实告诉我们，真正在投资上做得好的，往往是做得少的。

股票这个东西，并不是你出手越多越赚钱。这个道理说出来好像很多人都知道，但真正能把它心领神会并身体力行的凤毛麟角。其根本原因在于，很多人只是明白了其语文的含义，没有彻底明白其数学上的含义。

什么是数学上的含义？就是彻底地从数学上想明白，真正好的机会是非常少的，大的龙头股极其稀缺，绝大多数的交易，完全可以不做。那为什么非要去做那些可以完全不做的交易呢？一是贱。二是闲不住，闲着心里发慌。三是没有彻底想明白股市的数学规律，企图用数量和勤劳来换取结果。四是积习难改。什么积习？生活中的规律、其他行业的规律在股市上粗暴而简单的迁移和复制，最大的一条就是“多干总比少干强”。

这些东西说起来明白，但做到很难，因为这不是知识层面，而是品格层面。知识可以通过学习获得，但是品格往往需要沉淀，需要若干年时间慢慢磨砺而来。这个过程中，往往自己一个人“自力更生”还不一定能完成，有时候需要某种当头棒喝，需要特殊经历才能醍醐灌顶。为什么很多人炒股炒到老都没有练就成"少"的习惯，这说明少的品格有时候不是一个人的能力能完成的。

怎么培养"少"这种品格呢？很多人喜欢到处看股票书，希望从中汲取智慧，我觉得这是南辕北辙。绝大多数股票书，都是教人"多"的，都是在术上呈现眼花缭乱和无所不能。从我本人的经历来看，多读历史书、哲学书，甚至是国学和佛教、道教学的书，作用更大。

智慧在于故事中，在于哲学里，而不在K线里。因为人性被无数个历史故事和哲学所呈现和阐明。

刘邦和项羽打仗，项羽几乎仗仗都胜，但数量有什么用呢？刘邦只需胜利一次就可以了。诸葛亮和司马懿的对决中，几乎全部都是诸葛亮胜利的故事，可是司马懿只需胜利几次就够了。很多历史故事中，都呈现一个可怕的道理：少比多重要。

大家看看周易上的六十四卦，每一卦都由阳爻"⚊"和阴爻"⚋"组成，但卦的性质，却由少数的爻说了算（除了乾坤二卦）。比如震卦，是由两个阳爻和四个阴爻组成，但其性质却属阳，代表长男。再比如艮卦、坎卦、兑卦、离卦、泰卦、升卦，都是如此。

事物的性质由少数决定。所以，"少"才是根本点。

历史、国学、哲学、宗教类书籍，只要你认真汲取，都能读出"少"的诉求。

王阳明也说：吾辈用功，只求日减，不求日增。减得一分人欲，便是复得一分天理，何等轻快洒脱，何等简易！

王阳明的这个诉求其实是源于《老子》：为学日益，为道日损。《管子》也曾说过：明一者皇，察道者帝，通德者王，谋得兵胜者霸。所谓明一，就是损为一。

对这个道理领会比较深刻的是金庸先生，他把自己对这个问题的理解写在其武侠小说《射雕英雄传》的《九阴真经》里:“天之道,损有余而补不足,是故虚胜实,不足胜有余。”这里面的哲学基础就是“少”的哲学。

品味这些关于“少”的诉求,就会慢慢把“少”作为一种品格和价值观融入到自己的心性里,然后再结合股市的实践,就很容易认识到股市的一些根本性道理:原来股市的本质不是多的渴望,而是对少的坚守。

并不是做的越多,就赚的越多。这是一个数学思考,也是一个哲学思考。

第二个问题,0的问题。

如果没有0,那数学该少了多少精彩和趣味呀。

0是什么?0是一个特殊的自然数,它在数学上占有一种奇特的地位。数学有“科学的皇后”之美誉,但如果把0从数学中拿走,对这位皇后来说,其后果是不可想象啊。

有时候我想,发明0的那个人,是多么的天才呀!因为发明0,不但是数学革命,更是思想革命。

作为自然数,1、2、3、4、5、6、7、8、9都有具体所指,都有直接的意义,但是0跟它们不一样。打一个猎物、两个猎物、三个猎物,分别可以用具体的1、2、3来表示,甚至可以用手指来比划,但什么猎物都没有打到该怎么表达?还有必要专门去表达一下吗?

而且,0的运算也比较特别,0加上任何数还是原来的那个数,任何数减去0也都是原来的数,0跟任何数相乘,都会让任何数归0,那要0有何用?如果用一个数除以0,又不能除,这不是给数学“捣乱”吗?

所以,0最初被引入到西方时,是不受欢迎的,甚至引起了困惑和惶恐。0一度被当成“魔鬼数字”,被禁用。罗马教皇颁布法令,0是非法的,不容许任何人使用0。曾经有人因为使用0就被教皇召去施以拶刑，手指被夹残废。

罗马教皇根本理解不到 0 的内涵，他只能理解 1～9，罗马教皇宣称：神奇的数字是上帝创造的，上帝创造的数字中根本没有 0 这个怪物。别说教皇，就是当时的很多先哲都理解不了 0，包括大名鼎鼎的亚里士多德。他说：数 0 是非法的，它破坏了其他数的一致性——用 0 除任何一个普通的数都会导致不可理解的结果。

没有 0，数学在黑暗中徘徊了很多年。没有 0，数学就无法进行高级的复杂运算，就很难有大的发展。

还好，后来印度人发明了 0。

有研究认为，0 的发明与佛教的智慧有关。佛教中有“空”这个概念，佛教教旨和经典中，常见“万法皆空”“一切皆空”的说法，特别是大乘佛教，更强调空性。其中有个智者天才灵光一现：何不用 0 来表达空？

于是，0 就诞生了！

它用来表达“没有”这个状态，从此，人类对一种特殊的状态——“没有”——有了专门的抽象化的符号表达。

公元 733 年，印度天文学家在巴格达把 0 这种特殊的计数法传给阿拉伯人，后来又传入欧洲，0 逐渐地被人类接受。

由于 0 的加入，数学得到了飞速发展。到今天，如果没有 0，我们根本无法想像数学世界是什么样子。如果没有 0，不仅数字系统不完整，而且许多数学概念的发展和知识系统的形成也会裹足不前。

黑格尔研究了一辈子，说事物的发展从 0 开始，到 0 结束，0 是一个非常奇特的数。恩格斯也说：“作为一切正数和负数之间的界线，作为既不是正又不是负的唯一真正的中性数，0 不只是一个非常确定的数，而且它本身比其他一切被它所限定的数都更重要。事实上，0 比其他一切数都有更丰富的内容。”

数学能有今天，得感谢印度人发明了0，这是一个伟大的发明。数学家哈代到印度去颁奖，他在颁奖会上的第一句话就是，印度对人类的贡献是0。刹那间，全场鸦雀无声，人们在发愣几秒钟后，突然反应过来，又全场哄堂大笑。0是印度对人类数学的一大贡献。

仔细思考一下0的发明过程和0的数学意义，我们就会明白，0其实是一种认知革命。人本能的智慧，很容易理解“有”，但很难理解“无”。以色列历史学家尤瓦尔·赫拉利在其著作《人类简史》中曾表达过类似观点，智人与其他动物最大的区别就在于智人能够表达“没有”，能够虚拟出不存在的东西。比如货币、时间、英雄，这些原本没有的东西，智人能够表达出来。对于一个猴子，它可以跟同伴说：小心，你后面有一头大灰熊。同伴回头看，往往就有一个大灰熊。但是猴子不会“开玩笑”，它永远不会在没有大灰熊在的情况下向其同伴“撒谎”说：你的后面有一只大灰熊。因为猴子的思维只有“有”的概念，它无法抽象出“没有”的概念，那就更产生不了精神成果，比如货币、英雄、国家、荣耀、诗歌、小说、音乐、美术等等。

当然，猴子更创造不出0。猴子和那个施人以拶刑的罗马教皇，在某种程度上，都是认识不到“没有”“无”的数学意义。

随着数学的发展，0的意义已经远远超过“没有”这个层面，还可以表示物理上的一个状态，比如时间上的0点、温度计量上的0度；还可以表达精确度，比如7.20，后面的0不能随便删掉；还可以表达起始，比如导弹发射的口令5，4，3，2，1，0——发射；还可以表示起点和原点，比如几何上的数轴。

今后，也许0会发展出更多、更新的内涵，但0诞生最初，其“原教旨”的意义是“没有”，是“无”。如果没有印度人从佛教中汲取“空”的智慧，0 就在数学的世界里真的“空”了。

人类对“没有”的认知，因为 0 的诞生，被推到一个全新的水平。0 是无，更是一种取舍、一种哲学。老子说：治大国如烹小鲜。很多时候，不动，不折腾，往往就是最好的选项。在经济学上，很多经济学家与老子的思想不谋而合，主张无为而治，倡导政府不要干预经济的正常运行。里面都有 0 的意思。

我喜欢中国的传统武术，对武术的一些道理也略知一二。在外人眼里，武术是动的学问，就是怎么进击，但是这个动的背后，却包含了无穷无尽的“不动”。此话怎讲？别的拳法我了解不多，就拿形意、八卦和太极来说，要想练就真正的上乘功夫，必须在站桩上下足功夫。以前有句话道：入门先站三年桩。站桩是什么？就是保持一个不动的姿势，一站就是半晌。这种一动不动，不就是数学上的 0 吗？大成拳创始人、武术大师王芗斋先生，就倡导浑圆桩，并说武术的奥秘全部在一动不动的浑圆桩里。他教任何学生，都重点教授桩功，就是站着不动的本领。他终生倡寻不动之动的武学，反复向武术界阐述他的武术理念：不动之动，乃生生不已之动。没有站桩的功夫，任何动的能事都是无源之水、无本之木。所以，武术的江湖上有一句话：练武不练功，到头一场空。功怎么练，就是常常站桩，脚下生根，让整个身体保持 0 的状态。

华为创始人任正非的哲学里有一独特的词：灰度。什么是灰度？灰度不是非黑即白，它代表巨大的无穷性，代表无限的可能性，蕴含无限的创造性。任正非曾在多种场合阐述他心中的灰度哲学：在变革中，任何黑的、白的观点都是容易鼓动人心的，而我们恰恰不需要黑的或白的，我们需要的是灰色的观点，在黑白之间寻求平衡。

这不就和 0 的意义是相通的嘛，0 非正非负，非阴非阳，0 是起点又是终点，0 可以通向一切，0 可以平衡一切，0 与世无争，0 又无所不能。

王育琨在《苦难英雄任正非》[①]中写到任正非的灰度哲学：

> 我们常常以自己的情绪、知见和预设判断去面对事物、去框定事物，因此成为自闭的人。我们的情绪和预设判断犹如一个厚重的筛网，一旦跟我们内在预设不一致，无论外在场景多大、声音多大，我们都看不到、听不到。

为了解决这种问题，任正非提出灰度哲学。提出包容、开放、妥协，提出用灰度来应对巨大的无穷性。这里的灰度，本质上就与 0 的意义相通。

0 可以通向任何地方，0 也可以和任何数字结合，0 具有无限的无穷性。任正非的灰度哲学，就是数学上 0 的哲学。

0，灰度，都是对无限可能性开放，又无限地回避了各种框架。0 是数学，又是哲学。其实，0 还是投资学。

为什么花那么大的精力讲 0，其实我就是引导大家对 0 的重视。虽然在数学上，由于受到现代科学教育，知道 0 的存在和意义，对 0 习以为常。但在投资上，很多人对 0 的认知没有超过当年禁止用 0 的封建君王，也没有超出猴子，当然就更没有企及经济学上无为而治和任正非的“灰度”哲学。

那么，投资上的 0 是什么？是空仓，是什么都不做。

什么都不做，还是投资吗？

是！

不但是，而且是投资中最重要的一种状态。就像 0 不但是一种数，而且是一种极其重要的数，恩格斯甚至说它比其他一切数都更加丰富。

很多投资人概念里没有 0 这个状态，好像 0 真的是一个“魔鬼数字”，空仓是一个魔鬼仓位。其实这是认识不到 0 的意义，认识不到

---

① 江苏凤凰文艺出版社，2019 年 2 月第 1 版。

“空”“无”“没有”的价值。

人类为了认识0，花费了漫长的时间和代价。0并不是消极和什么都没有做，0度、0点和运动速度为0，并不是表示温度没有了、时间没有了和速度没有了，而是表示一种状态。

0仓位也并不是什么工作都没有做，而是表明一种仓位状态、一种对市场的观点、一种策略选择。

能够用0仓位，敢于0仓位，是一个投资者成熟和智慧的标志。

有些时候，市场很差，根本不值得交易；还有一些时候，市场毫无逻辑，或者我们根本理解不了市场的逻辑；更有一些时候，突然发现暂时看不懂市场了。这个时候，应该把0派上用场。

0仓位的最大价值在于它可以对抗一切。0既可以回避一切灾难、暴跌和风险，又可以向一切机会和价值随时敞开。0非雌非雄，又雌雄同体。

0仓位在投资上的意义，甚至远远超过0这个数字在数学上的意义。

我们应该把0仓位这个概念烙印在心里，种在自己的世界观里，让它变成一种至高无上的存在，一种常常用到的策略。

当我们打开电脑想交易时，当我们看着眼花缭乱的盘面不知如何下手时，当我们在诸多选择和策略面前感到无力时，请记住，还有一个选择：0仓位！

什么都不买，什么都不做，也是投资的一部分，而且是最重要的那一部分。

我们必须接受0的存在和地位，把什么都不做作为常选项。

做资产管理的朋友，都会面临客户催促：怎么还不买？有的客户比较有耐心，从来不催促建仓。我也遇到过这种情况，一般而言我都是坚持自己的选择，该0仓位时就0仓位。有一年大熊市，股价连续暴跌，我一年下来也没有交易。当年终与客户见面的时候，对方才明白我的良苦用心。这个时候我笑着说：我对你资产最大的贡献是0！这句话在熊市可是至高的荣耀！

此时此刻，大家才理解0仓位价值的无与伦比！

很多人学习炒股，什么都可以教会他，就是教不会0。让他学会0，好像是害他。有个舟山的朋友，跟我见面的时候说：我卖掉一个股票后，绝对忍不过2分钟，就要买上其他股票，要不然浑身难受。

其实，这是动物的本能属性占据自己的心智。人也是动物，我们一点也不要回避本能。本来，对0的认知就不是一件易事，猴子和当年的罗马教皇、乃至亚里士多德，都认识不到0的意义。今天，我们中的很多人虽然从数学教育中知道了0的存在和运算，但是从来没有对它进行深入地思考，至于0在投资上的意义，就更别提了。

0仓位，什么都不做，居然是投资的一部分，而且是最重要的一部分，这让很多人一时想不明白，更让一些全天候交易的选手不知所措，好像失去用武之地。

不但普通散户理解和接受不了这一点，很多高手和基金经理也理解和接受不了这一点，更夸张的是，有些法律和契约也不接受0，仿佛0真的是个非法的存在。有些类型的基金根本不接受0仓位，甚至规定仓位必须达到多少比例才算合法。当然，政策的制定者有稳定市场的考虑，但如果按照天道的规律，必须接受0仓位的合法性。

投资和其他行业不一样，其他行业必须做点什么才能证明自己的价值，投资有时候不做什么反而更能证明价值。投资天然是周期性的行业，在周期不对的时候，保持0的状态就是最好的投资。

上面我们曾经介绍了“少”的哲学，这里又介绍0，二者是什么关系？其实 0 是少的极端情况，少到没有就是 0。少是说要减少操作，减少投资标的，改变投资命运的交易往往不在于四处出击，而在少数关键的交易上。少针对的是即便是能操作，也不乱操作、多操作。0 是说投资上还有一种特殊存在，那就是什么都不做，保持 0 仓位。0 针对的是压根就没有必要操作的状态。

无论是少，还是 0，都有点逆大众心理。投资本来就是反人性，与大多数人相反，才能保持“道”的状态。所谓为学日增，为道日损，应该就是这层意思。

很多人做投资喜欢做加法，喜欢追求多多益善，其实反过来，试着从减法上求，也许会别有洞天。正如五代十国布袋和尚的一首诗：

手把青秧插满田，
低头便见水中天。
六根清静方为道，
退步原来是向前。

第三个问题，快与慢的问题。

快与慢，是数学问题，也是物理问题，它是用来讨论速度的。从速度本身来看，在很多种情况下，都是速度越快越好。特别是博弈的领域，速度快一秒，往往就先人一步。正因如此，武侠世界里，才有一句名言：江湖上，谁的刀快，谁就有理。

但在投资上，有时候并不是比快，而是比准、比狠，特别是龙头战法。

很多人对龙头战法有个误解：以为早一天买的人比晚一天买的人水平更高。也就是说拔刀快的人比拔刀慢的人厉害。其实，不然。有时候三板四板买，甚至五板七板买，比那些一板二板买的人水平更高。

为什么？

因为在龙头战法者看来，如果没有定龙，买得早反而是风险，如果确定龙头了，买得稍微晚一点点，反而安全，是确定性。因为龙头股需要有一定的高度才能识别，如果一点高度都没有，谁能知道它是龙头呢？

龙头战法不是潜伏战法，也不是技术分析，它是博弈分析。龙头是在博弈中一步步走出来的，如果没有博弈过程，谁也不知道哪个是龙头。在这个过程中，必须牺牲一点时间和高度。所以，龙头战法并不是比“快”的游戏，而是比谁对火候拿捏得恰到好处。

龙头战法有一个很大的风险，那就是龙头还没有竞选出来，提前参与进去。从时间上看，是很早，仿佛也占尽先手，但如果连龙头都不确定，时间的早晚和速度的快慢又有什么意义呢？我们是龙头战法，而不是抢跑战法。龙头在很多种情况下，只须半渡而击，不须争分夺秒。

如果懂得了这个逻辑，就不会急躁，就会淡定从容地去交易。

当然，龙头战法也不是比“慢”，一旦定龙后，一秒钟也不能耽搁，必须策马扬鞭，第一时间拥抱龙头。快与慢，是根据龙头能否确定来定，而不是从速度本身来看。这就是龙头战法快与慢的辩证逻辑。

综上，多与少的问题，0 的问题，快与慢的问题，对它们进行思考是数学问题，但搞明白它们背后的道理却关乎投资。很多人投资没有做好，与其说是投资的技术和工具没有学好，不如说是没有把一些数学问题彻底搞明白。

1.6 小结

投资发展到今天，流派众多，异彩纷呈。龙头战法作为后来者，它天生就与技术分析流派、价值投资流派、量化投资流派有着千丝万缕的关系，它既汲取三者的成果，又不完全囿于三者。龙头战法可以说是一个综合派、博弈派，只要能实现它的“第一性”原理、只要能够做到“百万军中取主帅首级”，它任何方法都会用。但龙头战法也会对任何一种具体的方法保持足够的警戒。因为博弈是动态的，是常变的，一旦某种方法用习惯了，容易依赖那种方法，在思维上产生惰性，就不自然的成为那种方法所属的流派，而不是动态博弈派了。《遥远的救世主》的作者豆豆，还写过一本书叫《天幕红尘》，其中阐述一个思想叫：见路不走。这种思想更符合龙头战法的思维色彩。

特别需要说明的是，技术分析和价值投资流传比较广，具体内容和方法知道的人也比较多，量化投资和数学思维在投资中的受众相对比较小，思维方法宣传的也比较少。为了“矫枉过正”，本文大量的篇幅用在数学上，为了强调数学对未来的重要性，本文的标题也是用“数学原理”。这里并非是说，龙头战法就是数学问题，而是引导大家多用数学角度去思考一些问题。其中的“数学原理”并非学术上的数学表述，而是一种类比说法，希望大家明白。

注：本部分有关数学常识的描述参考了很多科普文章，因为这些内容是讲科学常识，所以没有一一注明出处。另外，本部分写作过程得到了广东工业大学管理学院杨兴雨博士的特别指导，杨博士是华南理工大学的数学博士，对数学有深厚的造诣，特此表示感谢。

第二部分

百战归来话龙头

2.1 什么是“干货”

常听人说：

——没有什么干货；

——骗人的东西，没有一句干货；

——给点干货呗；

——这本书好，有干货；

——有干货的文章越来越少了；

——现在人越来越保守，都不愿意说干货了。

当我听多了就会陷入思考：到底什么是干货？

对于新股民，给他一个涨停板才是干货；如果炒股经验再久一些，给他个内幕重组股才是干货；如果他已经开始在学习了，给他讲一点本间宗久和艾略特才是干货；如果他已经开始意识到人性的重要性，也许给他讲行为金融学和《坛经》才是干货；而如果他已经是高手级别，《金融炼金术》和《巴菲特致股东的信》才是干货；至于大师级别的人物，根本没有干货，所有外人眼里的干货只会干扰他，正如巴菲特所推崇的——“独立思考和内心平静”——才是干货！

这让我想起了刘备与诸葛亮。当年刘备被曹操追杀，毫无立足之地，几乎到了山穷水尽的地步，此时刘备急需“干货”！试想，如果你是诸葛亮，你给刘备提供什么干货？如果你是刘备，你需要的又是什么干货？

让我们聚焦到现场，刘备第一次见诸葛亮，诸葛亮没有告诉刘备，如果曹军攻来，谁去打夏侯惇、谁去运粮草、谁负责殿后，刘备也没有问诸葛亮，曹操若来会先攻哪里、我是派关羽呢还是派张飞。他们讨论的是隆中对。讨论的是战略和格局。

我多么羡慕诸葛亮，能遇到这样一个懂得干货的人。现在，我每天收到无数的短信、微信、微博留言，大多数都是问：明天哪只股涨？明天搞哪个题材？这只股怎么样？当我跟对方讲一些选股思路和思维的时候，对方突然会来句：给点干货嘛！这还不只是发生在散户中间，有的甚至是发生在专业投资者中间，他们见了面也会问：你觉得最近哪个行业可以搞一下？下一步看好什么题材？

每当到这个时候，我的内心就拔凉拔凉的。这个圈子怎么了？怎么浮躁到这种程度！

自从有移动互联网以来，严格地说是从有微信以来，再严格地说是从 2014 年下半年以来，我看到一个很可怕的现象：很多新股民不爱学习。本人是老股民，我记得当时我们学习股市知识的那种热情，用铅笔自己画线、自己每天计算各种技术指标，有的走调研派路线，亲自去上市公司所在地了解情况，那个时候波浪理论、K 线理论、江恩理论、巴菲特、索罗斯都翻个遍。而今天呢，很多在微信下成长起来的新股民，选股基本上靠朋友圈，复盘基本看自媒体，交流基本上是问“该买哪只股票”。当你告诉他一些思路和知识的时候，他马上会说：那哪只股票符合你说的？当你提醒他风险，注意 C 浪下跌的时候，他又会冒句话：什么是 C 浪？当遇到暴跌股灾，亏损惨重的时候，几乎都骂监管者，很少反思自己。当然监管者有时候可能错，但自己不学习、不保护好自己却是根本！我经历好几轮牛熊更替，见过好几茬股民，我觉得 2014 年以来的部分新股民可能是最不愿意学习的股民(当然也有很努力学习的，我这里说的是群体特征)。有些人对股市的无知，几乎到了令人发指的程度。我说这话肯定会得罪人，但忠言逆耳。我针对的不仅仅是散户，还有某些新上任的基金经理。

如果不学习、不反思，无论别人给你什么东西，你都认为不是干货，因为你肚里没有货。当你找别人要干货的时候，你其实是想省去自己的努力总结，直接得到“终极真理”。这个世界有这么好的事情吗?

我自己也曾经这样迷失过。记得刚炒股时，总想去找干货。那时我认为股市肯定有个答案，有一把钥匙能打开股市的大门。这把钥匙是某个交易体、某个技术工具或某个指标、某个理论，就像武侠小说中的某本秘籍一样，某个高人已经写好，总结成“干货”，我要做的就是找到它，然后成就绝世高手。从 K 线理论、波浪理论、形态理论、指标理论、江恩理论再到巴菲特、索罗斯，再到彼得·林奇，再到比尔·米勒，再到西蒙斯，甚至一度还研究马克维茨、法码、是川银藏，还有中国土生土长的民间股神，比如缠中说禅、徐翔、林园等等，我就是想找到“干货”，成就独孤九剑。其结果是让我失望的，因为我发现真正的问题在我自己。他们的理论也许是干货，但是如果我不去修炼，仅仅靠理论，永远也到不了高手的境界。再说，每个人的理论和战法，都有很多假设和默认的条件，还有很多临盘时的非理性因素，比如勇气、果断、直觉，这些东西是从干货中找不到的，必须自己去悟。如果悟性到了，你可能觉得它们都是干货，如果悟性不到，你可能会骂：什么大师，云里雾里的，都是骗人的东西。由此我知道，干货的根源在于自己的内心，在于自己的境界。对于只关心明天的人，超短线就是他要的干货；只关心下个星期的，短线就是他要的干货；只关心下个月的，波段就是他要的干货；而对于立志搞清楚股市大规律的人来说，《金刚经》《以色列复国历史》《菊与刀》《开放社会及其敌人》《孙子兵法》《道德经》也许就是他的干货；就像对一个山大王，如何打劫绑票是他的干货；而对于刘备，隆中对才是他的干货。

在投资界的文章中，我从不盲目找干货，因为我的干货没有那么明显。有时候看似不起眼的文章，甚至不是实战高手写的文章，再甚至是纯粹搞理论工作的人写的文章，也能成为我的干货。也许说者无意，听者有心。

张化桥是个分析师，他不是实战派人物，以前我是很鄙视非实战人物写的书的，但后来我看到张化桥的文章，特别是关于资金管理和投资组合的论述，让我醍醐灌顶，真是好文章，干货！记者往往也不懂股票，不过后来我看到一个财经记者写的索罗斯在金融危机中的文章，我也觉得非常好，不逊于投行首席的文章，也是绝对的干货。巴菲特与龙头战法相隔不止一座山，按说巴菲特的东西不足以成为我的干货，可是在我看来巴菲特的很多观点精彩万分，智慧无穷。我本人非常喜欢读《巴菲特致股东的信》，巴菲特的很多思维让我受益无穷。我觉得巴菲特的很多理念在龙头战法领域照样适用，也是难得的干货呀！邱国鹭是价值派的，他的《投资中最简单的事》我爱不释手，难得的干货。书中的很多理论能够打通我在技术分析时的困惑。触类旁通，他山之石。此类案例不胜枚举。正所谓，青青翠竹，尽是法身；郁郁黄花，无非般若！

后来，我重新认识了干货。我觉得，就是在某个领域内沉淀多年后，认认真真写的书和文章，只要不是欺骗、不是代笔、不是造假、不是吹牛，就是干货！

最关键的是，干货的核心在于自己，而不在于外界。如果自己的修为不够，即使是面对干货，也会视而不见，或者闻道而笑。君不见很多人案头都放着《金融炼金术》，试问又有几人真心地把它当干货呢？我们要做的是提升自己，多思考、多反思，一旦遇到真正的干货，能够把自己的困惑和思考与干货相互碰撞，这样才能得到真正的干货！

注：本文成稿于2015年10月4日，首发于股市的逻辑和摩尔金融。以现在的眼光看文章中的观点并不全对，因为过于强调“向内求”。其实，投资的进步需要内外兼修。过于强调“自力更生”的内求和过于强调“寻师问药”的外求都是有失偏颇。不过，该文对那种自己不静下心来思考，渴望天上掉下来干货的现象，进行辛辣地批判，却是非常正确的。

2.2 投资是一场“见自己、见天地、见众生”的修行

投资的机关妙门在哪里？

不是技术，不是指标，也不是知识和理论。

那是什么？

是对自己足够了解、对股市本质足够了解、对别人足够了解。换成比较有文采的语言就是：见自己，见天地，见众生。

见自己是非常难的，很多人就死在不了解自己上，别小看了这个。很多人——不，是所有人，为了走过这一关，都付出血的代价。所以高手都有一个共识：投资是一场遇见自己的修行。

这一关不是看书能解决的，必须反思，“向内求”。当你足够理解自己的时候，即使你赚不到钱，也不会怎么大亏，因为你越过了自己人性的恶。

了解自己后，还必须了解股市。这里说的了解股市，不是简单地知道股市的“规律”，而是要有足够的感性认识、足够的经验，干脆这样说吧——不管你的智商有多高，你必须经历牛熊，见过股市百态，认识到人力在股市中的能与不能。唯有如此，才能敬畏市场，敬畏天地。很多人以为智商和努力能够取代这一点，错了！巴菲特聪明吗，他大多数财

富是在 50 岁以后才取得的;索罗斯聪明吗,他到华尔街十几年后,才成立自己的基金。可是我们 A 股呢?有多少刚刚拿到硕士博士学位,有多少个海龟刚刚回来,连一个牛熊轮回都没有经历过,就急着当基金经理。

没有见天地,何来的众生?

见众生就是了解别人。

也许你会问,炒股是我自己的事儿,了解别人干嘛?

那我问你:你从谁那里拿筹码?你又想把筹码卖给谁?你买的股票它背后所代表的公司是谁在经营,他们又是把产品卖给谁的?

了解别人,就是了解整个生态,了解参与这个游戏的所有众生。这一点的重要性,远远超过技术、技巧和股市里形形色色的理论本身。

我本人喜欢交流,接触了很多全国各地的股民,最大范围地了解了股市众生。每天,我会收到很多邮件和微信,全国读者把自己对股市的想法和解读跟我交流,在这个过程中,我发现每个人对股市的理解都不同,有的非常精彩,有的别有洞天,也有的异想天开,还有的一厢情愿,当然还有很多盲人摸象,但我从中洞悉了股市里不同众生的心理和人性。特别是,全国读者中,投资流派众多,有的笃信价值投资,有的痴迷缠论,有的喜欢一剑封喉的涨停板,有的量化对冲能做到极致,真是让我大开眼界。这也让我坚信一点:分享创造价值。如果我不愿意把我对股市的思考写出来,如果我写的不是"干货",别人不可能跟我分享他的"干货"和心血。在干货的碰撞中,我在最近几年学到的东西,比我之前学到的总和还要多。

很多人水平已经达到"天花板",该读的书几乎全读过,再想通过读书,希冀从书本上快速提升自己,已经很难了。想让自己"升维"的最好方法就是见众生,四处拜访各路股市高手,以心待人,从各路高手的口传心授中进步，从辩论和争执中进步，从感悟“大家”的气质和气场中进步。我本人就特别喜欢“见众生”，交流学习，碰撞前进。所以，不懂我的人，看到的是我在四处旅游，懂我的人，看到的是我在四处求道。只有我自己知道，这个过程有多么价值连城。至于别人的误解，由它去吧。面对股市，孰是孰非？如人饮水，冷暖自知。我要的是里子，又不是面子。

需要强调的是，见自己、见天地、见众生，不是一种简单的先后递进关系。它们有递进的逻辑，但也有同步和循环往复的关系。它们更多的是一种在境界上互相赛跑的过程，谁先发谁后至，有时候没那么清楚。

投资走到最后，就是修行。我见到的高手，几乎都是内心平静，独立思考者，而达到这一境界的过程，就是见自己、见天地、见众生。

注：本文成稿于2016年9月28日，是我在夜半三更有所思时一气呵成的心得体会。

2.3 投资中的理论创新

幻想三变科技成为超频三的人，又失望了。

为什么？龙头哪里有那么容易！龙头天然具有高贵性和稀缺性。

龙头战法不是看图战法，龙头战法的核心是日月双辉，是大级别题材叠加板块效应，凡是没有此思维支撑的，涨得越多越危险。

但是，近年来，很多人不喜欢挖掘理论深度，就是喜欢看图说话，什么图像什么图，然后就按照什么图来炒作。这是典型的机械主义，是形而上学。

没有深入的理论挖掘和逻辑总结，是多么可怕！

世有非常之功，必待非常之人。

世界上，所有做出革命性事业的人，都有巨大的理论创新，比如孔子、商鞅、牛顿、居里夫人、爱因斯坦，投资也毫无例外。投资领域取得巨大成就者，也都是有一套非常独特的理论的人，比如索罗斯、巴菲特、彼得·林奇等等。理论创新才能有大格局。

A股股民有一种反智主义倾向，喜欢所谓的“实战”，喜欢按图索骥，不喜欢研究理论，不喜欢读书，就喜欢看荐股，喜欢看股评，喜欢刷自媒体，喜欢看龙虎榜，喜欢没有逻辑的口号和论断，其实这是很可怕的。

任何不在理论上把道理彻底搞明白的，都不会有持久的成就。

恰好看到2016年5月9日新华社记者赵东辉、李斌写的一篇任正非的采访稿，原文是《任正非的成功密码：28年只对准一个城墙口冲锋》[①]，里面的有些内容让我非常有感悟。

记　者：美国硅谷是世界高科技的高地，中国创新的希望何在？

任正非：高科技领域最大的问题，是大家要沉得下心，没有理论基础的创新是不可能做成大产业的。“板凳要坐十年冷”，理论基础的板凳可能要坐更长时间。我们搞科研，人比设备重要。用简易的设备能做出复杂的科研成果来，而简易的人即使使用先进的设备也做不出什么来。

记　者：中国有可能成长出许多个“华为”吗？

任正非：可以的。第一，小企业做大，就得专心致志为客户服务。小企业特别是创业的小企业，就是要认认真真、踏踏实实、真心诚意为客户服务。小企业不要去讲太多方法论，就是要真心诚意地磨好豆腐，豆腐做得好，一定是能卖出去的。只要真心诚意去对客户，改进质量，一定会有机会。不要把管理搞得太复杂。第二，先在一个领域里做好，持之以恒做好一个“螺丝钉”。第三，小公司不能稍微成功就自我膨胀。我始终认为企业要踏踏实实一步一步发展。

泡沫经济对中国是一个摧毁，我们一定要踏踏实实搞科研。一个基础理论变成大产业，要经历几十年的功夫，我们要有战略耐性。要尊重科学家，有一些人踏踏实实做研究。如

① 网站链接 http://tech.qq.com/a/20160509/055241.htm。

果学术研究泡沫化，中国未来高科技很难有前途。不要泡沫化，不要着急，不要大跃进。没有理论的创新是不可能持久的，也不可能成功。

我们公司在世界资源聚集地建立了二十多个能力中心，没有这些能力中心科学家的理论突破，就没有我们的领先世界。中国必须构建理论突破，创新才有出路。小改、小革，不可能成为大产业。

记　者：您说的理论创新是指基础研究？

任正非：理论创新比基础研究还要超前，因为他写的方程也许连神仙都看不懂，就像爱因斯坦一百年前写的引力场方程，当时谁也看不懂，经过许多科学家一百年的研究才终于证明理论是对的。很多前沿理论突破以后，人类当时都不能理解。

记　者：华为聘用的国外科学家多不多？

任正非：我们海外研究所的科学家大多是外国人，所长是中国人，所长就是服务。我们“2012 实验室”现在有七百多位科学家，今年会到一千四百多人。

记　者：高科技发展应该以基础理论为支撑？

任正非：有理论创新才能产生大产业，当然有技术创新也能前进。日本一个做螺丝钉的小企业，几十年只研究螺丝钉，它的螺丝钉永远不会松动，全世界的高速铁路大多是用这个公司的螺丝钉。一个螺丝钉就有非常多的地方可以研究。我去过德国的小村庄工厂，几十年就做一个产品，打出的介绍图不是说销售了多少，而是占世界份额多少，村庄企业啊！

理论创新在任何领域都是如此。碰巧今天早上看到一篇好文章，写的是同样的道理。

该文大意是，美苏争霸期间，两国在科学和军事上都进行竞赛。当初，苏联的成就亮瞎全球眼睛，科技成果层出不穷。美国曾一度以为自己快亡国了。后来美国通过苏联叛逃高官得知，苏联的科学进步其实是工程学的胜利，不是科研的胜利。

比如，要把汽车的最大行驶公里数从 500km 升级到 1 000km，该怎么做？

苏联的解决方案是：把油箱扩大一倍。

而美国则不然。美国的路径是改变发动机燃烧的效率、研究材料学和空气学模型。

就短期而言，苏联的成果可能立竿见影，但竞争到最后，美国的基础研究和技术沉淀更为丰厚，而且培养了可持续的人才阶梯队伍，并把基础成果扩散到其他领域。

最终，超越苏联。

多么深的领悟！

没有理论的创新，没有深度的逻辑思考，仅仅看图总结，得出的结论其实和苏联的“成果”是一样的，都是“工程学”上的胜利，而不是基础逻辑的前进。

投资，其实是要越过图表比较，越过情绪，真正分析逻辑的，是要有重大理论做指导的。

否则，所谓的总结，也许是一直在自己的错误圈子里打转。

注：本文完稿于 2018 年 7 月 18 日，写本文的根本诉求是希望大家研究股市要超越浅层逻辑，不要满足图表的总结和经验的积累，而是要深度探究，向内求。

2.4 龙头战法是个“系统工程”

对我来说，股市是最有魅力的地方。每天除了吃饭睡觉，所思所想都是股市。

同时，股市也是最有难度的地方。让我思考最深、花精力最多的地方也是股市。

我本人曾经爱好过周易，对四柱、风水和面相都曾花很大精力研究，也系统地学过三年的中医，对《黄帝内经》、伤寒金匮都下过苦功夫。周易和中医是很有难度的，但与股市比较起来，我反而觉得它们算是容易的。

为什么？

因为对于周易和中医，哪怕你没有学全，只知道其中的局部，也可以应用，也可以让所学产生实效和价值。事实上，能对周易和中医达到“系统地全知全通”，古往今来，是凤毛麟角，屈指几人。周易界如：李淳风、袁天罡、邵康节、刘伯温；中医界如：扁鹊、张仲景、孙思邈、叶天士。其他人大多都是在分支上“占山为王，独居一方”。

全知、全系统的做到，在很多行业都不需要。包括厨师、工程师、设计师、建造师等，他们都是分工协作，各行其是，但他们照样精彩。

但有些领域必须要“全系统地打通”“全系统地做到”，否则无法立足。哪些领域呢？

集成电路！

没错，也就是今天股市上大涨的半导体和芯片。集成电路在某种情况下也可以称为半导体和芯片。

我曾经去一家高科技企业调研，接待我的人是搞技术的。我当时曾请教一个问题：“芯片和半导体有什么区别？”

对方一时不知道该怎么回答，估计是担心对一个文科生，怎么解释都解释不清楚，于是他就跑到车间拿来一个东西，说：就是这个玩意，你可以叫它半导体，也可以叫它芯片，还可以叫它集成电路。

如果不是学术争论，我想他那种说法是行得通的。

我曾经反复琢磨：为什么叫“集成”电路？

中国人对“集成”二字应该不陌生，孔子他老人家在后世中有个称呼，叫“大成至圣先师”。这最先是谁对孔子如此尊称呢？是孟子。

> 孟子曾说：“伯夷，圣之清者也；伊尹，圣之任者也；柳下惠，圣之和者也；孔子，圣之时者也。孔子之谓集大成。集大成者金声而玉振之也。”

关于这个称呼，我用一个典故给大家细细说来。

> 清康熙二十三年，皇帝拜孔子墓，发现墓碑上写着“大成至圣文宣王之墓”[明正统八年(1443 年)黄养正书写的]，便尴尬地站在那里，众人全都愣住了。这时，《桃花扇》的作者、孔子第六十四代孙孔尚任立刻明白了其中道理：皇帝是只拜师不拜王的。于是，他便叫人拿来一匹黄绸，把碑文中的“文宣王”盖住，并添上“先师”两字，成为“大成至圣先师”。康熙帝一看，马上开始祭拜。从此，“大成至圣先师”的称呼就流行

起来，而且成为孔子的专有称呼。南怀瑾先生说，这个称呼比一百个什么什么“家”都要高。[①]

话题扯远了，我是想说“大成”“集大成”，是非常有含金量的词。它是指那种能在“系统”上做出全方位成就的人。

很多人的贡献是专业性的、局部性的，只能成为大人物或者伟人。但能集大成者，立德、立言、立功者，少之又少。我们常常推崇的王阳明，可以被称为儒家晚期的集大成者。其实，在我的心目中，孙武、李靖、岳飞、戚继光，也可以被称为军事领域的集大成者。

集大成，集成，大成，是非常难的。因为它是在“系统”上下功夫。

回到我们说的集成电路上，这个词英语叫 Integrated Circuit，缩写为 IC。不知道是哪个天才，把它翻译为“集成电路”，“集成”一词，真是尽得中华文化之妙。

那么它“集成”什么呢？

集成“系统”！

如果没有系统的全方位努力，任何单一突破，都无法做出芯片。芯片制造需要一个国家基础科学、关键技术和工业制造全方位都到达顶级水平才能做出来。它涉及化学、数学、物理学、材料学、光电技术、精密制造、软件、电学、热力学、工业设计、实验室水平、人员素质等等，是名副其实的“系统集成”。

可以这样说，造芯片比造原子弹还难。全世界能造原子弹的国家很多，但能造芯片的国家有几个？造芯片用到的基础知识和技术，比原子弹涉及的更多、更广、更深。

芯片是一个彻彻底底的“系统性”的工程，一个需要“集成”若干个领域知识和技术才能做出来的极品。

---

① 原作者圯上老人，http://blog.sina.com.cn/s/blog_9c2qdbd801014hgr.html.

为什么美国卡中国芯片的脖子？因为芯片真的是顶级科技的结晶，不是说你今年努力，或者这两年努力就能做出来的，因为它集成了太多的知识和技术，它是系统性的成果。

那么，还有哪些领域需要“集成”“系统性”的成果才能做得好呢？

股票！

对，就是股票。

我认为股票需要做到全系统突破才能取得成功。这个全系统突破是什么呢？包括两点：第一，是水平达到顶级；第二，是全系统。

制造出芯片，需要全工业链条、工艺体系以及知识和专利储备达到顶级才能完成，同样，真正做好股票，也是需要自己对股市的全方位理解达到顶级才可以做好。

我有一个书法家朋友，他既玩艺术也做股票，有一天他突然感慨到：在A股做投资，和书画圈一样，只有做到顶级才有饭吃，否则都是消费者，浪费钱财。无数的书画家，翰墨因缘，烟云供养，但到头来有几人能够以此为职业？举目华夏历史几千年，寥寥无几。股票投资虽然说是及格就可以，但是自从有A股以来，真正能够赚到钱并以此为唯一职业的，几乎跟书画圈一样稀少。所以，股票领域，及格就意味着是顶级，只有你达到顶级水平，才能在股市上稳定盈利。这是一个只有顶级才能生存的领域。

而且，这种顶级不仅仅表现在单一水平上，还必须“全系统”都做好才行。股票这个系统至少包括三个方面的东西：对市场的认知，对方法和工具的掌握，对自我的处理。对市场的认知包括怎么认识牛熊，怎么认识行情周期，怎么认识股市和国家经济的关系，怎么认识股市和企业基本面的关系，怎么认识股市与期货、与外围市场的关系等等。对工具和方法的掌握，就是交易模型、交易工具、买卖依据、仓位策略。对自我的处理包括了解自我的性格，控制自己的行为，深刻管理自我。对市场的认识是客体，对方法的掌握是工具，对自我的处理是主体，三者缺一不可。可是，很多投资者，穷其一生，都在围绕工具转，今天学这个方法，明天学那个方法，什么K线，量，均线，模型，形态，等等。都是在系统中的某一个地方发力，无法做到全局融合。这也是为什么很多人最终做不好投资的根源所在。

投资是个系统工程，价值观、股市观、心法、工具、自我管理，必须"系统集成"才能战胜股市。这个过程不比造芯片容易。

行文到此，我不知道各位看官是否领会到我这篇文章的核心思想，其实就是"系统集成"，顶级突破。也是告诫一些读者：单一努力，局部突破，都难有大作为。

这让我想起佛家的一句话：有漏皆苦。第一次接触这个词是在普陀山。几年前，我在普陀山拜佛的时候遇到一位僧人，我问他："佛法要修行到什么境界？"对方说："圆满。"我又问："什么是圆满。"对方说："无漏。"

什么是无漏呢？我很想问僧人，但是没有追问，似懂非懂吧。直到有一天我看到南怀瑾《金刚经说什么》第九品：相无相分。里面讲一个故事，我才算明白。

> 我们举一个佛门里的例子来说明，有一位法师一辈子做好事、做功德、盖庙子、讲经说法，自己虽没有打坐、修行，可是他功德太大。年纪大了，就看到两个小鬼来捉他，那个鬼在阎王那里拿了拘票，还带个刑具手铐。这个法师说：我们打个商量好不好？我出家一辈子，只做了功德，没有修持，你给我七天假，七天打坐修成功了，先度你们两个，再度你们老板，阎王我也去度他。那两个小鬼被他说动了，就答应了。这个法师

以他平常的德行，一上座就万念放下了，庙子也不修了，什么也不干了，三天以后，无我相，无人相，无众生相，什么都没有，就是一片光明。这两个小鬼第七天来了，看见一片光明却找不到他了。完了，上当了！这两个小鬼说：大和尚你总要慈悲呀！说话要有信用，你说要度我们两个，不然我们回到地狱去要坐牢啊！法师大定了，没有听见，也不管。两个小鬼就商量，怎么办呢？只见这个光里还有一丝黑影。有办法了！这个和尚还有一点不了道，还有一点乌的，那是不了之处。

因为这位和尚功德大，皇帝聘他为国师，送给他一个紫金钵盂，和金缕袈裟。这个法师什么都无所谓，但很喜欢这个紫金钵盂，连打坐也端在手上，万缘放下，只有钵盂还拿着。两个小鬼看出来了，他什么都没有了，只这一点贪还在。于是两个小鬼就变老鼠，去咬这个钵盂，卡啦卡啦一咬，和尚动念了，一动念光没有了，就现出身来，他俩立刻把手铐铐上。和尚很奇怪，以为自己没有得道，小鬼就说明经过，和尚听了，把紫金钵卡啦往地上一摔，好了！我跟你们一起见阎王去吧！

各位看官读完上述故事是怎样一个感受？反正我读完后，就知道什么是“无漏”了。故事中的“紫金钵盂”就是漏。只要还有哪怕是一丁点的“漏”，就是说明修行没有圆满，没有做到无我相、无人相、无众生相，也没有做到“修行圆满”，更没有做到“应无所住而生其心”。

这里的漏，换句现代的话来说，就是没有做到“系统集成”最优，系统还有漏洞。所以佛家说：诸行无常、诸法无我、有漏皆苦。所谓有漏皆苦，就是说有漏就修行不成。

凡是需要“系统集成”的工程，只要有一处是漏的，都无法完成。造芯片如此，佛家修行如此，股市也是如此。为什么炒股难，因为炒股对自我、对工具、对投资对象提出三个方面的要求，而其他领域只要做好其中一个方面就可以了。比如，道德君子只需要做好自我，科学家只需要把研究课题搞明白，而普通工程师和技术人员只需要掌握工具和方法，他们就能达到那个领域的成功。但是股市必须同时搞定三个方面，不但要认识“客体”——股市本身的规律和逻辑，还要掌握足够先进的“工具”——投资模型、理论和方法，更需要完成对自我的突破——人性修炼，战胜恐惧和贪婪。

简直是难到天上去了。所以，真正战胜股市的人，不多。

龙头投资思想，或者龙头战法，更是如此。龙头战法是投资领域里最顶尖的博弈，它对“系统集成”提出的要求更高，更需要“系统工程”。

做龙头需要心法和哲学上的突破，没有这层突破，一辈子都做不好龙头。而要想突破这层关，如果没有外力介入，没有当头棒喝、没有耳提面命，几乎不可能成功。

但是仅仅做心法就可以了吗？非也！

《楞严经》上有句话：理可顿悟，事须渐修。即使明白了龙头的理和心法，还必须有渐修的过程。这个渐修就包括工具和模型的使用，细节的打磨，行情周期的拿捏，盘口知识，等等。所以，看起来一买一卖，却内含无限乾坤。

做好龙头，至少必须具备以下几个方面的东西：

(1)心法和哲学，就是从人性深处把龙头规律彻底搞明白；

(2)对市场走势系统性认知；

(3)题材和基本面的深刻认知；

(4)盘口和分时图的解读；

(5)如何定龙；

(6)如何接力；

(7)如何确定买点和卖点；

(8)用什么模式和方法；

(9)盘感怎么建立；

(10)如何识别资金性质，如何从龙头的角度搞明白成交量；

(11)如何识别不同的庄家；

(12)仓位管理；

(13)如何管理自我，特别是龙妖大起大落的情况下，如何管理好自我内心；

(14)如何看市场联动；

(15)如何做好风控。

当然，不限于上述15条。浓缩起来也就是3条：如何搞定自我、如何认清市场、如何使用最先进的工具和方法。必须全方位地做好，才是系统集成，才能做好龙头。

为什么很多人学了龙头战法后，没有办法稳定盈利？为什么很多以前能盈利的人，甚至赚到大钱的人，到后来爆仓或者巨大回撤？就是因为没有办法把“系统”打牢，都是单方面突破。比如，有的善于打板，有的善于识别题材，有的善于情绪和周期，有的善于形态和模型，这只是单兵突进而不是全方位组合前进。

本文洋洋洒洒，从芯片到佛法，中间还有孔子和书画家的故事，最后再到股票，无非就是说明一点，股市很难，难就难在它需要“系统集成”，如果不能在“系统”上下功夫、不能做到“系统化”，单一的努力不但不能取得回报，反而可能出现巨大回撤。

最后，真心希望大家不要再在单一角度上继续偏科，要回到“系统”上来，做到整体突破，打造自己“集成”性的投资体系，最终修行圆满、无漏。

注：本文成稿于 2019 年 5 月 19 日，文章核心提出“系统”一词，详细地分析了系统思维和系统性努力在投资中的重要性。

2.5 龙头战法应该越来越重视“基本面”

我相信很多朋友看到本节标题的时候，会怀疑自己看错了。龙头战法与基本面有什么关系？甚至会质问：“这是做龙头的人写的吗？”没错！大家没有看错。我要表达的意思就是做龙头应该重视基本面。而且，这种重视会越来越强化，越来越势不可挡。

一直以来，有一个很大的误区：基本面是价值投资的专利，提起基本面，大家立即想到价值投资。提起龙头战法，大家立即想到技术分析。这种提法和想法，可以扔进历史的垃圾桶了。

龙头战法不是技术分析，也不是技术分析新的探索和突破，更不是技术分析的一个新流派，它是一套全新的投资哲学和投资方法。它会用到很多前人的成果，包括技术分析的，也包括基本面分析的，还包括量化投资的，但不等同于它们。龙头战法其实是多维度博弈分析，在这个多维中，有三个核心维度：基本面、市场面与周期潮。

市场面指的是盘面，就是怎么解读某个股票在当下是强还是弱，是领涨还是跟风，这涉及 K 线的认知、分时图的解读、集合竞价的解读、承接力的判断、成交量的判断。周期潮指的是市场运动状态，是市场的起承转合，是主力资金起伏的周期和情绪。基本面是什么？基本面是除了股价和大盘之外的所有，凡是非技术面、非盘面的东西，就是基本面。也可以这样说，基本面是指企业的好坏，行业的好坏，以及国家的大政方针。

目前投资圈做龙头股，主流的焦点是在技术面和情绪面上，甚至有很多人只谈技术，提及龙头战法，就与追涨停板、与技术模型等同起来，好像龙头战法就是技术分析的一个新的变种。

其实，这是对龙头战法极大的误解。龙头战法综合体系里，技术分析连30%都占不到，其他逻辑和博弈分析才是根本。而逻辑和博弈分析里，基本面所占的权重越来越大。

也许有人会问：为什么我接触的龙头战法队伍中，很少有人谈基本面？

答：因为你没有待在龙头战法的核心圈子里。你没有接触到真正做龙头的人。

龙头战法队伍鱼龙混杂，因为“龙头”一词听起来高贵，也因龙头股涨起来光彩夺目，很多人就皈依在“龙头”的旗帜下，其中很多做的根本不是龙头股，有的只是技术分析变个马甲，有的是打板族变个马甲，他们离“原教旨”的龙头战法还差得远呢。

佛家有四句话：人身难得，中土难生，正法难遇，明师难求。龙头战法领域的“正法”更难求。真正“正法者”，哪里有那么多时间天天写微信公众号，天天在微信群里活跃？

当然，我也不是说我自己就是龙头战法里“正法”的化身和代表，但我所拜访的民间顶级高手、龙头战法真正的操刀者，无论数量和质量，都远非一般人可比。我曾经出版过关于龙头股的畅销书《股市极客思考录——龙头战法揭秘》，这个特殊的因缘，很有可能让我有幸成为国内接触龙头战法人数最多的人，我对践行龙头股战法这个群体也了解最深。而且，我从2007年前后就开始研究和实战龙头股，我对做龙头的这个群体的了解远非一般人可比。所以，我敢毫不客气地说，龙头战法的“正法”，绝对离不开基本面。

大家平时所看到的龙虎榜上的常客，特别是动辄以亿为单位买龙头股的那些高人，不研究基本面的很少，绝大多数都重视基本面。

有一个顶级游资，我就不提他的名字了，他有一批研究基本面的人才，每天三班倒地研究基本面和能够影响到基本面的最新资讯和情报。至于大名鼎鼎的赵老哥，很多人以为他是靠技术分析，其实老赵最厉害的是对国家大政方针的解读。

我本人见过无数的投资者，深知投资之难，也深知在投资路上学无止境，所以只要我听说哪里有高手，一定托中间人介绍认识一下，一旦对方答应见面，我会第一时间买机票去当面请教。跟这些高手交流中，他们谈的最多的不是技术，而是心法和基本面。比如，为什么买猪肉股？为什么买氢能源股？为什么买新能源股？他们在乎的都不是K线图，而是产业的逻辑、公司业绩弹性的逻辑。

曾经有一个做龙头的大佬，把新财富顶级研究员“包”下来好几个，第一时间买断他们的研究。有个大佬跟我说，他为了搞明白科大讯飞，给一个基本面分析师50万元，让他在科大讯飞待了整整一个月，哪里都不能去，每天只能去科大讯飞。

当然，我并不是让大家都去学他，只是告诉大家一个理念：龙头战法离不开基本面。

作为龙头战法的启蒙者和宣传者，我曾经出版过《股市极客思考录》，那个时候的思想成熟度还不是很高，里面曾经流露出对基本面和读研究报告的某些轻视。我必须在这里向广大读者道歉，归醇纠偏，重归正朔。

那本书是2013年动手写的，2014年写完，反映的是在那之前的思想和观念，但五六年之后的今天，当我重新思考这些问题时，我必须强烈地对我的过去进行“清算”和“破执”，必须提醒大家重视基本面。

正法难遇，正道难闻。我现在把我最新的所思所想，把我认为真正是“正法”的东西分享给大家。

也许有人说：“我以前靠基本面炒股亏死了，怎么又让我回到基本面上来？”

也许有人会问：“基本面就是看财务报表，看市盈率吗？这玩意能挣钱吗？”

我知道很多人对基本面“成见”和“误会”很深，也能感受到基本面对很多人伤害很大。但是我必须说，基本面本身并没有任何过错，错的是我们错误地理解了基本面，或者说我们把基本面用错地方了。

或者这样说吧，我说的要重视基本面和完全依靠基本面买股，是两个问题。重视基本面，是说龙头战法体系里，基本面是一个重要的权重，要把它和龙头战法结合起来使用，才能威力无穷。完全依靠基本面买股，是说基本面是买股的唯一或者主要依据。二者根本就不是一回事。

还有，重视基本面的前提是能用好基本面。龙头战法对基本面的使用和价值投资对基本面的使用不是一个频道，二者对基本面的理解也不同。价值投资往往把基本面作为估值依据和成长性判断的依据，而龙头战法则把基本面作为驱动力的依据。价值投资者看到的是基本面“机械的一面”，龙头战法者看到的是基本面“灵气的一面”。

我这里倡导的龙头战法应该越来越重视基本面，是发现最近几年来，龙头的驱动力越来越多地转到基本面上来。

比如，寒锐钴业是2017年的大龙头，驱动其成为龙头的核心不是情绪，也不是技术分析，更不是成交量，而是其无与伦比的基本面。再比如，蓝晓科技是2018年的大龙头，驱动其龙性发作的同样是基本面。就拿最近的大龙头浙江龙盛来说，能够让它短期翻倍的，核心因素是产业基本面的巨变。这样的例子不胜枚举，比如，深天马A、罗牛山、中信建投、韶钢松山、方大炭素、沧州大化、盐湖股份等等。

也许有人说，为什么基本面不算好的东方通信和人民网能成为龙头呢？对不起，“不算好”或者“不好”，也许是你理解的不好。或者说，你没有站在另外一个角度去理解基本面。

什么叫基本面好？机械的思维是，70分以上，叫基本面好。而在龙头战法眼里，去年它是－30，今年它是10，这也叫基本面好。

另外，如果某个行业发生一个变化或者技术革命，能够让它的基本面从20一下子上升到50，这也叫基本面变好。如果你用这个眼光看基本面，你会豁然开朗，脑洞大开，眼前呈现一片全新的天地。你也会理解为什么我在前面说，龙头战法善于用基本面“灵气的一面”。

用这个角度再去看东方通信和人民网，是不是发现它们的基本面在“变化”？前者是5G行业的前景，会让该公司的基本面提升；后者是“内容审核”，会让公司的基本面提升。

顺着这种思维，可以把所有的龙头股和妖股都过一遍，看看是不是大多数都“师出有名”？看看在主流媒体面前没有逻辑和章法的龙头股，是不是一下子都充满逻辑起来？

当然，我并不是说每一个妖股和龙头股，都是基本面驱动的，也有很多妖股完全是情绪的产物，但基本面驱动的龙妖，越来越多了。特别是2018年以来，基本面驱动的龙妖有完全成为龙妖主流之势，所以我在这里呼吁，大家做龙头战法，应该越来越重视基本面。

注：本文成稿于2019年5月25日，文章中的观点主要是破除对“基本面”的偏见和狭隘的认识。

2.6 人中龙凤如何在“否定”自我中前进的

——谈龙头战法的迭代与与时俱进

任正非是我非常崇拜的企业家，但是有件事却让我耿耿于怀。他曾经庄严的承诺：华为永远不做手机。曾经还把这条承诺写在了“华为基本法”上。

但是，后来华为还是造了手机，而且到今天，手机成了华为的支柱之一。

任正非食言了，说话不算话！

曾经，有人回忆——

有次会上，任老板让大家畅所欲言时，华为高管张利华忍不住大声说：华为的 3G 设备只能卖一次，但是消费者一年会换好几部 3G 手机，中国有好几亿手机消费者。华为应该尽快立项 3G 手机！否则会失去巨大的市场机会。

任老板一听，拍桌子说：华为公司不做手机这个事，已早有定论，谁又在胡说八道?！谁再胡说，谁下岗！

但是后来，任正非不但造手机，而且造出了中国最好的手机。

其实，食言者何止任正非，很多大企业家都食言过。

马云也曾经表态:永远不进入游戏行业。后来,进军游戏了。

马云还说过:绝不做物流,结果不久后就投入 1 000 亿元建立物流体系。

360 的周鸿祎曾信誓旦旦:360 绝不做杀毒软件。

小米的雷军表态:小米绝不赚硬件的钱。结果转头就在硬件上赚的利润有百分之十几。

李开复说过:微软是我服务的最后一个公司,结果不久就跳槽到谷歌,为谷歌服务。

炙手可热的刘强东也表态过:京东 5 年内不涉足图书销售,结果不久就大举进军图书市场。

……

在普通人眼里,这些人都是人中龙凤呀,怎么也食言了?

后来我看了很多书,特别是人物传记,我发现没那么简单。我甚至觉得,这也许是很多凡人和他们有差别的原因。

在我们这里冠之以食言,在他们那里也许是自我革命。一个企业家,在错综复杂的环境面前,调整、改变自己的想法,是进步,而不是退步。敢于否定自己,甚至对自己反戈一击,是大勇!

至于那些脸面,与前进道路上要达到的目标相比,重要吗?

对于一个有强烈进取心的人,有时候把生命都看得很轻,连自己都敢否定,何况其他?

罗永浩说的更彻底:一个企业家,不怕打脸,只怕对不住企业,对不住同事,对不住投资人。为了企业的发展,企业家个人的面子问题并不是什么大事,即使食言,只要有利于企业的发展和产品销量的提升,不少企业家还是要拼的。

一语道破。

其实，一个国家也是如此。所谓的改革，不就是对自己的过去“食言”吗？

当然，总是“食言”肯定不是好事，至少是不成熟。但是，总不能让过去的不成熟捆绑住自己前进的步伐吧？即使是宗教界，也存在宗教革命，推翻过去的教义，也是常有的。

国家和宗教，“食言”只要有利于新的国民和教众，这种“食言”就是革命、就是改革，就是进步。企业和企业家个人，“食言”只要有利于投资者和客户，让新的接受者受益，创造出更好的产品，就是创新，就是前进。

用这个来解读任正非、马云们的内心，也许才是真正的了解大人物的苦衷。

在投资领域，所谓的“食言”也是常事。巴菲特还说自己从来不投资科技股，结果不也是投资了 IBM 和苹果吗？

一个越是复杂和善变的领域，食言发生的概率越高，而且越发生在那个行业顶级的人物身上。

就拿我们做龙头股来说，说“‘二板’才能看出龙头，一板看出个啥”的银河证券绍兴路营业部(著名交易席位)，大家仔细看看它的龙虎榜席位，有多少都是买在第一板！

不是银河证券绍兴路营业部和炒股养家们“知行不合一”，而是他们说那些话的时候，是在多年以前，但是今天的市场，早已经不是从前那个市场，如果不与时俱进，以变应变，永远搞不定这个市场。

我一直赞同一句话：如果你不觉得自己昨天愚蠢，那说明你今天没有任何进步。

如果对于理论研究的人，可以站着说话不腰疼，说什么自己的理论放之四海而皆准，什么自己的方法管多少多少年。

但如果你是个实战家、是以交易为核心的人，你就知道，这几年市场风格变化有多大。如果不随时改变自己，革命自己，背叛自己过去的观点和做法，你就无法在市场上立足。

就拿我来说，我在自己的《股市极客思考录》一书中曾经对涨停板抱有“敌意”，但是今天，市场情绪高度一致，如果你不参与涨停板，也许你永远无法获得先手，好股票直接走一字板，坏股票直接核按钮。这种情况下，必须正视涨停板，研究涨停板战法，并且把涨停板玩的要超过市场绝大多数人。当然，我们还要破涨停之执，不能把涨停板等同于龙头战法。更不能把不涨停板当成不是龙头股战法。

这算不算是对自己“食言”？

我以前也喜欢像欢乐海岸一样，在四板后介入龙头，且信誓旦旦地说，越高越追，说明龙头信仰深刻。但是后来我研究发现，很多龙头可以在第一板就露出端倪，可以用先手进行布局，比如冀东装备、亚夏汽车、罗牛山、超频三、粤传媒、绿色动力等等，其实完全就可以在第一板，顶多等到第二板，就能定龙了，可以大举进攻。如果此时你再画地为牢，一定要等三板四板之后再去买入，那不是刻舟求剑吗？

能够在第一板和第二板就看明白的股票，为什么非要等到第四板第五板再进呢？

我比较欣赏《教父》中的一句话：“花半秒钟就看透事物本质的人，和花一辈子都看不清事物本质的人，注定是截然不同的命运。”

人是需要不断地否定自己来进步的。这种否定，在不明旧理的人那里，叫食言；在实干家那里叫创新和与时俱进。

只要你没有接近事物的本质，你就需要不断地打自己脸，不断地否定自己的观点，来进步。这种进步比那些标榜自己早已掌握一切真理，标榜自己永远正确，死不悔改的做法，不知要强多少倍。

注:本文成稿于2018年9月9日,文章中的观点有点过激,“食言”应该用“自我否定”一词可能更好。但文中传达的与时俱进、自我破执和革命的思想,是很有意义的。

2.7 投资时该拥抱情绪，还是拥抱理性

忘记了在什么地方看过一个段子，大意是这样的：

一个炒股多年的人，苦苦不得投资的精髓，于是登门请教一个顶级高手，问炒股的精髓是什么？对方只送他六个字，就咣当一声，闭门谢客。那六个字是：情绪！情绪！情绪！

段子的真假无从求证，不过其用词却很传神。至少说明，在某些人心目中，情绪变得无比重要。

不知道从什么时候开始，无数的大V和微信公众号名家，开始频繁地使用情绪这个词。比如情绪逆转，分歧转一致，情绪爆棚，情绪高涨。好像情绪就是股市的根本，或者情绪就是短线的根本一样。

股市是一个奇怪的地方，在其他地方是很贬义或者不屑的词汇，到了股市，就变成了宝贝。比如，“无脑”是一个带有侮辱性的词汇，但是很多人喜欢给自己贴上无脑买入的标签，以此来说明自己对某种方法的信仰。再比如，“情绪”这个词，其实也不是个好词汇。比如，我们看下面几句话：

——你这是带着情绪跟我说话；

——你怎么闹情绪；

——不要情绪化。

在这里，情绪都是不好的词汇。但是在股市，好像情绪是另外一个词汇，很多人形容自己的买点或者市场的好坏，都喜欢用情绪这个词。

难道情绪分析，就能代替理性和逻辑？难道情绪就高于数据和事实？

对情绪的高度重视，国内首开先河的是葛卫东，葛老大曾经说过：

“我们的判断是基于事实和数据这两个维度，而参与的这场游戏，却是在情绪的第三维和梦想的第四维上展开的。”

当然，这段话出处有好几个地方，《对冲基金风云录》上好像也有。

从字面上理解，葛卫东认为情绪和梦想远远高于数据、事实和逻辑，也许他说这句话的时候是有某种语境；也许多年后的葛卫东未必同意多年前他的这个论调，但这句话的影响力，却早已遍及大江南北。各路投资名家抓住了老大的这句话，再加以润色和推广，于是就变成了今天的我们看到的情绪满天飞。很多人跟我讨论股票的时候，动辄就飞出来一个词：市场情绪到了；炒股就是炒情绪！

无可否认，情绪非常重要。但认为情绪比其他东西高级，也未必。数据、事实、逻辑，它们比起情绪和梦想来，有时候这个重要，有时候那个重要，没有一成不变的说法。

比如：

市场平淡和冷静的时候，数据和事实就显得很重要。

市场狂热和崩溃的时候，情绪就变得重要。

在价值投资和长期投资者那里，数据事实以及逻辑，远远比情绪重要。

在量化对冲投资者那里，逻辑和模型就更重要了，情绪和梦想反而是副作用。

还有，我一直认为，对于新手或者段位较低者，情绪确实主导投资；而对于高手，往往是不带情绪，或者是反用情绪的。

纵然是观察市场参与者的情绪，也不是一成不变的，有时候情绪高潮的时候，反而是应该撤离的时候，比如 5 100 点的时候，比如某些个股的历史大顶，根据情绪的高涨来制定交易计划，有些时候是投资的大忌。

我平时喜欢看西方投资大家写的投资类书籍和文章，比如巴菲特、索罗斯、彼得林奇、欧奈尔、艾略特、施瓦格、罗杰斯、科斯托拉尼、约翰默菲等等，他们书中充满的是对理性和逻辑的重视，特别是对投资本质的挖掘。我也喜欢看一些华人专业人士写的书籍和文章，比如段永平、周金涛、邱国鹭、青泽、但斌等等，他们强调的也是投资的内在逻辑和价值观。当然，我更喜欢跟我身边的实战高手交流，交流中，我也是喜欢看他们分析股市的方法、视角和逻辑。

大家是重视情绪，但是没有一个把情绪和梦想放在最高的维度。即使把情绪放在高纬度，也是利用别人的情绪，而不是自己带着情绪和梦想去交易。

所以，以葛卫东的智商和段位，我更愿意相信葛卫东所说的情绪的第三维和梦想的第四维是一种文学的词汇，一种诗性的语言，而不是一种论断，更不是放之四海而皆准的真理。

但是，散户的市场却恰恰喜欢拿情绪来说事，明明是分析市场的逻辑和规律，却变成了分析市场的情绪。难道情绪真的可以左右一切吗？

就拿天华超净来说吧，又一次让情绪派失望了。无数的大 V 写微信公众号，说该股周五尾盘（见图 2－1）强势逆转，情绪由分歧转一致，可以利用情绪和梦想无脑进入了，结果呢，如图 2－2，暴跌！

为什么？

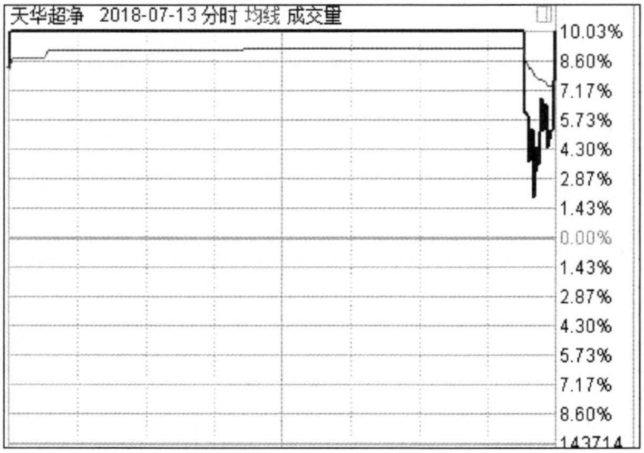

图 2-1　天华超净 2018 年 7 月 13 日的日内分时图

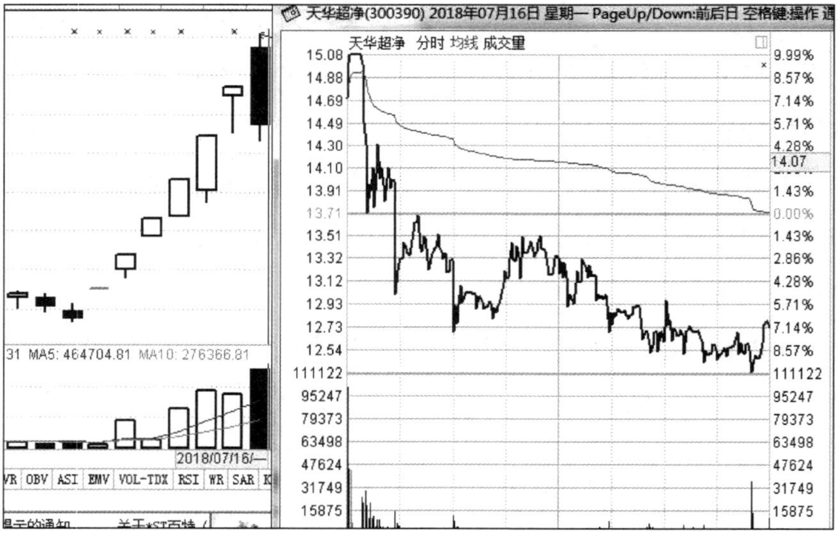

图 2-2　天华超净 2018 年 7 月 16 日走势图

如果稍微用一点理性，都能分析出，该股不可能无限地往上，因为有“事实和数据”维度的东西。天华超净就是跟宁德时代搞个合资公司，涨一倍还不够吗？这个事件级别是有对标的呀，怎么可能在情绪的第三维和梦想的第四维进行无脑打板呢？

即使从盘面上，也能进行很冷静的理性判断，该股周五尾盘被砸，明显地是主动出货，而不是洗盘。出货的核心在于前期筹码兑现加之高度对标完成，分时图和盘口上，都是乌合之众的散户进入。这种情况无论如何，也不要再用情绪这个词来忽悠散户了。

在我的价值观里，理性永远高于一切。做投资，恰恰是应该反对情绪和梦想的，做一个保守者比做一个充满情绪者，更加容易在股市成功。

靠理性分析，靠逻辑推理和细节观察，远远比靠情绪重要得多。

情绪可以作为观察市场的窗口，但它永远不能取代逻辑分析和细节判断，特别是微逻辑推敲。不要看到一个股票暴涨，不经推敲，就贸然启动自己的"非理性"因素而杀进去。

逻辑很重要。很遗憾，我们别说初中、高中，就是有的大学本科甚至研究生阶段，都没有开逻辑课程，逻辑的缺失不应该成为我们自豪的东西，而应该是我们深深痛惜的东西。人类最大的文明成果，比如股份有限公司制度，比如现代法制制度，比如蒸汽机，比如相对论，比如芯片，比如登月，都是理性和逻辑的胜利，股市也绝对不能例外。股市虽然没有明显的线性逻辑和数理理性，但是它一定有自己的特殊逻辑和理性。股市虽然在某种程度上充满非理性，但我们恰恰要用自己的理性去战胜别人的非理性，千万不要再站在情绪和梦想面前嘲笑理性和逻辑，而应该用冷峻的眼光，冷静地对待自己的每一笔投资。

有伟人说过，意识形态的东西，你不去占领，敌人就去占领。

其实还有很多地方，科学不去占领，愚昧就去占领；理性不去占领，情绪就去占领。作为投资者一员的你，我亲爱的读者，你是希望哪种东西占领你的大脑呢？

注:本文成稿于2018年7月16日,是对股市情绪和理性的深度思考之后所写的感慨,写本文时,几乎一气呵成,因为对这个问题感触太深了。希望能够启发读者高度重视理性精神。

2.8 从散户劣势看行情的重要性

这个世界上，大小各有其优势，大有大的难处，小有小的好处。

小比大好的地方是什么？——船小好掉头，灵活性好。大比小好的地方是什么？——稳定，规模优势，组织性和计划性强。

生物界的万物正是如此才大小并存，各有精彩，万类霜天竞自由。实业的世界也是如此，大公司不能独吞所有的机会，小企业以其灵活性可以广泛存在，可以在夹缝里生存发展。

但大家想过没有，如果在一个世界里，大的东西不但有自己的优势，还把小的事物的优势占尽，如此，小的事物就无法生存。有没有这种生态？有。很残酷地说，A 股就是这个地方。大的东西，游资；小的东西呢，散户。

残酷地说，在 A 股的世界里游资正在对散户形成碾压。首先，信息优势，游资的信息优势肯定比散户强。其次，制度优势，游资的资金量大，筹码多，可以在一个股票上做事实上的 T+0，而散户不行。其三，游资联合多账户操作，可以用部分账户布局，部分账户拉升，部分账户在高位制造龙头迹象。其四，游资可以用钱，或者本身操纵一些媒体，特别是一些公众号、微博和复盘类的网站，形成“舆论”导向，给散户洗脑，配合出货。

这些，散户都没有。所以，散户对抗游资，是一件很难的事情。也许有人说，散户的优势是“灵活”。

其实，我最想说的就是这个，传统的大家认为的散户灵活这个优势，也完全不存在了。我们看看下面几个图(见图 2 - 3、图 2 - 4、图2-5、图2-6)。

现在这种图不是很少，而是很多。一瞬间就上去了，一瞬间就下来了。这种分时图完全是游资做的。

在这种图面前，试想，抢单你能抢得过游资吗？出货，你能比游资跑得快吗？

也就是说，游资比散户灵活。

游资有拖拉机软件，软件下单，甚至是人工智能都用上了；游资有很多下单员，瞬间抢单；游资纪律严明，杀伐果断。

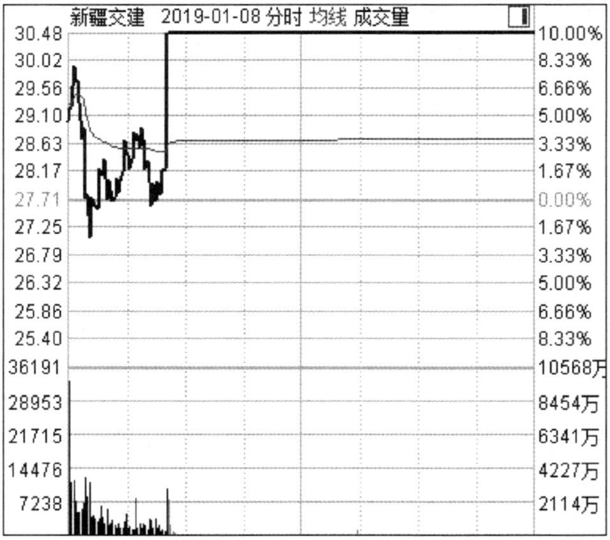

图 2 - 3　新疆交建 2019 年 1 月 8 日分时均线成交量

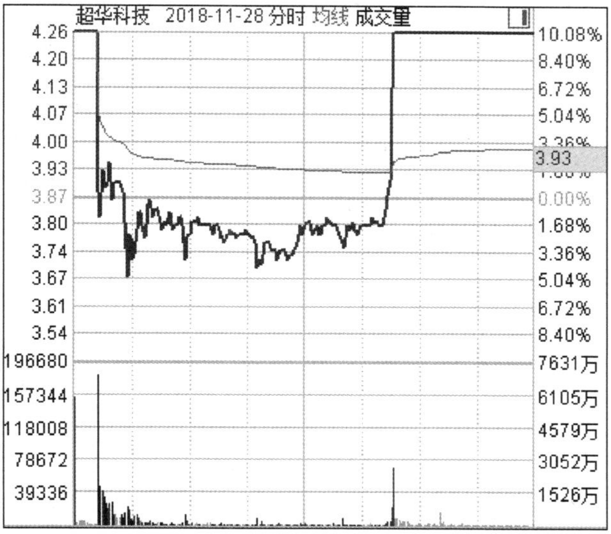

图 2-4　超华科技 2018 年 11 月 28 日分时均线成交量

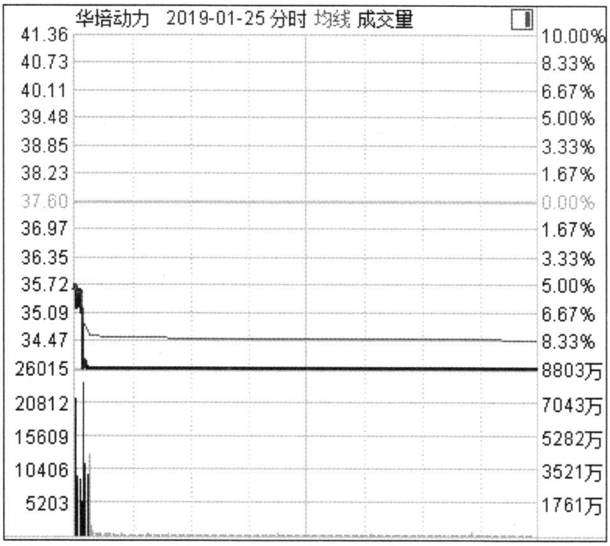

图 2-5　华培动力 2019 年 1 月 25 日分时均线成交量

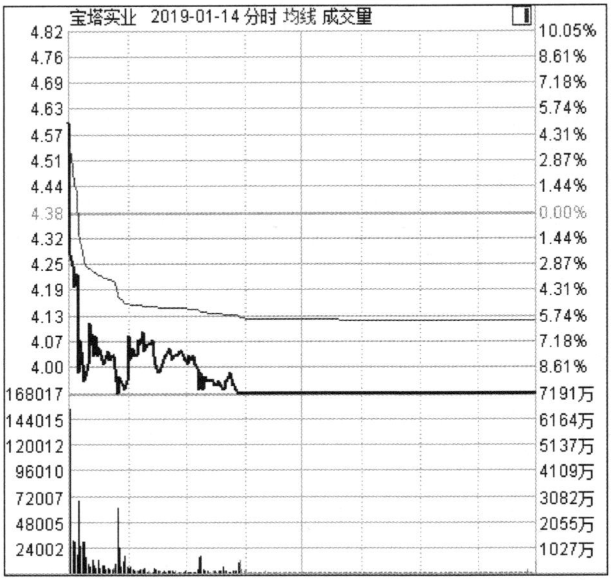

图 2-6　宝塔实业 2019 年 1 月 14 日分时均线成交量

一句话:游资比你大,还比你灵活。

这种情况下,散户几乎不可能在游资主导的股票上赚到大钱。

那该怎么做?

答:等比你更傻的人出现。

那是谁?另外一个散户,另外一群散户出现。

那他们什么时候出现?

看增量资金。

俗话说:市场好的时候。

如果市场不好,散户永远别想从市场里赚钱,无论你用的是什么方法,什么技巧,什么理论。

注:本文成稿于2019年1月30日,是从一种特殊的角度来让大家认识到行情的重要性。本文首载在“股市的逻辑”公众号里,原文题目是《游资正在侵吞散户最后一点的优势:论行情的重要性》。

2.9 请不要中一种叫“股神”的毒

不知道各位看官有没有一种感觉：即使市场再差，即使股市再难炒，总有一种人赚钱如探囊取物，能够抓住市场上仅存的甚至是唯一的机会。

这种人大多活在微信公众号里，或者微博上。

他们最爱说的一句话：正如我……

这种人跟传统的股评家的区别是，他们会贴出自己的“交割单”给你看，让你感觉“铁证如山”。

他们对股市节奏妙到毫巅的拿捏和妖股手到擒来易如反掌的潇洒，会让你怀疑自己的智商，甚至怀疑人生。

人世间真有如此之“股神”？

如果你信，你就中毒了！

我见过的股市高手千千万，大家推心置腹交流之际，都有一个共同的态度：敬畏市场。凡是没有这种气质的，都难成大器。

反观现在各种微信公众号和微博，神仙四起，每天不辞辛苦地告诉你，他又把哪个涨停抓住了，今天又干了多少妖股；一旦遇到大跌或者调整，他又在微信公众号里炫耀——你没有看到，我早就提示风险了！

这种不叫炒股，叫玩杂技。各位看官千万不要被误导。

我认为，投资是这个世界上最考验心性的事，它的复杂程度超过很多领域。正因如此，我们一定要寻找最大的安全进行保护。

这个最大的安全就是“势”。此种势，主要包括两点：一是大势，大方向，也就是趋势；二是赚钱效应。

舍此二者，凡是在术上求的，无一例外地会被股市消灭，无论是平民百姓，还是股神大鳄，无不如此。

最害怕的是什么呢？最害怕的不是各位看官不明白这个道理，而是被这中毒。

比如，明明知道投资要仗势，但是一打开微信公众号和大V文章，看到这些神人发的交割单，就发现原来有那么多“技术”可以超越“势”，于是，就在急于赚钱的心态的蛊惑下，抛弃了“势”的思维，转而陷入“术”的怀抱。

我把这种现象叫中了“股神”的毒。

其实，真正的投资，无论龙头战法还是价值投资，还是趋势，抑或量化投资，无不坚守自己的能力范围。那种企图在任何市场任何时候都能靠“术”来战胜市场的想法，是极其幼稚的。

有道无术，术尚可求；有术无道，止于术。

就拿龙头战法来说，窃以为，龙头战法必须满足两个核心条件才能运用：一是大级别的题材；二是市场的赚钱效应。我把前者称为日，后者称为月，二者同时具备叫日月双辉。凡是听过我讲投资的朋友，应该都知道我的这个理论。

这也是我的龙头战法和别人不一样的地方。我从来不在自己的公众号里像流水账一样贴今天买了什么，明天卖了什么。我只阐述逻辑和思想。因为我认为，每个人交易的是自己思想的产物，如果思想讲不明白，再多的案例，也是没有价值的。相反，会让别人“中毒”。

所以，我的公众号里写投资案例，都是深度挖掘思维和逻辑，而不是记录流水账。

我认为，龙头股战法从来都是高智商的博弈智慧，这种博弈必须依赖独特心法和一大堆的细节。真正的好的细节，除了口口相传，当面交流外，文字实在难以表达完备。

真正的龙头战法应该是出手少，但出手重。凡是天天出手，凡是经常贴单，一定不是龙头战法。

回想起自己的投资成长历程，我发现真正能让自己有革命性飞跃的，要么是独自思考、半夜醒来脊背发凉的时候，要么是看到了一本书或者一篇好文章，要么是遇到一个高手、进行多次的深度交流和对话，要么就是听了某个真正的高人的一场足以慰藉灵魂的报告，但无论是哪种，都是深度的、真实的，而不是那种充满炫耀性质而毫无内在逻辑挖掘和推理的快餐文章，更遑论真假还不确定的随时可以用软件去P的交割单和流水账。

注：本文成稿于2018年6月20日，其用意在于让大家重视行情，重视势，重视独立思考，摆脱外界的干扰，特别是所谓的自媒体和股神的干扰。投资是你和市场之间的事情，与别人无关。

2.10 上轮熊市我犯过的最大错误

——我们为什么从来不从历史中吸取教训

对我来说，上轮熊市不是 2015 年暴跌下来的熊市（因为它不是上轮，本质上，现在这轮熊市是它的延伸，它和目前的熊市其实是一轮）。我说的上轮熊市是 2007 年 6 124 点跌下来的那轮熊市。记得股市从 6 124 点跌下来，后来跌破 5 000 点，又跌破 4 500 点，又跌破 4 000 点，一路暴跌。在这个过程中，有一个很大很牛气的人物，他就写文章，其文章的思路是天天寻找利多，寻找股市转折的理由和新闻。比如：

某个领导人又讲话了；

某个部门又制定有利于股市的政策了；

某个行业又出台利好了；

某个企业又业绩预增了；

海外某个国家股市又涨了；

指数又到了某个支撑点；

某个券商开会又唱多了；

某个技术特征又出现超跌了；

……

那个时候，我觉得这个人真好，有种全世界都是坏人就他一个人是好人的感觉，内心里非常认可他，打心眼里认为他是良心股评家，良心经济学家，道德高尚，为股民着想。

可是后来，虽然他寻找做多的证据和理由超过了一年，但股市也疯狂的一口气跌了一年多。

情深不寿，盼望股市上涨以及寻找利好的证据，这些不能成为蒙蔽我们双眼的一厢情愿。

“天地不仁，以万物为刍狗。”股市有自身的规律，当趋势形成的时候，涨跌会按照趋势去运行，为什么很多人背着趋势去逆势寻找相反的证据呢？

股市规律千千万，但是熊市里天天用牛市思维来唱多，牛市里天天吓自己用熊市思维来唱空，是最违背规律的事情。

其实，股市空，你比它更空；股市多，你比它更多。这才是正确的思维。但是，很多人总是希望股市按照自己的想象去走，即使是明显的暴跌，也去四处搜集走牛的证据，这是典型的一根筋。

上轮熊市，我就是被这一根筋所害。

我想，不止我一个人，甚至包括很多著名的大V和了不起的人物，应该也都是被这一根筋所害。

正是有了上轮熊市的教训，我深刻认识到趋势的伟大价值，我把它写在我的著作《股市极客思考录》的第四篇上，排序超过龙头股篇，更超过涨停板篇，并重点说明：趋势是一种伟大的力量，这种力量谁都无法去逆转。只可惜，很多人不去看这篇，可能是认为没有价值吧。但我却觉得这是最有价值的。

很多人还有一个怕踏空的心理。其实，这是天大的误解：

(1)趋势的逆转绝对不是一天两天，甚至一周两周，它需要一个区域和过程，即使你错过了一两天或一两周，你也踏空不了。

(2)趋势的逆转，最需要的是成交量放大。如果没有成交量放大，即使价格反弹，你也不必担心，因为会给你二次建仓的机会。

(3)如果你不是几十个亿，建仓需要一个周期，你就那么一点资金和筹码，随时可以上车，你怕什么踏空呀?

所以，此时此刻，最需要做的不是怕踏空，而是静静地等到原有的趋势走完；静静地观察什么时候能够放出足以逆转趋势的成交量；做一个没有观点的人，以市场的观点为观点。

其实，市场没有特别多的新规律诞生，我们把旧规律认真领会就够了。但是，我们大多数人回望股市的历史，不得不悲观地承认：我们从历史中学到的最大的教训就是——我们从来不会从历史中学到教训。

斯诚憾事!

行文至此，忘记跟大家说件事，上轮熊市那个一直唱多的牛气人物，从此之后，我就再也没有看他的文章了。刚才刻意又去看了下他的主页，居然粉丝比以前更多了。

注：本文成稿于2018年9月14日，是我对很多人在熊市抱着牛市思维有感而发之作。

2.11　风控最大的敌人是什么

今天股票暴跌，很多人又想起风控了。

其实，很多人早就知道风控的重要性，也都有自己若明若暗的风控系统。那为什么，很多人走着走着就放弃自己的风控了呢？

或者说，风控的最大敌人是什么？

是什么让一个理性的人、健全的人，不知不觉地放弃风控、放松风控呢？

我的答案可能会让很多人大吃一惊，因为我的观点是：行情暴涨。

对，行情好、股市火爆，是风控的最大敌人。

为什么？

因为一个人建立其一套理性的风控系统，最容易把其摧毁的不是熊市，不是暴跌，不是股灾。负面因素反而会让风控更加固若金汤。

但股市火爆，大盘涨起来，会麻痹很多人，会让很多人以为风控过时了，不必太小心了。于是，就放松风控标准。

在很多个投资场合，我都阐述过我的独特风险观。我认为，风险不是暴跌的时候产生，暴跌只是兑现了风险，事实上，上涨和赚钱的过程才是产生风险最多的时候。注意，这里不是说涨高了会有风险，而是说，上涨和赚钱的时候，会让很多人放弃原则，胡乱交易也会赚钱，就让人误以为交易之道不过如此，乱交易也能赚大钱，久而久之，日积月累，风险就入侵到交易习性中来。这就是我说的，为什么暴涨才是风控最大敌人的原因。

这个道理如同人之疾病，很多时候，致病因素不是得病的时候才有，而是健康的时候就有。只是身体强壮看不到病菌，掩盖了矛盾。但是只要机体衰弱，马上就表现出发烧、咳嗽、无力等症状。病不是在生病的时候得的，健康的时候已经种下疾病的根子。我说的投资风险正是这个道理，上涨的时候，如同人体之健壮。此时纵然有不良的交易行为入侵其中，你也感受不到。等市场暴跌了，突然感觉到风险了。其实那不是暴跌时才产生的，而是暴跌让你的风险暴露而已。

注：本文成稿于 2019 年 3 月 26 日，是我对风险控制的有感而发。

2.12 龙头战法新生态

什么方法都要进化和迭代，龙头战法也不例外。

以前，做龙头的人少，龙头战法在一个小圈子里小范围传播，属于小众，其有效性也比较高。但当微信公众号和各路大 V 进入龙头战法领域后，龙头战法迅速传播，打开各大网站和大 V 文章，如果不提龙头，不寻找市场热点，好像就落伍了一样。

更有甚者，各路股神都在微信公众号上帮股民梳理复盘流水账，什么谁是龙大，谁是龙二，谁是杂毛，都帮你整理得一目了然。好像龙头战法很简单，直接根据这种复盘文章无脑买入龙头就是了。

你相信龙头战法有这么简单吗?

当一件好事情，你感觉不像是真的，那它一定不是真的!

其实，目前大家理解的龙头战法，包括各种公众号、自媒体中传播的龙头战法，很多只是对过去规律的总结。或者是说，只是比较适用于过去的市场，对今天的市场再用过去的龙头战法，不是说不行，而是效率递减。

为什么?

因为龙头战法永远只是一小部分人用，用的人一旦多了，必须迭代和进化。

说得残酷点：永远没有一种方法，让大多数人都赚钱。因为市场是零和博弈。

那么，我们该怎么办？必须比市场上普通流行的龙头战法高一个维度，必须看到龙头战法新的迭代和演化，而不是机械地、教条地按照过去那种龙头战法的规律来做接下来的龙头。

我们必须看到，龙头的生态已经出现重大变化，比如：

龙头的一致性加强；

管理层对龙头的监管加强；

龙头的打板族增加；

龙头的假现象增多（这个像今天的整容，以前天然美女多，现在人造的美女多，假龙头，长得像龙头的股票正在大面积增加）；

龙头的无脑族增多；

等等。

面对这种情况，我们必须做到两点：

(1)必须比别人维度高，别人用太极拳八卦掌，你必须用机关枪手榴弹。如果永远和别人的思维武器一样，永远没有胜算。也就是说，你的龙头战法的维度要高于普通龙头战法的维度。

(2)苛求极致，苛求细节。没有一个领域有股票这个领域对细节要求这么严格，龙头战法必须在很多细节上下功夫。比如辨别龙头，你最好比别人早，最好比别人多几个细节点。如果都在一致性的时候才知道龙头，这种战法是没有胜算的。

说起来简单，做起来难。为什么？

试问大家，特别是那些读过我的书、我的微信公众号，以及爱读别人微信公众号的人，你们是怎么复盘的？你们是怎么找龙头的？

你们发自内心地告诉我?

我相信很多人是从网络上,从大V文章里,从微信公众号里,从网站上。其实,这就错了。最好的方法永远是自己对着交易软件去找,自己从一根根K线,一个个分时图,对应一个个公告一个个新闻,辨别一个个F10,反复去揣摩,如此你才会发现属于你一个人的小秘密,也就是细节点。这一点,没有一个自媒体文章和网站能够帮到你。

细节如此,维度也是如此。所谓的降维,主要有两点:第一,你的时间点比别人早,不能跟别人一致;第二,你的观察方法比别人高级,不能跟别人用同样的东西。

目前市场上,流行的判断龙头的方法是什么?就是谁的人气好,谁先涨停,谁能从分歧到一致,其实这种维度人人都知道了,就等于说你没有任何优势了。你应该建立一种有别于这个逻辑的维度,而且,不能等到一致再买入,一旦一致就晚了。

没有分歧,就没有龙头,必须在分歧中就把问题解决了。

我为什么很少写微信复盘的流水文章?为什么我从来不推荐股票?不告诉大家谁是龙大谁是龙二?

因为我从骨子里认为这种东西是没有用的。当你知道的时候,就已经晚了。这些问题应该在盘中就解决了。这就叫降维打击,你永远比别人占领先机,让今天晚上的复盘文章为你服务。

再直白一点说:你不要收割韭菜,你要收割普通的半吊子的龙头战法者的钱。或者说,你要做龙中龙、人上人。

要做到这点,必须对分时图,对位置,对题材的级别,对龙头心法,有深入骨髓的认知和理解。

唯有如此,才能对付龙头新生态。

几年前,我写书的时候,我就想:会不会龙头战法有一天变得很庸俗？庸俗到把高智商的游戏变成比谁胆量大的游戏？

我深知，为了找到龙头和比较龙头之间的区别，我们会坐在电脑面前反复揣摩求证许久，甚至几个小时，而这个过程会不会被一些人简化到一分钟就可以给你答案？

很不幸，被我言中了。今天的龙头战法就变成了这样的东西。既然生态如此演变，我们也只能以变应变，迭代和与时俱进，永远让自己成为少数分子，而不是大多数。

注：本文成稿于 2018 年 4 月 19 日，是我对龙头战法的纠偏之作。现在很多人复盘的时候很偷懒，或者根本认识不到独立复盘的重要性，只是从微信公众号、各个网站中去选股，我对这种现象非常担忧，就写了上文。就算认真地思考，也未必完胜市场，何况不认真思考呢？只有认真思考，独立复盘，维度升级，才有可能比其他人更好地做好龙头，没有谁能随随便便成功。

2.13 炒股高手每天盘后是怎么复盘的

有朋友问我:你经常说自己在复盘,到底什么是复盘? 怎么个复盘法?

更有甚者,还有一些朋友更直白:3 点收盘后,我就没有什么事干了,还不知道有复盘这档子事儿。

确实,很多人在股市里开盘就上班,收盘就下班,根本没有复过盘,有的即使复盘也是蜻蜓点水,看看股评、看看新闻,如此而已。

其实,复盘非常重要,专业选手和非专业选手的一个极其重要的区别就是复盘。真正的专业投资者,他的交易是在复盘过程中完成的,开盘后他只是执行计划而已。也就是说,复盘做好了,交易就会自动地做好,这就是我们常说的:交易你的计划,计划你的交易。不但炒股,商界大佬也经常复盘,柳传志就是其中最善于复盘的。虽然柳老的复盘和我们炒股的复盘内容不一样,但本质上都是一样的:审视过去的市场,审视自己。

我从来不敢自诩是股市绝顶高手,但我绝对见过很多绝顶高手,我就把自己见过的、自己了解的别人复盘和自己常用的复盘方式跟大家分享一下。

一、查看当天的“交易信息披露”

登录上海证券交易所和深圳证券交易所官网，查看“交易信息披露”，此项会披露当天市场上一些特殊股票的“公开信息交易”，即龙虎榜数据。龙虎榜的数据非常有用，它可以解释一些股票涨跌的背后因素，能够看到机构和游资的作战情况。查寻此项的同时，还可以看一下大宗交易情况。需要说明的是，观察龙虎榜要善于分析，市场老手能够从中看到很多秘密，这种能力是逐渐练出来的，不是一朝一夕之功。

二、查看当天上市公司公告

上市公司公开披露的公告也是在上海证券交易所和深圳证券交易所官网上查寻，分为好几个类型，有业绩类的、有资产重组类的、有配股分红类的、有澄清类的等等。大家要善于用上海证券交易所和深圳证券交易所，很多其他大名鼎鼎的网站，比如雪球、东方财富网、同花顺、浪潮资讯网都是从这两个地方抓取信息，也就是说，交易所的原始数据是最官方、最权威的，也是最新的、第一时间的，其他网站的都是二手信息。善用上市公司的公告非常重要，如果使用得当，可以打信息差，能在股票涨停和发动之前买到。

三、查看官媒

有几个官媒非常重要，必须经常看，它们是：人民日报、新华社、发改委、证监会、CCTV。可以上它们的网站，官媒对市场的引导非常重要，通过看官媒，常常能够发现很重要的信息。

四、关注外媒

外媒的重要性比较特殊，它能够提前透露一些秘密，比如路透社就提前透露某位领导辞职的秘密。再比如，最近中概股回归受阻，其实在前一天晚上，美国的媒体就报道过。彭博、华尔街、路透社还是要经常看的。

五、行业网站

有的朋友特别喜欢投资某类股票，比如有的人喜欢投资高科技股，有的喜欢新能源股，有的喜欢医药股，有的只买银行股，有的只买保险股，这类朋友，要特别留意行业网站的动向。

六、复盘市场本身

这个内容是最重要的，狭义的复盘就是指这个内容。我把这个做一下归类：

(1)涨停复盘。所有涨停的股票，都必须分析它涨停的原因，查看公司的基本面。

(2)跌停复盘。所有跌停的股票，也都必须分析它跌停的原因，查看公司的基本面。

(3)异动复盘。虽然没有涨停或者跌停，但对于好的复盘手，一定要复盘以下股票：振幅前后各三十名的股票，换手率前后各三十名的股票，成交量前后各三十名的股票，成交金额前后各三十名的股票，量比前后各三十名的股票，以上股都要查出它的信息面的变动原因。（注：所谓各三十名，是说最前的三十名和倒数的三十名，比如，换手率最大的前三十名和换手率最小的前三十名。）

（4）传闻复盘。所谓的传闻复盘，就是针对市场上每一个传闻，都要查清楚它的原因，看看传闻是真的还是假的，要特别注意的是，如果传闻是假的，不要觉得就万事大吉，有很多假传闻比真的传闻对市场价格影响更大，关键是要分析清楚传闻有可能对市场产生什么影响。

（5）持股复盘。这个很好理解，就是把自己持仓的股票，认真地分析一下新的信息面的变化。

（6）技术复盘。技术复盘就是用自己的交易体系，反复模拟市场将来的走势，以及市场为什么走出目前的走势。

七、外盘复盘

A股受外盘影响越来越大，必须高度重视外盘，特别是美国股市对我们的影响。A股中的很多概念是跟着美股炒作的，比如特斯拉，比如苹果，比如互联网，比如精准医疗。每天八点前，要养成把外盘看一遍的习惯，特别是要认真地看一看美国股市有什么新的情况和变化。刚刚过去的前几天，美国的中概股率先下跌，如果复盘做得好，可以在开盘第一时间就把一些壳资源和互联网、VR之类股减仓了。

八、关键价格走势

关键价格走势主要是指期货价格和一些特殊的价格，具体包括：石油、黄金、白银、锌、铜、铁矿石、煤炭、稀土、大豆、白糖、维生素、中药材、波罗的海货运指数、美元、欧元、澳元、多晶硅、锂等等。需要注意的是，这些价格有的有独立走势，只受国内因素影响，但大多数受到海外期货影响，所以，必须高度关注夜盘的情况。

九、研究报告

如果有时间，尽量阅读一些好的研究报告，特别是中金证券、国泰君安、中信证券和招商证券的。如果每天坚持读 10～20 篇研究报告，对了解基本面非常有用。

十、复盘你自己

复盘你自己是最重要的，复盘时要高度关注自己的交易模式是否还适合当下的市场，要高度留意一些股票符合自己的买点时自己是否买了，特别是要审问自己是否严格执行了自己的交易计划，自己的手是否冲动买了计划外的股票；是否内心经常患得患失，是否冲动鲁莽，是否心血来潮。这一点非常重要，交易大师，是要一只眼睛盯着市场，一只眼睛盯着自己的，复盘时，肯定要重点审问自我。曾国藩在街上看到美女，心旌摇荡，邪念生焉，晚上回去立即反省，拷问自我，如此他才成为一代大家。没有谁能随随便便成功，我们要达到物我两忘的交易境界，必须经常复盘自己。

另外，复盘自己最重要的一项是定期复盘自己的交割单，对在什么地方错什么地方对，其背后的原因要挖地三尺地去探究。

以上十条就是复盘的最核心内容，当然还可以说出很多条更细腻的，有机会再写吧。

需要说明的是，上面十条看似不多，其实很多，如果能完全做下来，那是一件很累的事。有些投资公司甚至用一个团队的几个人去分工完成。比如，上面仅仅上市公司公告这一项，就是一个庞大的信息收集工程。目前我自己也和一些投资界的朋友合作，大家共建共享一些复盘内容，我计划今后再建一个微信群，大家可以共享彼此复盘的资讯和心得，这是后话。

写这篇文章的主要目的是告诉每一个朋友，无论哪行哪业，如果我们仅仅是从外面看，往往只能看到冰山的一角，其实背后的工作量大着呢。有人看到我的交割单，会问我，为什么买点那么巧呢？其实，那是千锤百炼反复复盘的结果，绝对不是一时心血来潮、灵光一现。真正的投资是很苦的事，看似点击了一下键盘，但背后付出了常人难以想象的努力，没有谁能随随便便成功。

如果你想成为投资高手，那么从今天起，开始复盘吧！

注：本文成稿于 2016 年 5 月 4 日，现在回头再看，本文只是复盘的基本功，虽然很辛苦，但这是每天操盘必不可缺的，也是成长路上必不可缺的。如果你能坚持 2 年以上，收获会非常大，你对几千只股票会了如指掌，对行情敏感性和行业基本面也会洞若观火。希望大家多复盘，勤思考。

2.14 高手们在交易时都在想些什么

今天重点来谈谈一个战术问题:高手们在下单的时候想些什么?

我认识很多实战高手,包括期货、外汇,当然更包括股票高手。这些高手的外在与众人无异,选出的股也与众人无异,甚至选股水平还不如普通散户。我经常看到有些散户甚至新手选的股一周能涨百分之四五十,而所谓高手们买的股倒显得平淡无奇。他们的差异一点也不在于外在,而在于思维。

列夫·托尔斯泰说:“幸福的家庭大多相似,不幸的家庭各有各的不幸。”套用在股市上,高手们的思路大多相似,而普通股民则各有各的思路。高手下单前后有自己独特的想法。

一、下单前:看得懂

什么意思?高手只买自己能看得懂的股票。每个高手都有一套自己的交易心法,每次下单前,高手只按照自己的心法去选股,选择的股一定是符合自己心法、自己完全看得懂的。这与普通股民有很大的区别。我见过太多的股民,或者因为情绪激动而买某个股,或者因为别人推荐而买某个股，或者因为道听途说的消息而买某个股，或者因为巨大亏损后出于报复性扳回损失心理而买某个股，或者是因为跟风而买某个股，或者是某个内幕消息而买某个股，甚至还有人因为某个股票的名字听起来特别而买某个股的。

二者的核心区别是：相信自己还是相信别人？深思熟虑还是一时冲动？比较起来，高手们更加明理知法，除了他们自己能看得懂之外，逻辑范围内的，其他股一律不敢买；而普通股民就胆大多了，什么理由什么股都敢买。

二、下单后：万一错了怎么办

这是高手与普通人最核心的区别。如果说是否看得懂仅仅是思路和胆量的话，那么买入后对预期的判断则是高手和普通人的根本性区别，也就是这一区别，让高手们能保留利润，收益曲线平滑持续上升，而普通散户总是暴赚暴亏，总体难言赚钱。

高手们买股后首先想到的不是赚多少钱，而是想万一错了怎么办？所以，高手对出现最坏的情况会有预案，一旦发现错了，立即止损，绝对不会让错误扩大。而普通股民呢？他们总是想涨涨涨，赚赚赚。我见过很多股民，他们说，我买的股怎么会错呢？这个股票可是谁谁谁推荐的。你知道他是谁吗？他以前推荐的股票有多准吗？你知道他是什么身份吗？你知道这个股可是有内幕的呀，会重组！二者的核心区别是可错性。这里我稍微展开下。可错性是索罗斯提出的概念，本人在自己的著作《股市极客思考录——十年磨一剑之龙头股战法揭秘》中，有一章节专门剖析索罗斯投资思想及其哲学根源。为了寻找索罗斯投资体系的基因，前几年我曾在图书市场上查阅了几乎关于他的所有的书，还去一些大学查了关于索罗斯的几十篇博士硕士论文，以及网站上关于索罗斯的海量文章。我发现，索罗斯的核心思想就是可错性，他的反身性就是建立在可错性的基础上的。包括索罗斯的基金为什么叫量子基金，就是因为索罗斯从哲学上认同量子力学测不准的原理，测不准就是可错性，也就是说一切都有可能错误。由此，索罗斯的投资思想就转变为：既然市场是测不准的、可错的，那么投资的核心就是对可错性的管理，而不是对盈利的展望。这一高深莫测的投资哲学与能够在市场上长期盈利的高手们的做法不谋而合。这一发现让我兴奋不已，因为我发现，到最后：真理只有一个！

三、持仓中：对盈亏的管理

高手也会亏损，甚至比普通散户亏损的频率还高，但是高手们区别于普通散户的绝招是怎么管理亏损。很多人以为自己一买股票就容易被套，总希望找到一种不再亏损、不再被套的方法。我明确地告诉大家，这种方法不存在。只要是人，买股票都会亏损，投资的核心不是会不会亏损，而是亏损了怎么办。

普通股民亏损了，有的听之任之，有的硬扛，有的做鸵鸟政策、有的报复性加仓。这就涉及亏损管理，这是普通股民和高手最明显的区别。高手们管理亏损，总是订立铁血纪律和刚性规则，一旦亏损到了临界点，无论这个股有多好，必须斩仓。我对自己就有个规矩，手中的单只个股，如果亏损超过固定数字——总资金的10%，立即无条件斩仓，立即无条件卖出。这两个铁血无情的规矩让我逃过一次次股灾。试问，有几个人对自己这么无情过？有几个人对自己这么狠过？

注：本文成稿于2015年7月3日，主要展示一种多方案的投资思路，投资不是一厢情愿，很多时候都要准备两手甚至是多手应对方案。

2.15 龙头战法真的失灵了吗

——重归正朔、正本清源谈龙头之一

近期，质疑龙头股思维及其交易方法的声音四起，不仅有很多普通的股民，也有很多大V、名人以及所谓的专家和高手。有的质疑龙头股战法过时了，有的质疑龙头股更容易亏钱，有的质疑龙头股被管理层盯上了，其效果失灵了，等等，不绝于耳。

难道龙头股战法真的过时了？非也！只是被误解的“龙头股”战法过时了，而不是龙头股战法本身过时了。何出此言？回答这个问题，得让我们回归正朔，重新思考龙头。

龙头股战法滥觞于涨停板制度诞生之后，在市场各路资金共振中被大家发掘出来，后来在A股中大放异彩，并在2015年的中国中车、通鼎互联、特力A以及2016年的四川双马、三江购物战役中，被各路资金运用得让人叹为观止。全国的股民都看到龙头股的威力和价值。本人出版的龙头股战法书籍《股市极客思考录——龙头战法揭秘》，首次以书的形式全面对龙头股战法进行普及和启蒙，让龙头股战法进入千家万户，龙头股成为使用频率最高的词汇。曾几何时，大多数微信公众号都往龙头股身上靠，如果哪个大V不分析龙头股，不写一点关于龙头股的东西，好像就落伍了。正是在这种背景下，各种鱼目混珠的东西为了博取关注以及达到各自的目的，纷纷改头换面，都宣称自己是龙头股战法。追涨停板的、做强势股的、追高的、做庄的、主题投资的、事件驱动的等等，纷纷调转枪口，说自己是做龙头股的。其实，如果你把他们买卖的股票拿来一看，有很多都不是龙头股。事实上，龙头股有其纯粹性和严肃性，如果你的交易连龙头股都不是，何谈龙头股战法？这就涉及龙头股"正朔"的重新思考：到底什么是龙头股？

我写第一本关于龙头股战法的书的时候，就曾预感到龙头股战法一定会被滥用。彼时，龙头股一词还没有大面积流行开来，大家打开媒体，看到最多的是讨论指标、技术、波浪、估值、坐庄、市值管理等等，现在，随着移动互联网的兴起，龙头股在一夜之间占据各大媒体，成为出现频率最高的词汇。但随着龙头股一词的泛滥，龙头股的内涵越来越走样，很多人只理解其形式和外表，没有深度挖掘龙头股的内涵，导致很多普通股民见到谁先涨停、谁涨停的最好，就认为谁就是龙头。结果，龙头股成了一个大杂烩，什么东西都往里装。等到其方法一旦失灵，又推责任于龙头。怪哉，怪哉！我在 2016 年年底就感受到龙头股"走样"，于是，我修订了自己的《股市极客思考录》，在新增加的内容中，加入大量的篇幅讨论到底怎么看龙头，什么才是龙头股的本质。

说起来也很奇怪，无数的微信公众号和大 V，每天都在推送龙头股，但没有几个在真正的"掘地三尺"深入骨髓的探讨什么才是龙头股的本质的。如果连龙头股的本质都不知道，何谈龙头股战法？

我就在不同的场合给我的朋友分享一个观点：凡是只谈买卖点，不谈什么是龙头股、怎么去找到和辨认龙头股的，都是耍流氓。

在我看来，真正在"理解力"层面搞懂什么是龙头股，才能谈得上龙头股战法。那些天天咋咋呼呼地推送龙头股而从来不深入挖掘龙头股本质的，几乎都是蹭热点的，挂着龙头股的羊头，卖着他们自己的狗肉。

那么龙头股的本质是什么？五个字：领涨、第一性。凡是符合这五个字的，都是龙头，凡是不符合这五个字的，都不是龙头。

领涨是什么？是你涨了，别人跟着你一起涨。如果你涨了，别人不跟，哪怕你涨得再高，也不是龙头。就拿最近医药和环保股暴涨来说，很多人认为乐心医疗和大千生态是龙头，包括很多牛气的微信公众号都这样写。这是典型的形而上学，只见外形不见本质。只要用我们的龙头股本质属性的照妖镜看一看，就知道它是不是龙头。请问，它符合领涨性吗？它涨了，把别的股票带起来一起涨了吗？显然，其他医药股和环保股都没有跟随其一起涨，那就说明它不是领涨。不是领涨的股票，怎么能是龙头呢？现代管理学中有一章是讲领导的，其中有一个定义我比较认可：什么是领导？有追随者才能称之为领导。股票也一样，龙头股就是领导股，它必须有追随者，如果追随者寡，那它就不是领导股，不是龙头。就这么简单。我们回过头来看以前的四川双马、三江购物、中国中车，为什么它们是龙头？因为它们是领着别人涨，它们涨了，同板块内的股权转让股、新零售、“一带一路”股、国企改革股都被带起来了。

当然，关于领涨和板块内部的带动关系，还有很多细节和其他细腻性的内容，如果有机会，我可以专门再写一篇文章来论述。这里，我们仅仅是通过领涨这个属性，来探讨什么是真龙头，什么是假龙头。

再看第一性。什么是第一性，简言之，就是没有比它更好的了，它就是王。既然是第一性，往往具有唯一性，它肯定稀缺且只有一个。再比较一下很多大V所谓的龙头股，一选一大堆，本身就没有唯一性，何谈龙性？用第一性作为龙头股的本质，可以看到龙头的精髓。龙，就是皇帝，皇帝难道有一大堆吗？

很多人喜欢从涨停板来看龙头，难道它不涨停就不是龙头股了？如果哪一天，或者我们到香港美国的股市做投资，它们没有涨跌幅限制，难道我们就不能运用龙头股战法了？涨停板只是形式，本质是第一性，即使它没有涨停，只要符合第一性，它就是龙头。

龙头股必须破执，首先要破的是涨停板这个“执”。

关于这一点，我在《股市极客思考录》升级版最后几页讨论得很深入，大家如果有兴趣，可以再去认真读读。在这里我要强调，我们要对“涨停板”进行拨乱反正，不要用涨停板这个外在的形式来衡量龙头，而是要用第一性来衡量龙头。如果你这样看，思维就开阔得多。腾讯、茅台、恒瑞医药，它们正是符合第一性的龙头。

领涨和第一性，这五个字是龙头的本质。那么，如果只符合第一性或者只符合领涨性，算不算龙头？严格意义上，必须全部符合这五个字才是龙头。但是，有时候，全符合的标的没有，退而求其次，我们认为，至少要符合其中的一项，才能确定是龙头。需要说明的是，这里的第一性，既可以指基本面的第一性，也可以指技术面的第一性。但这里的领涨，必须是经过市场认可的股价领涨。

这里面的内容如果展开讨论，可以写几篇大论文。限于篇幅，我在此无法展开，但我要做的是，希望大家回到龙头的本质上看龙头，而不要再被外表所迷惑，不要再被一些伪龙头股战法所误导。

什么谁先涨停谁是龙头、谁跳空得高谁是龙头……这些都是执迷于表象，居然有人把它当作真理的标准，何其怪哉！

龙头股战法最讽刺的就是：龙头股在你面前大摇大摆地走来走去，你却到处在找龙头。上周，很多人感叹没有龙头。我听了就觉得好笑：中国平安、贵州茅台、恒瑞医药，如果它们不是龙头，那谁又是龙头呢？具备市场第一性和领涨性的股票就在面前，为什么还视而不见？

通过上述探讨，我们就知道，很多人所谓龙头股战法失效，请问是不是你的龙头股战法失效，因为也许你从来就没有刨根问底地追究过你的股票是不是龙头。

如果你只知道冀东装备、中科信息是龙头，而不知道腾讯控股、贵州茅台、亚马逊、特斯拉也是龙头，甚至你连冀东装备、中科信息为什么是龙头的本质都不清楚，那你肯定会质疑龙头股战法过时了。

执第一性之牛耳、执领涨性之牛耳，才能抓到龙头股的牛鼻子。如果有一天，在你的眼里，你觉得四川双马和贵州茅台具有共同的属性，你才算真正地明白，龙头到底是什么！

注：本文成稿于2017年10月28日，当时写该文是为了纠正大家对龙头的机械性认识，主题集中在一点上，即领涨、第一性，而没有系统阐述龙头思维，请大家注意这一点。

2.16　偏离“主流”找龙头就是对龙头战法的背叛
——重归正朔、正本清源谈龙头之二

最近，关于龙头股战法有两种完全不同的声音：

一种是叫嚣龙头股战法失灵了；

另一种是买股还是得买龙头，只有龙头才能提供安全感。

后一种声音其实是与时俱进、真正掌握龙头股精髓的人。什么是龙头？主流价值观认可且领涨的股票，凡是做此股票，无论用什么模型和买卖方法，皆是龙头。凡是偏离主流价值观，无论你用什么买卖方法和模型，都不是龙头股战法。

是选股，而不是什么买卖方法，在决定你是不是龙头股战法。

最近的主流价值观是什么？

答：资源集中行业的第一性股票。注意，我没有说业绩，而是说资源集中行业。因为业绩并不能解释很多股票，只有行业第一性股票，或者说行业龙头性公司，才是最近市场的主流价值观。无论工商银行、贵州茅台、云南白药，还是恒瑞医药、华大基因、国科微。

为什么还有一种声音叫嚣龙头股战法失灵了呢？那是因为那种人只见树木，不见森林，机械的、形而上学的用龙头股战法，他们把龙头股

理解偏了，把龙头股战法带沟里了。

什么是龙头？龙头是中文词汇中一个非常有分量的词。对这个词汇的理解，你最好问从来没有炒过股票的人，他们往往理解得更“正”。很多炒股票的“老油条”、特别是被伪龙头股战法带沟里的人，反而把龙头股这个词理解偏了。

龙头，顾名思义，就是老大。股票中什么是老大？主流的股票。什么是主流的股票？主流资金光顾，主流价值观认可。如果连这两个都不是，那还是龙头股吗？那些叫嚣龙头战法失灵的人，对照一下，哪个做的是主流资金、主流价值观的股票？

目前的主流价值观是什么？

答：是资源集中行业的第一性公司，或者说大国崛起的股票，买这些股票才是真正意义上的斩首行动，如果连这个都没有参与，你还敢说自己是龙头股战法？

目前主流资金是什么？

答：国家队、公募和大私募还有沪港通深港通涌进来的海外资金。

需要说明的是，主流价值观是变化的，当大家伙不行动或者被套时，山中无老虎猴子当霸王，赵老哥、孙国栋的看法就是主流价值观，特力A和中科信息就可以是龙头。但当大家伙重新获得话语权且获得管理层背书后，主流价值观就是它们了。其实，这是一个比个头的游戏，谁的个头大，谁就是主流。做龙头股战法，必须密切注意这些股个头大小的变化，灵活的领会主流价值观。

可以这样说，主流价值观就是主流资金的价值观。当这些资金光顾“一带一路”的时候，“一带一路”就容易出龙头。当这些资金光顾次新股的时候，次新股就容易产生龙头。当这些资金光顾“互联网＋”的时候，互联网领域就容易出龙头。

这个逻辑，才是选龙头、炒龙头的正道。但很多人偏了这个正道，把谁先涨停、谁的涨停板漂亮当成谁是龙头，只能是只看其表，不看其里。

龙头战法必须与时俱进，或者说必须得其神。这个神就是“主流”，而不是K线、分时图、形态、涨停板。很多人反了，当然就偏离龙头了。

我反复强调：投资的第一要义是选择。选对股票比怎么买卖更重要。如果你选错了主流，找错了龙头，你还敢说自己是龙头股战法？

当你用龙头股战法迷路时，请重新回到龙头的正朔：主流！

注：本文成稿于2017年11月4日，侧重于从主流价值观的角度看龙头，这里的主流价值观，就是我们第一部分关于价值认知中的广义价值观，且是从博弈和动态的过程中看价值。

2.17 天大的误解:追涨停板根本不是龙头战法正朔

——重归正朔、正本清源谈龙头之三

追涨停板,又被江湖人称之为“打板”,顾名思义,就是在涨停板或即将涨停板时去追着买。

不知从何时起,打板族加入了龙头股战法的队伍,摇身一变成了龙头股战法的代名词。在一些人眼里,如果你不追涨、不打板,都不好意思说自己是做龙头股的。而真正的龙头股战法,反而被涨停板这群群情激昂的队伍给淹没了。

我在《股市极客思考录》的第七章反复强调过,尽量不要轻易追涨停板。当时我用的词汇是“面子”的风光和“里子”的冷暖,表达的意思是涨停板只是“面子”上看起来很好,其实“里子”上并不是那么回事。

可惜,很少有人去仔细思考这一点,反倒是很多人对涨停板趋之若鹜。为什么? 四个字:心潮澎湃!

追涨停板多过瘾呀,多符合最广大散户的心态呀。所以,很多一知半解的人,就把追涨停板、打板当成龙头股战法。加之龙头一词渐成主流词汇,于是乎,原来用涨停板的那批人就纷纷登场,把自己包装成龙头股战法的人。提起龙头股,张口闭口地谈涨停,并把赵老哥当成榜样。

这是哪跟哪呀。打板是打板，龙头是龙头，我不知道什么时候有人把这两个词汇给混淆了。

从严格意义上讲，龙头股战法的核心是选股问题，其次才是买卖点问题，至于是不是在涨停板上买，是不是追涨，要根据龙头股的位置、题材性而定。而涨停板战法的核心是买卖点问题，虽然它也讲选股和图形，但它的根本是在“涨停板”这个买点上下功夫。二者运用纯熟都不容易，但它们根本就不是一回事。

当涨停板把自己贴上龙头战法标签的时候，龙头股就要为追涨停失败承担罪名。特别是最近，很多人追板失败，就说龙头股战法失效了。请问，龙头股什么时候把自己的命运系于涨停板了？

龙头股战法的核心是追求与主流共舞，是选主流、选对题材、选领涨股，其买点有涨停附近买，但远远不止涨停，还有低吸买、集合竞价买、尾盘买、均线买、缺口买、半路买等等。它比涨停板的买法复杂和细腻得多。

但一些风风火火的家伙，就是被涨停板搅动得“热血沸腾”，硬把自己的打板说成是龙头战法。甚至说，不追涨停那还是龙头战法吗？真是误人不浅！

他们为自己这样说，还编了一个最伟大的理由，这个理由只有三个字：确定性。

涨停板了才确定呀，涨停了才安全呀。

什么时候涨停板成了安全的标志了？我在《涨停板：面子的风光和里子的冷暖》一章里，详细分析了涨停板远远不是安全和确定性的代名词，它们从来都没有给确定性背书过。

当市场好的时候，没有人理会这个逻辑；当市场冷的时候，应该会有很多人对我的这个道理深有感触了吧。

只在涨停板上买，以及追击涨停板的时候买，都是一样。它们的本质是只相信涨停了才安全，而没有想到另外一层逻辑——涨停了也可能是危险，因为涨停也会破板呀，更会有天地板呀。

注：本文成稿于2017年11月5日，主要破除涨停板之执，行文风格略带情绪，但也是为了破除一种执念。涨停板和龙头战法，二者有合一的时候，但二者的根本逻辑不一样。我并没有歧视涨停板战法之说，涨停板做好了，照样大放异彩，但龙头战法并不是涨停板战法，二者做到极致，都不容易。

2.18 龙头战法的利器:“先手”

先手,原是围棋中的词汇。围棋十诀中,有十个核心原则:一是不得贪胜;二是入界宜缓;三是攻彼顾我;四是弃子争先;五是舍小就大;六是逢危须弃;七是慎勿轻速;八是动须相应;九是彼强自保;十是势孤取和。

第四诀的“弃子争先”,就是要争先手的意思。其实,在股市中,先手更有意义,因为股市是 T+1。

对于做中长线的朋友来说,对先手的感悟可能没有那么敏感,但是对短线的人来说,先手有时候就是命根子。有时候晚买一天,仅仅是一天,就有可能命运颠倒、乾坤移位。特别是在今天充满核按钮和无脑打板派存在的前提下,先手几乎就是“霸权主义”,执先手以令天下。

现在的股市比以前更暴躁,因为存在一个“卡位”和情绪溢价的东西,其实,这就是先手们刻意制造的机会稀缺。我们看一下下面几个股票。

图 2-7 是成都路桥,我们可以清晰地看到,一旦市场能够锁定它是龙头,它就已经自我封锁道路,不让后来者跟进了,直接走一字板。先手们享受溢价,等到群众能够参与时,该股就是“有毒的玫瑰”了。

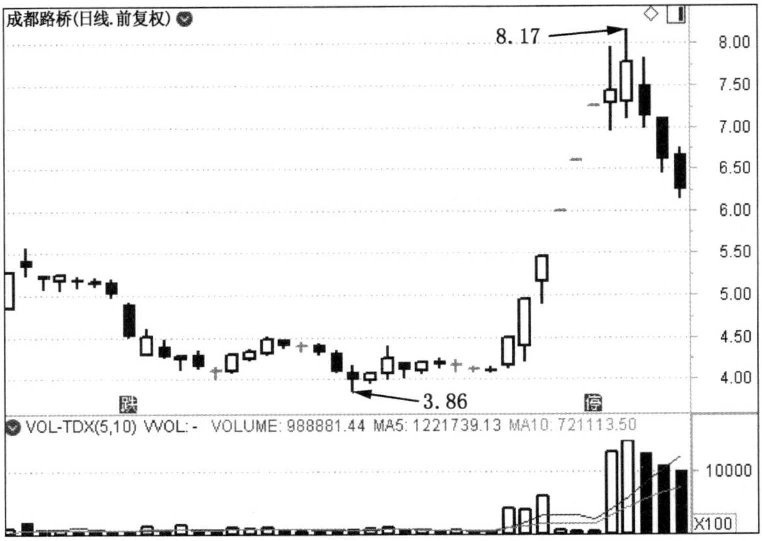

图 2-7　成都路桥局部走势图

赵老哥说过，一板能看出个啥，至少二板才能看出是龙头。但是，等你能看出的时候，市场却直接走一字板。此时，你可能会追悔，我有先手该多好。

图 2-8 南京聚隆更夸张，一个涨停板后，就直接走一字板，每天都是涨停板价格作为开盘价，直到疯狂至死。

上述案例让我看到，今天的先手们极其不厚道，它会把溢价用尽，等到你能进去了，也许就是见顶。需要说明的是，这种情况不是惯例，以前不是这样的，从前慢，从前股价走势慢，开盘价没有那么夸张，我们来看看过去的龙头(见图 2-9)。

上面是以前龙头的代表：四川双马，三江购物(见图 2-10)。我们可以清晰地发现，只要你愿意买，它们几乎给你机会，不会自我封锁。

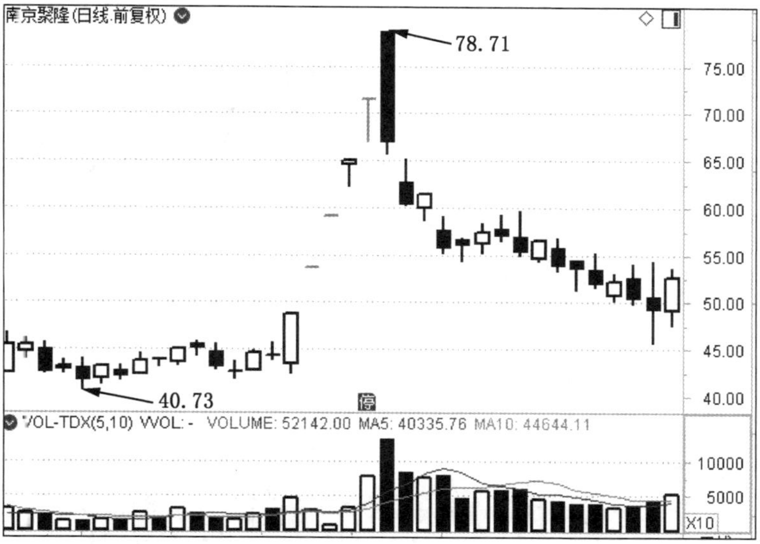

图 2-8　南京聚隆的局部走势图

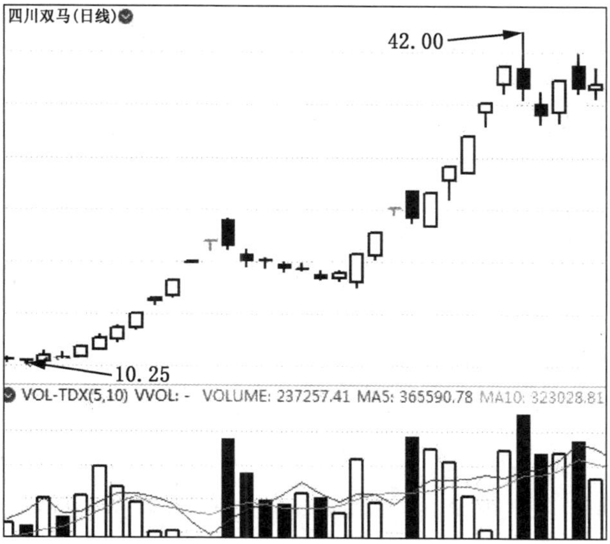

图 2-9　四川双马的局部走势图

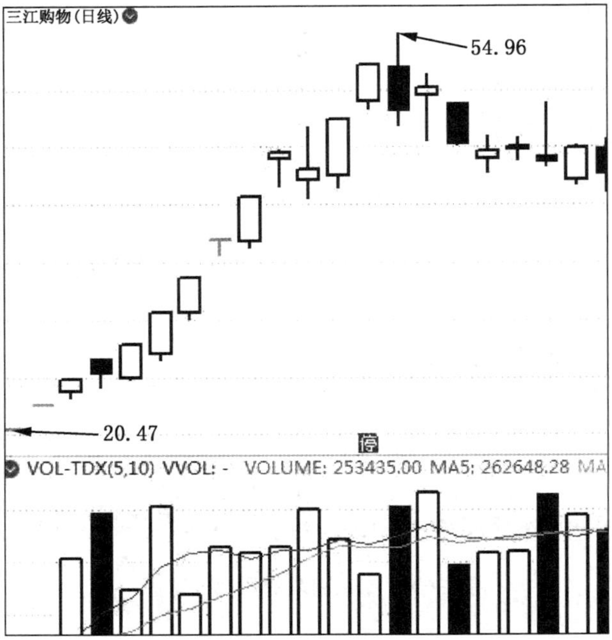

图 2－10　三江购物的局部走势图

为什么？其一，以前的先手们善良。其二，自媒体在那个时候还没有这么发达。

今天，全部变了。

可能写到这里，有朋友就会说了：我们永远先手不就可以了吗？

对！但也不全对。

但是，再给大家看 2 个案例，见图 2－11、图 2－12。

这里的先手却成了先烈。博弈它成为龙头的先手们，却被砸成狗熊。

看到这里，大家就应该明白一个道理：先手是把双刃剑。这把剑一面对着别人，一面对着自己，用不好先手，可能亏损得更快。

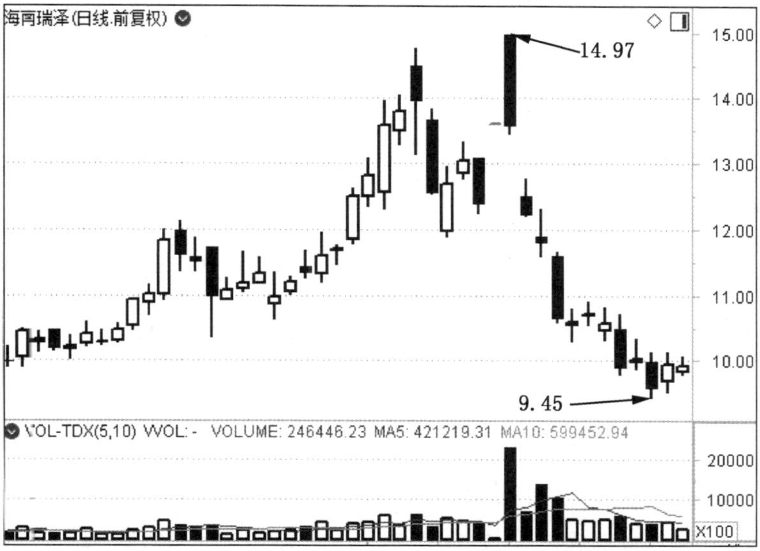

图 2－11　海南瑞泽的局部走势图

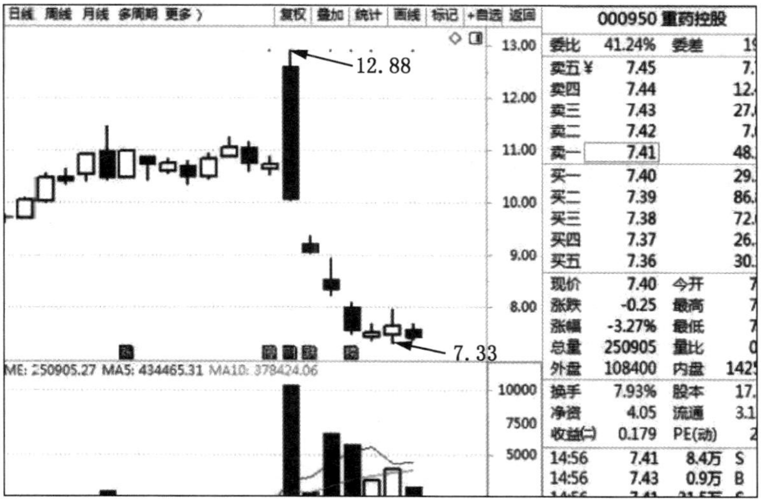

图 2－12　重药控股的局部走势图

那么，我们该如何是好？一句话：先手本身是好武器，关键是知道什么时候“用”，什么时候“藏”。也就是说，先手最关键的是知道什么时候该用它，什么时候不该用它。国之重器，不可轻易示人。先手是重要的博弈龙头的工具，也不是轻易用的。

那么，什么时候该用它呢？在你“高度定龙”的时候。也就是说，在你高度锁定它是龙头的时候，此时必须用先手。在你不确定的时候，不要轻易用先手。

当然，这是总原则，里面还藏着很多细节，比如，盘口怎么看？我怎么能“高度定龙”？为什么同样的技术形态，一个可以用先手，另外一个不可以？

这里还有无数个需要考验理解力的东西，更有无数个盘口细节。一旦你的理解力到了，你对盘口的解读到了，你就可以用先手把别人玩于股掌；相反，如果你不懂这个游戏，也许会吃尽先手的亏。

但无论如何，先手都是一把利刃，要能够学会它，能够利用它，尽量去拥有它。

注：本文成稿于2018年9月6日，是针对T+1情况下，先手资金的重要性而言。需要说明的是，先手在平衡市或者熊市很重要，但是在牛市，早一天或晚一天真的没有质的区别。大家要注意本文的写作环境，以及针对的问题。

2.19 龙头战法就是做“分歧转一致”吗

很多小伙伴给我写邮件或者发微信，有的是请教，还有的是“指教”：“彭总呀，龙头战法没有什么神秘，就是做分歧转一致嘛。”有的甚至说：“龙头战法，只需要信仰和勇气就够了。”这种说法很有市场。其本质就是，只要龙头能够分歧回归一致，就是买点，就可以上车。

这种说法对吗？

我的回答是：无有是处！或者说，如果你用这句话来指导你的操作，哪怕你赚得再多，总有一天，总有一个股票，让你亏光。

为什么？

龙头的本质是“三个正确”：选择正确的股票，在正确的位置，做正确的事儿。第一，正确的股票。当然是龙头，而且必须是龙大。第二，正确的位置，这个很关键。也就是说，如果不在正确的位置，龙头无论怎么表现，你都不要买。这是龙头的风控体系和否决权。第三，正确的事儿。就是可以打板，但不限于打板。也即是说，可以分歧转一致的时候买，但如果看明白逻辑，不转一致的时候也可以买，比如低吸，比如半路，比如点火。把买点仅仅局限在转一致，其实是画地为牢，把龙头战法教条化。

上述“三个正确”中，大家最容易犯的错误就是正确的位置。

很多人做龙头，天天信仰不离嘴边，这种人是没有龙头否决系统的，没有风控体系。很多人抱怨做龙头大起大落，其本质就是他没有龙头否决系统。否决系统的核心就是位置否决权。

我们给大家看几个案例，见图 2-13、图 2-14、图 2-15、图 2-16。

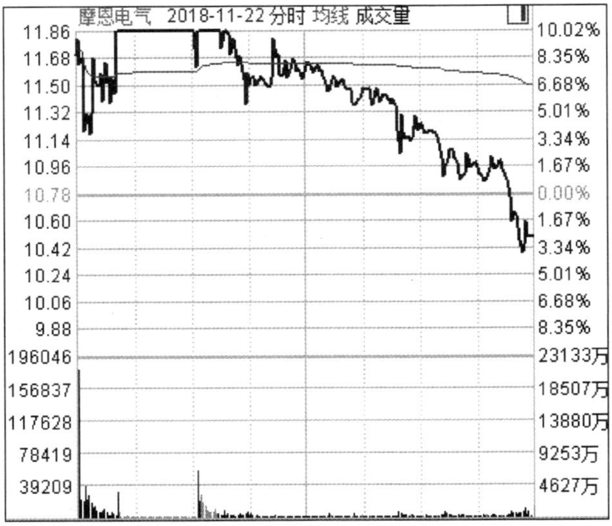

图 2-13 摩恩电气 2018 年 11 月 22 日的日内分时图

这上面的案例，有的转一致成功了，有的转一致失败了。

通过上述案例，大家应该明白一个道理：所谓分歧转一致，其实是个伪命题。为什么呢？封住涨停了，就是转一致了，没有封住涨停，就没有转一致。这不就是用结果来定义结果吗？

而且，我说分歧转一致“无有是处”还不仅仅只是这层意思。分歧转一致的核心错误是用特征法取代本质法。

什么意思？我们不能根据分时图的特点，涨停板的封住与否这个细节来决策整个宏观。能不能分歧转一致，都不应该是龙头战法的关键。

图 2－14　欣锐科技 2018 年 7 月 4 日的日内分时图

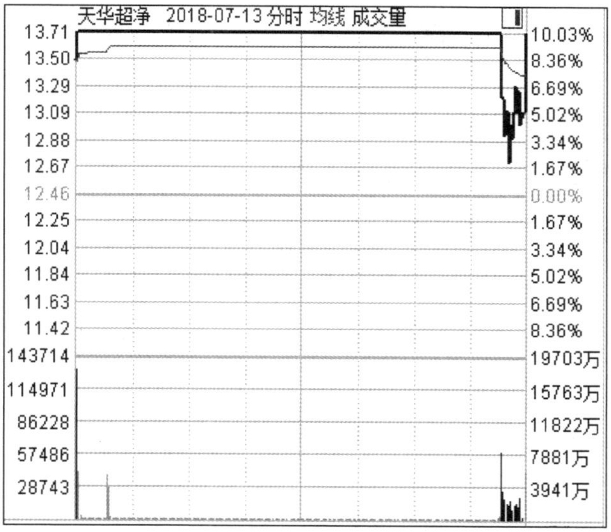

图 2－15　天华超净 2018 年 7 月 13 日的日内分时图

图 2-16　亚夏汽车 2018 年 6 月 12 日的日内分时图

那么,关键是什么?关键是,那个正确的股,在那个位置,是否依然正确。也就是说,那个位置是否支持龙头股能够继续最强。

如果支持,即使是个烂板,即使不转一致不涨停,也可以买入,涨停只是结果。而如果不支持,哪怕是一字板,也不要买。

当然,这里面有很多细节,但是,这个逻辑和思想,大家要有。否则,会很麻烦。

因为今天开了泰永长征,想起来这个逻辑点,所以写了此文,希望对大家有帮助。

随着龙头战法的普及,很多快餐式的、歌谣式的口诀流传开来。比如分歧转一致,比如每个涨停板都是首板,比如无脑信仰,比如一把梭,等等。

可以这样说，里面的很多东西都是错的，龙头战法是高智商的博弈，怎么能成了简单的歌谣式的游戏呢？

很多不了解真龙头战法的人，就是被这些片面的龙头战法毒害了。

龙头战法是要信仰，但是要的是正信正念，而不是一知半解式的龙头战法。做龙头越久，越深知龙头背后的不易。有些人才做龙头一年半载，反而视龙头如儿戏，真是令人汗颜。

三：本文成稿于 2018 年 12 月 26 日，主要是破除一些对龙头的片面认知，特别是把特征法当本质法来认知的误区。

2.20　龙头有两面，你却以为只有一面

——论龙头领涨和领跌集于一身的现象

最近，市场很差，什么战法都不行，这个时候，最好的方法就是空仓，旅游去。

但是很多人，自以为自己的“独孤九剑”厉害，硬是要横穿牛熊，其结果一定是自讨苦吃。更有甚者，有些人跟我说，彭总，我们是龙头战法，不怕大盘下跌。

我的天呐，这种思想太可怕了。我曾经写过一篇文章，发表在微信公众号上，大家可以去看历史文章，文章题目为《不要中一种叫股神的毒》，就是专门讨论这个问题的。

今天我们讨论另外一个问题，那就是龙头的另一面。其实龙头有多面，很多人只知道龙头有连续涨停板的一面，也就是领涨的那一面，而不知道龙头还有凶神恶煞的那一面。很多人说龙头战法失效了，就是源于他只看一面，不知道另外一面。

龙头有进攻体系，也有防守体系。第一个体系人人皆知，就是所谓的追涨，强者恒强，等等。

但是龙头还有一个防守体系，那就是物极必反，甚至是领跌。这个

体系知道的人不多，因为宣传风险很多时候是吃力不讨好的，大多数股民都希望听奇迹、听战法、听荐股、听精彩的案例，一讲到防守体系，很多人就说是老生常谈。事实上，则不然。

我在自己的著作里提到，龙头的本质是领涨，但是龙头其实还潜伏着领跌的一面。

领跌的一面才决定了龙头战法的成败。

我们看下面的图，见图 2－17、图 2－18。

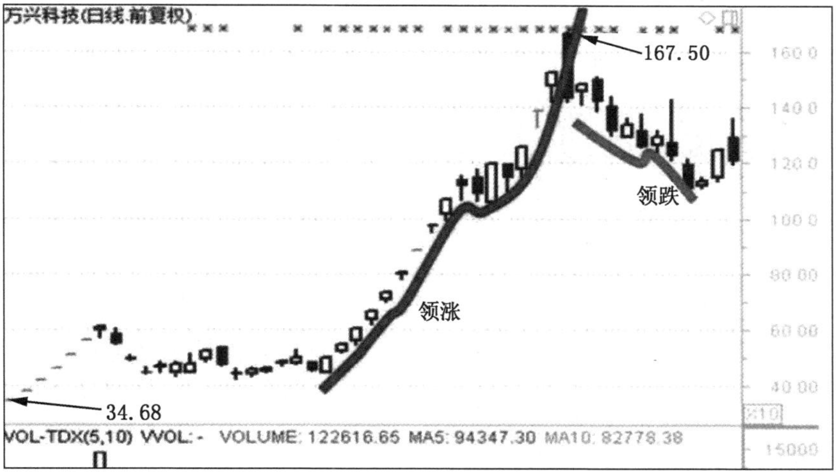

图 2－17　万兴科技的局部图，左侧领涨，右侧领跌

很多人用龙头战法，总是幻想龙头，总是幻想特力 A，事实上，如果把龙头的历史认真地研究一下，你就会发现，龙头杀伤性来的时候，同样是山崩地裂。如果不对龙头的杀伤性有足够的重视，防范好，无论你用多少年的龙头战法，估计你依然无法稳定盈利。

很多人就是一厢情愿，总是只看其领涨性，忽略其领跌性；或者说总看到一面，而不愿正视另外一面。特别是受到自媒体的起哄和忽悠，天天意淫龙头，不出问题才怪。

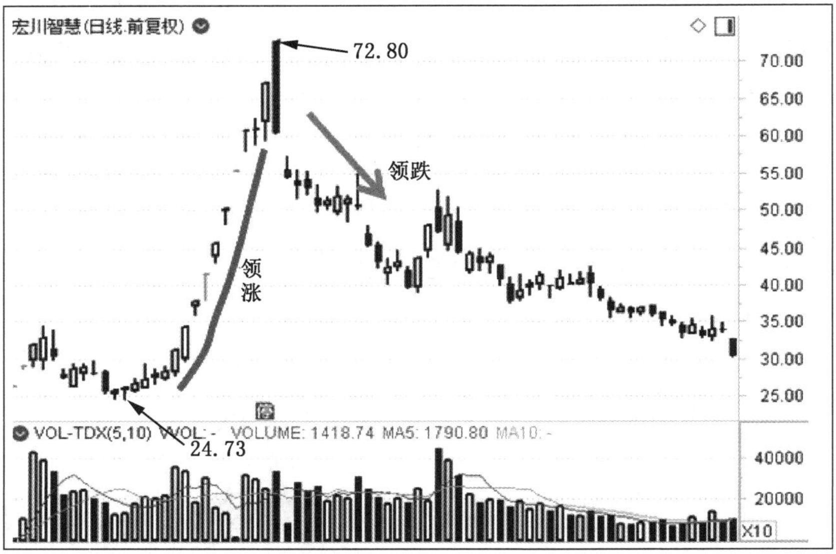

图 2-18　宏川智慧的走势图,左侧领涨,右侧领跌

问题是,龙头什么时候会出现领跌,这个是核心中的核心。根据我的研究,先给大家提供一个思路,里面的细节今后再细细地分析:

第一,当没有板块效应的时候,随时小心龙头股会领跌。因为龙头需要的是领涨,而不是独涨。

第二,当位置很高的时候。股票总要见顶,树是长不到天上去的。这一点对痴迷于空间板战法的人,应该格外去反思和注意的。分歧转一致,打板,追涨,那是在位置恰当的时候,而不能“无脑”。我特别讨厌“无脑”这个词,龙头战法是充满智慧的博弈游戏,怎么总是有那么多大V和自媒体用“无脑”这个词呢?

第三,龙头一旦失败,也就是说,你博弈龙头,一旦出现偏差,可能该股会领跌。这一点,切记。

第四,题材级别太小。龙头股的根本归宿是大事情、大题材,题材才是龙头的宿命。问题是,很多股票,如果你挖地三尺,你总能找到一两个题材，或者一两个说法，但有题材不等于大题材。大题材必须具有板块效应，必须具有稀缺性和价值性。而不是某个媒体随便谈两句，某个微信公众号喊两声，而是一种实实在在的存在。

第五，市场环境。龙头需要有一定的市场环境，我们认为水寒不养龙。整个市场冰冷彻骨，游资都以做首板为主，哪里还有龙生长的环境呢？

今后，当大家幻想龙头的时候，一定要记住，你想吃龙头，也许此时龙头已想吃你。我们不能只看到龙头的好，而看不到龙头的恶。躲避其恶，利用其好，才是真正的龙头战法。否则，亏钱了，千万别再埋怨龙头战法失效。因为，你也许压根就没有理解完整的龙头战法。龙头有两面，而你却只看到了一面。

注：本文成稿于2018年8月28日，第一次提出龙头领涨和领跌同居一身的现象，让龙头战法的进攻与防守更加全面。

2.21 龙头战法失效了吗

我认识很多做龙头战法实践的人，有的水平比我高，也有的水平不如我，这些人我都很珍惜，其中跟我有缘分能够走到一起的，我们会组建一个“龙头部落”的圈子，经常会对龙头实战交流心得、体会。

最近交流最多的是：龙头股战法失效了吗？这个也是各大网站和自媒体喜欢交流的话题，特别是最近。我的观点是：最近市场上一些龙头出现问题，并不能说明龙头战法失效了，甚至恰恰说明龙头股战法起效了。

为什么？

因为龙头股战法是一套充满智慧的博弈游戏，它的内部隐藏着很多秘密，而不是无脑买入。

其实，龙头战法有两套体系，一套是进攻体系，一套是防守体系。现在在各种微信群和自媒体交流最多的是龙头股的进攻体系，其核心点就是见到龙头无脑买入。而真正的龙头股防守体系，知道的人很少，交流的人更少。

我在《股市极客思考录——龙头战法揭秘》一书上，真正讲龙头的是第六章，而在这个前面，我花了大量篇幅去讲趋势、题材和行情，也就是说，我认为，对趋势的判断，对大级别题材的把握，对行情的识别，是龙头战法的前提，没有这几个东西，根本不能做龙头。只可惜，很多人根本不看市场的趋势，不管什么行情，不论什么级别的题材，都一股脑用龙头股战法，结果出了问题。那么请问，这到底是龙头战法起效，还是龙头战法失效了呢？

市场好，有题材，如此才能做龙头战法，我把这两个条件叫“日月双辉”。在“日月双辉”下做龙头战法，才是真正的龙头战法，不在这个前提下做龙头，那不是龙头战法。

记得年初，有个人给我发信息，因为他做了几个龙头股，自以为得道了，他说，彭总，龙头战法很简单，其实龙头战法不需要任何方法，只需要信仰、勇气和胆量。我一听，就觉得他快完了。

龙头股战法是一套充满智慧的博弈游戏，有对行情的识别、对题材的识别、对位置的识别，怎么一下子变成比胆量的游戏了呢？因为龙头战法名气大，很多人就把大杂烩往里面装，把打板、把无脑买入、把敢于追高，统统叫龙头战法。一旦出了问题，又说龙头战法失效，你说奇怪不奇怪？

龙头战法的进攻体系是讲求强者恒强，同时龙头战法还有很多防守体系，防守体系讲究物极必反，防守体系会讲龙头群论、龙头比较体系。如果防守体系不答应，是绝对不能做龙头的。

在我眼里，我觉得最近市场的一些股票高开暴跌，以及很多股票高位核按钮，恰恰是龙头战法起效的表现。

万物都有两面，龙头战法也是有两面的。它进攻时，你跟它一起进攻，是其一面；它防守时，你跟它一起防守，也是它的一面。很多人只看到其进攻的一面，而忘记它防守的一面，这样肯定会受到龙头规律的惩罚，我认为这说明龙头战法的规律起了作用。

就像商鞅晚年,逃到一个小店,被店主抓住送给秦王,后来商鞅被秦王车裂。这不但不能说明法家思想失效了,恰恰说明法家思想有效,它有效到连制定法律的人都逃脱不了。

所以,今天在我的小圈子里,有个学生说了一句:“最好外面都认为龙头股战法失效,这样我们就可以闷声做了。”

哈哈,也是。

我真的希望很多微信公众号,很多群,对外宣传时,都再也不提龙头战法这个词了,这样才是龙头战法理想的境界。

注:本文成稿于 2018 年 8 月 19 日,本文的宗旨是澄清一些人对龙头的误解,特别是对没有风控体系的龙头战法提出了大胆的批判,让人知道,龙头是高深的,而不是肤浅的。

2.22 龙头股“第二春”战法之“有无篇”

龙头股战法类似于武学中的九阳真经，充满刚劲和霸道。善用其猛烈者，可以获取大利，但因为其过于刚猛凌厉，很多投资者有点畏惧，至少过不了自己内心的关口。

有很多读者给我发微信、写邮件说，龙头股太猛烈，来的时候一闪而过，稍微犹豫就上不了龙头的车。那怎么办？有的读者想出了对策：集中精力做龙头的“第二春”。

其逻辑是：龙头“第一春”，即第一浪，来的时候太突然，发现不了，等到发现时又太高，不敢买了。既然如此，何不放弃其第一浪，集中精力等到这种股票回落，做它的“第二春”。这样做就可以有很多时间去观察和跟踪，又稳当。

这种想法对不对呢？理论上当然很对，但结果是很多人套在“第二春”上。为什么？

原因很多。

上述这种等到“第二春”再做的想法有个内在的假设：“第二春”比龙头第一浪好做，也比第一浪稳当。事实上，这种假设是建立在臆想的基础上的。我在《股市极客思考录》中从学术上第一次提出龙头“第二春”这个概念，但是限于篇幅，很难把内部细节写清楚。站在今天的角度上来讲，“第二春”绝对不是简单的事，它的复杂程度远远超过书上写的那些内容。接下来，我就跟大家分享“第二春”战法的实战细节。

一、何为“第二春”

“第二春”是指龙头股做完第一浪之后，经过洗盘，再来第二次、第三次，甚至第 N 次拉升的行为。

“第二春”逻辑的前因后果我在《股市极客思考录》上已经写得很详细了，这里不再赘述。

二、“第二春”不为人知的特性

“第二春”有很多特性，这些特性在实战中很有价值。

(一)一浪齐，二浪异

我们知道，龙头股脱胎于好的题材与板块效应，越是板块强的股票，越容易成为大级别的龙头股。按照板块效应的规律，我们做第一浪的时候，如果龙头股一字涨停板或者涨得很高不敢买，可以去买同板块内的跟风股，买龙二龙三，这样也可以套利。因为具有板块效应，龙头上涨会把同板块的股票带起来。这种规律就是一浪齐。也就是说，龙头股第一浪，是齐头并进的，是争先恐后的，是具有联动性的，是可以在板块内套利的。

但是，第二浪就完全不是这种情况。二浪异，即是指第二次反弹，第三次反弹，或者叫“第二春”，就不会整齐划一了。某个板块成为热点之后，当第一浪拉升结束，经过洗盘再次拉出“第二春”时，内部的个股往往就没有联动性。更常见的情况是，你反弹你的，我跌我的，甚至今天你先反弹，过两天我再反弹。

图 2－19 是上海自贸区概念的两个热门股陆家嘴和上港集团，从图中我们可以清晰的看到，当他们第一浪拉升完成的时候，“第二春”各走各的。上港集团走“第二春”的时候，陆家嘴在横盘整理，当陆家嘴走“第二春”的时候，上港集团怎么也不跟。一浪齐，二浪异，再明显不过了。

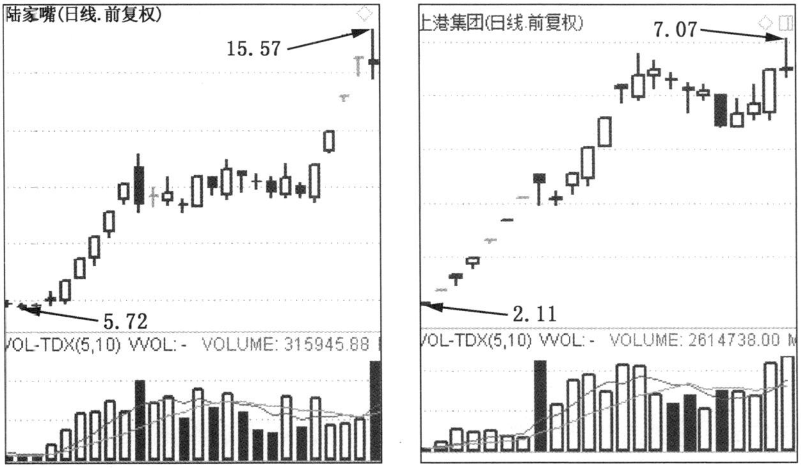

图 2－19　陆家嘴和上港集团“第二春”走势对比

再来看下面的案例(见图 2－20)，万达概念股第一浪两个龙头，龙大龙二分别是国中水务和皇氏集团，它们第一浪整齐划一，但“第二春”的时候，各自为战，各弹各的，没有联动性。特别是当国中水务进行“第二春”的时候，皇氏集团却在暴跌。

这种情况很普遍，很多题材的龙头股其“第二春”都不具有板块效应，最典型的还有妖股板块的特力 A、海欣食品、兔宝宝、协鑫集成，它们第一浪往往具有齐头并进的一面，而第二浪、第三浪、第四浪，越往后

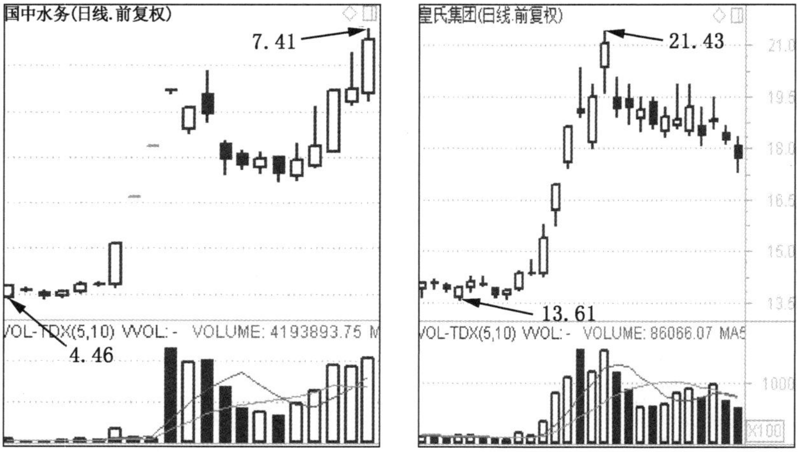

图 2－20　国中水务和皇氏集团“第二春”走势对比

越不具备联动性，板块效应越弱。

当然，也有“第二春”反弹齐头并进的，但它们往往是把“第二春”反弹当主升浪来炒，也就是说，它们把“第二春”当第一春来炒。

认识到这种现象有什么意义？太重要了。很多人喜欢板块效应，看对龙头，喜欢去同板块找跟风股去套利。对于这类朋友，你一定要注意，这种行为只可以在第一浪中去做，千万不要在“第二春”上去做。第一浪是板块效应最明显的，同板块内可以齐头并进，可以按照联动性去买龙二、龙三，而“第二春”的时候这种联动性可能突然消失，如果你看到某个股启动“第二春”，就去布局跟风股的话，可能别的股暴涨，你布局的股暴跌。切记，一浪齐、二浪异。

(二)第一浪和“第二春”性质完全不同

第一浪和“第二春”，或者说第一浪和第二浪，表面上都是价格暴涨，但其性质完全不同。第一浪往往是“主动”行为，是主动发动，是主力看到某种题材或者利好，不顾一切介入而引起的股价暴涨，而第二浪则复杂得多。

第二浪有的是主动行为，有的是为了出货，有的是旧主力持续拉升，有的是新主力接下筹码重新为牛股续命。第一浪是主力行为，来得突然、及时甚至有些莫名其妙；第二浪，因为有很多媒体解读和时间发酵，会进来很多散户和韭菜，乌合之众的力量会占很大成分。

第一浪，比的是对某个题材的认识，是对行情启动与引爆的把握，可以说第一浪是天纵英才；第二浪比的是对高度的认识，是对题材持续性的认识，可以说更多的是接力成分。

第一浪更多的是做多的力量，第二浪往往是复杂的力量。所以很多股票第一浪干脆、凌厉，第二浪磨叽、犹豫。

还必须认识到，第一浪更多的是用力、用意志去做；第二浪更多的是用智、用巧去做。

认识到这种特性我们就知道了为什么第二浪比第一浪难，因为第二浪复杂得多。

(三)筹码成本

第一浪和第二浪在筹码成本上也迥然不同。对于短期资金来讲，第一浪，大家的筹码相对公平，因为利好是突然而来，除了内幕资金，其他参与者几乎都是在同一起跑线上，成本大致相同。在这种情况下，第一浪一旦上攻，就具有真实性，因为要摆脱建仓成本。

第二浪则不然，经过第一浪的拉升和中间的洗盘，第二浪进来的人，其成本千差万别，有的是第一浪初进来的，有的是第一浪中间进来的，有的是洗盘的时候进来的，有的是第二浪拉升才进来的。成本不同就决定第二浪的复杂性。所以很多股票的第二浪走的就没有第一浪干脆，而且，第二浪的高度也不如第一浪高，其原因就在这里。

通过上述的比较，我们可以发现，第一浪和第二浪有着完全不同的特性。第一浪比的是天纵英才、潇洒凌厉、一鼓作气;第二浪比的是奇技淫巧、投机使诈、借力打力,第二浪其实更复杂,更难做。这就是为什么很多人本来以为可以稳稳当当地逮住“第二春”,结果被“第二春”给套住了的原因。

三、“第二春”最关键的是什么

以上还不是“第二春”的关键,那么“第二春”的关键是什么?——这就是本文的标题“有无”!

做“第二春”最大的秘密是“第二春”要存在,如果“第二春”没有,你还做什么“第二春”?皮之不存,毛将焉附?所以,本文把“第二春”的有无作为“第二春”战法的开盘,其战略重要性不言而喻!

如果“第二春”存在,我们做“第二春”,顶多是研究怎么买卖的问题,无论其多复杂,还是能够赚个毛豆钱的,如果“第二春”压根就起不来,还玩什么?

存在性,有无性,是根本!《股市极客思考录》上,关于存在性没有特别强调,所以很多人会疏漏,以为做“第二春”就可以了,殊不知要先有个“第二春”给你做才行。

那么,怎么才能判断“第二春”的有无呢?

(一)从波浪的角度判断“第二春”的有无

按照传统的波浪理论,股价涨跌的完整周期可以分为八浪,如图 2-21,但是在龙头股战法中,不用那么复杂,根据实战,我把龙头股最多划分为三浪。

如图 2-22,龙头股战法不是长线运作,没有必要把八浪都研究透,只要能搞懂它的三浪就够了,这三浪分别是:预演、清洗和主升浪。预

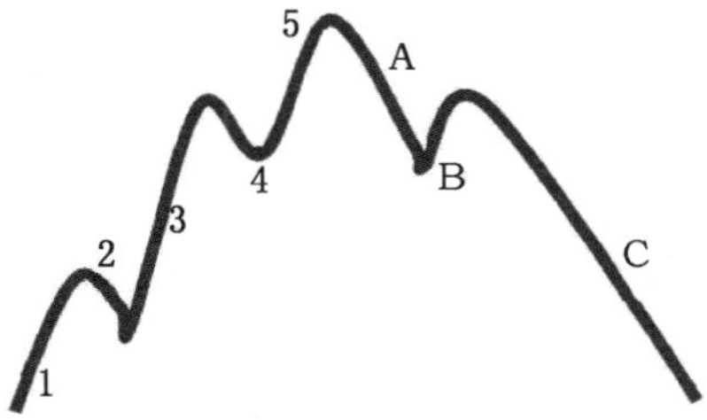

图 2-21　股价涨跌的完整周期

演浪之前是平静的等待和蓄势，龙头交易者一般不去管它。只有它进入预演，价量异动之后，我才去关心它。主升浪之前的所有行为，包括等待、预演和清洗，统统称为龙头的前世。而且，三浪有时候还嫌多，有的龙头股连预演和清洗都没有，直接进入暴拉阶段。所以，龙头股的核心就是主升浪。

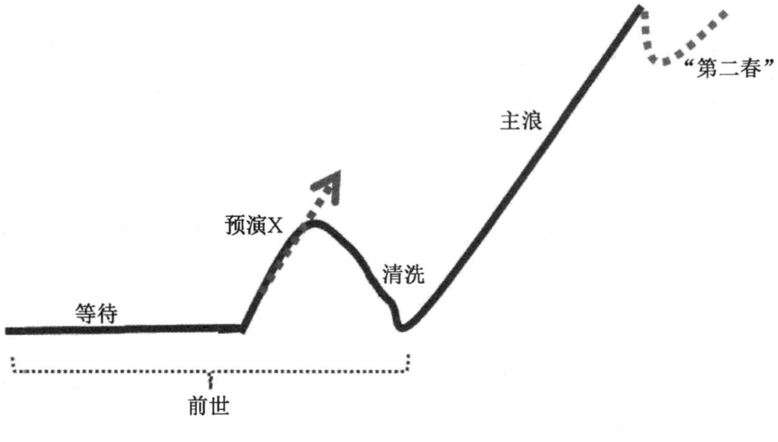

图 2-22　龙头股的三浪

讲这些东西与龙头股“第二春”的存在性有什么关系？

有，主浪的高度与龙头股“第二春”存在着很大的关系。主浪是龙头的核心，主浪的高度决定龙头的演绎过程。

什么意思？龙头股的三浪中，如果其主浪太高，那么它会透支“第二春”。换句话说，如果某个龙头股，其主升浪涨幅太高，那么它“第二春”的存在性就很小。龙头主浪的高度会剥夺“第二春”的存在性。

为什么？这就要搞清楚股票上涨的本质。股票上涨的本质就是夺取空间，如果一次性夺取完成，主力没有必要再去发动“第二春”进攻。历史使命已经完成。即使有“第二春”，其空间也是很小的，参与价值不大。

我们看图 2－23，左边是易尚展示，右边是通鼎互联，它们是当之无愧的龙头，但是主升浪涨幅太高，可以直接判断它扼杀了“第二春”的存在性。

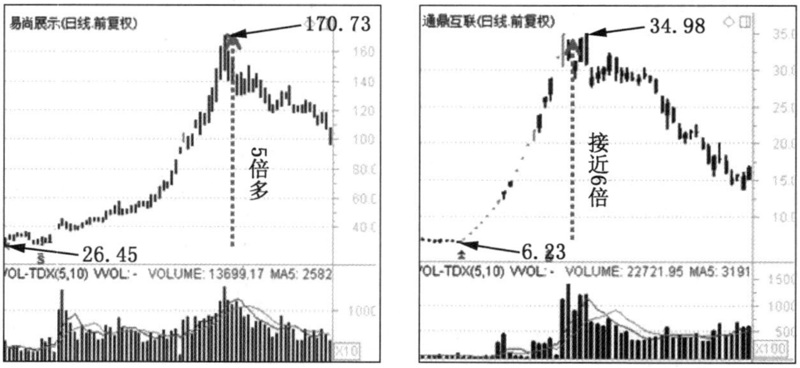

图 2－23　易尚展示和通鼎互联局部走势图

也许有人会说，有的股票涨幅也很巨大，为什么会有“第二春”，比如：图 2－24 是特力 A 和四川双马，它们确实是例外。这种情况叫双主浪。怎么解释这种情况？其一，这种股主浪没有特别夸张，它没有把“第二春”的希望完全扼杀。其二，双主浪现象确实存在，但是概率比较小。也就是说，如果一个股票主升浪涨幅巨大，大多数情况下，不要对其“第二春”抱有幻想，宁可信其无，不可信其有。只有第一浪涨幅合理，在 40%～120%之间，“第二春”的存在才具有可能性。比如：国栋建设、齐翔腾达、河北宣工、中国中车等等。

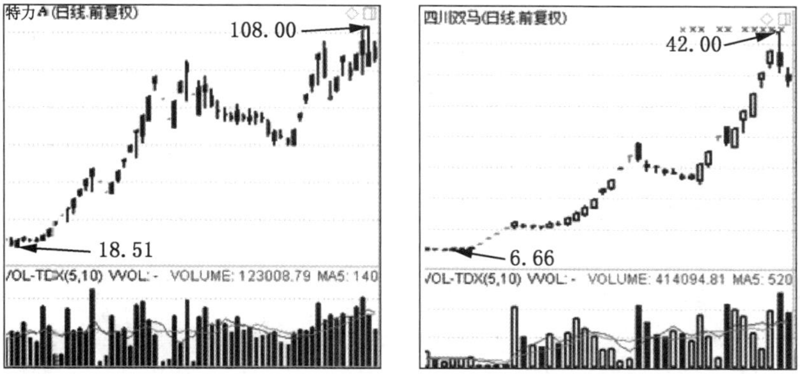

图 2-24　特例 A 和四川双马双主浪局部走势图

(二)题材级别

题材级别是指题材的大小、震撼性和影响力。题材越大，越有可能存在“第二春”；题材小，直接没有“第二春”。

为什么？题材小，主力根本就没有把它当回事，不可能反复去炒作它，只有题材震撼，才可能去反复炒作它。举个例子，万达回归概念、PPP 概念、债转股概念，这些都是很小级别的，炒作其第一浪就有点勉强，主力不可能花大力气炒作其“第二春”。再比如，香港回归概念、SARS 概念、奥运会概念、自贸区概念、股权转让概念、人民币升值概念，这些无论影响力和震撼性，都是大级别，它们才有可能存在“第二春”。

(三)行情的许可度

行情是指大盘的环境和状态，最大级别的行情是牛熊趋势，其次是赚钱效应和市场特征。行情对“第二春”的存在性起着非常大的作用。

无论是第一浪还是“第二春”，本质上都是好行情的产物，如果行情不好，连第一浪都不会有，哪里还有什么“第二春”？极度好的题材，还有能力逆市作案，行情不好时，勉强可以拉升一波；但“第二春”就没有这个胆量了。

图 2－25 是华菱钢铁、兰花科创和深深宝 A，它们三个分别是供给侧改革和深圳国企改革的龙头，第一浪拉升生猛凌厉，但生不逢时，前二者是在熔断环境下，后者是在 2016 年上半年的极差环境下。在这些情况下，它们能走出第一浪就实属不易，不可能来个大的“第二春”。

图 2－25　华菱钢铁、兰花科创和深深宝 A 局部走势图

大盘行情是天，具体的龙头表现是地，天上万里无云，地上才能出现各种枭雄。

(四)一浪的力度和洗盘浪的特征

以上三者我在书上都曾简单地介绍过，只是没有强调，本文在此重点强调一下：不是每个股都有“第二春”，不要一见到龙头股就幻想其“第二春”，很多股是没有“第二春”的。

现在再告诉大家一种判断“第二春”的方法，这是我最近操作的总结，从来没有对外公布过。什么方法呢？通过第一浪的拉升力度和拉升后洗盘的特征来判断。第一浪拉升的力度表现在凌厉、干净、量巨大，越是具有这些特征，“第二春”存在的可能性就越大。当然，还不能忘记我们上文提到的高度因素，就是不要太高。

我们来看图 2－26 的例子，其第一浪拉升快速、凌厉，其量温和放大或巨大，其高度适中。这种拉升的 A 浪容易出现“第二春”。为什么？价格凌厉代表主力的态度，坚决地要筹码；量的放大或温和放大，代表主力投资的真金白银的多少；高度适中代表主力没有扼杀“第二春”的空间。

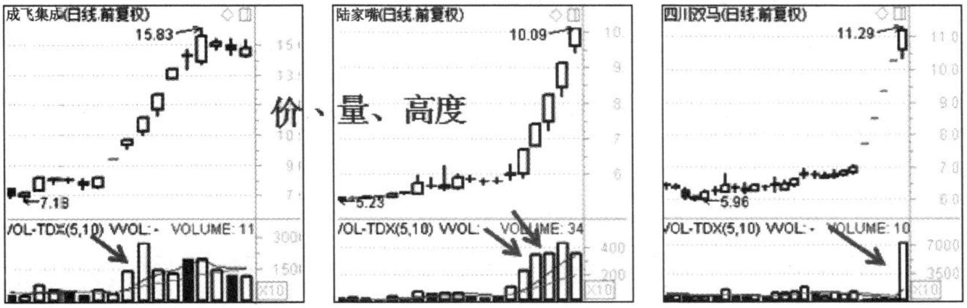

图 2－26　成飞集成、陆家嘴和四川双马第一浪走势对比

我们再来看个反例，图 2－27 是工商银行和獐子岛的主浪，其主浪过后“第二春”非常难，为什么？原因很多，我们仅仅从上面力度的观察角度来看，它就不完美，价格拉升不是凌厉迅猛，成交量也不符合。

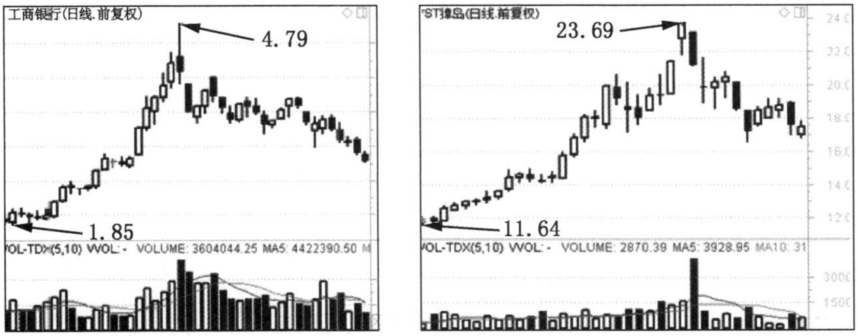

图 2－27　工商银行和獐子岛的主浪走势对比

切记，第一浪的力度会说话，其力度如何，也许无法完全决定“第二春”的状况，但它至少会给我们提供概率上的判断。

还有一个因素：洗盘浪的特征。

主浪和“第二春”之间有个洗盘浪，这个浪的特征也能够为“第二春”的存在性提供参考。最主要的参考就是重心移动情况。如果洗盘浪的重心不移动，或者即使移动又能迅速拉回，维持在一个重心，那么这种股票的“第二春”就具有高概率。如果洗盘浪重心一路下滑，那么“第二春”即使存在，在时间上也许会等很久，操作性没有那么强。我们还是看例子，见图 2-28。

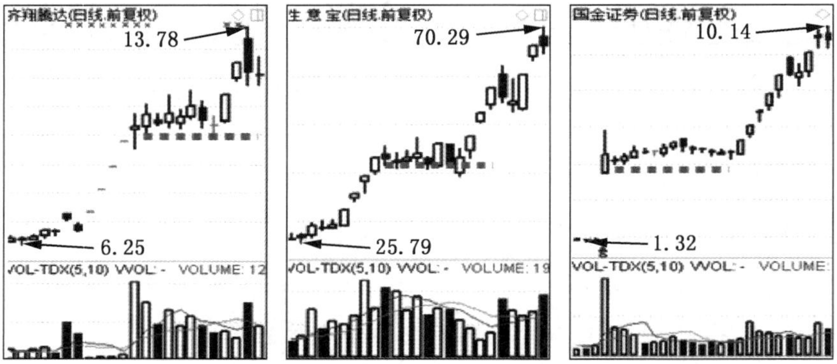

图 2-28　齐翔腾达、生意宝、国金证券局部走势对比

可以看到，好的洗盘是重心不要移动，能够维持在一个地方。这个特征说明主力没有走，主力在乎，有人还在维持局面。如果一旦重心下移，后果就难料了。

图 2-29 三个案例中，前两个重心移动，后一个不但重心移动，其洗盘过程也完全失控，不规整。这种情况下，即使来个“第二春”，也不好把握，其一是时间上不好把握，其二是高度上不好把握，因为面临上面套牢的重重压力。

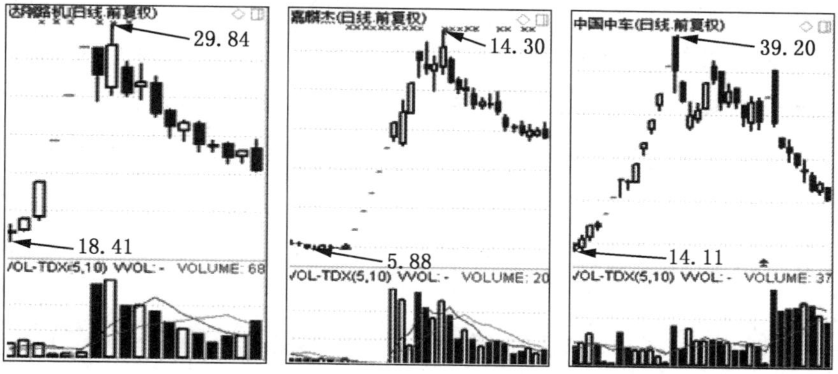

图 2－29　达刚路机、嘉麟宝、中国中车局部走势对比

当然在这种情况下，也有例外，比如四川双马、特力 A 就做成功了，但是如果你用更大的样本进行统计的话就会发现，失败的比成功的多得多。

我们最好还是做概率高的，自己完全能够理解的。

以上综合起来就是，第一浪的力度、洗盘浪的特征完美度，共同决定“第二春”的概率。这样来比较“第二春”，才是有计划的、有的放矢的。

综合本文，我要传达的一个核心观点就是：“第二春”其实比第一浪更复杂，做“第二春”更需要条件，其中首要条件就是“第二春”要具有存在性。如何判断其存在性呢？其一，看主升浪的高度有没有太过分；其二，看题材的级别；其三，看行情是否支持；其四，看第一浪的力度和洗盘浪主力的身影。如是，才能着手做“第二春”。本文的使命是探索“第二春”的有无和存在性，是战略和根本性的东西，接下来才是探索战术——如何买卖“第二春”。至于如何做，接下来我们会分享给大家，敬请期待。

注：该文是特供给摩尔金融VIP客户的高级加密文章，之前从未公开，在此公开分享给各位读者，希望大家珍惜。另外，本文的书写环境是熊市，自然充满警惕气氛，“第二春”在熊市存在性的概率往往比较低，但在牛市就比较高，大家要明白这一点。结合市场环境，综合分析“第二春”才会更有意义。

2.23 龙头股“第二春”战法之“买卖篇”

上篇我们讨论了“第二春”之有无，当我们确定“第二春”存在之后，剩下的问题就是怎么去买卖了。

在买卖之前，先跟大家理清一个问题：是买重要还是卖重要？传统的观点认为，会卖的是师父，会买的是徒弟。这个观点我是不赞成的。我认为，买是根本。买对了，怎么卖都是对的。如果买错了，因为这个错误，你会反复考虑怎么卖。也就是说，如果买错了，一切都是为了纠正这个错误。而如果一开始就买对了，卖高卖低顶多是赚多赚少的问题，但总是在正确的轨道上运行。

当然，我并不是否认卖的重要性，而是在谁是第一位的问题上，我更倾向于买。

正是从这个意义上讲，我的龙头股实战体系特别强调买的重要性。好的头寸，盈利的仓位，往往会自己照顾自己；而坏的头寸，错误的买入，往往需要你花费额外的精力去营救，结果还不一定能够平安出局。买点的重要性无论怎么强调都不为过。

这就像是婚姻，最好的夫妻相处艺术就是一开始你就选对一个老婆（老公），如果选择错误，无论你再高超的夫妻相处艺术都不行。选对股票，选对买点，就像选对伴侣一样。

好，有这个观念之后，本文接下来重点探讨龙头股“第二春”的买卖点。

一、新高买入点

其实很多买点都没有那么多的秘密，在江恩理论、约翰·墨菲的技术分析理论以及后来的很多技术分析大师那里都有，我在这里无论多么创新，都或多或少的带有前辈的功劳与贡献，所以我跟大家澄清，有的买点不是我的独创，而是我吸取前人的成果，站在巨人的肩膀上，只是我结合A股特色，进行新的解读和与时俱进的发挥。新高买入法，同样也是如此。

新高买入法如图2-30，某个股票经过第一浪拉升，然后进入盘整，我们等待它的买点的出现。当股价冲破新高的时候，我们就跟随进入，这种方法就是新高买入法。

图2-30　新高买入法

这种方法表面上看平淡无奇，但其细节中却充满讲究。很多人只知道新高买入法，而不知道细节，结果一买就被套，多次受伤之后就再也不相信新高买入法。其实不是这种方法出了问题，而是细节没有拿捏到位。其细节和秘密在哪里呢？

细节一："第二春"必须存在

这好像是一句废话，但是确实是所有"第二春"买入法的根基。所以，本人的龙头股"第二春"战法才把"'第二春'有无篇"放在重中之重。如果没有读上一篇的读者，建议回头反复认真地去研读"龙头股'第二春'战法之有无篇"。后面所有的"第二春"买入法，都默认这个基础，后文就不再赘述。

默认"第二春"必须存在，我们就可以倒推一个细节，那就是第一浪不能太高，如果第一浪太高，透支了所有的行情，那么"第二春"一创出新高，就是出货，而不是买点。这一点无比重要，恳请所有的读者认真体会。试想，股票上涨，其最终目的都是为了什么？是不是很多都是为了出货？如果第一浪已经把高度涨够，它就不需要"第二春"再来拉升，那么"第二春"的新高，本质上就是佯攻。此时的新高处，是卖点，而不是买点，切记。

细节二：好的行情氛围

新高买入法集中出现在牛市氛围中，至少是好的行情氛围。为什么？熊市或者震荡市，每个高点其实都是出货的机会，而不是买入的机会。即使有的股票沿着新高继续攻击，但是，冲高后就撤退比接着进攻的概率要高得多。

新高买入法，本质上是牛市的专利。牛市就是不断地向上拓展空间，而新高买入法正好适应了这一诉求。

这就像战争，不同的武器适合不同的作战方式，新高买入法类似于攻城略地，适合进攻性的战争。在股市中，牛市就是进攻性的战争。所以，在熊市或者震荡市，慎用新高买入法。

注意，我在这里说的是牛市氛围，这就说明新高买入法除了牛市，还有其他的用武之地。何谓牛市氛围？

传统的股市划分方法就是牛市或者熊市，但是，如果用显微镜去看股市，你就会发现，有时候熊市中也有小的牛市。此话怎么解释？熊市中，某些阶段会显现出牛市的氛围，会有很多牛股出来，游资活跃，热点纷呈。这种现象，我称之为牛市氛围。

如果没有牛市，但是股市呈现出牛市氛围，也可以用新高买入法。

这么一分析，我们就可以明白，新高买入法其实是强势环境下的战术，要么大盘整体强势，要么阶段性强势。只要二者具备其一，就可以用新高买入法。否则，就不应该用。如果固守这个逻辑，新高买入法就不会套人。

图 2－31 是煌上煌，该股非常符合新高买入法。当时，整体市场虽然是熊市格局，但是其阶段性的特征是牛市氛围，高配送和股权更替呈

图 2－31　煌上煌局部走势

现阶段性繁荣，游资兴风作浪，市场可以做新高买入法。

细节三：新高处必须涨停

突破新高的方式必须是涨停板，而且该涨停板越凌厉越好。新高处如果磨叽，说明前期有压力，如果新高处飞驰而过，丝毫不费吹灰之力，说明主力对前期高点丝毫不放在眼里，这种进攻真实、霸道。如果是 T 字板、一字板，更是妙不可言。

以上三点就是新高买入法的命门。如果固守上述三个条件，新高买入法的成功率会大大提高。

二、过顶高开买点

什么叫过顶高开？

就是说，某一天的开盘价，直接越过前期高点，这就叫过顶高开，这种买入法更为霸道、彪悍。

如图 2－32，某一日的开盘价跳空，跳空处，超越前期所有的高点，这种特征一旦出现，可以在当天买进。

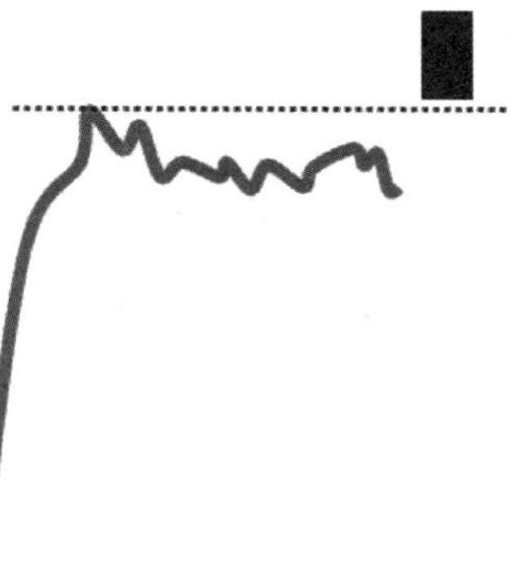

图 2－32　开盘价跳空

这种买入法非常彪悍，往往一买就是主升浪，或者至少30%的利润。

图2-33是典型的过顶高开，高开日，就是买点，这种买入法成功率非常高。而且，它又可以衍生出很多变种。大家可以根据自己的交易习惯，灵活地在高开过顶日选择介入点。

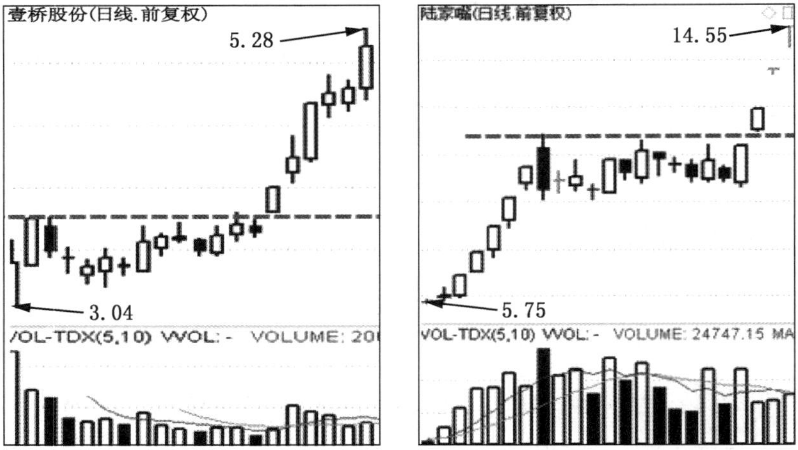

图2-33 壹桥股份和陆家嘴局部走势对比

三、消息刺激买点

消息刺激不是"第二春"的技术性买入法，而是事件驱动型买入法。其基本思路是，某个股经过第一轮拉升，然后中途洗盘整理，在遇到第二次消息刺激当天，立即买入。此时，可以不管当天的开盘情况，直接买入就是了。这种买入法有几个细节要求：

要求一，洗盘整理区最好到了一个布林线很窄的区域，振幅极大幅度地收窄，此时有点消息刺激，其上涨更具有真实性。

要求二，消息比较大，越大越好，越大成功率越高。如果是传言或者虚无缥缈的消息刺激，其买入会被戏弄，只有真实性、利好性的消息刺激来临时，买入才安全。

要求三，消息刺激那天，最好适度地跳空缺口高开一下，这可以验证该消息是否具有真实性，主力对这个消息买账。

图 2-34 是莱茵生物，“第二春”启动当天，正是消息刺激，同时其前面地形到了布林线收窄、成交量萎缩和均线收紧之处，此时的买入点，就是妙到毫巅。

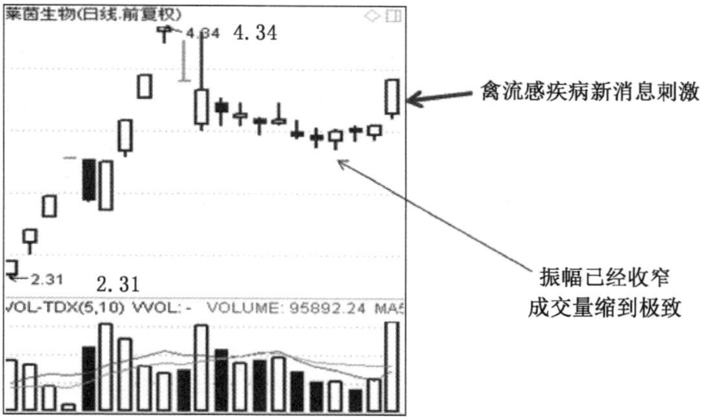

图 2-34 莱茵生物局部走势

“第二春”的买入法还很多，但大多数都是以上三种方法的派生，只要做好以上三种，其他的你都可以自己去发明。

需要郑重说明的是，“第二春”的买入法不是越多越好，而是理解得越深入越好。我见过的民间顶级高手，他们不是同时用三种买入法，而是只固守其中的一种方法，把其发挥到极致和纯粹。换句话说，做减法，做到极致，比做加法做到眼花缭乱管用。希望各位读者根据自己的性格和工作时间安排，从以上四种方法中选择一种适合自己的。

买点选择好了，卖点是水到渠成的事儿。怎么卖呢？我介绍几种：

第一种，我在《股市极客思考录》中介绍过，根据顶部特征卖出。大家可以认真看书上 274—283 页，此处不再赘述。第二种，比较极端，只要不创新高就卖。因为我们的逻辑是龙头股，即使是龙头股，也必须不停地涨，特别是“第二春”，更是如此，如果哪天不再创新高了，我们就在那天卖出。第三种，放出巨大成交量那天卖。为什么？“第二春”本质就是高位，高位时不能见到巨量，一旦见到巨量，就说明是短期高点，那个时候应该卖出。

卖出主要是以上三种方法。

“第二春”战法最核心的是有无之判断，其次是买点，最后才是卖点。需要反复跟大家申明的是，买卖技法和模型看起来很容易，但它不是本质，真正的本质是对其细节的拿捏和反复练习，这个过程会很痛苦。每一种买入法，如果不练习超过 50 次，你很难明白我列举的那些细节的重要性。希望诸位能够重视这点。

注：该文是特供给摩尔金融 VIP 客户的高级加密文章，之前从未公开，今天在此公开分享给各位读者，希望大家珍惜。

2.24 “仙人指路”技巧总结

“仙人指路”是一个典型的技术分析词汇。根据百度百科，其原始的意义如下：股价处在大调整阶段的中期底部、拉升阶段初期或者拉升波段中期，当天股价盘中高开高走放量攻击，但股价冲高之后，主力却在盘中实施回头波打压震荡盘跌。全天量比1倍以上，换手率在5%以内，振幅在7%以上。股价在盘中反复盘跌后，最终以一根带长上影小阴阳K线报收。收盘时，股价当天仍然保持在1%～3%左右的涨跌幅。当这种K线结构出现在拉升阶段初期、上升波段中期或者大调整阶段的中期底部时，就是典型的“仙人指路”特征。①

我不知道诸位看官读完上段话是何种感受，我第一眼看到后的感觉是：就这呀？完全是“隔靴挠痒”嘛。如果你觉得这段话解释得不够清楚，我可以明确地告诉你，这已经算是我读过关于“仙人指路”最详细的定义了。如果你打开其他技术分析的书籍，关于“仙人指路”，没有几个比这里解释得更清楚的了。

我有一种探源求本的性格和习惯，学任何技术分析和某个细节点，

---

① 百度百科：https://baike.baidu.com/item/%E4%BB%99%E4%BA%BA%E6%8C%87%E3%B7%AF/17608209?fr=aladdin.

我喜欢把它放在更深刻的逻辑背景下去理解。我认为，任何方法和技术，仅仅满足于“知道了”“我已经了解了”，远远不够。今天在这里，我给大家谈谈我对“仙人指路”是如何理解的，特别是它在龙头战法中是如何运用的。我相信，大家读完之后，一定会对“仙人指路”有个全新的认识。

一、何谓“仙人指路”

我的定义是：长上影线，如果出现在正确的位置，就是“仙人指路”。

估计很多人会有意见——你这定义也忒简单了。

对。

今后大家接触我久了，就知道我研究问题的思维和方法和你们接触的绝大多数股市的大V、专家都不一样，我采用的是哲学式的方法。任何问题要研究透彻，必须朝着两个方向努力：一是复杂的问题简单化，三言两语让别人永远不忘；二是简单的问题深挖掘，重新复杂化。二者缺一，则不能把问题研究通透。今天我们研究“仙人指路”就是这种研究路径。

从最简单的视野来看，“仙人指路”常常给我们的印象就是一根长长的上影线。以前我刚刚学习技术的时候，也背过“仙人指路”的定义，但是背完之后，反而忘记了什么是“仙人指路”，更别说探究其本质。后来实战久了，我突然觉得，背什么定义呀，“仙人指路”不就是一根上影线嘛。

对了，完成从复杂的问题简单化，是最难能可贵的一步。请看图2-35。

这是华菱钢铁K线图，该图是非常典型的上影线，它构筑了一个完美的“仙人指路”造型。之所以说它是造型，是因为它没有验证是否是“仙人指路”。我们再看图 2－36。

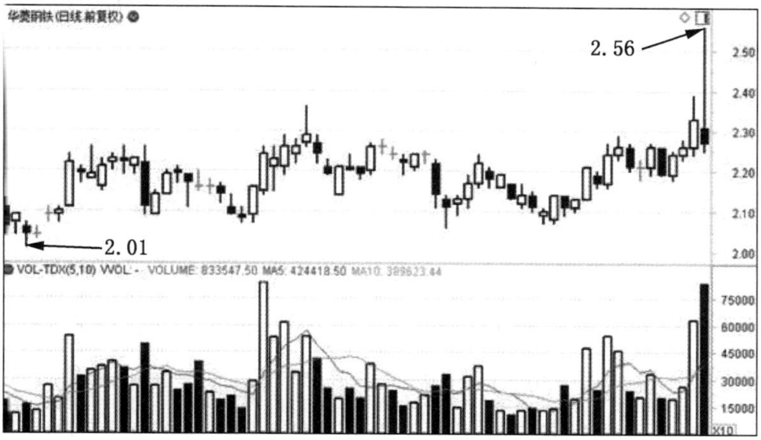

图 2－35　华菱钢铁上影线

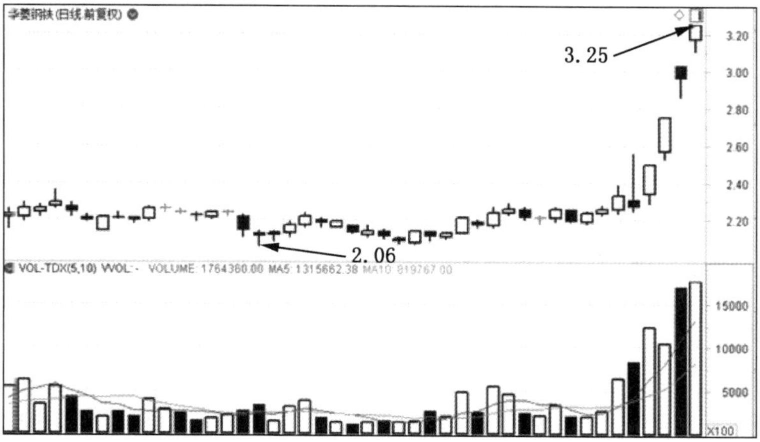

图 2－36　华菱钢铁“仙人指路”

图 2－36 是华菱钢铁股后来的走势。而后几天走势完成之后，我们就可以说，这是一个成功的“仙人指路”。

如果我们放弃一切旧有的知识和所谓的理性，回归直觉和感性，当你看到上图时，给你最大的冲击是什么？你的第一感觉是什么？我相信有很多人的回答不是横盘、不是后来的大阳线，而是它们中间的那根长长的、显得很夸张的上影线。这就是复杂的问题简单化。

接下来，我们再来把简单的问题回归复杂化。难道所有的上影线都是“仙人指路”吗？

显然不是。

能够成为“仙人指路”的上影线，必须是有独特性的上影线，我们来一个问题一个问题的推导。

首先，如果不是一根上影线，而是两根三根上影线，或者是若干根上影线，能不能说是“仙人指路呢”？

图 2－37 是两根带上影线的 K 线，它可以说是“仙人指路”吗？再看：

图 2－37　泰禾集团 K 线

图 2－38 中有若干根上影线，而且其间夹杂着十字星，这个能说是“仙人指路”吗？

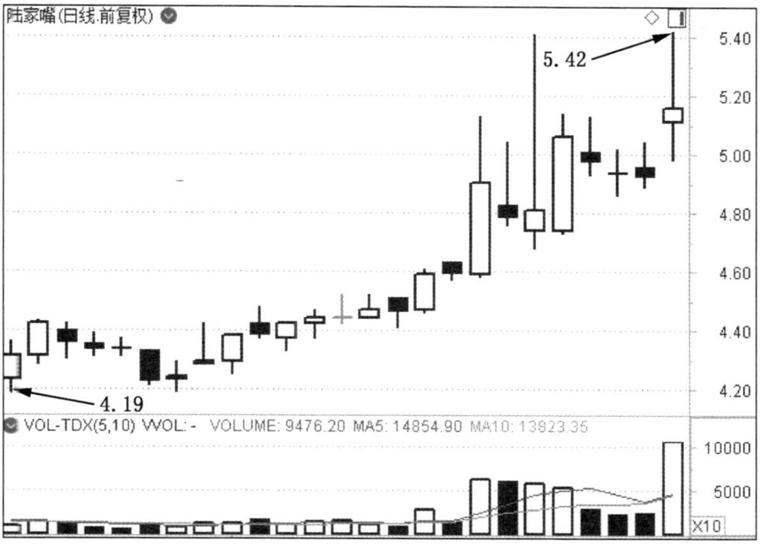

图 2-38　陆家嘴上影线

我不知道大家在实战中遇到过这个问题没有，反正我是经常遇到这类的问题。关于这个问题，我是这样思考的，最完美、最理想的状态，“仙人指路”最好是一根长上影线。为什么？我认为，关键变盘窗口，每一根 K 线都能起到且只起到一个作用，那就是最好的。这个“一”字大家要仔细品味。不多，不少，不浪费，恰好是“一”，其价值和意义最大。就像一个国家一个单位，每个岗位都有且只有一个角色的人来担任，是最理想的。所以，“仙人指路”最好是一根 K 线，越是变盘关节点，越是如此。有时候我在想，既然该技术名称为“仙人指路”，就说明仙人具有一指定乾坤的意义，不可能仙人总是反复出现给我们指路吧。我们在神话小说或者评书中，经常会看到主角迷路或者迷茫之时，出现一个神仙或者高人给其指路，往往这种情形只出现一次，如此才是“神仙”，如果没事天天下来给你指路，那是凡人，不是仙人。所以，最好的“仙人指路”就是一根长上影线。

但是，如果出现两根呢？我认为两根勉强可以接受，三根以及三根以上就不能称之为“仙人指路”了。为什么两根可以接受？因为有时候市场变化，第二天本来急速拉升，但大盘暴跌，被迫再做一次“仙人指路”。但这种情况顶多出现一次，不能反复出现。我自己的交易体系中，最看中的是一根上影线的“仙人指路”，对于两根“仙人指路”降级接受，如果超过两根，我认为该股进入调整，失去龙头短线的意义了。

那么若干根上影线算什么？若干根上影线也有做成功的，特别是底部位置，但我认为那不能称之为“仙人指路”，只能说是反复收集筹码，或者做平台去了，失去“仙人指路”的灵性和飘逸感。

总结起来就是，一根是真“仙人指路”，两根是勉强可以接受的“仙人指路”，超过两根就不是“仙人指路”，即使它后来反包，那也是另外一种形态。“仙人指路”有它的纯粹性。

其次，如果上影线同时带下影线，算不算“仙人指路”？

我们看图 2 - 39，影线与实体的上下关系。下面四个图，第一个当之无愧是“仙人指路”。那么，当下影线伸出来的时候，且逐步往下伸长的时候，还是“仙人指路”吗？我的观点是，下影线可以露出一点点，如果露多了，就不是“仙人指路”了。我无法给出量化，只能用“稍微露出

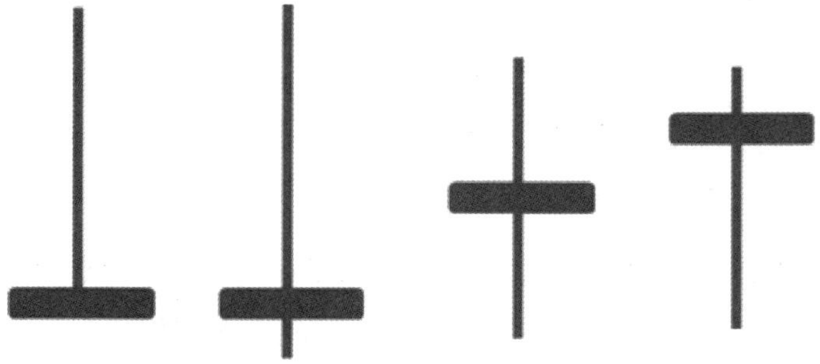

图 2 - 39　影线与实体的上下关系示意图

脚”来描述，露得越长，越不是“仙人指路”。为什么？因为筹码下移。下图中的第三个图，下影线露出和上影线一样长，就成了十字星了，完全背离了“仙人指路”；第四个图，则是彻头彻尾的下影线了，连长上影线都不是了，更谈不上“仙人指路”。

再次，影线可以带多大的实体？也就是影线和实体的长短是什么关系？

图 2－40 中，第一个最符合“仙人指路”的要义，上影线足够长且足够夸张，第二个接近第一个。我相信大家都能认识到这两个是十足的“仙人指路”。关键是第三个呢？在这里，可以有一个量化标准，那就是上影线最起码要是实体的 2 倍，才能称之为“仙人指路”。如果在 2 倍以内，上影线就没有那么大的影线意义，“仙人指路”的效力减弱。当上影线等于 K 线实体，或者 K 线实体超过上影线，这就完全变成了一个普通 K 线，一点上影线的意义都没有，更别提“仙人指路”了。

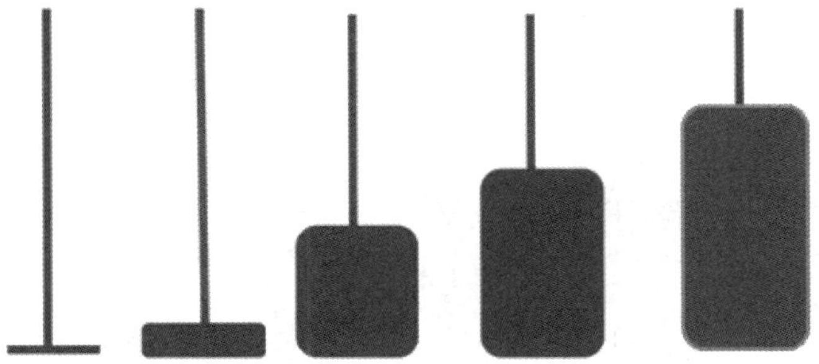

图 2－40　影线和实体的长短关系示意图

最后，是阳线的“仙人指路”好？还是阴线的“仙人指路”好？

图 2－41 是典型的两个“仙人指路”，一红一绿。那么到底是红的好还是绿的好？这个没有绝对的答案。在这里我只是提醒大家。有的人认为红的好，害怕绿的。其实，有时候出现绿色的“仙人指路”，反而

起到意想不到的效果，千万不要因为绿色的就担心害怕。因为“仙人指路”本来就有洗盘的功能，如果是绿的，洗得更加彻底，反而是一石多鸟。

图 2－41　典型的“仙人指路”示意图

“仙人指路”的“复杂化”说清楚了吗？远远没有。上面讨论的仅仅是上影线与 K 线本身的关系，还没有讨论更复杂的逻辑。下面，我们将跳出 K 线，来讨论“仙人指路”更复杂的方方面面。

二、“仙人指路”K 线的意义

为什么会出现“仙人指路”？它是什么意思嘛？它有什么功能和意义？

假如你是主力，你为什么会这样做？把这个问题想清楚了，上面的问题就迎刃而解了。

我认为，“仙人指路”核心的功能和意义如下：首先，试盘。所谓试盘，包括两点，一是试探上面的筹码大不大，一旦拉升卖盘重不重；二是试探拉升时，跟风盘多不多，团不团结。到这里，大家应该理解我上面讨论为什么“仙人指路”是一根上影线最好了吧，因为越少，说明主力越做好了准备，如果反复上影线，说明根本不是试盘，而是在做备战工作，我们要的是大战之前的风吹草动，而不是备战时的引而不发。其次，洗盘。对的，你没有看错，“仙人指路”同时还完成最后一次洗盘。当拉升到涨停板附近，又回归到初位，很多人会以为上影线是涨不动或者见顶的标志，主力恰恰利用这种心理，把筹码再洗一洗。最后，上涨的宣言。这是“仙人指路”最核心的功能和意义。看到“仙人指路”，想到的是上涨的信号，是进攻的宣言。我们今天所有的 K 线，都源自一个叫本间宗久的日本人，他发明 K 线的时候，受到军事战争的启发，很多词汇和思维来源于军事。“仙人指路”本质上就是正确位置的上影线，为什么是上影线呢？大家有机会可以去看看斯巴达克军团方阵图，每个士兵手里都拿着一个长矛。战争的时候，这个方阵走在前面，先用长矛去清除前进中敌人的骑兵和其他主力，所以，一看到长矛，就说明是进攻的信号。这个长矛不就是“仙人指路”中的上影线吗？“仙人指路”最原始的意义就是，举着长茅进攻，它是买入的信号，是上涨的信号。这也是我们今天在这里探讨“仙人指路”的最大原因。如果“仙人指路”没有上涨的意义，我们就没有必要探讨它。

那么，所有的上影线，所有的“仙人指路”，都一定会涨吗？都一定可以买吗？显然不是，一定还需要其他更加复杂的条件配合，“仙人指路”才能上攻。那么，需要哪些条件呢？我们慢慢来探讨。

三、“仙人指路”与位置

既然 K 线理论的大量词汇和思维源于军事，我们行文中就多用军事思维来推导。

现在请大家思考一个问题：冷兵器时代，一支军队为什么要进攻另外一个国家的政权？我的回答是：有领土和利益可以去占领。

股票也是。大家思考一下：为什么股价会上涨？因为股价还有上涨空间。我怎么知道股价还有上涨空间？这个问题很难回答，但是至少反过来好回答——我至少知道哪些股票上涨空间已经没有了，或者很小了。就是那些涨得很高的股票。

对了。

这就是我们的位置理论。无论任何股票，无论以什么名义——比如价值、业绩、龙头、护城河、品牌、科技、概念、故事等等，只要股价涨得很高了，上面的空间就没有多大了。我们看看A股这些年，无论招商银行、万科，还是最近的贵州茅台，无论是特力A还是兔宝宝，还是最近的中科信息、安凯客车，只要涨高了，都不是好事。不是说上面不能再涨了，而是说上面的“领土和利益”已经很小了，就不值得去大动干戈了。我们发现，所有涨幅猛烈的主升浪，大多数都在股价低或者股票的位置低的地方，一旦高了，就没有“油水”了，以游资为代表的龙头，尤其如此。

那么问题来了，哪里的“仙人指路”最好？底部的最好。哪里的“仙人指路”最差，高位的。那么中部的呢？一般。

我们接着分析。高位的“仙人指路”需要高度警惕，它往往会演变成高位避雷针，不但不是“仙人指路”，反而是高位见顶的标志。为什么？我们上面举的例子，举着长矛的士兵是进攻，但别忘记了，举着长矛的士兵同样是军队撤退时用来殿后的，如果敌人追来，就用长矛挡住。高位的长上影线同样具备撤退的信号，见图2-42。

那么问题来了，我怎么知道高位的上影线是“仙人指路”还是高位避雷针呢？很简单，无论它是哪一种，都不要做就是了。那万一是“仙

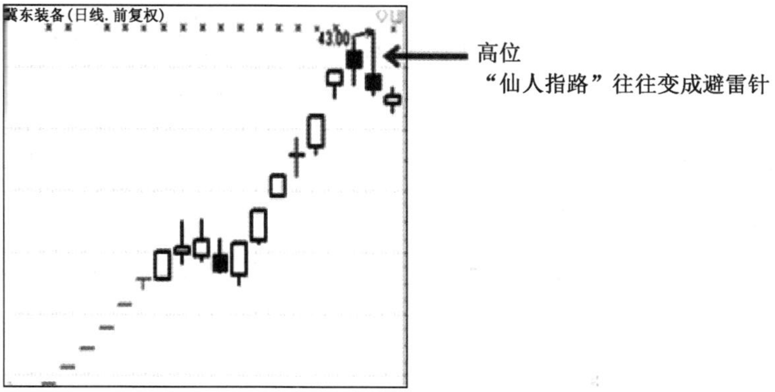

图 2－42　高位“仙人指路”

人指路”呢？即使是，也不要做，因为上面的“领土和利益”已经很少了，为什么为了一丁点的利益去以身犯险呢？

那中部位置的“仙人指路”怎么处理？“仙人指路”最喜欢出现的位置，往往是中部位置，见图 2－43。我发现很多这种情况，特别是最近一两年。为什么？因为现在的资金越来越彪悍，喜欢短平快，底部发现好股票，根本不会去洗盘或者用仙人去指路，往往直接硬上，连续拉涨停

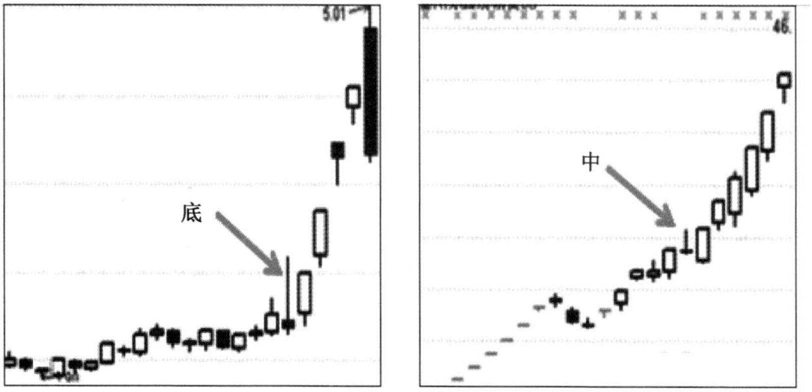

图 2－43　底位和中位的“仙人指路”示意图

板。能够出现“仙人指路”的，其位置往往已经顶到中部位置。

我建议，大家高度关注中部位置的“仙人指路”，这个地方成功率很高，上面的“领地和利益”又多。为什么说中部位置的“仙人指路”成功率高呢？难到底部位置的成功率不高？对的。底部位置出现“仙人指路”的很多，但是鱼龙混杂，操作的成功率不高。

难道底部位置的“仙人指路”意义不大，我们就不要重视了吗？

非也！

底部的“仙人指路”最大的意义是盈亏比大，一旦做成，上面的空间巨大。投资有两层逻辑，一层是盈亏概率，一层是盈亏比。中部位置的“仙人指路”在概率上大，底部的盈亏比大。各位可以根据自己的思路去选。

总结一下，本小结说明一个问题，“仙人指路”最大的意义不在它本身，而在它出现的位置。高位的“仙人指路”没有任何意义，甚至对我们实战还有反面作用。低位和中部位置的“仙人指路”才是真正的“路”。

至此，大家应该就会明白，我在给“仙人指路”下定义的时候说过一句话：正确位置的上影线，叫“仙人指路”。所谓的“正确位置”，其实就是说底部和中部位置，而不是高位。

四、“仙人指路”与成交量

“仙人指路”那天的成交量，往往与“仙人指路”能否做成有莫大的关系。

很多人肯定会问，那你能否告诉我成交量是大好还是小好？是哪种类型的成交量更容易做成？

股市之难，就在于没有标准答案，或者说它的答案根据变量来变。

我的观点是，底部的“仙人指路”，量越大越好，能到历史最大量才好呢；中部的“仙人指路”，适度，不大也不缩小最好，跟它前面的量同等级；至于高位的量嘛，反正又不买，分析它干嘛。

大家要高度注意的是，成交量对“仙人指路”的意义非常重要，有时候看起来两个同样的“仙人指路”，其成败就系于成交量，见图 2－44。

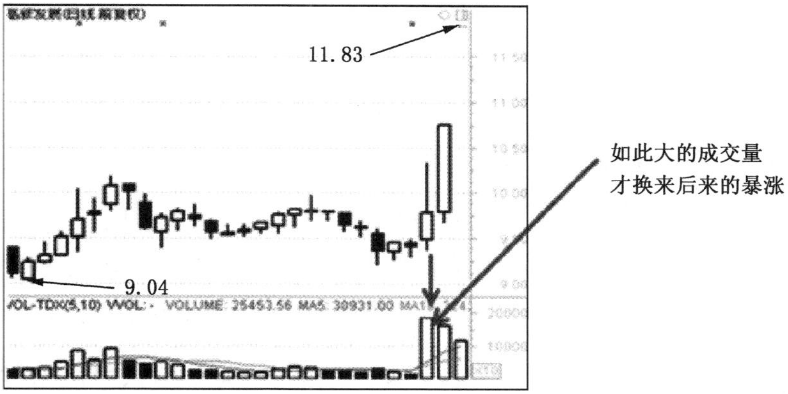

图 2－44　带成交量的“仙人指路”

为什么？

这就要从成交量的本质说起。成交量是什么？是钱。只有钱的堆积，才能制造强大的上涨欲望。没有筹码，主力为什么拉升，它又为谁去拉升？只有主力自己先进去了，且进去的足够多，它才能大幅拉升。如果是涨停板，往往无法完成资金大量进场，因为涨停板封住后无法成交。只有非涨停板，特别是看起来很危险的非涨停板，带着上影线的东西，才是最适合进驻资金的。所以，我甚至有这句话：凡是不带成交量的“仙人指路”，都是假的“仙人指路”。如果你不放量，不进筹码，单单一根上影线，到处都是，有什么值得稀罕的呢？

五、“仙人指路”与龙头

这一小节涉及龙头战法怎么运用“仙人指路”。如果仅仅“仙人指路”，不会让我费那么大的精力去研究它，因为每天都出现很多“仙人指路”。我对“仙人指路”的研究源于我发现很多龙头股喜欢用“仙人指路”这一招。

图 2－45 分别是廊坊发展、浪潮软件和科泰电源，它们都喜欢用“仙人指路”。我是一个股市实战家，每天都浸泡在股市之中，反复研究揣摩市场，每当研究加深，就会发现另一重天地。我以前有个痛苦，为什么有的“仙人指路”能做成，有的做不成。当用位置、成交量逻辑去综合分析之后，这个问题有了答案。但另外一个问题又来了：为什么有的股票“仙人指路”做成之后，也没有多少利润赚，而有的股票借助“仙人指路”做成之后，则一飞冲天，利润丰厚？

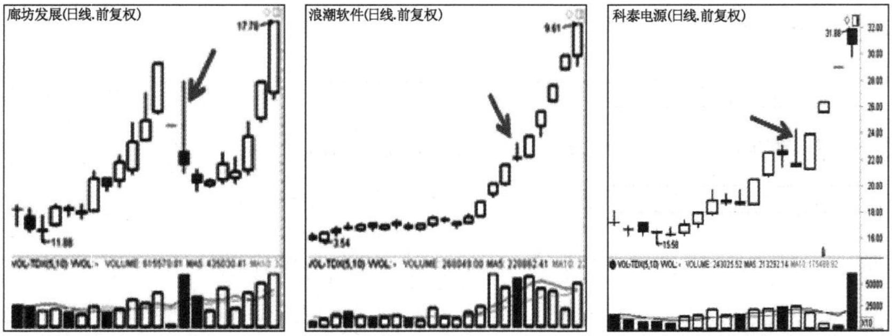

图 2－45　廊坊发展、浪潮软件和科泰电源局部走势对比

这就是另外一个深层次的问题：不仅对，而且对的级别要足够大。对错可以通过位置、量能等指标去解决，对的级别怎么解决呢？我不知道诸位是怎么解决这个问题的，反正我从传统的技术分析中去找，几乎没有答案。或者说，我通过技术指标，很难给出满意的答案。

后来我潜心研究龙头股，换个思维看上面的问题，突然迎刃而解了。龙头股是市场博弈时自发选出来的领导股，它的背后是一个强大的题材温床和市场情绪，一旦一个股票充当了龙头股，它的级别和幅度将是普通股票的若干倍。而且我还发现，很多传统的技术分析在普通的股票上应用容易失灵，为什么？因为普通的股票很多情况下有庄，比如德隆系，比如山东帮，比如温州帮，比如某个大家伙控盘。这就让普通股票失去自然合力，被某个固定的单一势力左右，既然如此，技术分析还有什么用呢？

只有当市场合力出现，自然法则和依托市场法则发明的指标才有用武之地。K线理论显然是在越自然合力的时候，有效性越大，而且，越有自然合力的时候，级别越高。

龙头股和其他股票最大的区别是：它是市场合力和市场情绪的产物，它高度遵守“除了市场本身，谁说了也不算”的规律。就拿近几年来说，西部建设、冀东装备、方大炭素、中科信息，中间有多少机构和游资进进出出，但不管谁走了谁来了，相当长一段时间内，股价都我行我素，它不会受制于某个单一的主力，而是遵从市场合力。有合力的时候，技术指标才能有用武之地。而且，合力越大，技术指标的威力越大。在A股目前的市场上，龙头股的合力最大，因为无论是市场情绪还是换手率、成交金额等，它都是最大的。所以，一旦对，它对的级别也是最大的。

我们在操盘的时候经常有这种感受，龙大、龙二、龙三，假如都受到大盘利空打压，出现“仙人指路”，结果龙大最先走出来，做成之后，龙大的涨幅也是最高的。为什么？这就是龙头溢价！

至此，我们可以这样说，“仙人指路”是一把利剑，这把利剑放在普通股票手里，就是一把菜刀，放在龙头股手里就是问鼎江湖的名剑。

“仙人指路”一定要在龙头上用才有价值，龙头会让“仙人指路”的正确与成功的概率提高，龙头也会让“仙人指路”正确的级别加大。正所谓宝马配英雄，宝剑赠名士。

六、“仙人指路”如何买

一个龙头股，出现“仙人指路”后，我们怎么交易它？我本人是这样做的，当遇到上影线的时候，我会做如下判断：

一是确认这个股票是否是龙头股，它有没有题材依托和情绪共振，如果是，进入第二步。二是确认这个上影线的位置怎么样，高位、中位还是低位？只有后两个才进入我的下一步观察范围。三是确认该上影线当天成交量是否足够大，特别是底部上影线。

以上三个问题全部都解决之后，就进入我的自选股范围，如果当天盘中发现，也把它收集到自选股，下面就是怎么动手买了。通常情况，我会在两个地方买：第一个地方：当天收盘时。第二个地方：第二天攻击的时候。

哪种好？没有最好，只有灵活运用。很多时候，买的好坏不是取决于买点的对错，而是买之前把握的精准。什么意思呢，如何确定它是龙头，位置和量能是否恰当，这比买点重要得多。买点的技巧顶多让你早一天或者晚一天，高几个点或者低几个点，这些都是“蜗牛角上争何事”，关键是它要正确，也就是它是个对的股票。我给出的观点是：如果把握性很大，“仙人指路”当天收盘时介入，如果把握性不大，等第二天确认介入。或者前一天先买一部分仓位，第二天伺机而动。

回顾一下本文：“仙人指路”是一种重要的技术指标，它其实就是一个上影线，但这根上影线要出现在正确的位置，量能符合，才是有价值的“仙人指路”。而且，我认为，“仙人指路”只有在龙头股上使用才有巨大价值，如果在普通股票上，其意义不大。如果我们把握性很大，可以在“仙人指路”当天就进去，如果把握性不大，就在第二天盘中攻击的时候跟进去。但无论如何，选对股票，分析好上影线的本质，是这种战法的根本，至于买卖点，只不过是瓜熟蒂落、水到渠成的事而已。

注：该文是特供给摩尔金融 VIP 客户的高级加密文章，之前从未公开，在此公开分享给各位读者，希望大家珍惜。

2.25 缺口:如何在龙头战法中发挥神奇威力

龙头战法最容易被误解的是涨停板,以至于很多人把打板、追涨停当成龙头股战法本身。这也足以说明涨停板和龙头有着千丝万缕的、剪不断理还乱的关系。至少大家都认为,龙头肯定要从涨停板开始,而涨停板也是龙头股最常见的K线语言。

但在我的眼里,涨停板和龙头的关系远远没有另外一个东西和龙头亲近,这个东西就是缺口。如果说涨停板是龙头的舅舅,那么缺口可能是龙头的老婆,缺口离龙头更近,也更有意义。

目前,市场上大多数人认识到了涨停板在龙头战法中的意义,并且衍生出了很多用涨停板发现龙头、追击龙头的方法,但是很少有人深入研究缺口与龙头股的关系。即使有研究缺口,也是就缺口而缺口,只是在传统的缺口理论上打转,无法把缺口和龙头有机统一起来,或者无法在龙头股战法中把缺口当成神奇的武器。本文恰恰就是为了解决这个问题而写。

一、缺口与涨停板在龙头战法中的优劣分析

（一）明牌与暗牌

涨停板是龙头战法中的明牌，人人都知道，人人都爱用，结果产生一个问题：预期过于一致。一旦出错，就被闷杀，特别是在次新股中，涨停板失败，损失的不仅仅是烂板的回撤，还有第二天极端低开甚至跌停板低开的巨大损失，做错一笔往往需要做对好几笔来弥补这个损失。

特别是今年，以涨停板维度来做龙头的人损失惨重，打板派几乎集体被坑杀。这也说明涨停板这个明牌往往杀人一万、自损三千，甚至是杀人三千、自损一万。而跳空缺口则是暗牌，所谓的暗牌并不是说它不明显，而是说它没有涨停板那么张扬，不容易成为众矢之的。更隐秘的是，涨停板的各种法则人尽皆知，而缺口的技巧和方法深入了解的人不多，后者更容易操作。

（二）过程与结果

涨停板是结果，缺口是过程。分析涨停板，大多是站在结果上说话，事实上，作为结果的涨停板，容易出现几个问题：介入难、电光火石之下比拼的是体力和本能而非智慧，一旦结果被证伪，回撤巨大。而缺口是过程，过程中会给予参与者足够多的思考时间，比拼的是理解力和智慧，而且，过程中即使出了问题，失败了，回撤的空间也有限。

（三）风险与成本

如果涨停板介入，其成本就是日内最高价，是最大的成本。如果以缺口为中心发现龙头，介入的成本绝对是中间价。从成本角度讲，涨停板是最不划算的。那么，为什么还有很多人去追涨停呢？

“确定性”。注意，这里是加上引号的确定性。有一批人，他们认为

的确定性和普通人不一样，他们认为一个股票涨停板了才确定，所以他们去追涨停。如果确定性这样定义，肯定有问题。我认为，确定性不是来自于能否涨停，而是来自于成本和收益比。对一次顶得上错很多次，对的空间远远大于错的回撤，这才是确定性。从这个角度讲，我认为涨停板是不划算的交易。

你也许会辩解，涨停板后，可能是龙头，可能空间很大。但是，现实往往是另外一种情况，那就是即使你涨停板买了，由于成本非常高，第二天即使是上涨，后来即使成了龙头，但一旦第二天盘中分时图大幅度震荡，你很可能获利出局。而以缺口为中心介入股票，因为当天利润就很厚，第二天的盘中分时图洗盘，你可以从容、坦然地面对，其实更容易吃到龙头的整个波段。

上述从多个角度分析，其实就是为了说明一件事，涨停板这个看起来天生与龙头战法绑在一起的东西，它远远没有缺口妙。那你也可能会说，缺口不一定就能判断龙头，缺口也不一定都是买入信号。此言不虚。但是，如果你认真地去琢磨缺口，你会发现缺口能在一定程度上解决以上问题。下面，我就逐步分析给大家看。

二、什么是缺口

这个问题几乎不用问，我之所以强调，是因为我的理解和很多人不一样。传统的理论认为，缺口就是价格空白。教科书式的定义是这样的：跳空缺口是指股票的开盘价高于昨天的最高价或低于昨天的最低价，使 K 线图出现空档的现象。

这种定义在普通的股票上，没有异议，但是在龙头股上，需要改变。因为龙头股是最强势的那个股票，它的缺口和普通股票不一样。如果行情好，龙头的缺口是如下定义的：大盘股，开盘价要在＋1％以上；小盘股，开盘价要在＋3％以上。否则，不能称为龙头的缺口。如果行情很差，龙头的缺口要如下定义：大盘股，开盘价要在＋0.5％以上；小盘股，开盘价要在＋2％以上。这里的大盘股指的是超大盘子、超大市值的股票，比如中国平安、万科、招商银行、中国神华，这类的是大盘股，除此之外的都是小盘股。为什么这样区分，因为这样才能反映缺口的本质，不同市值股票的缺口意义差距很大。比如中国神华跳空＋0.8％开盘，其意义和中科信息跳空＋3％几乎等同。

这个容易理解，下面我再介绍一种更有意义的缺口，那就是缺缺口。什么叫缺缺口，就是比缺口还缺口。我们常见的缺口，往往在＋1～＋5％，一旦超过这个，大家就容易害怕，因为介入的话，成本很高，风险很大。

但偏偏有一种情况，缺口就是要大，越大越好，我们把这种缺口叫缺缺口，其意义类似于两个缺口叠加。缺缺口一般是指开盘价在＋6％～＋9.9％。这类的缺口有时候威力非常大，在某些情况下，甚至仅仅看到它就可以确定龙头。

三、最好的缺口

缺口存在很多类型，根据上面的分析，龙头股战法最重要的是要发现在＋2％～＋9.9％之间的缺口，那么，有没有一个更加确切的定位，到底跳空在什么地方是最好的呢？有。但是，不是定量，而是定性。

在我的龙头战法体系里，最好的缺口是超预期缺口。什么叫超预期缺口？即：(1)不该跳空缺口的时候，它跳了。(2)一次跳空，干掉许多层阻力和压力位置。

这两种，说起来很容易，从字意上也容易理解，但是如果不结合大量实战，很多人根本不明白背后的威力。我们来结合案例，展开介绍。

案例一：ST 佳电股份

图 2－46 缺口分析：箭头处的一个跳空缺口，一览众山小，吃掉前期所有的压力位置。而且，该缺口开盘价是＋7.48％，典型的缺缺口。该缺口是典型的超预期缺口。缺口运用的核心还要理解其意，很多缺口跳上去了，还会下来，或者缺口失败，但是有的缺口一旦上去，就下不来，为什么，有两个东西支撑着，一个是题材，一个是量。彼时，ST 佳电股份在国企混改和巨大成交量的支撑性，缺口做成。而缺口做成后，又进一步刺激资金去围攻，火借风势，风助火力，风火联营。这个缺口还有一个很大的意义，这样的股，即使你想涨停板买，也未必能挤得进去，因为涨停就在一瞬间，最好的介入是集合竞价。这样，缺口就起到一个提醒和发现的作用，当集合竞价发现这个缺口后，至少有五分钟让你反

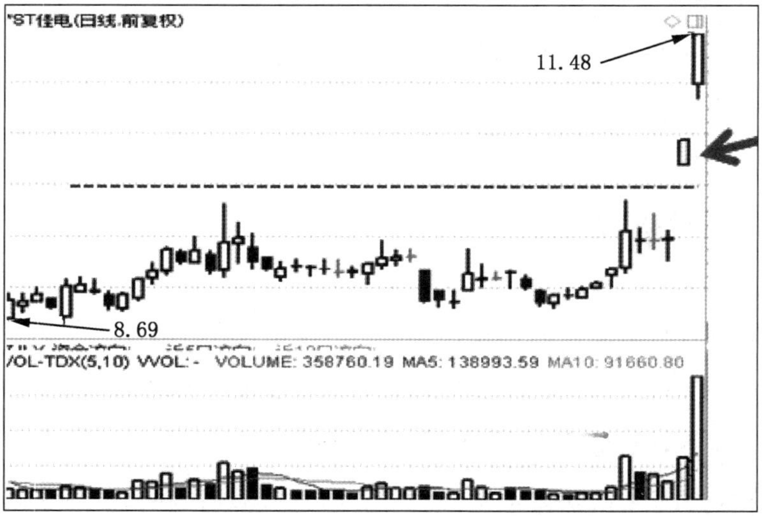

图 2－46　ST 佳电股份超预期缺口案例

复思考的时间，一旦思考明白，立即在 9:30 之前下单，这比涨停板战法要高明很多。

案例二：威唐工业

威唐工业在 2017 年 10 月 24 日是个大烂板（见图 2－47），第二天开盘价居然直接漫过该烂板的最高价，这是典型的超预期。此种情况下，如果题材配合，几乎可以直接在集合竞价介入。这个案例可以引出一个最重要的论断：烂板出龙头。市场上流传烂板出龙头很久了，但是其内部逻辑鲜有人讲明白。事实上，如果我们认真地总结就会发现，烂板出狗熊的更多，烂板出龙头的概率更小。那么，什么情况下烂板才能出龙头呢？必须符合两个条件：第一个是烂板的目的是为了拿筹码，那么，我怎么知道烂板是为了拿筹码呢？这就引出第二个条件——第二天超预期。第二天超预期最直接的表现就是大大的跳空。只有符合这种情况，烂板才能出龙头；否则，烂板出狗熊的概率更高。我们千万不能见到烂板就意淫，必须看第二天。当然，盘中也有超预期的情况，比

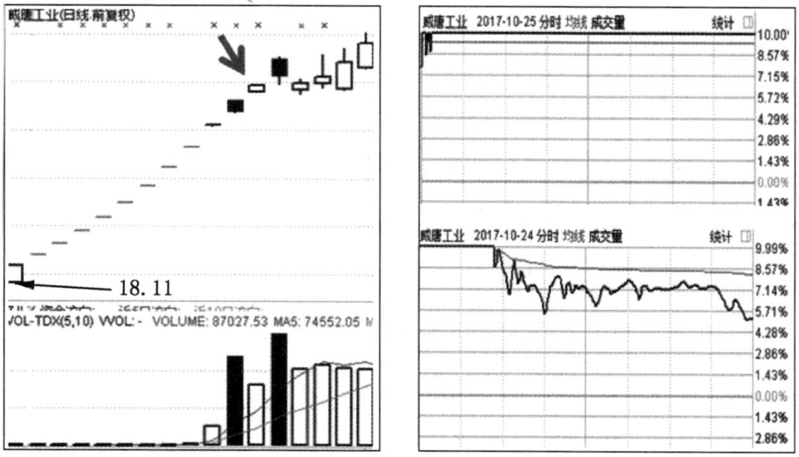

图 2－47　威唐工业局部走势与分时图

如底部洗盘后突然拉起，但是如果连洗盘都不洗，直接在集合竞价就超预期，是最干净利索的超预期，是最强大的超预期。这种情况下，仅仅一个缺口，就可以抵得上千军万马，你能瞬间跟进集合竞价的盘口，就能确定龙头。如果做到这个水平，根本不用打板，也不用等待，交易在瞬间就能完成。这类型的股票很多，我提醒一下大家，比如 2017 年 7 月 13 日的西藏天路，2016 年 12 月 15 日的宏辉果蔬，2017 年 8 月 25 日的嘉泽新能，等等。

以上两个案例，基本上把超预期龙头讲清楚了，这里大家要把握一点核心，就是本来该弱，或者不可能上涨，但是它却上涨了，不但上涨，而且从集合竞价就开始暴涨。不但集合竞价暴涨，还能承接住这种涨，让股价持续拉升。这种情况一旦出现，就说明，前一天弱，或者前面的压力是骗人的，那么这种骗人反而更暴露了主力的野心勃勃。

超预期缺口，是我最喜欢用的缺口，这种缺口运用熟了，可以起到“一招鲜”的妙用。

四、缺口的创新

缺口还存在很多最隐秘的形式，这种形式我一般不愿意讲，因为我个人总结这个类型的缺口花费了很多的精力和时间，实在是凝结了很多心血。今天就在这里分享给大家。

缺口的原始定义是价格真空，那么除了集合竞价，还有盘中可以存在价格真空，比如分时图上。我们看图 2-48。

图中我们可以看到，该价格空白很大，我们可以把这个价格空白当成跳空缺口。也就是说，分时图级别存在的跳空缺口。这个缺口有时候意义非常大，特别是在判断龙头股的时候，特别是在 2～3 个股票你

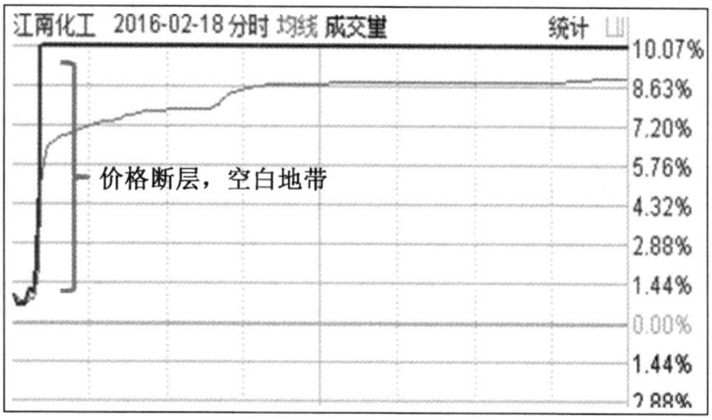

图 2－48　江南化工 2016 年 2 月 18 日分时图

犹豫不定，不知道哪个是最好的股票的时候，用这个方法能够一下子把龙头锁定在一个股票身上。比如，我们看最近的一个案例，见图 2－49。

图 2－49　佛燃股份与贵州燃气分时成交对比

图 2－49 是 2017 年 12 月 14 日，两个天然气股票，其实当天来看，最先涨停的股票是佛燃股份，结果后来贵州燃气成了龙头。如果用谁最先涨停板谁是龙头的判断肯定出错，问题出现在哪里？大家看我的标识，分别是分时图级别的缺口，我当时判断的标准不是谁先涨停板，而是谁先跳空攻击，贵州燃气是 10：01 就跳空攻击，而佛燃股份 10：09 才跳空攻击。别看中间差八分钟，这八分钟可是致命的，它反映的是主从关系，这比涨停板重要，因为涨停板是结果，谁先攻击是过程，过程比结果重要得多。这些细节，如果没有人提醒你，也许你永远不会从这个

角度思考问题,希望这一招大家学会了,要好好珍惜。

注:该文是特供给摩尔金融 VIP 客户的高级加密文章,之前从未公开,今天在此公开分享给各位读者,希望大家珍惜。

2.26 涨停板质量的深度分析

提起龙头股，大家最先想到、最多想到的是什么？暴涨？疯狂？害怕？我以为，是——涨停板！

涨停板是龙头最主要的存在形式，是龙头最常见的语言。涨停板不一定会成为龙头，但龙头一定是反复多次甚至每天都出现涨停板。

正是从这个意义上讲，研究涨停板对龙头股非常重要。涨停板对龙头股的意义就有点像英语字母对英语的意义一样，它是基石，是最基本的元素。那么，怎么分析涨停板？关于这个问题，其实角度非常多，有的从波浪的角度，有的从形态的角度，有的从成交量的角度，等等。本文的着眼点是哪个角度呢？最实用的角度——哪种涨停板最好，哪种涨停板最容易走出龙头。

一、一字板

一字板是涨停板兵器谱排行第一的涨停板。其基本图形如图2－50。左一是一字板最基本的形态，在具体的实战图形中，一字板如图中间和图右所示。一字板是龙头股中最强的涨停板。有的人说，这种涨停板我买不到呀，有什么好？好就好在让你买不到。这样就会激发市场筹码的稀缺性。这就是龙头的本质，让你买不到，让它稀缺，激发大家的“恨”和“急”的心理。当然，出现这种涨停板，并不是说都是龙头，但是龙头喜欢以这种涨停板出现。或者说，如果以这种涨停板的形式出现，其他因素再合格，那么这种股容易走出龙头。我这样说，不知道大家能否心领神会。

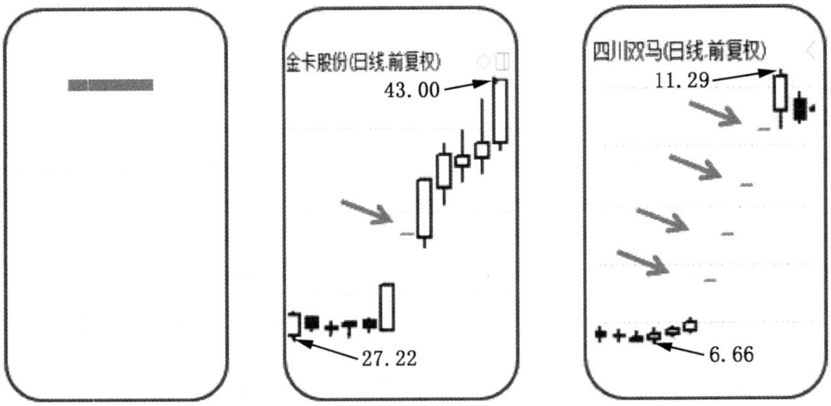

图 2－50　一字板

二、T 字板

T 字板的价值和意义仅次于一字板，它是以涨停开盘中间略微洗盘，后来依然会封死在涨停板上，见图 2－51。T 字板虽然看起来有机会，可以买进去，但事实上没有几个人真正敢买。为什么？因为一旦封不住涨停板，当天会套很多。

T 字板的出现，考验的是操盘手的眼力。如果你确定这个股是龙头，你要的是它未来一天、甚至未来一个波段的涨幅，此时你就敢于去买 T 字板。如果你对它的龙性和上涨高度没有判断，你肯定不

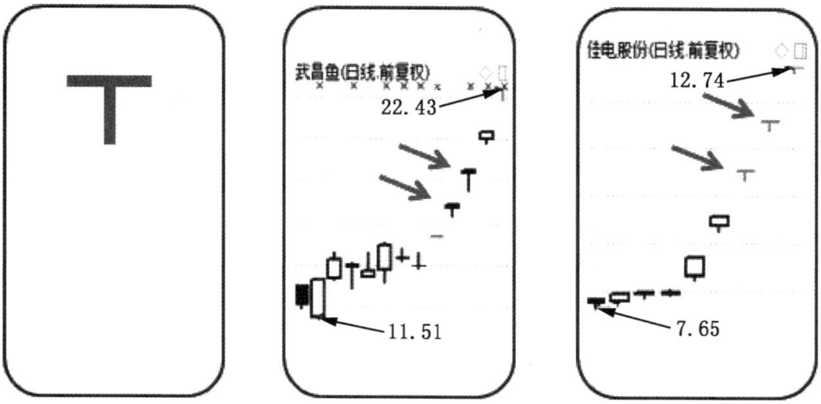

图 2－51　T 字板

敢买。

龙头战法的精髓就是这样，要玩，你就得付出一点代价；要么，龙头就不带你玩。哪里有那种买点又低又是龙头的股票呢！

一字板制造的是买不到的心理，T 字板制造的是不敢买的心理。二者恰恰是龙头股战法要克服的东西。

三、连板

连续两个涨停板，称之为连板，见图 2－52。其对龙头股战法的意义不亚于上述的一字板和 T 板。敢于连板是龙头的先决条件，如果连连板都不敢，何谈龙头？可以这样说，龙头是飞行动物，普通股票是爬行动物，飞行的标志就是至少要涨幅超过 20%。特别是在一个题材中，谁先连板谁就可以更接近龙头的宝座。

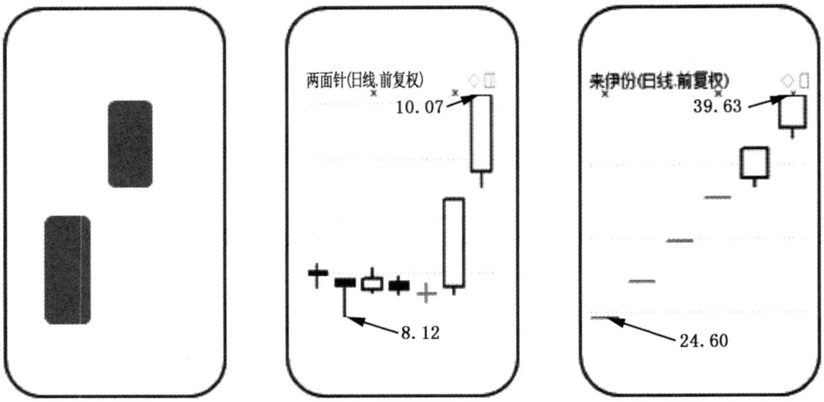

图 2-52　连板

四、双响板

双响板也叫双响炮，它与连板有异曲同工之妙，甚至实战价值超过连板，见图 2-53。为什么双响炮在涨停板中的地位如此重要？因为它经过清洗。

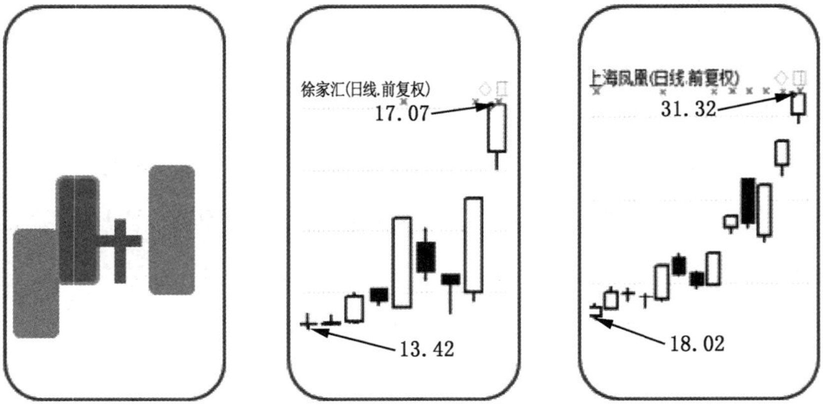

图 2-53　双响板

逻辑上有反证法，双响板就类似于反证。它通过事先的洗盘，再次涨停，两个涨停板夹着很短暂的洗盘，说明第二个涨停板更加真实。

这让我想起一句话：什么可以衡量一个人的高度？不是他曾经攀登到多高，而是他跌倒后，还能不能再攀登到高峰。双响板的价值就是那种跌倒了还能爬起来的种儿。史玉柱、特朗普都是这种类型的写照。

五、反包板

反包板是昨天出现一个巨大的阴线，也可以是影线、跌停板之类的，但是要出现巨大跌幅，今天用涨停板把昨天的阴线反包，见图2-54。

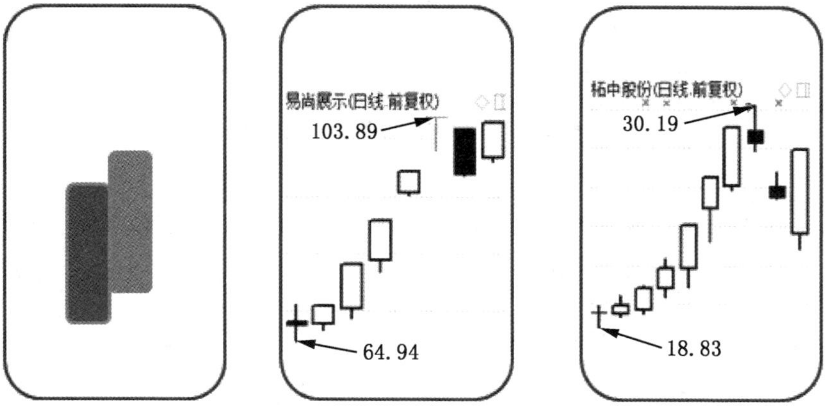

图2-54　反包板

反包板的价值类似于双响板，它也是先清洗，再崛起。很多龙头股就喜欢用反包。甚至有一句话，反包出龙头，不敢反包的不是真龙头。

需要说明的是，反包其实包括双响板，如果前面是一个涨停板，洗盘后再涨停板，就是双响板。反包和双响都是欲擒故纵的高手做的，遇到此类的涨停板,不要轻易放过。

六、技术性好板

什么是技术性好板?传统的技术分析意义上的好板,或者世俗眼中好的涨停板,叫技术性好板,见图 2-55。最常见的就是:谁先涨停谁好、谁的分时图强悍谁好、谁跳空上涨谁好、谁涨停板后缩量谁好、谁涨停板后不打开谁好。

图 2-55　两种典型的技术性好板

这种方法定义涨停板到底对不对呢?当然有对的成分,但是这样定义涨停板的好坏,只能说是通俗意义上的。为什么?凡是大众都习以为常、都认为是对的,怎么可能就会对得彻底呢?如果没有其他因素,或者说其他因素平衡的情况下,以上判断是对的。但是,现在的主力要比以前狡猾很多,当你以为其他平衡的时候,它却暗地里制造不平衡。

如果我们再固执地认为谁先涨停谁好、谁分时图霸道谁好的话,会正中主力下怀。目前,市场有几种力量,专门制造这种“技术完美”的涨停,让你以为它是好的,结果你一追进去,就暴跌。最典型的即是佛山无影脚、成都一日游,它们专门坑杀按图索骥的人。

此种风险切记！切记！

七、技术性烂板

与技术性好板针锋相对的是技术性烂板，我高度警惕好板，但对烂板情有独钟。什么是烂板呢？我们看图 2－56。

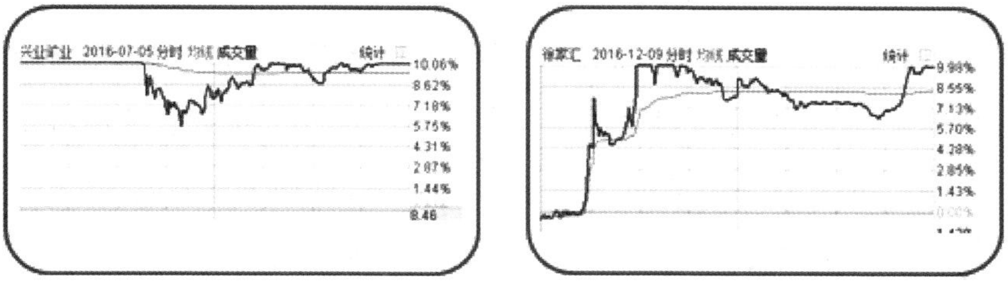

图 2－56　两种典型的技术性烂板

图 2－56 是两个典型的烂板，感觉像扶不上墙的烂泥，但它们走出了真正的龙头风范。这背后有什么逻辑？——烂板出龙头、烂板有真爱！

烂板有两种，一种烂板就是真的烂，这种形式很多，所以，并非所有的烂板都出龙头，还有一种烂板就是真正的出龙头。

当某个好题材来的时候，主力有时候也来不及收集筹码，或者说没有底仓，此时怎么办？最好的办法就是在第二个板（一点底仓都没有的主力）、或者在第一个板（有一点底仓的主力）就制造盘中洗盘，给人极大的恐惧感，要么当天卖出、要么次日卖出。当别人把筹码交出去的时候，主力正好借机收集筹码。

那么，我怎么知道烂板是出龙头还是真烂呢？核心在两点：其一，题材的级别。其二，成交量。题材级别越大，主力越不愿意放过，此时的烂板，很有可能是非常好的板。另外，烂板当日对应的成交量越大，越有可能是吃货，而不可能是出货，也就是说，越有可能是好的涨停板。这些东西都是我的秘密，以前很少给别人讲。如果你看到这篇文章，特别是看到这里，如果你也是实战高手，你会会心一笑。如果你实战经验少，还理解不到这一层，我希望你能记下来，我相信你总有一天会知道它的价值。

其实，还有很多好的涨停板，或者说上述介绍的涨停板中还有很多细节。但是文字很难传达得那么细腻，如果是面对面地交流，我打开电脑给你当面讲，我会说得很细。即使如此，上述几种关于涨停板的认识，如果你能熟练掌握的话，就已经很厉害了，特别是在做龙头的时候。

希望有缘读到这篇文章的人，能细细品味我文中的每一个字。

注：该文是特供给摩尔金融 VIP 客户的高级加密文章，之前从未公开，在此公开分享给各位读者，希望大家珍惜。需要说明的是，文中的某些观点和细节的认识，随着 A 股生态的变化，已经有点片面，但为了保持文章原貌，我就全文不动刊发。

2.27 智慧农业:“越股灾,越龙头”

刚入股市的时候,我喜欢看各种研究报告和大 V 的分析,也热衷于游走在各大券商间,听投资报告会,但是效果甚微。后来就去研究各种投资书籍,价值投资的、技术分析的都看,结果也是效果甚微。再后来,我被市场中的一种特别的股票深深震惊,那就是连续暴涨的股票。其中,最让我目瞪口呆的是杭萧钢构。这个股票重塑了我对股票的认识——原来股票可以这样玩。

后来又连续出现很多此类的股票,比如航天机电、莱茵生物、全聚德、广晟有色等等。于是,我就想,能不能专门交易此类股票,专门研究此类股票。此想法一出,就被身边的朋友爆批:不要走歪路呀,那样的股票不能碰呀!我的这些朋友都是身经百战的股市老手,他们劝我的时候都是发自肺腑的,我理解他们的善意。但看着一个个暴涨的股票,我越来越纳闷了,为什么杭萧钢构、莱茵生物这样的股票天天涨,反而股民却说它们不能碰呢?

不行,我要听从内心的声音,千里独行,一个人独自研究这类股票。从此一发不可收拾,我走上了一条孤独的探索之路。我把此类的股票命名为龙头股,我把凡是符合龙头股的案例全部收集起来,分析其前因后果。我偶尔也把自己的研究成果发表在网上。但是，后来我发现有一个叫《××周刊》的杂志，其中有些文章会大量引用我的内容。这样可不行，不知情的也许会反过来说我抄袭它的呢。于是，我就计划把研究成果以专著的形式出版，这才有了我的第一本书《股市极客思考录》。

深入研究龙头后，我发现很多规律，这与大家的看法完全不一样。也许我的观点提出来，会让很多人，特别是“主流”投资者震惊，比如，我发现：第一，龙头股不是豺狼虎豹，看起来风风火火连续涨停板的龙头，好像风险很大，但如果做好风控，它们的风险未必比普通股大。第二，与大众理解不一样的是，它们可以抗风险。万一大盘调整，或者股灾来了，普通股票可能跌成狗了，但龙头股还可以逆势上涨。这个发现让我兴奋万分。

现在我们来重点谈谈上面的这个问题。因为今天（2018 年 2 月 9 日）股市暴跌，结合暴跌行情谈这个观点，更容易被理解。

龙头股是市场上最强大的力量、最聪明的资金操作的，这种资金大多是骨灰级玩家，包括游资，也包括机构，这些资金对市场机会的嗅觉是最灵敏的。所以，跟随这种资金一起战斗是最安全的。

就拿本周来说，龙头股是智慧农业（见图 2－57），股市暴跌，它却连续拉了五个涨停板。这就是龙头抗风险的典型表现。如果你说是小概率，那我不妨带你回顾一下历史，看看是不是如此。2016 年 1 月，大盘暴跌，但彼时龙头股中毅达股价暴涨翻倍；2016 年 11 月底，大盘有一轮暴跌，但是那轮暴跌中，龙头股三江购物成功翻倍（见图 2－58）。最让人心惊胆寒的股灾是熔断，但彼时，供给侧改革的龙头华菱钢铁一口气涨了 50％多。这是大级别的调整，普通级别的调整就更不用说了，龙头连个喷嚏都不打。当然，龙头股抗风险的作用也不能无限夸大，历史性最大级别的股灾是 2015 年暑期股灾，龙头股也无能为力。但即使如此，如果你持有的是当时的龙头股，至少会推迟几天才下跌。此类的案例，不胜枚举，大家可以自己对照大盘去找。

图 2－57　智慧农业局部走势

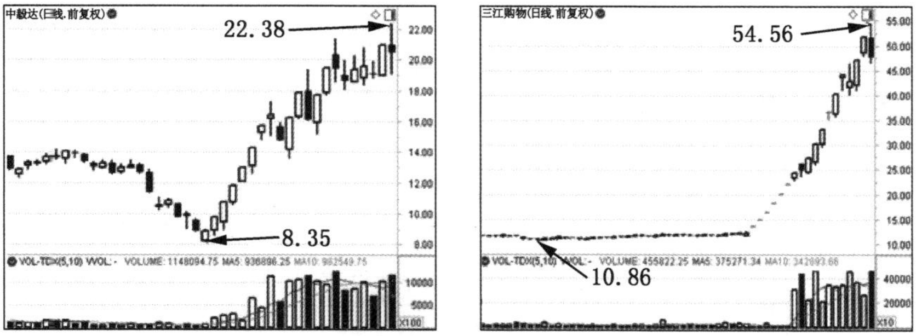

图 2－58　中毅达与三江购物局部走势对比

龙头股是独立的，它在很大程度上摆脱大盘而独自存在，它像天外飞仙一样不受人间教条约束。或者这样说，龙头股是一个独特的物种，独特的股票，它的运行有自己的规律，不跟随大盘。

这么说,是不是做龙头股很容易?非也!

龙头股有它的难,最难的就是心里门槛。很多人因为受到“正统”的教育,见到上涨的股票,本能想到的是害怕,是躲避,而不是参与其中。我也搞不清楚为什么很多人见到连续涨几个板的股票,第一反应是洪水猛兽,而不是机会,也不知道这是谁教的。恰恰是这种思想,把很多人堵在龙头股的门外。

龙头股的第二难在于选股难,选对龙头更是难上加难。很多人选错几次龙头,就没有信心了,能够坚持下来的很少,这也印证了龙头的高贵,如果人人都能轻松选出龙头,那么龙头股就没有价值了。

注:本文成稿于2018年2月9日,文中过于强调龙头抵抗大盘风险的一面,没有展开谈大盘环境对龙头影响的一面。事实上,我并不主张普通投资者在大盘环境不好的时候做龙头,因为这对个人眼光要求比较高,希望大家明白。

2.28 国海证券:“原教旨”龙头战法的典范

龙头战法从诞生到普及,经受了各种质疑和诘难,时至今日,还有很多人讨论龙头战法是否失效了。

不得不说的是,经历了牛熊更替,市场冷暖,龙头战法不但没有失效,反而更加彰显它的魅力,也更加说明它的有效性!

当然,必须是真正的龙头战法、纯粹的龙头战法、“原教旨”的龙头战法,而不是喊口号式的龙头战法、一知半解的龙头战法和以数板与形态为中心的机械的龙头战法。

下面本人就用国海证券的案例来展示龙头战法的精妙之处,同时也用该案例来澄清很多关于龙头战法以讹传讹的东西。

一、熊市可以用龙头战法吗

牛市和熊市,大抵是用大的趋势来定义的,这种定义的好处是,可以告诉我们一种长期格局。但是,它也有弱点,那就是它掩盖了大趋势里面次级结构的沟沟壑壑与跌宕起伏。所以,在我的趋势理论中,一般会包含行情分析,用行情理论来弥补趋势未能细化的地方。在我的《股市极客思考录——龙头股战法揭秘》一书的第四章中，详细说明了这个问题。

如果简单地用牛熊二分法，不利于我们深入的研究市场，如果用行情来细分市场，则容易深入看到市场的脉络和千回百转。所以，具体到实战，我喜欢用行情分析。关于行情的内容，大家可以看《股市极客思考录》第四章的“行情结构”篇，这里不再赘述。需要说明的是，行情里面，有个沙漠绿洲行情。沙漠绿洲行情往往与指数关系不大，与赚钱效应关系大，它是指熊市里出现局部的赚钱效应的情况，该行情往往热点和题材层出不穷，游资四处游荡，妖股和龙头精彩纷呈。毫无疑问，这段时间就是沙漠绿洲行情。此时，用龙头战法，还是很实用的，无论德新交运、维宏股份还是国海证券，都可以用龙头战法。

这里，就回答了熊市到底能不能做龙头。如果在熊市中，行情处于赚钱效应期间，就可以用龙头战法，如果熊市中，行情处于吸毒行情和杀师地阶段，则不可以用龙头战法。这个思维是抛开指数，看行情，看板块，看题材，看个股。具体问题具体分析，而不是被熊市这个概念给框死。其实，这是一种全新的认识市场环境的方法。

二、龙头战法适合大资金吗

有人说，我资金量比较大，不适合龙头战法。这又是对龙头战法的极大误解。谁告诉你，龙头战法只能用小资金了？你有赵老哥钱多吗？你有欢乐海岸钱多吗？你有淮海中路的孙哥钱多吗？它们照样用龙头战法。别的不说，就拿国海证券的案例来看。

国海证券

10 月 23 日成交金额 2 亿元。

10 月 24 日成交金额 12.8 亿元。

10 月 25 日成交金额 15.5 亿元。

这么大的流动性，难道不能做龙头战法？

龙头分为白马龙头和黑马龙头，黑马龙头在有些时候流动性比较小，但是白马龙头流动性就比较大，像前段时间的攀钢钒钛，再如几个月前的罗牛山，再如去年冬天的泰禾集团，再如去年的方大炭素，再如 2015 年的中国中车，它们的每日成交金额动辄几十亿元，有的甚至几百亿元，难道流动性有问题吗？

所以，不要再被传言所伤，龙头战法是人气的聚集核心，其成交量和换手率一般都非常大，我认为恰恰是龙头股，才适合大资金进进出出，而那些冷冷清清的股票，反而不适合大资金。

三、龙头战法就是高位追板吗

很多人质疑龙头战法，其中最多的观点就是：高位追板容易被套，一被套住，就骂龙头战法失效。可笑，谁告诉大家龙头战法就等于高位追板？特别是追那个最高的板？

龙头战法的核心在于定龙，定龙的方法在于发现龙头的证据链，如果你能在第一个板发现，那你就可以第一天定龙，如果你在第二、三个板发现，你可以第二、三天定龙，如果你顶部发现，你只能在顶部被套。这个问题是我最需要澄清的。因为这与一个赫赫有名的大神有关：欢乐海岸。欢乐海岸以自己的操作习性昭告天下：买得越高越光荣！

于是乎，有人就在市场上起哄，塞给散户一剂思想的毒药：涨的越高就越是龙头，在越高的地方买，就越是龙头股战法。这种思想竟然给大多数散户洗脑，让很多人拿着龙头的思想，干着盲目乱追高的活，不出问题才怪呢。呜呼,哀哉!

如果我们仔细看赵老哥的龙虎榜,就会发现,他很多时候是在第一板就下重仓;如果看其他顶级游资,他们也有很多在低位悄悄潜伏的底仓。如果你信越高越买,那就给别人做嫁衣了。

这就涉及空间定龙问题,到底第几板能确定龙头?这个问题几乎是龙头股战法的最核心问题。我的观点是:看情况。有时候别说二板,就是三板四板也定不了龙头,比如去年的雄安股票,涨到第六板你也不一定知道谁是龙头。而有的时候,第一板和第二板就可以高度确定它是龙头,不需要在高位——特别是五板以上来定龙。比如,亚夏汽车,第一个板就可以定龙,彼时是 2018 年 6 月 7 日,赵老哥和欢乐海岸都是那一天大举进入的。

买 1　中国银河证券股份有限公司绍兴证券营业部　49 300 537

买 2　中国国际金融股份有限公司云浮新兴东堤北路证券营业部　34 781 496

买 3　浙商证券股份有限公司绍兴分公司　32 624 815

买 4　中信证券股份有限公司深圳后海证券营业部　27 970 375

买 5　中信证券股份有限公司深圳科技园科苑路证券营业部　23 477 134

请问此时,怎么不谈第一板看出啥了?

还有很多股票,甚至很少涨停板,如果按照几板定龙,那就更没有办法确定龙头了。比如方大炭素,谁敢否定它是龙头?如果找不到涨停板,难道我们就不定龙头了吗?

再比如说,我们今天要重点分析的案例,国海证券,我就是在第一个板就确定它是龙头的,第一天就大举进入。当时的情况是这样的:2018 年 10 月 22 日是周一,之前的两天是周末,那个周末有两个核心事件：四大金融高管喊话救市、国家关于个人所得税抵扣调整文件出台。特别是后者，可以高度确定，市场会沸腾。果然，周一开盘，大盘就一路高歌猛进，疯狂拉升。

当时，最猛的就是金融，因为金融与指数高度相关。我就去看板块指数，看到了券商。然后打开券商里面的个股，发现不得了了，海通证券、广发证券、中信证券，这么大的盘子，早盘居然是集体跳空缺口攻击。此时，我的心里就高度留意券商。稍微等几分钟后，券商股集体进攻，风起云涌。

打住。请问，此时此刻，如果你什么技术分析、什么技巧、什么方法都不懂，就仅仅凭借着你对“龙头”两个字的中文含义的理解，是否可以察觉到这里面谁是龙头？对，当时我就是这种思维，放弃一切技术，从“原教旨”的角度去理解龙头：一马当先，万马奔腾。于是，我果断地锁定了国海证券。这就像万马奔腾时的气势一样，跑在最前面的那匹马，就是国海证券。

而此情此景，如果你还想到二板再来定龙头，想着欢乐海岸四板会来，想着等它到五板六板七板是市场最高的票时你再进入，你不觉得刻舟求剑吗？不觉得削足适履吗？不觉得机械地不能再机械了吗？

四、国海证券——龙头战法教科书式的经典

所有的券商股都涨，国海证券涨在最前面，这一句话，就足以证明它是券商龙头。第一板，就这种定龙法，简单，直接，纯粹。第二天，所有的券商股（除了没有开板的次新券商）都震荡，洗盘，国海证券一字板，这是给国海证券龙性的背书，此时此刻，这是给国海证券龙性上的第二把锁。第三天，更加精彩。为了说明这个精彩，我们必须深入交流

一些观点。

什么是龙头的本质？对这个问题的回答，就可以说明你的段位。有人说，涨的最高的那个是龙头。也有人说，涨停板最多的是龙头。还有人说，换手板最多的是龙头等等，不一而足。也不能说这种回答不对，只能说，都是形而上学，或者是残缺的片段。龙头的本质，我认为是领涨。

我们来看看国海证券的第三个板的那一天，历史镜头回到2018年10月24日，见图2-59。

图2-59 国海证券、上证指数、南京证券、中信建投2018年10月24日分时对比

当时开盘，很多券商股集合竞价大跌，而此时国海证券红盘开盘，这是不是涨？竞价就开始涨。开盘后，大多数券商股分时图在零轴下下跌洗盘，而此时国海证券不但不跌，还努力拉升。最精彩的还不是这个，而是另外一些细节出现了：随着国海证券的上涨，很多券商股被国海证券从绿盘“拽”上来了。这不就是传说中的“领涨”吗？

一花独放不是春，百花齐放春满园！

此时此刻，难得第二次加仓的机会出现，因为龙头就在此时定义了它自己，而我们要做的只有一件事：见龙头即见如来，加仓就是了！

第四天，10 月 25 日，也就是今天，国海证券表现得更加精彩。昨天夜旦，美国股市暴跌，A 股蒙上了不详阴影，果不其然，大盘－2.40％低开，很多股出现核按钮，券商股也不敢轻举妄动。但一开盘，国海证券就蠢蠢欲动，好像没有受到任何外围利空影响，该涨还是涨。这是不是领涨中的“涨涨涨”的本质属性？

真正的精彩发生在跟风股暴涨之后，华安证券和中原证券在上午先于国海证券摸到涨停板，中间打开，下午两点后，这两个股又先于国海证券涨停。如果仅仅从此时的特征来看，龙头应该移位了。但我认为，龙头是气势上的第一性，而不是分时图上的第一性。国海证券已经构筑了领涨券商的气势，不是其他股能够轻易抢走龙位的。我看到中原证券和华安证券下午又回封了，我果断地在那个时候，第三次加仓国海证券。

为什么？因为我想到冀东装备。彼时，冀东装备是第二波领涨雄安的股票，但是第四天，2017 年 4 月 27 日，冀东装备却掉队了，见图 2－60。

但后来，雄安股票小弟纷纷暴涨，此时，我相信龙气仍然聚集在冀东装备上，结果又证明了我的判断，冀东装备继续扛起龙头的旗帜，又涨了接近 30％。此种案例还发生在华锋股份和贵州燃气上，今后有机会再展开分析。这种做法，就是我心中的定龙方法。

大家可以从上述分析看到，我几乎很少用到华丽的技术指标，更没

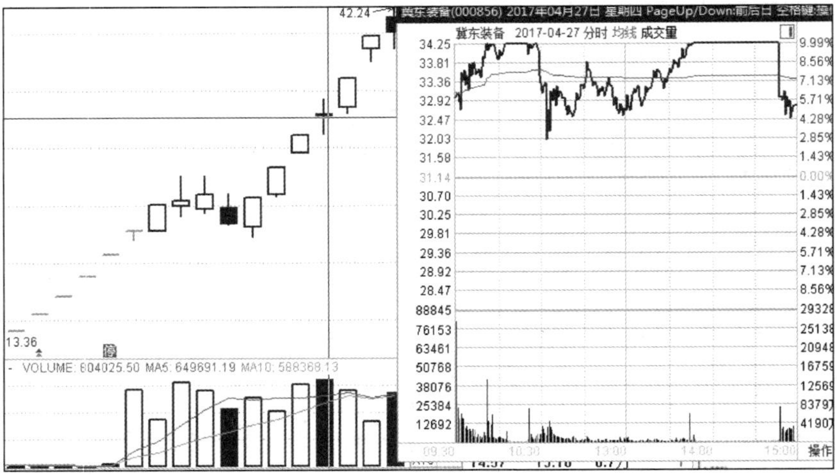

图 2-60　冀东装备 2017 年 4 月 27 日分时与局部走势

有咋咋呼呼的打板技巧，我靠的几乎全部是理解力，即用我对龙头的理解，对领涨的理解，来做国海证券。

有人会问，你为什么不加入指标来判断龙头？并非我否定指标的价值，而是我已经用理解力找到龙头，拥有龙头了，为什么还要那些多余的东西？正如，我已经看到月亮了，何须再多一根手指来指指点点？

五、龙头怎么卖

我确实真的相信：高手买入龙头，顶级高手卖出龙头。并不是说见到龙头就去卖，而是说等龙头众人皆知，已经变成明牌的时候，就开始逐步考虑减仓，而不是才考虑买入。因为任何股票，无论任何投资流派，都是在估值高的时候，股价高的时候，卖出。而不是像自媒体和一些大 V 宣传的那样，越高越买。

还有一个问题：为什么有的龙头能涨到八个板，有的龙头只能涨到四五个板？因为属性不一样。市场上关于龙头的另外一个极大的误区就是用一种龙头方法对待所有的龙头。事实上，大盘股的龙头和小盘股的龙头不一样，有前世运作的龙头和没有前世运作的龙头不一样。不是所有的龙头都要像贵州燃气、万兴科技看齐，只要能领涨所属板块，且该板块具有最题材性，它就是龙头，哪怕它才四个板。

没有人否认亚夏汽车是龙头，它才五个板；没有人否认锋龙股份是龙头，它也才五个板；也没有人否认 2016 年 8 月份的万科是龙头，它的连板也才两三个。不同类型和属性的龙头，其高度和空间适用不同的体系。这个是龙头位置和空间理论来解决的问题，今天不在此讨论。

空间和位置属性的观察角度是驱动力和题材类型，也要看股票的盘子大小。具体到国海证券，反正其龙头属性已经被我们第一时间拥有，完全占据它的先手；至于它是什么高度，管它呢，因为买对了，怎么卖，都是对的。

注：本文成稿于 2018 年 10 月 25 日，该文是我用“香象渡河”的方法做龙头的范例，真正的龙头战法植根于理解力，而不是指标和形态，龙头是一种博弈分析，而不是技术分析。

2.29 浙江龙盛:复盘我对它的思考和操作过程

我一直认为,真正的龙头战法不是打板,不是追高,而是讲究先手和价值,在第一时间占据最有价值的公司。正是在这个思维的指导下,当别人还在为工业大麻概念股酣战之际,我悄悄地注意到了一个超级价值股票:浙江龙盛。

而且,我跟不同的朋友交流时,说过一句话:迟早有一天,顶级游资赵老哥必定来这个股票上帮我抬轿。

昨天看了一下龙虎榜,见图 2-61。

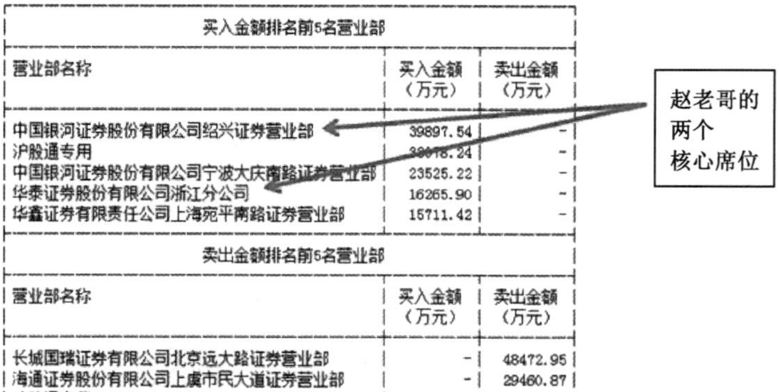

买入金额排名前5名营业部		
营业部名称	买入金额(万元)	卖出金额(万元)
中国银河证券股份有限公司绍兴证券营业部	39897.54	-
沪股通专用	[illegible]	-
中国银河证券股份有限公司宁波大庆南路证券营业部	23525.22	-
华泰证券股份有限公司浙江分公司	16265.90	-
华鑫证券有限责任公司上海宛平南路证券营业部	15711.42	-

卖出金额排名前5名营业部		
营业部名称	买入金额(万元)	卖出金额(万元)
长城国瑞证券有限公司北京远大路证券营业部	-	48472.95
海通证券股份有限公司上虞市民大道证券营业部	-	29460.87
沪股通专用	-	28641.48
兴业证券股份有限公司上海金陵东路证券营业部	-	16619.34
中国银河证券股份有限公司绍兴证券营业部	-	16323.60

图 2-61　龙虎榜

我发现赵老哥动用了接近六亿元来接盘浙江龙盛。这还只是明面上的，暗仓有多少还不得而知。为什么浙江龙盛引无数游资竞折腰？无他，价值性而已。

在我的眼里，龙头至少分为两种：一种是纯噱头和概念驱动的龙头，比如市北高新、顺灏股份；一种是价值驱动式的龙头，比如方大炭素、再比如今天的浙江龙盛。两种龙头有什么区别呢？前者，连炒作者自己都知道，击鼓传花，随时准备撤退，所有参与者都是首鼠两端。后者，所有人都担心踏空。所以，才有大家看到的，游资都是几个亿几个亿的买。

这种股票踏空的痛苦感，远远大于其他股票。因为这是有价值的股票，而且，这是天天换手的股票，你只要想买是任何一天都可以买进去的股票，而不是那种天天一字板的股票。这种股票不买，还敢说自己是龙头战法？

概念性龙头走的是轻飘飘的路线，类似于凌波微步，价值性的龙头走的是势大力沉的路线，类似于九阳神功。去年的恒立实业和风范股份属于前者，今年的深天马A和浙江龙盛就属于后者。

第一次发现浙江龙盛是爆炸案，朋友第一时间告诉我这个事件对化工领域的影响。当时的K线图是这样的，见图2-62。

我看到是——T板。在龙头战法体系里，T板如果符合条件，是重要的龙头K线语言。看到这个图，我会心地笑了。

此时此刻，市场各路游资还在“吸大麻”，我悄悄地在研究这个股票。浙江龙盛的主营业务产品染料及助剂、中间体，在这次爆炸事件后，将变得无比具有价值性。具体的研究资料太多，大家有兴趣可以去券商那里下载几个研究报告来看，我就不一一详细介绍了。其中有个人戏言，浙江龙盛本来就是该行业龙大、第一，结果可能变成这个行业

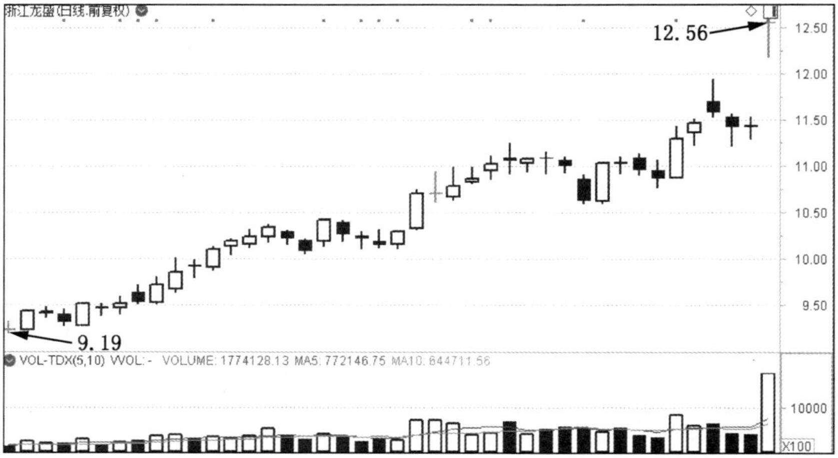

图 2－62　浙江龙盛局部走势

的唯一。第一＋唯一，是什么？不就是绝佳的投资机会吗？

第二天，集合竞价开的“对”，我在集合竞价开出后的第二秒，也即是 9:30:02，就第一次布局这个股票，见图 2－63。

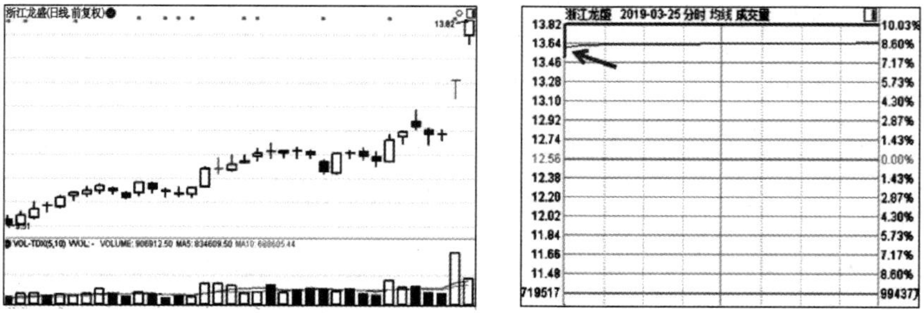

图 2－63　浙江龙盛局部走势与分时图

当天秒板，那种畅快感难以用语言形容。但买到这个股票的人很多，能够坚持下去的人却不多，难就难在这个股中间的两个大阴线，参见图 2－64。

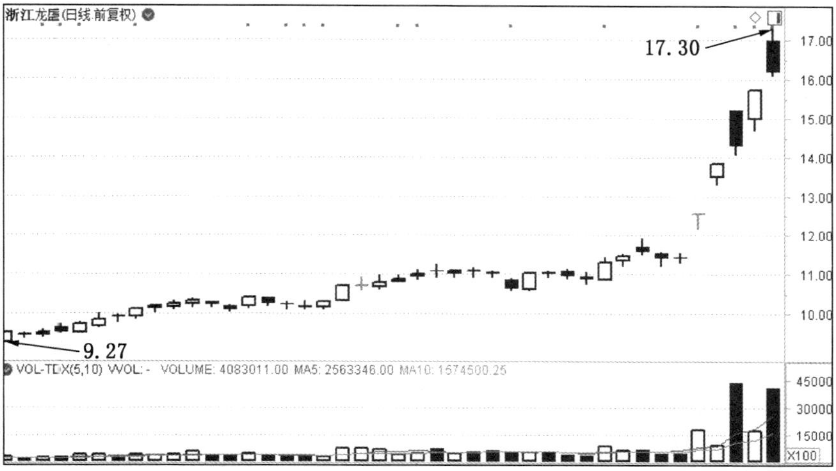

图 2-64　浙江龙盛大阴线

如图 2-64,大阴线阴森森的。很多朋友跟我说,彭总,这个股票不能碰了,高位放量了,而且是巨大的阴量。我笑着说,你这是被技术分析害的。在一个明确无疑的价值面前,谈什么技术？这个股票的价值摆在那里,难道因为不符合你的技术分析,不符合你的量学,就卖掉吗？是脚去适应鞋还是鞋去适应脚？

我看到几个朋友在阴线那里煎熬,就鼓励到:"没事,突破自己就从自己害怕的地方开始。"

第一根阴线后的第二天集合竞价我继续加仓,第二个阴线当日我加了两次仓。因为我看明白了阴线的魅力。

阴线,特别是大阴线,是龙头战法一个重要的技术秘密,很多人就是被这种技术秘密赶下去的。具体的细节有机会再讲,先给大家看看图 2-65、图 2-66。

图 2－65　深天马 A 大阴线

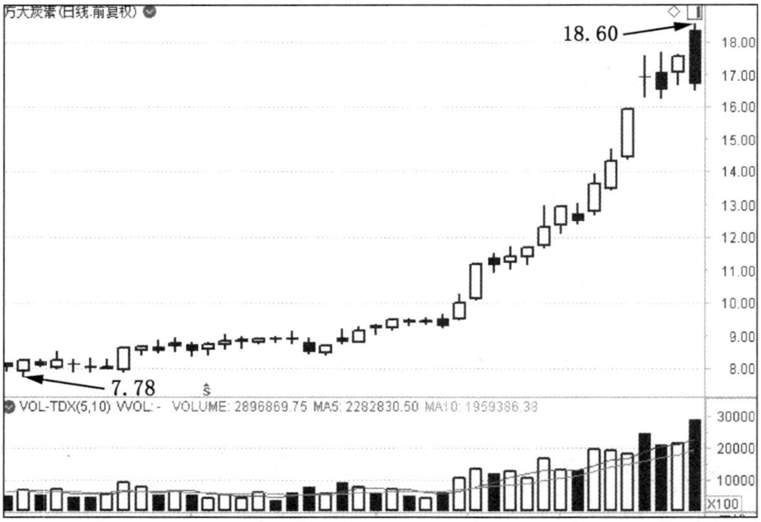

图 2－66　方大炭素大阴线

第一个是深天马 A，第二个是方大炭素。都是大阴线。也许有人会问，为什么很多股票大阴线后就死掉了，而你举的这几个例子，包括浙江龙盛，出现大阴线反而成了加仓点呢？核心原因在于对龙头空间感的把握，而空间感取决于价值识别，就是对这个题材的高度识别。

用惯了技术分析，各种 K 线，各种形态和各种量的朋友们，对这种思维可能难以理解。但事实就是如此。如果不对一个股票的题材级别和价值性进行思考，你是无论如何也做不到“势大力沉”的，顶多在技术分析的小圈子里做惊弓之鸟，瞻前顾后。

浙江龙盛的核心因子在于价值，在于这种股的稀缺性，在于其产品涨价的巨大预期，在于其行业的地位，在于天时地利的机会赐给这个股百年难遇的投资契机。而这种东西的到来，怎么可能因为一两根阴线，就止住脚步？

所以，阴线加仓，阴中求阳。主力玩“阴”的，我们必须能够识别出来其“阴”谋诡计。

其实，龙头战法做到最后，是没有阴线阳线的区别的，只有强弱的区别。我看 K 线和成交量，几乎不考虑阴阳。因为阴阳是人规定的，关键是那个 K 线是强还是弱，那个 K 线是聚气还是散气。跳出传统的 K 线和技术，重新以强弱来看股票，就会得到不一样的认知。

再回头看浙江龙盛，当第二个阴线结束的时候，高盛给出了接近 60 元的目标价，当该股即将翻倍的时候，中信证券给出 800 亿元市值的估值，别急，还有很多券商估计都摩拳擦掌了。大家还记得在什么时候见过这种盛况吗？在茅台上见过，在方大炭素上见过，在寒锐钴业上见过，在万科上见过。

这说明什么？说明这个股打破了游资和公募的界限，成了股市的“最大公约数”。所以，各路大佬才能玩命的买。

那么这个股票还能买吗？这个问题取决于你是长线还是短线。龙头战法讲求香象渡河，讲求先手，如果你一路看着一个股票上涨，当它涨到一倍的时候，你问我能不能买，我真的不好给你建议的。在这里，我只展示我的分析思路和逻辑，希望大家思考龙头背后的前因后果。另外，无论如何，请大家认真地看这个股票的完整走势，关注该股的未来。然后认真总结这个股的前因后果，我相信这个股票会给大家一个教科书式的收获。

注：本文成稿于2019年4月3日，是我做浙江龙盛的复盘之作。

2.30 浙江龙盛：有一种龙头，势大力沉

为什么龙头和龙头不一样？比如，浙江龙盛，我们看看图 2－67。

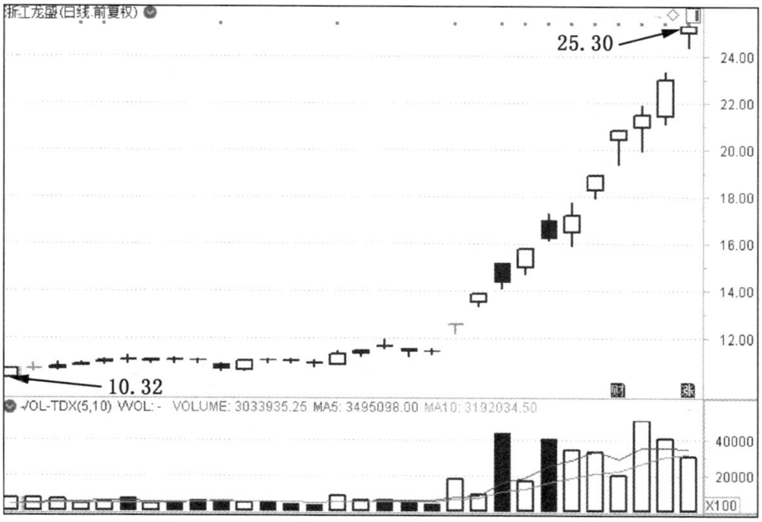

图 2－67 浙江龙盛局部走势图

其走势行云流水，如滔滔江水，连绵不绝。而同时，另外的所谓的“龙头”则如图 2－68、图 2－69。

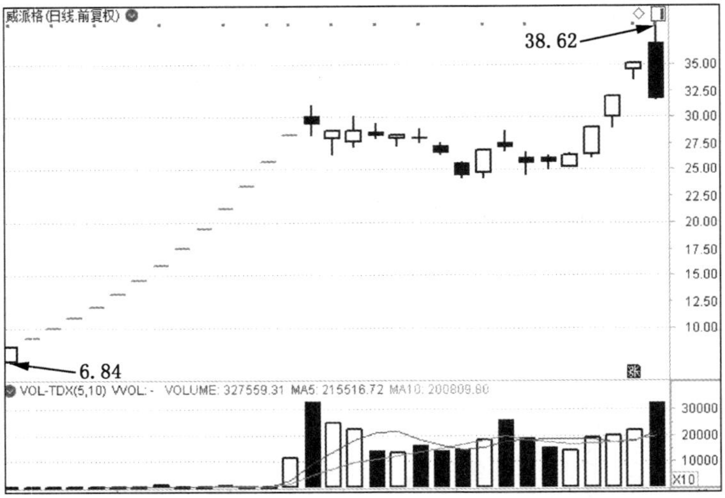

图 2-68 威派格局部走势图

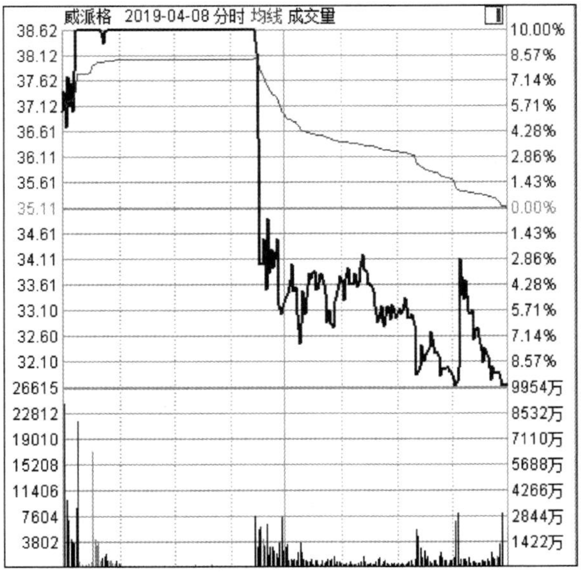

图 2-69 威派格 2019 年 4 月 8 日日内分时图

这种股票的分时图俗称“核按钮”。为什么同样被冠以“龙头”之名，前者固若金汤，后者一溃千里？因为龙头在神不在形也。并不是几个涨停板就能轻易冠以龙头之名的，龙头的核心应该是从灵魂上看。

灵魂是什么？灵魂是价值。浙江龙盛是有价值的，是有含金量的，是有业绩支撑的，这种有底气的龙头和那种纯概念的龙头，能是一回事吗？

直到今天，还有很多人误解龙头，以为龙头是瞎炒，其实龙头从来都是师出有名，都是有的放矢。那种纯概念的瞎炒，并非我倡导的原教旨主义龙头战法。

同样是龙头，背后的含金量大不相同。我本人非常反对把涨停板和技术分析当龙头战法。真正的龙头应该是价值挂帅，契机主导，事件驱动，多维共振。我每做一个龙头，无不高度重视其价值性。因为龙头只有获得价值性背书，才能势大力沉。否则，就是首鼠两端。

上篇我写浙江龙盛的文章的时候，很多人对这个逻辑应该通晓一二。不过还有一个逻辑大家在纠结，那就是：那篇文章写“晚”了。什么叫“晚”？就是股价已经涨起来了。上周末我还在加仓浙江龙盛，什么叫“晚”?！这涉及一个很重要的命题，那就是龙头来了，如果“高”了，还买不买？

其实，这个问题不应该由高来定义，因为高低是相对的。这个问题的核心应该由龙头的“空间感”来定义。什么是空间感？那就是龙头未来还能涨多高。如果这个问题不解决，无论你哪一天买，都是心惊肉跳，都是惊弓之鸟。正如对一个没有目标导向的人来说，任何方向吹来的风，都是逆风。空间感，就是目标导向。这个是我倡导的原教旨主义龙头与其他人所谓的龙头的本质区别。目标，就是空间定位，就是空间感，也是“未来感”。这个东西只能从价值中去寻找。如果这个东西通晓了,不是看一个股票是否晚了,是否已经高了,而是看它未来还能有多高。

以终点为观察核心,而不是以过去为观察核心。因为龙头本质上,是向未来要空间。未来空间怎么去求?从势上求,从空间法则上求,从价值上求。如果这个东西不求好,无论你买得再低再早,你也不踏实。

正所谓:能攻心则反侧自消,不审势则宽严皆误。审势才是根本。不审势,早了还是晚了,低了还是高了,都没有意义。

注:本文成稿于2019年4月8日,是我对浙江龙盛与其他龙头比较的时候,有感而发之作。

2.31 你能看懂中原特钢的秘密吗

中原特钢这个股，很多人看不懂，因为它背后有几个秘密。

一、席位的秘密

中原特钢在春节前最后一个交易日涨停，春节后第一个交易日又涨停，其春节后第一个交易日交易情况如下所示。

中原特钢(代码 002423)　　成交量:3 243 万股　成交金额:36 083 万元

异常期间:2016/02/05 至 2016/02/15　　累计涨幅偏离值:20.88%

买入金额最大的前 5 名

营业部或交易单元名称	买入金额(元)	卖出金额(元)
华泰证券股份有限公司厦门厦禾路证券营业部	16 413 530.86	17 416 134.80
财通证券股份有限公司温岭东辉北路证券营业部	12 397 460.00	12 712 139.00
国盛证券有限责任公司赣州信丰阳明北路证券营业部	10 613 117.93	10 818 419.16
华泰证券股份有限公司湖南分公司	9 350 185.00	9 629 687.00
方正证券股份有限公司上海保定路证券营业部	8 268 125.04	333 901.00

卖出金额最大的前5名

营业部或交易单元名称	买入金额(元)	卖出金额(元)
华泰证券股份有限公司厦门厦禾路证券营业部	16 413 530.86	17 416 134.80
财通证券股份有限公司温岭东辉北路证券营业部	12 397 460.00	12 712 139.00
国盛证券有限责任公司赣州信丰阳明北路证券营业部	10 613 117.93	10 818 419.16
华泰证券股份有限公司湖南分公司	9 350 185.00	9 629 687.00
方正证券股份有限公司上海保定路证券营业部	7 304 479.52	6 091 739.90

这个席位很多人看不懂。其一，卖的比买的多，其二，买家和卖家是同一家，左手倒腾右手。很多人据此说，该股必跌。事实该股涨得很凶，秘密在哪里呢？

图2-70是中原特钢的K线走势图，我们注意C处，红柱量能处就是上面成交席位的那一天，该天量能是前二日量能之和。关键是他们对倒，你怎么知道他们对倒会涨不会跌呢？

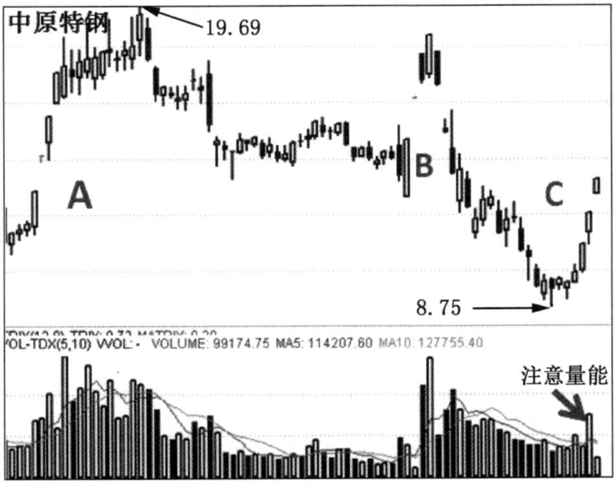

图2-70 中原特钢K线走势

首先，他们卖的货是从哪里来的？肯定不是前一天买的，因为前一天成交量太少，应该是前几天买的。从前几天的分时图可以看到，他们不是某一天的密集买入，而是某几天的逐步买入。也就是说，他们有计划，蓄谋已久。2月15日的席位恰恰暴露了他们在春节前就买入了很多该股的筹码，这就等于告诉我们，这个股的主力节前就动手了。

其次，跨春节，资金成本很高，正是如此，他们不可能选择下跌，必须涨一涨才出货，这样才对得起筹码的时间价值。即使当天不涨停，即使当天大盘暴跌，该股也应该会有一定的涨幅，不可能暴跌。换句话说，该股具有安全性。正是这个逻辑，我在春节后第一个交易日集合竞价进入。而且是融资买入。

第三，为什么买入的又卖了呢？因为已经赚了，我们看一下该股春节后第一个交易日的分时图就知道，该股上午前12分钟，分时图盘旋在2%～5%个点之间，当时大盘是暴跌，我猜想春节前进去的资金觉得赚一个涨停板加上这几个点就够了，于是部分资金就选择了结。从分时成交量来看，卖出的也主要集中在早上。

第四，为什么又买入了呢？因为卖错了。为什么，主力感觉到大盘气氛回暖，于是又把卖出的在低位接回来。也许你会问，你怎么知道他们不是在涨停板上卖出，而是说他们在上午卖出？你又怎么知道他们又捡回来了呢？我们看一下当日分时图(见图2-71)。

这个分时图很明显，最大成交量在上午前12分钟，然后一直到涨停，其成交量密集而隐秘，封住涨停板后，成交量突然窒息了，没有人卖了。这个过程再明白不过，上午在5个点左右卖，后来感觉卖错了，在2.5个点附近吸纳回来，下午涨停后，再也没有人愿意卖了。所以，成交席位上显示，买的和卖的，都是那伙人。而且，早上卖多的人，后来买的时候，买不到那么多了，表现在席位上，就是卖的比买的多。

图 2－71 中原特钢 2016 年 2 月 15 日分时图

通过席位和盘口，我觉得该股在这个交易日后必然暴涨，至少有一个涨停板。

二、题材的秘密

中原特钢是什么故事？很多大网站（包括腾讯）和大 V 都说是什么钢铁去产能、国企改革，真是无知。该股是军工的故事。其特种钢与航母的关系十分密切。我们再来看一下中原特钢的 K 线图，见图 2－72。

该股 A 处暴涨，是因为美国航母强行闯入南海，B 处暴涨时朝鲜氢弹试验，C 处也就是最近暴涨，是朝鲜卫星核试验。

春节期间，大的新闻和事件有几个。第一个是欧美金融危机，这个

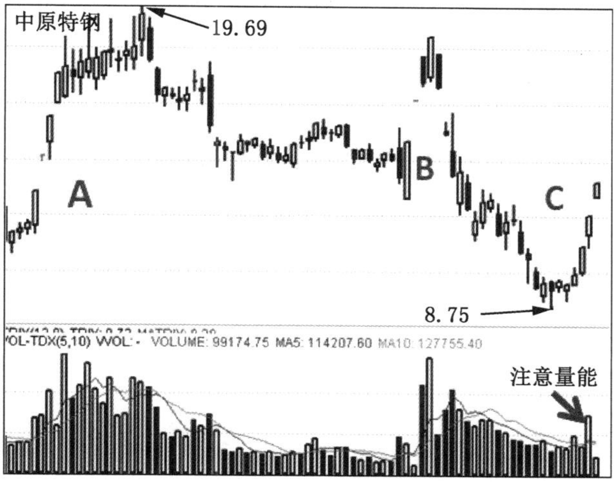

图 2－72　中原特钢 K 线走势

对股市是负面影响，其最大受益是黄金股；第二个就是军事紧张升级，朝鲜、美日都有动作；第三个是爱因斯坦广义相对论引力波事件，对应的股票是福晶科技。数来数去，就数这三个大，对于第一个，黄金股开盘价过高，而且特别容易受制于国际期货，所以我不去做，集中精力做军事冲突和引力波事件股。

三、股性的秘密

我在《股市极客思考录——十年磨一剑之龙头股战法揭秘》一书中说过，龙头是有基因的，前世今生往往高度统一。大家可以把中原特钢的历史图打开看看，这个股对军事冲突的敏感性远远超过其他任何军工股。这个秘密容易理解，一点就透，所以，就不展开了。这一点，也是我常常挂在嘴边的一句话：一龙吃三年。龙头战法不是买了赚了就完事了，而是一直跟踪它，有机会反复做，就像特力 A，成了名副其实的力王，有机会就涨停，真正的大龙头就是这样，它会反复刷存在感，给点机会就演绎一波。

注：本文成稿于 2016 年 6 月，是我操作中原特钢的手记。

2.32 宏川智慧:是迟到还是缺席

最近因为有其他事情,没有太多的时间操盘,偶尔只是用手机看看。这样也好,反而有更多的时间陪伴家人,而且,有了更多的时间进行深度思考。

现在稍微有点时间,跟大家聊聊宏川智慧这个案例(见图 2-73)。

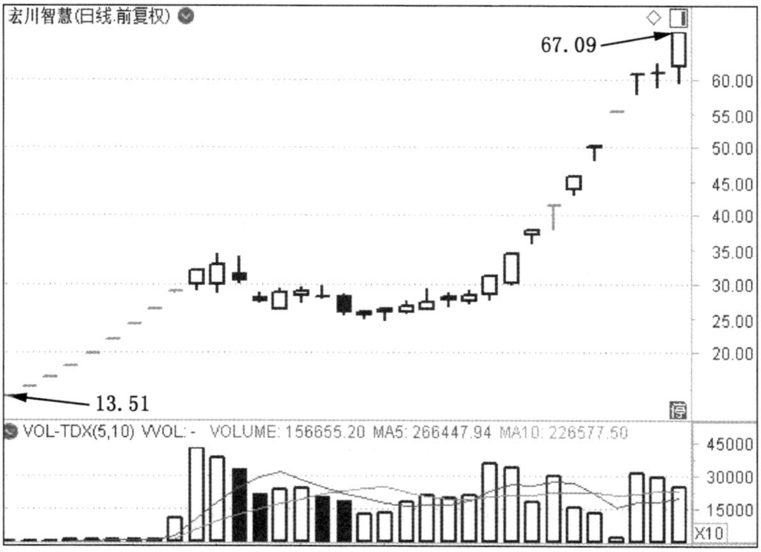

图 2-73 宏川智慧局部走势

各位看官，不知道大家有没有这种体会，发现一个龙头已经很高了，买吧，怕套，不买吧，怕失去，到底如何是好？我在各地跟很多人交流，遇到问我问题最多的就是这个。当我发现宏川智慧的时候，我也遇到这个问题。那么，我是怎么解决的呢？下面我跟大家聊聊我的心路。

我第一次发现宏川智慧是 2018 年 5 月 11 日(图 2－74)。

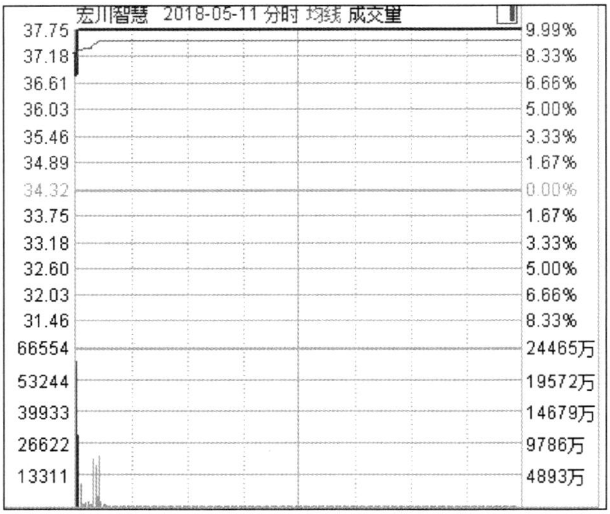

图 2－74　宏川智慧 2018 年 5 月 11 日分时图

但当时是秒板，手机看盘，一瞬间就买不到了。从此这个股就进入了我的内心世界，并在我心里卡位成功。它成了我的猎物。

当日晚上，大家激烈讨论欢乐海岸席位的真假，其实这对我一点都不重要，难道没有欢乐海岸就不会炒股了？我最在乎的是石油的涨价以及石油股票的跟风情况，它们的刺激才是我最看好的原因。

当天晚上，我还打电话给中海油的一个朋友，我问了一下石油涨价的情况，对方回答：石油可能是周期性涨价，周期复苏，原因是前几年石油跌价很多项目都停了，现在又有短缺趋势。这个实业界的答复，确定了我的信心。

第二周的周一，我本来计划买宏川智慧，但是一字板，买不了，我只好作罢，关了手机不看，我知道这个股板上钉钉了。这天忙别的事情去了。从此之后，这个股停牌了。停牌后，怎么看？此时，才是炒作这个股票的关键。很多人都遇到的关键问题，我也遇到了：高了！还买不买？

看看图 2－75，每个人扪心自问，你们遇到这种情况，你们内心世界是什么感觉？——错过一个好股！是不是这种感觉？

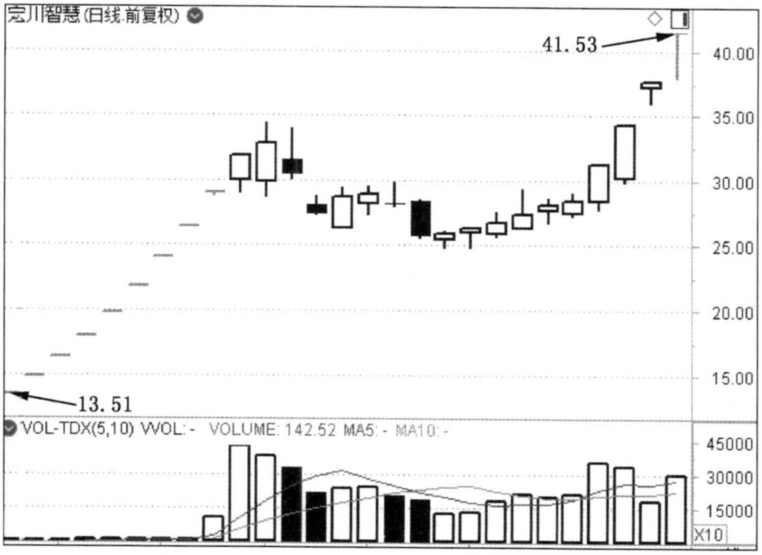

图 2－75　宏川智慧局部走势

但龙头战法的核心就是要克服这种心理纠结。我曾经给一个大学的 MBA 讲课的时候说，龙头战法的核心在于心法和细节。其中核心的核心在于定龙。此时此刻，定龙确定了，这相当于什么？这相当于一个金矿向你敞开。

如果你能确定谁是龙头，那么你可以抛弃一些术的东西，剩下的就是一个字：干！

很多时候，龙头的难点在于它淹没在一堆跟风之间，你不知道它是谁，一旦你知道它是谁，没有任何东西能阻挡你对它的拥有，所谓见龙头即见如来，说的就是这个时候。我把此时此刻的买法叫香象渡河！有人会问，难道你不怕高吗？高，这个词阻挡了多少人进入龙头的世界。高是风险，高也是机会。如果是普通跟风股的高，它就是风险，如果是龙头的高，它是机会。而且，高，是个相对的词汇，高到什么时候才是真正的高，这是有讲究的。普通散户心中的高，和龙头战法眼里的高不是一回事。如果没有高，你也看不出它是龙头呢。就像皇帝，登基之后的高高在上，才恰恰是他展示九五之尊的开始，而不是结束。

关于龙头股，我有一套空间判断的方法，什么时候是高，什么时候不是高，我们有空间位置和结构分析，今后如果我有时间，会专门写一篇文字帮大家理清。

当越过了高的心理关口，又越过了定龙的关口，下一步是什么？就是知行合一。

5月17日该股复牌，当时9:25，该股集合竞价开在+5.95%。此时此刻如果是你，你怎么买？等涨停后再打板买吧，估计很多人是这样想的。

现在市场上，很多人做龙头股，就是打板，所谓不板不买。这个思路害了很多人。为什么？如果你能看懂它是龙头，如果它已经确定了是龙头，板不板重要吗？谁告诉你非要用涨停去确定龙头？我买罗牛山这样的股票，更是没有想到涨停板，如果你非要等到涨停板，也许你根本买不到方大炭素和罗牛山这样的龙头，如果有机会，再跟大家分析罗牛山这样的白马龙头。所以，我们要破执，首先破涨停板之执。

当天早上，我就是直接集合竞价进去。比起很多大神，我迟到了，但我没有缺席，而且在一个最巧的位置上，我买得明明白白。涨停就不卖，不涨停就卖，后来我在 5 月 22 日卖了。卖的原因，它当天“示弱”，其他股票都疯狂，只有它分时图弱，我预计它会进入洗盘。我所说的，只会迟到永远不会缺席，并不仅仅指上面，还有一个不缺席的动作是 5 月 24 日。

5 月 23 日，证监会一下子停牌了四个妖股，大家都害怕了。此时此刻，你是怎么想的？是不是有点恐慌？我认为，如果我是市场的最大游资，我解决恐慌最好的方法就是把宇宙总龙头干到涨停，这样会让所有停牌的股票都安全。所以，我又重新把宏川智慧放到战略的位置去思考。5 月 24 日早上，我发现宏川智慧在集合竞价就蠢蠢欲动，一开盘先往上打，然后下砸，我就在下砸的一瞬间买入，见图 2－76。

图 2－76　宏川智慧 2018 年 5 月 24 日分时图

注意，依然不是打板。有人会问，你怎么知道它下午会涨停？对不起，我根本就不知道它会涨停，我只知道我买入的是对我上述的逻辑分析负责，与涨停板不涨停板没有关系，难道不涨停我们就不会买股票了吗？我把这种战术叫作让涨停板来追我。当然，期间细节和思维点很多，一篇文章写不完。因为最近忙，没有时间面面俱到，先写到这里。当然，该文有马后炮嫌疑，但是，我在自己的群里一般会时时贴单，我也没有证明给谁看，自己整理一下自己的思路。而且，我在朋友圈也会时时转发我的交易，下次给大家分析罗牛山的交易全过程。

写这篇文章，核心是要说明以下几点：第一，只要你懂龙头，你永远不会缺席，顶多是迟到；第二，龙头股是一套逻辑系统，不一定要打板；第三，交易是对自己的逻辑判断负责，而不是对涨跌负责，当然终极目的是对涨跌负责。但当你买入的那一刹那，是为了知行合一，实现程序和过程的最佳。只要逻辑和过程最佳，结果一定最佳。

注：本文成稿于 2018 年 6 月，乃操作宏川智慧的心得体会。

2.33 罗牛山:别开生面的龙头战法

——新高,龙头战法的魔杖之一

关于龙头股及龙头战法,市场上充满误解,常见的有:(1)龙头股战法就是超短线,必须时时刻刻盯盘,不适合波段持有;(2)龙头股战法只适合小资金,大资金不能玩;(3)龙头股战法就是追涨停和打板。如果你也有上述看法,我只能说,我们对龙头的理解很不一样。

任何一个好的交易体系或者投资方法,无论它的名字叫价值投资、量化投资、龙头股战法还是其他什么名号,它都必须符合三个特点:(1)有完整的逻辑链条和逻辑推理(而不能是充满赌性和模棱两可);(2)必须能承载一定的资金量(而不能是买一点点过把瘾),满足流动性需要;(3)同时,必须有一定的稳定性,不能时时刻刻提心吊胆,分分秒秒都要去盯盘。我所理解的龙头股战法,就是恰恰能满足上述三点的龙头股战法。下面就结合罗牛山的案例,谈谈我理解的不一样的龙头股战法。

一、罗牛山算不算龙头

5 月 10 日,我在朋友圈里发了一句话:罗牛山能否成为第二个冀东装备？事实上，我最开始高度注意到这个股票是 5 月 8 日晚上复盘的时候，只是当时没有动手，等到我动手的时候，已经是 10 日。

这里有一个重要的问题：罗牛山的逻辑怎么和冀东装备是一样的呢？很多人对冀东装备是龙头股一点异议都没有，但对罗牛山是龙头，却有异议。在很多人的世界观里，连续涨停板，气壮山河，诸如冀东装备、四川双马，再如贵州燃气、万兴科技、宏川智慧，才是龙头；而“慢腾腾”的罗牛山，不是龙头。

而我，不这样认为。我以为，用是否连续涨停板来判断龙头，是对龙头的教条和机械化，更是表面化和形式化。我的理解范畴内的龙头是：具有领涨性，能够为某个板块拓展上升空间，且具有强大题材面（基本面）的革命性变化做支撑的股票，都可以为龙头，而不论它是否是连续涨停板。

这里有几个关键的意思：其一，必须具有领涨性，如果就你自己涨，而同板块的股票不涨，甚至在被“核按钮”，那么无论你涨得再好，我都不承认你是龙头。就拿最近的很多股票来说，自己涨得是很好，但是整个板块内的其他兄弟姐妹股票都暴跌，甚至承受核按钮式的暴跌，自己的涨跌与同板块的股票没有一点关系，这样的股，我是不愿意承认是龙头的。请问大家，你见过光杆司令能成老大的吗？如果不能领涨，不能让同板块内的股票“共同富裕”，不能带动一批股票上涨，那么它离龙头还差得远呢。

我们看过去的案例，贵州燃气当然是龙头，因为它带动了很多次新股集体狂飙；万兴科技也是，中科信息也是。但是后来的几个股票，越来越和同板块股票不做同方向运动，那么越来越不具备龙头性。记住，我这里定义龙头不是上涨，而是共同上涨，同方向运动，“共同致富”，如果没有这一点，它的涨跌与我没有关系。

我们看看冀东装备是不是这样子的。彼时，冀东装备的上涨，带动了创业环保、博深工具、汉钟精机等一大批雄安股票暴涨。我们再看看罗牛山，是不是罗牛山从它暴涨开始，整个海南岛的股票都出现了大面积的跟风，有同方向运动？其二，必须具有基本面，或者题材面的革命性变化。也就是说，龙头的上涨，一定要师出有名，一定要基于一种事实，至少是一种强大预期。比如贵州燃气，必须有天然气价格的刺激；宏川智慧，必须具有石油涨价的大预期和事实；三江购物股东结构的根本性变化、阿里巴巴的大背景和新零售的行业趋势。

有没有那种静悄悄的龙头？基本面和题材面没有任何变化，却走出个龙头呢？有，但是非常难把握。我们只把握自己能把握的，没有必要把每一个龙头都把握住。前些年，山东帮和温州帮选择的龙头，有的就没有任何题材面和基本面的变化，比如张家港行。2018 年，也有些龙头没有任何“师出有名”的变化。

本文一开始说，交易体系和交易方法要有逻辑链条和逻辑推理，毫无基本面变化和题材面变化的，就是没有逻辑推理，无法复制，也无法预备，做起来非常难，而且回撤大。我倡导大家，最好做有逻辑链条的龙头，就是有明显的巨大基本面变化和题材面革命的龙头。

罗牛山显然是最近最符合这个标准的。罗牛山用 280 亿元左右搞赛马项目，这是多么大的基本面变化！当我看到这个数字，内心那个狂喜呀。彼时，罗牛山股价 10 元左右，盘子 11.5 亿元，也就是说罗牛山投资的那个项目比它自身的市值大两倍多！这是什么概念？你觉得主力会对这个东西视而不见吗？

各位，我再给大家出一个题：你知道香港市场博彩类公司有多厉害吗？如果想明白这个，你就可以知道，为什么罗牛山炒作过程中，几次出现深港通的席位。当然，我让大家关注的核心还是基本面的革命性变化。不过,肯定有书呆子会说:罗牛山投资那么多,还没有盈利呢,还有很多不确定性呀。对,是这么回事。但是别忘记了,我的《股市极客思考录——十年磨一剑之龙头股战法揭秘》一书中曾经写过一个定律:先透支,后还债。

很多上市公司的炒作都是遵守先透支后还债:君不见乐视网乎?君不见中国中车乎?君不见全聚德乎?君不见泰禾集团乎?

大的龙头股炒作,从来都不是按照实业界的逻辑,而是按照虚拟资本的套路,先炒完再说。很多上市公司正在进行基本面改善,业绩公告出来了,反而是暴跌的开始,这就是A股的神奇和奇葩之处。

我在书上写过一句话:赚大钱,一定要在开天辟地的大事件中去赚。比如索罗斯在东德、西德合并的背景下,在巴以战争的背景下,在美国和日本的广场协议背景下,大展拳脚,疯狂牟利。大事情,天然适合大资金的投资。

具体到我们今天,很难再有什么开天辟地的大事件,但是普通大事件还是有的。我有一个习惯,每天都会高度留意大事件,看看其中蕴含着什么机会,春节之后,我发现真正的大事件只有三个:独角兽、海南岛开放和中美贸易战。这三个大事件中,独角兽孕育了万兴科技为代表的一个龙头多个牛股,中美贸易战孕育了华锋股份为代表的一龙多牛,那么海南岛不可能走不出一个好股票。

事实上,很多人对海南岛的股票比较悲观,因为海南岛开放的消息公布后,这个板块套住了一大批资金,很多人对这个板块悲痛欲绝,哪里还会去关注。但我不一样。我记得江恩和利佛摩尔好像都说过,投资的历史像山岳一样古老,太阳底下没有新鲜的事情。熟悉过去的人,我们不妨一起复盘一下冀东装备的案例。

冀东装备是在什么时候发动的?是在很多人对雄安股票失去信心

的时候。我清晰地记得，当时华夏幸福、京汉股份套住一大批人，很多人就怀疑游资已经灭绝。恰好在此时，冀东装备带领雄安股票一骑绝尘，东山再起。

这种历史环境不是和罗牛山一模一样吗？

二、罗牛山不连续涨停算是龙头吗

谁规定的龙头要连续涨停板？我认为，只要能执某个板块之牛耳，它就是龙头。与涨停板不涨停板没有任何关系。

过去的皇帝都是穿龙袍，现在的元首都是穿西装，难道穿西装就不是一把手了？我的眼里，龙头一定要破执，首先要破除涨停板这个执，如果做不到这一点，就会被形式束缚。

比如，2017 年，我认为方大炭素是大龙头，它领涨了当时供给侧改革受益股的整个大逻辑；再比如，2016 年，我认为万科就是大龙头，它领涨了整个股权更替和举牌逻辑的板块；同样，在 2017 年下半年，我认为科大讯飞和京东方也是大龙头，它也领涨了当时的科技领域。但是，他们都不是连续涨停板。如果用涨停板来衡量他们，他们不是龙头；但是，如果你说他们不是龙头，你肯定是睁眼说瞎话，因为他们事实上领导了当时的两市，是当时两市的明星和光环。

正是从这个逻辑出发，我每次研究龙头的时候，都是跳出形式，进入本质领域——是否是火车头。如果是，不要管它长什么样。也正是如此，我的龙头战法更宽、更广。

龙头部落的包总同学，曾经分享过方大炭素——不一样的龙头战法，有心的朋友可以找那篇文章看一下，我今天看罗牛山的逻辑，跟方大炭素的逻辑，就有很多共通之处。这个核心的共同之处就是，抓住龙头的神——领涨性和两市光环效应，放弃其形——K线特点和涨停属性。如果有机会，我可以跟大家分享。

罗牛山的案例还没有讲完，但是现在上海的一个基金公司的研究员要来跟我交流，暂时只能写到这里，下次有时间，我再把这个案例写完，请大家见谅。

我这个人有完美主义倾向，我写案例也和别人流水账不一样，我喜欢挖掘心理因素和总逻辑因素，下次我会接着这个逻辑往下写，敬请期待。

注：本文成稿于2018年5月29日，是我操作罗牛山时的所思所想。

2.34 罗牛山:别开生面的龙头战法

——新高,龙头战法的魔杖之二

上次我写罗牛山的案例,写到一半的时候,有上海私募公司的人来访,没有写完,现在把另一半补上。

罗牛山的逻辑还有一个,那就是创新高。新高这个东西,我不知道有多少人真正理解它的杀伤力。也许有人说,新高的股票很多,假突破太常见了。新高没有那么值得大惊小怪的呀。这是对新高和龙头之间的关系不够透彻肺腑的领会。本文尽量把新高往深处讲,给大家讲透。

一、新高的意义

龙头战法中,对高的追求,特别是历史新高的追求,无论怎么强调都不为过。可以这样说,龙头股不一定都创新高,但是新高股,都要高度关注它是否能成为龙头。

回顾历史上的龙头,很多股不创历史新高,也能成为龙头,比如智慧农业、华锋股份以及最近有龙头气象的猛狮科技,但是能够创历史新高且同时具备龙头潜质的股票,更值得关注。比如,万兴科技、贵州燃气、盘龙药业、七一二、宏川智慧。叠加了新高的龙头，更加光彩夺目。

新高为什么那么重要？因为龙头的本质就是要求强，要求极，要求高。而新高，解放历史上的所有套牢者，无疑是满足强、极、高的所有要求。

曾经我走过很多弯路，其中有一条弯路就是看到谁买的低就羡慕谁。为什么？成本低呀。那个时候的价值观，就是谁能买的低谁就代表真理。我花费了很多时间才把这个毛病改掉。

后来我意识到，龙头的真谛是强，如果它强，它可以接受高，甚至，在某种意义上，只有高才能证明强。注意，龙头战法眼中的高，并不是指无限的高，而是能够证明其强的高。当我领悟了这层意思后，我的龙头战法直接升级了好几个维度。从此摆脱了对高低画地为牢的桎梏，进入了以强弱为中心的阶段。

好的股票，就应该强。比如，大家看巴菲特买苹果股票，都是在高位加仓，为什么巴菲特敢？因为它是科技股中最强的！至于巴菲特投资苹果是对是错姑且不论，其思维惯性和特质可见一斑。连一贯爱好便宜的巴菲特都能如此，何况我们呢。

我经常爱讲一句话：重塑投资品格。怎么重塑？就是重新看待高和低，对股票有价值观上的突破。这个东西没有办法用指标和技术来说明，你只能去领悟。这层意思，我只点化到这儿，希望它能化了你内心的那层窗户纸。

二、新高的含金量

有人可能会问，每天那么多新高那么多突破，能够成为龙头、能够持续走强的没有几个呀，如果见到新高都做，不亏死才怪呢。这个问题一针见血！——并不是所有的牛奶都叫特仑苏。并不是所有的新高都值得买。新高并不能保证成为龙头，事实上，在熊市里，无论是箱体突破还是历史性的突破，都容易形成历史大顶，而不会成为牛股。但是，这并不能否认新高的价值和意义。关键是要有一套甄别不同含金量新高的方法。这就涉及细节。

我在很多地方跟读者和朋友交流，都说到一句话：龙头股战法的核心是“心法＋细节”。而所谓的细节，就是把别人不曾注意到的东西，把一些熟视无睹的东西，无限放大，发现其中别有洞天的韵味。

有含金量的新高，必须具有一些细节，如果把细节加进去，可能100个新高，在你眼里只有3～5个才值得关注。那么应该加入哪些细节呢？本文不能穷尽，只是具体到罗牛山上，给大家分享几个。

其一，看是否放量。请问，创新高时，成交量是大好还是小好？

这个问题，有很多争议。但是最害怕的就是教条主义，简单的回答大或者小，然后把它公式化。我的观点是，对于不同股票，新高要求的量不一样。比如，白马龙头最好要放量，只有放量才能有动力，因为白马股盘子大。而黑马龙头，创新高时只需适度放量不需特别大的量。另外，长庄股和情绪股对量的要求也不一样，长庄股不需要特别放量，只须适度放量。情绪短庄股则需要放大量。另外，创新高前一天，创新高当日，创新高后一天，三者的量缩放组合也很重要，最重要的是缩放缩，同时价格涨涨横，或者跌涨横，或者是涨涨涨，或跌涨涨。我不知道这样写大家会不会觉得乱，能不能真正领会我要表达的意思，反正我自己也觉得用文字表达这个意思是有点乱，呵呵。如果各位看官和我有缘，哪天能在一起交流股票，对着电脑上的软件，我一分钟就能让你明白其中的意思。不过，用文字表达确实难以传神。

其二，看突破新高的缘由。它是因为什么创新高的。此处，我跟大家分享一个词——主动。也即是主新高的动作，必须是该股的内因，是主动性作出的，而不能是裹挟式。此种意思，也就是领涨的具体运用。

其三，看新高时的题材因素。也就是说，该股完成新高时，是否拥有当下市场最强大题材的撑腰，如果是，则新高就高质量，如果不是，则新高就很鸡贼。

这些细节就给大家分析到这里。我们看罗牛山，是不是每个都很符合。首先，罗牛山突破新高的时候，成交量放大；其次，罗牛山是主动新高，甚至逆市是在和大盘对抗中取得的新高；其三，罗牛山的新高，是马彩题材，这个可是具有唯一性、大级别性的。

三、新高与历史新高

是不是所有的新高，都要打破历史高点？未必。新高有普通新高和历史新高。所谓普通新高，就是突破短期的新高；所谓历史新高，即突破历史上所有的高点。

具体到罗牛山上，该股 5 月 10 日创新高，5 月 15 日创历史上新高。我们炒股的时候，到底应该看哪个呢？这个问题涉及波浪理论，还有股市运作的节奏和规律，在这里，我很难用一篇文章写明白。我只简单地提醒一下：历史新高固然可喜，但是在熊市中，真正历史新高的股票比较少，如果等到历史新高再做，也许该股已经涨够了，衰竭了。真正在实战中有意义的是结构性新高。所谓结构性新高，就是针对某一段时间完成新高。

其实，所有的历史新高，都可以拆解为结构新高。但是，结构新高比较难用。为什么？如果火候不到，一眼看去，你可能每天都会看到一大堆股票都是结构性新高。关于这个问题，我希望今后专门写一篇文章来阐述。

综述：本文核心分析了新高的心法意义，以及新高的某些细节。由于是使用文字“隔空传物”，无法直观和传神。也许，懂的人自然懂，不懂的人，怎么说也不懂。不过，我还是希望这篇文章能够让很多人明白：龙头的本质是强，而强往往是与高相伴而生。但是，为了找到真正的龙头，你必须在一堆假的高中寻找真正的高，也就是说，你必须和无数个青蛙接吻才能遇到王子。如果大家能领会这几句话，本文就没有白写，谢谢大家！

注：本文成稿于2018年6月23日，系操作罗牛山时深度思考的总结。

2.35 永远不要跪着看游资，哪怕是欢乐海岸

——论超频三与亚夏汽车的龙位之争

超频三是最近风头无二的股票，那么它是怎么上位的呢？你可以写一万条理由，但是核心就取决于两天内发生的事，甚至就是一天。这一天就是 2018 年 6 月 21 日，如果再加上一天，那就是 6 月 20 日，见图 2－77。

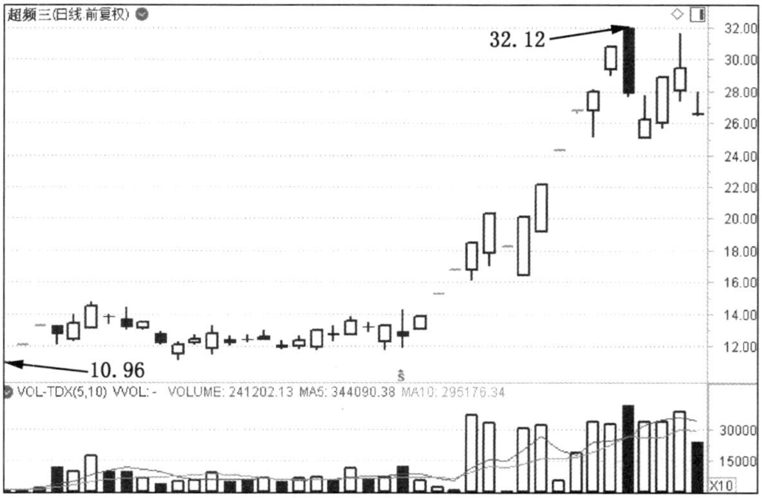

图 2－77 超频三局部走势图

关键点在于两个关键词汇：天地板和欢乐海岸；更精准的说是一个关键词汇：欢乐海岸。欢乐海岸的席位在 6 月 21 日，集中火力攻击了超频三，从此之后，超频三张牙舞爪，连续走了两个一字板。

当然，等大家知道是欢乐海岸的席位的时候，已经是下午收盘后，盘中大家是不知道的，所以，分析超频三如何上位的问题就演变成了两个问题：第一，超频三为什么能够在 6 月 20 日天地板；第二，欢乐海岸为什么第二天选择了它。这中间还夹杂着一个问题：亚夏汽车。因为欢乐海岸在超频三天地板那天，选择在跌停板出货；在超频三第二天涨停的时候，扫板进入，这个过程无论如何都绕不过亚夏汽车。

一、天地板

6 月 21 日，有几个股票可以天地板，其中市场的核心聚集在亚夏汽车和超频三上，因为这两个是前期人气最旺的龙头。按道理，亚夏汽车的龙性更足，但是市场却选择让超频三天地板，为什么？也许你会说出一万个理由，但是核心就两点：第一点是亚夏汽车“漏”了；第二点是欢乐海岸和银河证券绍兴营业部（这是个著名席位，经常与浙商证券绍兴联袂出动）博弈出现问题，后一点放在文章的后半部分分析，现在先分析漏的问题。亚夏汽车漏了，超频三没有漏。漏是什么意思？你看，亚夏汽车在 6 月 19 日有资金的进出，然后跌停；而超频三的资金在 6 月 19 日全部锁住，因为当天是一字跌停板。我认为这一点是根本。当然，还可以有其他两个次要原因：一是亚夏汽车里面有银河证券绍兴营业部接近一亿元的资金，这个主可不是平凡之辈，它是砸盘王，有他在，别人不敢轻易拉；二是亚夏汽车盘子大，而超频三盘子小，也就是说，超频三更容易被操纵。

无论如何，超频三在 6 月 20 日的天地板具有明星性，第一性，甚至唯一性(见图 2 - 78)。而这三性，不就是龙性吗？

图 2 - 78　超频三局部走势与分时图

二、欢乐海岸

你不觉得欢乐海岸选股，一贯是选择最强的吗？当时，欢乐海岸选择超频三，符合它一贯的风格。这个没有什么要解释的。

这里我们要深度讨论一下席位溢价。什么是席位溢价？就是有的席位做的很好，只要它选择一个股票，别人就直接依赖它的选择，无脑跟进。目前市场上，在散户心中具有神一样地位的席位溢价就是欢乐海岸。

其实席位溢价不是新现象，不过最近风水轮流转，今朝轮到欢乐海岸。历史上的王亚伟概念股、徐翔概念股、山东帮股票、安邦概念股，本质上都是席位溢价。世间最狠的席位溢价是巴菲特，只要他买什么股，跟风的人几乎遍布全世界。

再回到超频三上来，欢乐海岸是 21 日进来的，大多数资金是打板上的，而我在 9:37～9:40，根据我的技术分析，特别是盘口知识，感受到资金攻击，我在几个不同的群做出提示，我用的词就是一个：超频三，小三上位。

对于深谙龙头战法的人，几乎都会在那个时候看出门道，但是至于是不是欢乐海岸也会来，我们不知道。只能说，欢乐海岸的逻辑跟我们的逻辑是一样的，都是选择最强的股。等到晚上龙虎榜出来，大家看到欢乐海岸了，群众一片惊呼：欢乐海岸厉害，太会选股了。确实！不过我还有一句话要说，说出来可能会得罪人：欢乐海岸超频三整个炒作案例，并不高明。当然，就仅仅超频三自身来说，欢乐海岸高明，但如果把亚夏汽车一起放进来分析，就不高明了。或者这样说，欢乐海岸炒作超频三高明，弃逃亚夏汽车并不高明。为什么？因为还有一个无论如何都绕不过去的逻辑：如何卖股。

三、亚夏汽车

亚夏汽车里面的势力最复杂，核心有四批力量，关键博弈的是两批人，最关键的取决于一个人。四批力量是：欢乐海岸、银河证券绍兴营业部、中信证券杭州四季路、中信证券上海。中信证券杭州四季路买的虽然多，但是第二天退得干净，与局面无关；最喜欢持续做多的是中信证券上海，它是有利于局面的。最敏感的是银河证券绍兴营业部，因为它喜欢砸盘，而且是不锁仓，但奇怪的是，它在亚夏汽车上锁仓了，它选择在6月19日出货。6月19日是亚夏汽车关键的一天，这一天欢乐海岸是怎么想的，很重要，见图2-79。

这一天，欢乐海岸没有出货，没有砸盘，也没有加仓。欢乐海岸做出了两个误判：一个误判是，它以为凭借自己的席位溢价，这个股应该会拉起来，能不能涨停难说，但不至于跌停，因为以前欢乐海岸重仓的

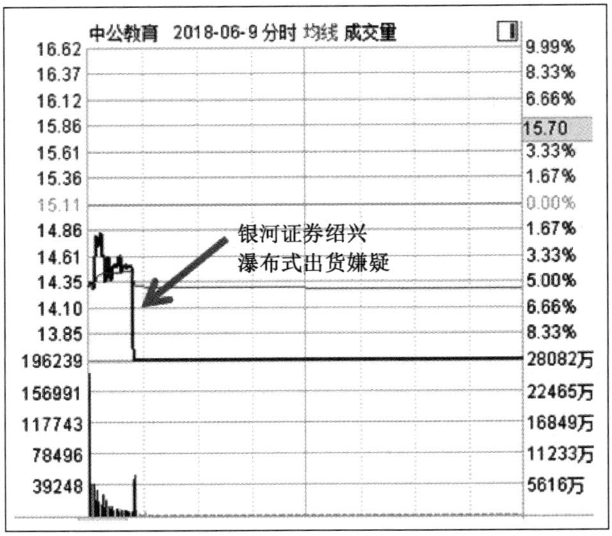

注：亚夏汽车后来改名中公教育，二者是同一个股票。

图 2－79　亚夏汽车 2018 年 6 月 9 日的日内走势

股票，很少有直接跌停的，何况亚夏汽车当时人气很旺，也不是绝对高位，才五个自然板，比起当年的三江购物和四川双马，还差得远呢。所以，欢乐海岸选择观望，没有启动卖出，但该股跌停了。第二个误判是，对银河证券绍兴营业部的误判。他作为砸盘王，居然在欢乐海岸上锁仓，估计误导了欢乐海岸。事实上，绍兴帮的砸盘本性并没有变，他在亚夏汽车－3.9%个点的时候，千手大单陆续砸出，一口气把该股砸到跌停。

为什么说是误判，如果不是误判，欢乐海岸不可能在第二天直接在跌停板上把亚夏汽车所有的仓位饥不择食的卖出。正因为误判，欢乐海岸当天夜里深刻告诫自己：第二天出货。结果第二天，欢乐海岸刚刚出完货，中信证券上海来了，几乎把亚夏汽车拉到涨停板。

为什么我敢这样写，因为我的处境和欢乐海岸一样。亚夏汽车我进去的时间和欢乐海岸一样，甚至还有一笔比它还早。我也没有出，我也对银河证券绍兴营业部误判，我也对欢乐海岸的席位溢价误判，以为他的席位可以横扫一切，结果亚夏汽车连续两个跌停板。

我在第二个跌停板附近，就没有误判了。当时，我把自己设想成欢乐海岸。如果我是他，这一仗，该怎么打？

欢乐海岸在亚夏汽车上重仓，他选择跌停板出货；而我选择的是拉到涨停板附近出货。如果我是欢乐海岸，我绝对不会在跌停板出货。因为很明显，当天大盘态势反转，很多游资已经把足够多的股票拉到涨停，比如猛狮科技、超频三。对于散户，无法判断盘面情绪；但对于游资，太容易判断情绪了。当日情绪逆转，做天地板太容易了。当天我的判断是亚夏汽车天地板，至少会拉到涨停板附近再做决策。我相信欢乐海岸也会有这个判断力。但是他在跌停板把自己的筹码全部卖了。这说明什么？说明任何人都会恐惧，欢乐海岸也不例外。他被绍兴帮搞怕了，见图 2－80。

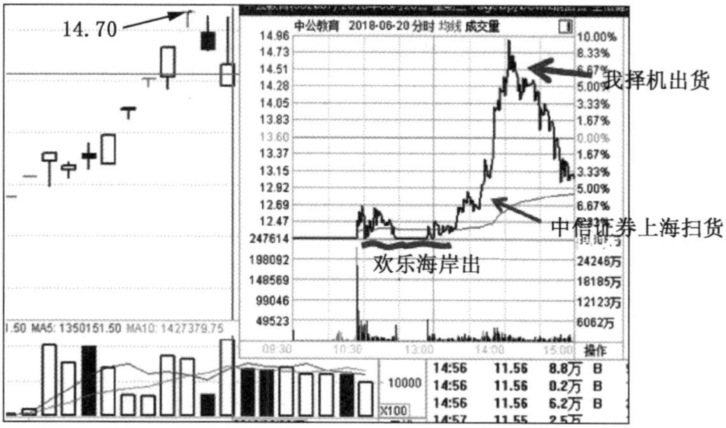

注：亚夏汽车后来改名中公教育，二者是同一个股票。

图 2－80　亚夏汽车 2018 年 6 月 20 日走势图及多方买卖点

当天龙虎榜出来后，最大的卖单几乎全部是欢乐海岸。如果欢乐海岸当天再锁仓一天，甚至稍微投入一点子弹，中信证券上海很容易把亚夏汽车拉到涨停板，第二天群众一看欢乐海岸还在亚夏汽车，连续涨停的就不是超频三，而是亚夏汽车，欢乐海岸至少比买超频三多赚20%。

当然，我的分析未必全对，但我敢肯定，欢乐海岸从亚夏汽车切换到超频三，并不是神之一手。吃瓜群众估计会问了，那超频三让欢乐海岸赚了两个涨停板呀？对不起，欢乐海岸在那个时候是个金字招牌，他买谁，都会赚两个涨停板。如果欢乐海岸不被绍兴人的“淫威”吓到跌停板出货，他当天就已经在亚夏汽车上多赚20%了，不用等到今天。

很多时候，我爱跟那些看龙虎榜炒股的朋友交流，我说我们既要学习龙虎榜，又不能迷信龙虎榜。游资，哪怕再厉害的游资，甚至是世界上最厉害的人，比如巴菲特本人，都有承认自己错的时候。如果我们见到欢乐海岸的席位，看到他的操作，都唱赞歌，其实是违背游资精神的。

顶级游资之所以成为顶级，是因为他们理性分析，他们会时常总结自己的失误。如果我们眼里只看到顶级游资的成功，看不到他们的失误，甚至把他们的失误也当成绝笔和经典，那么我们永远超越不了他们，因为，我们在跪着看他们，而不是站着。

注：本文成稿于2018年6月26日，是对游资得失的臧否之作。

2.36 欢乐海岸不是股市“药神”，席位溢价局中局深度分析

最近，关于欢乐海岸的席位讨论非常多，而欢乐海岸今年操作的也非常漂亮，以至于你听不到任何、哪怕是一丁点质疑欢乐海岸的声音。我在欢乐海岸风头正劲的时候，第一次质疑欢乐海岸，发表了一篇《永远不要跪着看游资，哪怕是欢乐海岸》的文章。须知，那是冒着很大的风险的，因为欢乐海岸是很多人心中的“神”。自从那篇文章之后，欢乐海岸连续折戟晓程科技和欣锐科技。后来理性地探讨欢乐海岸文章的声音越来越多，很多人从对欢乐海岸神一般的膜拜中，冷静下来。其实，我本意并不是说欢乐海岸不好，事实上，欢乐海岸是值得尊敬的高手，正是如此，我才客观地看待它，研究它。我写关于欢乐海岸的深度分析文章，是为了告诉大家一个道理，要学习它的精髓，而不是被它的形式绑架。要站着看它，而不是跪着看它。

电影《我不是药神》火了，因为它触痛了国人的共同神经。其实，在股市，也有很多人渴望能够有一个“药神”，一旦找到，就可以包治百病。这个股市的药神，或者说神药，有的人找到的是内幕消息，有的人找到的是某个技术指标，或者某个形态组合，还有的人找到的是某个“一招鲜”。

近期以来,欢乐海岸的席位在某种程度上成了一些人眼中的药神。

记得前一阵子,我去一个城市跟几个做龙头的朋友交流,其间有游资,也有个人大户。席间,有个大佬说:“彭,欢乐海岸都进去了,还分析个啥,明天早上直接干吧。”他的话还没有说完,其他人就回应上了:“我今天晚上就先干为敬!当着我的面,以涨停板的价格下隔夜单。”好家伙,这帮人可都是老江湖,有的还管理很多钱,照样对欢乐海岸趋之若鹜。

在某种程度上,欢乐海岸的席位就成了某些人心中的药神。其实,这个问题,本质上就是席位溢价问题。那么,什么是席位溢价呢?我们先从一件事讲起。

回想起我在读研究生的时候,有一堂课是讲品牌战略的。我的老师非常厉害,他是很多家企业的管理顾问,每年都给很多企业做咨询,接触过大量形形色色的企业,所以,他对品牌战略的认知不像单纯的学院派那么照本宣科,天天喊口号,而是有自己接地气的认知。他给我们讲,并不是什么企业都适合做品牌战略。比如说,化工原料,或者钢铁厂,品牌的重要性远远不如饮料、化妆品、奢饰品、服装类企业重要。为什么呢?他的观点是,品牌战略一个重要的决策点在于你的客户是谁。如果你的客户大多数是企业客户,那么品牌对你的重要性远不如性价比重要;如果你的客户大多数是个人直接消费者,是一个个的自然人,那么品牌的重要性就无比重要。

为什么呢?因为受众。企业客户和一个个的自然人最大的区别在于前者的购买行为是理性的,核心诉求是性价比,对产品的功能和价格最敏感;后者的购买行为是感性的,容易受到广告、感情和别人的意见影响。前者对品牌不品牌没有那么苛求,关键是产品能够满足功能,比如中兴通讯,它最看中的是能够满足其使用价值的芯片,然后才是在乎芯片的品牌;后者有炫耀和情感依赖,品牌因素正好可以乘虚而入。也就是说，越冷静和理智的购买者，越不在乎品牌；越冲动和情绪的购买者，越在乎品牌。或者说，集体决策行为，看重的是功能，容易做到客观；个人决策行为，看重的是决策者当时的心理状态，不容易做到客观。正因如此，我的老师说，消费类产品的企业，比如白酒、烟、牛奶、巧克力、手机、服装、饮料、包包、化妆品、鞋，乃至影星、歌星、球星等等，要高度打造品牌战略；而半成品、原材料、中间品类的企业，要把核心精力放在产品功能和降低成本上，不要把太多的精力放在打造品牌上，比如饲料、钢板、稀土、铜、电解铝、混粘土、木材等等。

我的读者也有很多搞企业战略和管理咨询的，你们可以分析一下我老师的观点是否正确。需要申明的是，我在这里可不是跟大家讨论企业管理或者品牌战略，而是引进一种观察视角和思维方式，从受众特点来研究问题。

所谓品牌战略，就是品牌溢价，也即是让品牌的粉丝无脑买入。而这，不是和股市上的席位溢价一个道理吗？

我讲上述品牌战略的故事，就是让大家更好的理解席位溢价的本质就是品牌溢价，核心点就是散户溢价。在股市，是散户多，机构少。这个市场天生就适合用品牌战略，这就是席位溢价天然的土壤，欢乐海岸正是在这个大土壤中诞生的。一旦欢乐海岸成了金字招牌，它就有了股市“可口可乐”的效应，可以靠着这个品牌来对其粉丝进行溢价。

谈到这里，我们就可以深度讨论一个问题：欢乐海岸的席位溢价是万能的吗？我相信，在有些人心中，即使不是万能的，也差不多。君不见，有多少人，一见到欢乐海岸的席位，就无脑进入，在这些人眼里，欢乐海岸的席位就是药神。而事实上，如果我们深度分析，可以发现欢乐海岸席位溢价背后，是有不同的层次的。首先，最不相信欢乐海岸席位溢价的是谁？最不迷信欢乐海岸的是谁？其实这个问题的答案就在上面我老师讲品牌战略的思维里。有两类投资者最不迷信欢乐海岸的席位溢价：一是企业类投资者，或者说机构类投资者，他们最不迷信欢乐海岸的席位溢价；二是跟欢乐海岸同体量同水平的投资者。在这二者眼里，欢乐海岸的品牌价值，可有可无。为什么？因为他们有自己的独立思考体系，有自己的逻辑判断，他们独立思考。

这个问题其实中外都一样，比如巴菲特的席位，在谁那里没有溢价呢？在索罗斯那里，在彼得·林奇眼里，在桥水公司眼里。因为他们的量级差不多，他们不需要根据巴菲特的买卖行为来确定自己的买卖行为。而在一些很小的基金那里，巴菲特的席位溢价就很明显。欢乐海岸是同理，在跟他水平和体量差不多的游资那里，比如在银河证券绍兴营业部那里，中信证券杭州四季路那里，甚至在佛山无影脚眼里、在炒股养家眼里，他们都不迷信欢乐海岸的席位溢价。

拿亚夏汽车来说吧。欢乐海岸重兵出击亚夏汽车，在该股战役中，最迷信欢乐海岸的都笃信一条：欢乐海岸进，就是龙头，它锁仓，我也锁仓，它不出，我就不出。但是我们发现，最不信这一条的就是其他机构，比如中信证券杭州四季路、银河证券绍兴营业部（见图 2－81）。

我们发现，从操作的独立性上来说，机构类的资金以及同体量的资金，他们眼里根本没有什么席位溢价。他们从来都是独立思考和破除迷信的。他们该买买，该砸砸，眼里只有逻辑，没有什么品牌。

其次，半依赖欢乐海岸席位溢价的是谁？是有些游资。他们看到欢乐海岸进入，会深入思考欢乐海岸进的票好不好，如果好，就可以跟，如果不好，也不跟。也即是说，他们参考席位溢价，但从不盲从，也从不说欢乐海岸不卖，我就不卖。他们有自己的决策。突出表现就是金田路、民田路、小鳄鱼，以及民间有些高水平的的游资私募。比如他们对欢乐海岸接盘的超频三、晓程科技、欣锐科技、七一二，就选择不同程度

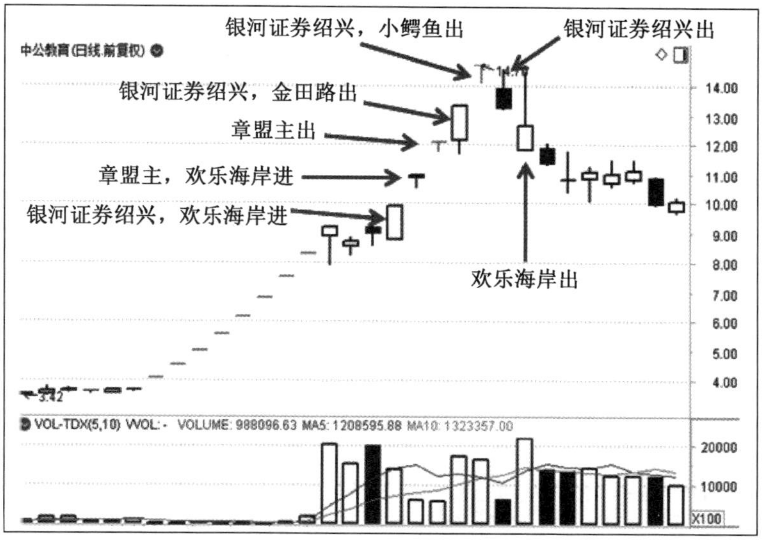

图 2-81　亚夏汽车局部走势

的有选择的跟进，而不是无脑跟进。

最后，最迷信欢乐海岸席位溢价的是谁？是那批无脑买入者，那批把欢乐海岸席位神话了的个体化股民。他们的口号就是：欢乐海岸买了，第二天无脑涨停挂单；欢乐海岸不卖，也永远不卖；欢乐海岸一卖，第二天核按钮卖掉。这批人其实和我老师讲的品牌战略受众是同一个逻辑，大多是根据其他人的行为来冲动决策、依赖别人的决策而决策，没有自己独立的系统，喜欢依赖明星，依赖“药神”。你打开有些人的微博，有些人的微信公众号，就会充斥着眼球。其实，这帮人最学不到欢乐海岸的精髓。

欢乐海岸也好，金田路也好，章盟主也好，ASKING 也好，小鳄鱼也好，它们的席位只是代表他们当时的决策，也许那个时候是神之一手，也许是昏招（连李世石、聂卫平都有昏招，他们怎么可能没有？），但是，如果不加区别的无脑跟进，就是把自己的独立思考之门关闭。晓程科技、欣锐科技的例子再次证明，欢乐海岸不是神，它也要遵守规律，如果它买股票的位置和气氛不对，它照样失败，见图 2－82、图 2－83。

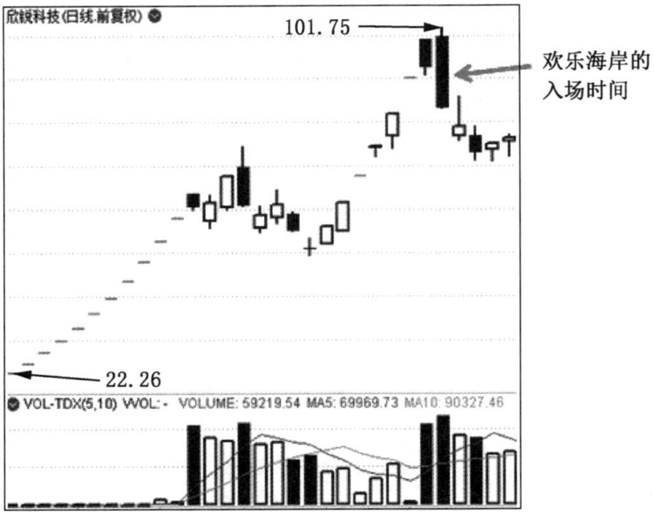

图 2－82　欣锐科技案例

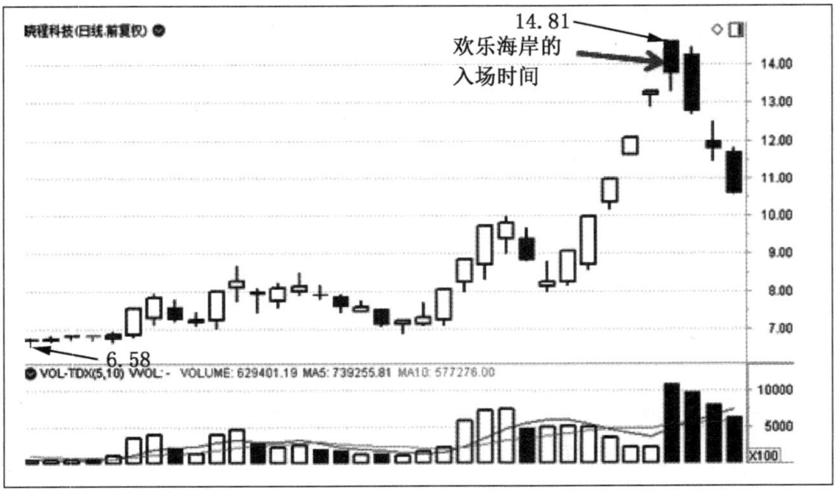

图 2－83　晓程科技案例

欣锐科技案例说明，欢乐海岸并不是药神。

晓程科技，欢乐海岸进入的位置和环境不对照样被埋葬。

我们学习游资，关键是学习他的思维，而不是他买什么我们就无脑买什么。我们要从游资交易中学到他们的思考方式，结合逻辑推理，形成自己的独立判断，而不是天天跟着游资的席位走。

《我不是药神》的电影里说，这个世上只有一种病，那就是穷病。其实，股市上也只有一种病，那就是缺乏交易体系之病。这个交易体系，既要站在其他人肩膀上，包括欢乐海岸这种大游资的肩膀上，吸取别人的智慧和已经研究出来的成果，又要独立思考，"师古而不泥古"，学别人而又不迷信别人。内外双修，如此才能成就真正的高手。齐白石说过，学我者生，似我者死。股市，何尝不是这个道理？

注：本文成稿时间 2018 年 7 月 8 日，是一篇彻彻底底地谈独立思考、破除迷信之作。

2.37 摩尔金融采访记:3 000 点的震荡行情,你就该这么操作

为什么故事总是美好的?那是因为现实太残酷,人们便去逃避现实,并且开始幻想世界,所以,一个叫故事的东西,就产生了……

股市总是那么残酷,那是因为:A 股总在挑战投资者的忍耐极限。当人们坚定地认为 3 500 点是底部的时候,股市却跌破到了 2 850 点,在极度悲观看到 2 500 点的时候,市场大阳反弹。打得你措手不及。

沪股 2015 年 8 月收官战险守 3 200 点,还有继续下跌的可能吗?往下的空间又有多大?接下来的路该如何走?对此,摩尔金融邀请彭道富先生就这些问题进行探讨。

在彭道富先生(捻花成佛,作者的网络昵称,下同)看来:短期沪指围绕 3 000 点震荡,长期依然谨慎。

精彩观点:行情就像战场,分析行情就是分析战场形态,战场决定了要使用的武器,就像冷兵器时代的野战适合用长矛,而近身格斗更适用匕首,行情理论就是根据战场选择武器。比如攻城作战就不适合用匕首,而近身格斗不适合用长矛。接下来,就请慢慢欣赏。

捻花成佛：短期沪指围绕3 000点震荡，长期依然谨慎。

8月18日以来，A股陷入第二轮暴跌潮，短短七个交易日沪指暴跌千余点，很多个股连续跌停，接近腰斩。上周三，央行又出“双降”大招，中金所提高股指合约的保证金等，股市自27日开始收复失地，连续2日大阳，周五收盘时回升至3 232点。

（备注：本文经过了两次采访。第一次是2015年8月22日，沪指的点位是3 507；第二次是8月29日，沪指的点位是3 232。本文根据8月22日和8月29日两次的采访合成。）

8月22日采访：

摩尔金融：你如何看待接下来的行情？调整到位了吗？

捻花成佛：股市要调整，时间和空间缺一不可。目前空间可能已经跌够，股市从5 000多点跌到3 500点已经跌出了足够大且深的空间，但下跌的时间不够。A股从6月到8月只经历了2个月的洗盘下跌时间，而要真正完成筹码交换，理论上最短也要半年时间，历史上从没有仅仅洗盘两个月就完从成牛市到熊市、再从熊市转换为牛市的先例。在我看来，半年时间也仍显短促，一个大级别行情的调整短则需要半年，长则需要两年的时间。在空间上，从5 000点跌到4 000点是一个阶段，从4 000点跌到3 500点是第二个阶段。我个人认为大盘指数有望击穿3 000点，以“2”开头，如果实现，2 800点就是一个相对的极限。

现在大盘震荡，很多个股跌得很惨，但我觉得大部分还没跌到底，像乐视网（300104.SZ）、暴风科技（300431.SZ）的股价就仍然很高。市场是否见底止跌，要观察4只股票：代表

“一带一路”倡议的中国中车(601766.SH)、代表牛熊方向的中信证券(600030.SH)、代表传统经济的贵州茅台(600519.SH)、代表“互联网+”概念和创业板的乐视网。

这4只股的股价目前都正在走下坡路,依然没有走出下跌通道,等这4只中有3只跌够了,股市的跌势也就基本结束了。例如,7月9日开始的首轮反弹中,中国中车、贵州茅台、中信证券都没有明显的反弹迹象,乐视网也只是稍微抬头就被砸下去了,所以后来股市又继续跌了。这4只股是“质”,在做趋势投资、价值投资和策略投资等方面具有方向性影响力;其他的则是“量”,只要质不变,量变并不能影响股市的整体格局。

8月29日采访:

摩尔金融:本周市场巨幅震荡,上半周市场连续跌停,冰临到极点,下半周在大金融的带领下,市场重回信心,对于后市,您怎么看?

捻花成佛:总体来说:围绕3 000点震荡,短线机会多,长期依然谨慎。大盘经历了近1 000点跌幅,小票几乎跌至最低,接下来将围绕3 000点的震荡行情。我们把震荡行情分为两种,一种是强震荡,一种是弱震荡。目前行情我们称为弱震荡行情,也就是超跌后的反弹震荡,会震荡一段时间,但并不往上强势进攻,大家信心还没恢复。那么,在这种行情下,抄底仓位不要过重,不要追高,不要用杠杆。弱震荡的时间大概5天~10天,进入短线超跌修复的状态。我们认为,在目前,弱震荡行情,3 000点是一个重要的心理关口,也是一个筹码争夺的关口。目前的第一个出来的热点是军工股,特别是阅兵之前，军工股应该有一定的机会，船舶、航天和中航的这系列板块。当然，我们要注意在9月3日之前，军工股要退出来，因为这个是事件驱动，越是事件兑现，风险越大。第二个热点事件是房地产，这也是我们密切关注的，如廊坊发展、高新发展。至于其他的热点，还需要进一步关注，因为上周五是大面积超跌反弹，具体哪个会成为超跌反弹对象和重点关注的对象，还需根据周一、周二的市场强度来观察。

摩尔金融：下周军演，市场往往在利好兑现时见顶，您觉得在军演时，军工股是否也存在见顶的可能？

捻花成佛：阅兵前军工股必须撤退，见利就收。但是有国企改革内容的军工股除外。

摩尔金融：我了解到下半周的反弹，您也是成功抄底，您当时如何判断是相对底部呢？市场人士都比较悲观，尤其是沪指跌破年线之后，大家都认为牛市可能结束了。

捻花成佛：我们之前判断如果看反弹要看龙头股是否在底部放量且拉出大阳线，如中国中车出现了涨停板，并且成交量在50亿元以上，那么另一波反弹就有可能开始。目前市场上很多人盲目看多，甚至认为所有的跌都是为了涨。但在市场上，牛熊、跌涨都是合理的，不要迷信国家队，以为国家队进去了，大盘就安全了。国家队的钱一样也可能亏。

真正的投资，操作方式和行情的选择最重要，牛市和熊市并不是最重要的。如果是牛市末尾成立的基金，用价值投资方法，即使投资业绩很好的公司，依然会很悲惨；相反，如果在熊市的尾巴上投资，是很容易成功的。这不是投资方法的问题，而是行情的问题。

还有一种是事件驱动，牛熊市都可以赚钱，虽然8月的股市是下行态势，但局部机会很多，只要有喘气的机会，就能立马弄出一个热点。只要有热点，事件驱动操作就可以大有作为。

摩尔金融：国家队救市市场上颇有争议，您怎么看？

捻花成佛：在我看来，政府只要做好监管者的角色就可以了，不应该介入市场，所以国家队退市是个好消息。

摩尔金融：“8·18”的大跌，短短七个交易日，市场暴跌千余点，你们规避了这轮大跌了吗？

捻花成佛：这波大跌我们逃慢了一天，50%的仓位完全逃出来了，但还有一些因为卖不(停牌)出去，只好保留。有些股票涨得很好但流动性很差，一旦出现暴跌就很难成交。我对股市的看法比较悲观，这次A股、美股齐下跌，而历史上A股跌势最猛的就是在次贷危机时期，当时建设银行几乎天天跌停，国家队也入市救援。最担心的是美股、欧洲股市和A股的股灾形成共振，这一轮熊市就会形成全球性的股灾。

摩尔金融：美股走了六七年的大牛市，市场传言九月份可能加息，那么短期对美股构成一定的压力，您怎么看这个问题？美股短期暴跌对全球市场有哪些影响？

捻花成佛：美股一旦下跌，就会产生流动性危机，那些在欧股或者A股中有资产的机构，就会抽取资金去支持美股。就像2007年次贷危机时，那些在雷曼兄弟等灾难资产上有配置的机构，当年就卖掉了在欧洲的资产来回救本土，所以，即使欧洲没有次贷危机，却照样跌得很惨。即使这个事实未必一定会出现，也会形成一个心理预期。最可怕的不是市场利空，而是这种心理预期。上周，美国道指一个突破性的阴线，如果这条阴线不能回收，或者再来一根阴线，美股就没救了。就像人生一场病没事，但连续生两场大病就要小心了。

摩尔金融：彭总善于对市场热点和题材进行分析，尤其精于技术面和基本面结合选择牛股，我想请问彭总是怎样具体应用行情理论的呢？

捻花成佛：我们有指标，但并不依赖于指标。股市的很多东西都是矛盾的，一旦固定成了模型、指标，反而可能会混淆视听。股市中没有线性关系，只有相关性关系。

行情就像战场，分析行情就是分析战场形态，战场决定了要使用的武器，就像冷兵器时代的野战适用长矛，而近身格斗更适用匕首一样，行情理论就是根据战场选择武器。比如攻城作战就不适合用匕首，而近身格斗不适合用长矛。

另外，行情理论中关于行情空间结构，我就提出了技术面、政策面、基本面之间的关系。理论上，当技术走势与政策走势相矛盾，看不清局面的时候最好是空仓观望，如果是重仓者最好是减仓或清仓观望，等到技术面和政策合一的时候，再大胆地干。现在的行情很明显正是技术面与政策面相矛盾的时候，国家政策是做多，技术面是做空，所以这种局面下，根据我的行情理论，应该是空仓观望。

摩尔金融：您会持续看好国企改革吗？逻辑是什么呢？

捻花成佛：如果牛市重返，国企改革必然不能缺席。没有改革牛，则无国家牛。国企改革是深化改革的重要重组部分。其背后的最大逻辑是资产证券化、集团整体上市、强强合并，比如，南北车合并就是最好的例子。

注:本文系摩尔金融于2015年8月的专访文章,采访者为摩尔金融龙力、白歌。

2.38 关于股市若干问题的回答

问一:如何捕捉暴跌之前的信号

答:任何一次暴跌都不是无缘无故发生的,之前都会有蛛丝马迹,真正的高手就是要善于捕捉这些信号,把风险扼杀在摇篮之中。那么,到底有哪些信号会暗示暴跌呢?下面我就谈谈自己的认识和总结。

第一,牛市逻辑出现动摇。所谓的牛市逻辑,就是行情演绎的根本原因。比如2006—2007年大牛市的逻辑是人民币升值、股权分置改革和实体经济强势,一旦这三个逻辑中的两个甚至一个出现动摇,牛市就有可能终结。人民币升值放缓、股权分置改革完成,以及次贷危机爆发引起实体经济的悲观,正是这三个逻辑基础的崩溃,才导致了6 124点之后的暴跌。

2015年这轮牛市的根本逻辑是什么?是杠杆!一旦这种杠杆用到极致,没有新的力量进来,暴跌必然会来临。其实在暴跌之前,已经有两个消息广为流传:一个是融资融券的额度从理论上来说已经用完,也就是说证券公司没有新的钱可融;二是与HOMS系统合作的配资公司,其所有的配资额也大多用穷尽了。这两个消息合在一起就是说:杠杆已经没有了,牛市逻辑崩溃了,所以暴跌就会来临。

第二,火车头被扼杀。火车头也叫龙头股、领导股。每一波大行情都有领涨的龙头,这些龙头就像火车头一样带领大盘狂奔。但是,如果某段时间发现龙头股不涨了,甚至开始出货暴跌,就要高度小心了,这很可能是暴跌的信号。因为火车头是发动机,是引领大盘前进的原动力,一旦这个力量消失,就代表主力撤退了。举例:今年上半年的行情的根本力量是“互联网+”和“一带一路”,其火车头分别是乐视网和中国中车。其中,乐视网5月13日就见顶,之后开始迅猛下跌;而中国中车在6月9日见顶,之后更是一泻千里。这两个火车头被扼杀之后,大盘于6月12日进入暴跌行情。

第三,利好频出,反而暴跌。牛市的特点是顶着利空前进,而熊市恰恰相反。根据这个思路,我发现一个规律:当大盘在高位的时候,利好频来反而暴跌,很可能是见顶的信号。这一条规律对大盘和个股都适用。

第四,莫名其妙的高位大幅跳水。无论什么原因,大盘在高位跳水都是危险的信号,也无论这种跳水是否会被扳回。高位的跳水代表神秘资金出逃,一旦这种跳水次数增加,暴跌必然会来临。我把这种跳水称为暴跌的预演。需要解释的是,这里说的大幅跳水是跌幅超过−3%,小于−3%的不能称为大幅跳水。

我们看下面几个案例:

图2-84是2007年6 124点前后的实盘,图2-85是2009年4万亿元救市行情的走势图,图2-86是2015年暴跌前后的图。这三次大顶之后均是暴跌,如果我们细心观察会发现,在大盘暴跌之前已经有一次或者多次预演——也就是高位大幅跳水。

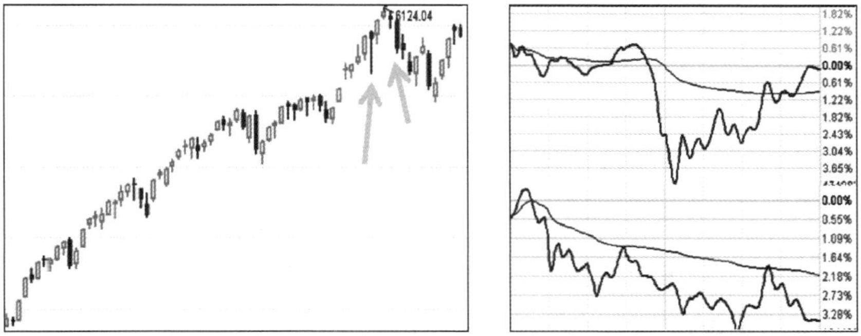

图 2-84　2007 年 6 124 点前后走势

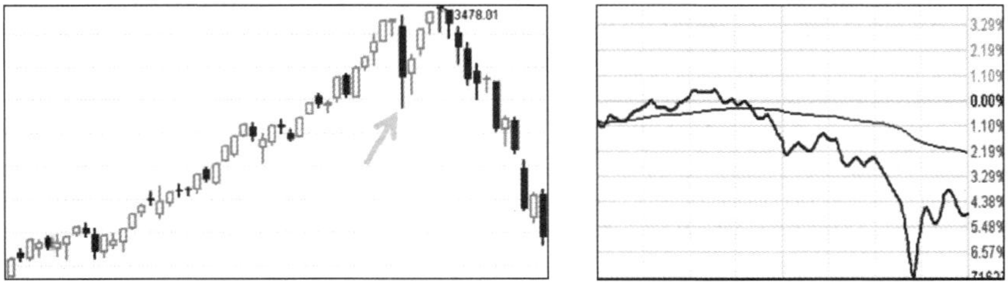

图 2-85　2009 年 4 万亿元救市行情走势

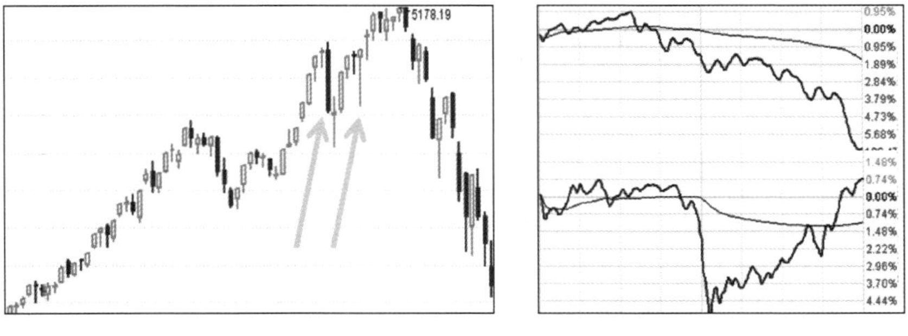

图 2-86　2015 年暴跌前后走势

为什么大幅跳水会有这么大的杀伤力？其实，暴跌并不可怕，牛市的暴跌很常见，但是，如果这种暴跌发生在高位——历史高点——就要高度注意了。技术分析里有个相对位置理论，低位的跳水和高位的跳水完全不一样，低位跳水可能是打压建仓，而高位跳水则很有可能是暴跌的前兆。如果高位跳水反复上演，那么见顶的概率更高。需要解释的是，这种跳水不需要原因，有时候给人的感觉莫名其妙。我只从技术上分析，只要技术上符合高位频繁跳水就可以，不论其理由。

第五，高位反复出现影线、十字星组合。如果不发生高位跳水，而是反复出现影线（上影线、下影线均可）、十字星组合，这也是暴跌前的危险信号。在经典的 K 线理论中，影线代表阻力，十字星代表过渡和犹豫，影线和十字星组合代表徘徊不前。如果这种情况发生在相对低位或者中位，也许是洗盘，但如果发生在相对高位，则很有可能是见顶的信号。

顶部是一个奇妙的博弈状态，如同权力之巅，不进则退。如果大盘在顶部一直处于进攻状态，我们可以大胆操作，一旦顶部出现犹豫和徘徊，则不妙矣。影线越长，越代表犹豫和徘徊，越代表阻力大；十字星越多，越代表扑溯迷离。二者组合出现在顶部，必然是不祥之兆。

问二:实战高手如何控制风险

答:股市的第一属性不是赚钱，而是风险。在实战中，风险控制无论如何强调都不为过。昨天期货界传奇人物、大牛逍遥刘强跳楼自杀，再次让人感受到风险的可怕。那么，实战高手是怎么控制风险的呢？下面我谈谈自己的看法。

第一，只做看得懂的投资。看得懂是指对大盘看得懂、对个股看得懂，无论是基本面还是技术面，都要符合自己的操作体系。这里的看得懂与巴菲特的能力范围、能力圈是一样的。投资的核心是保守与稳健，而不是激进与赌性，看得懂本质上就是只做稳健的交易、培养保守的秉性。

风险的本质来自于两个方面：一是主观上的犯错误；二是客观上的不确定性。如果只做看得懂的股票，就可以把这两个方面的风险都降到最低。不抱有任何侥幸和赌博心理，只坚持独立思考，只做自己能看得懂的股票，这是控制风险的根本性措施。

只做自己看得懂的股票还源于我的一个信仰：你只能赚到你看得懂的钱，至于看不懂的部分，即使你赚到了，那也只是暂时归你保管，迟早有一天市场会连本带利拿走。

第二，敢于认错、无条件止损。看得懂是操作的核心，但是看得懂也不一定代表正确。看得懂是我们从历史和经验总结的角度看得懂，它不代表在未来是正确的，未来并不是过去的简单重复，一旦“看得懂”遇到不测，我们要勇于认错，立即无条件止损。

为什么要止损？止损就是对市场的敬畏，对个体渺小性的承认。无论多么看得懂，也有可能是错误的，所以止损是必须的关键步骤。具体怎么止损，可以参考我发表在摩尔金融上的文章《我为什么把止损看得比天还重》[①]。

第三，仓位控制。仓位控制在今天尤其重要，为什么？因为今天可以配资、可以融资融券。现在的 A 股市场和以前大不一样，今天的 A 股已经有点期货的味道，可以带杠杆。但 A 股又不可以 T+0 和纯卖空，灵活性远不如期货。所以，A 股在某种程度上比期货风险更大，这就更加需要做好仓位控制。今年很多人在上半年赚很多钱，后来在 5 000 点又继续追加其他资金进去，结果把所有的果实都葬送了还倒亏，其原因就是一开始仓位小，之后赚钱效应来了，在高位疯狂加大仓

① http://moer.jiemian.com/articleDetails.htm?articleId=19749.

位,甚至在5 000点上方还融资配资,结果爆仓。

仓位控制的技巧有很多,这里主要给大家介绍两种:一是赚大钱必须低位重仓,高位轻仓;二是只在证明是正确的投资上加仓,错误的、亏损的投资,永远不加仓,不向下摊薄成本。

关于第一条,很多人做反了,在低位轻仓,一看涨上去了就急着重仓追入。其实真正的大师都是反着做,比如李嘉诚,他投资欧洲的时候,恰是欧洲危机,资产价格低迷,他卖空大陆地产的时候恰是地产巅峰时代,巴菲特、彼得·林奇无不如此。这里的根本逻辑就是低价,只有价格足够低,才能保证根本上的安全。从大的格局上,如果你看好一个标的股票,应该在低位低价时重仓,高位高价时轻仓。

关于第二条,这是投资的核心逻辑。对了,追加;错了,斩仓。在实体经济中,我们都明白一个道理,两个工厂,一个亏损,一个盈利,如果让我们选择,肯定是关掉亏损的那个,追加投资盈利的那个。股市是一个道理,只不过股市是反人性的,很多人在股市里转不过这个弯。

第四,追踪变化。投资没有一劳永逸的事,必须时时跟踪投资标的的变化。对于以基本面分析为主的价值投资者,必须多做调研,密切跟踪与上市公司基本面有关的各种变化;对于以技术面分析为主的技术派投资者,必须密切注意技术面的变化,小心技术走势上的蛛丝马迹,特别是趋势的变化。

基本面分析的投资者又可分为两类:一类是价值派;一类是成长派。前者需要关心的是股价是否低于其内在价值,后者关心的是公司的成长性是否持续,而这均需密切关注投资标的的变化,只不过前者更加关心的是公司年报、季报,后者更加关心影响公司成长的因素。巴菲特是前者的代表,彼得·林奇是后者的代表,我们经常看到巴菲特经年累月的看各大公司的年报,这其实是密切跟踪公司的变化,而林奇则马不停蹄地在不同上市公司中调研，他是在亲眼观察投资标的，他们的本质都是密切注意上市公司的风吹草动。

技术客就更多了，什么趋势派、指标派、均线派、形态派等等，他们更需要关心变化。股价不同，技术会随时变化，一定要根据最新的技术特征修正投资策略，不要守株待兔。

跟踪变化的本质就是预防新的不利因素，做到时时监控风险。一旦新的情况与自己最初的判断不一样、或者新的变化朝着不利于自己的方向发展，要立即清仓，做到动态控制风险。

问三："博弈"的思想究竟如何应用到股市

"博弈"一词原本指下棋之意，后来随着西方博弈论盛行，转而成为一种现代数学的代称，归为运筹学类，典型的例子是"囚徒困境""纳什均衡"。其实，用中国的思维去理解就是对策，在富有竞争或者斗争的现象中如何取胜的策略和方法。中国文化中虽然没有明确提出博弈论这个概念和名词，但是博弈论在中国处处可见，最典型的就是田忌赛马，而《孙子兵法》中更是处处体现博弈思想，翻开《二十四史》，博弈思想俯拾皆是，毛泽东写的《论持久战》和《中国社会各阶级的分析》更是处处闪耀着博弈思想的光芒，中国人是运用博弈论的高手。

与理论上深究博弈论及思想相比，我更关心的是如何把它应用到股票市场上来。股市是一个天然的多人博弈场所，而且富有斗争性，非输即赢，所以更要讲策略、懂博弈。索罗斯在写《金融炼金术》时提出的反身性概念，本质上也是博弈，那是基本面和预期之间的博弈。我一直强调策略，就是强调博弈。那么，在股市上到底如何应用博弈思想呢？

第一，基本面与技术面的博弈。基本面和技术面谁更管用？谁听谁的？有一派认为：市场总是错的，价格总是围绕价值波动，很少等于价值。股价就像一条狗，价值就像主人，这条狗不是跑到主人前面就是落到后面。对于投资而言，不要去管价格，而要去管价值。这一派认为基本面是根本，技术面应该听基本面的，我们不应该去关心技术面的变化，而应该固守基本面。这一派的核心就是巴菲特，他是价值投资者的集大成者。还有一派认为，市场总是对的，关于基本面的一切，甚至还没有公布的消息，都已经反映在股价中了，市场是有效性的。有效市场假说、现代资产组合理论都奉行这一观点，马克维兹、法码是其代表。

对于我们而言，应该如何选边站？我认为，这取决于你的投资策略，如果你坚守价值投资、长期投资，肯定应该放弃技术面，拥抱基本面，技术面和基本面偏差越大，越好选股。如果你是做趋势投资、做技术分析、做事件驱动投资，必须把技术面放在第一位，基本面只是参考，而且当技术面和基本面发生矛盾时，听技术面的，也就是技术面才是唯一的裁判。为什么？其一，即使基本面是对的，如果技术面走坏，你不及时处理，照样爆仓，本轮股市暴跌不是很能说明问题吗？其二，基本面只是我们理解的基本面，如果我们没有详尽的调研、没有扎实的像巴菲特一样的分析能力，也许我们看到的只是冰山一角、大象一腿，甚至是错误的基本面，所谓的基本面也许压根不是真正的事实，据此投资，风险极大。其三，现在的 A 股有融资融券和配置特性，带着杠杆，本质上来说已经具有期货的特征，如果固守基本面，很容易让技术面把杠杆打爆。基本面是主人，技术面的价格是狗，也许狗会跑到离主人很远的位置，直接让主人爆仓。

基本面和技术面没有谁优于谁，关键是选择问题。如果你选择价值投资的衣钵，那就应该放弃技术面的研究，甚至完全不要看 K 线图，按照购买企业的思路来投资股票，把买股票当成买企业的一部分。如果选择其他投资流派，就应该牢牢树立一个信仰：价格永远是对的，抱紧技术面的大腿。A股中很多人出现巨大亏损或者失误的原因在于没有把二者匹配好，买股的时候可能按照技术面，一旦技术面走坏，股价下跌出现亏损时，又固守基本面。君不见很多人常抱着亏损股还振振有词："这个股业绩很好！这个股有重组预期！这个股符合国家产业政策、有政府扶持！"还有人按照基本面买股，对该股前景非常看好，可是一旦技术上走坏，股价有点风吹草动，稍微一洗盘整理，就如惊弓之鸟，完全忘记了当初自己是怎么信赖该公司的基本面的，又按照技术面那一套去做了。他们错的原因都是一样的，不能固守一个价值体系。方法可以有很多，策略可以组合应用，但最终裁判只能有一个，要么是基本面当裁判，要么是技术面当裁判，只有这样才能固守统一的价值观。这也是博弈规则的统一性。

第二，预测与现实的博弈。关于预测，有两派观点：一派认为只有预测的功夫练到家了、预测准了才能赚取；另外一派认为没有人能预测准行情。有句名言说得好：如果能准确预测三天行情，就可以富可敌国。这恰恰说明没有人能够预测行情，否则富可敌国的人应该满街都是。是否预测、能否预测准、预测与现实到底是怎样一种博弈关系？这是博弈思维在股市的另外一个应用。

到底如何解决上述问题？我很赞同徐皓峰（民间武术整理家、《一代宗师》的编辑、《最后一个倭寇》《箭士柳白猿》的导演、《逝去的武林》《道士下山》的作者）的观点。徐皓峰是奇人，他接触过很多真正的武术高手、民间隐士。他说真正的武功就是一招，高手较量胜负往往在几秒钟之间，根本用不着打几百个回合，那都是给外行人看的花拳绣腿，越简单的东西越实用。他在《道士下山》中写他借彭七子之口说出了彭氏太极的秘密：只有一招，全身放松，唯独无名指用力。我在这里也借鉴这个思维，复杂问题简单化，把风险与预测关系的问题转化为另外一个问题：预测与现实的吻合与冲突性。

A情况：预测与现实吻合；B情况：预测与现实矛盾。

如果出现A，那么赚钱；如果出现B，那么亏钱。现实世界往往是出现B的概率大于A，那是不是预示着要亏钱呢？非也！如果能够处理好A、B的博弈关系，不但不亏钱，反而赚钱。我们可以回想一下中国历史上著名的博弈案例田忌赛马，彼时孙膑在田忌的三匹都弱于齐王的马的情况下，居然战胜了齐王，这说明博弈思维有化腐朽为神奇的力量。现在再看我们面临的局面，虽然整体上不利，B的概率大于A，但是借助博弈思维照样可以盈多亏少，怎么做？

如果出现A，则持续；如果出现B，则立即斩仓。

然后进入下一轮逻辑：

如果出现a，则持仓；如果出现b，则斩仓。

……

持续这个游戏。

也许有人说，你这个逻辑会不会太简单？真理就是简单的，好的武功浓缩到最后就是一招。田忌赛马不也很简单吗？只要把劣等马和好马交换即可。我在这里列出的这个博弈思维，其本质就是用现实去修正预测，最后只留下正确的预测，砍掉错误的预测。这也是金融投资界的金科玉律：只持有正确的仓位，只在符合预测的交易上加仓。

这个游戏既有预测，又不囿于预测。既认可预测在交易中的价值，又对预测的结果持有质疑精神。它解决了预测与现实的冲突，是一种高级博弈。不要因为它简单就看不起它，我们在现实中的很多例子，都可以说明这个博弈对策的重要性。比如，有人对自己的股票极度有信心，认为自己的分析调研不会出错，股价一定会涨，结果呢，股价暴跌。

这就是预测与现实的矛盾，此时应该怎么办？当然是斩仓。可是很多人却下不了手，为什么？就是因为他不明白上述博弈思维的价值。

很多大师看似高深的理论，其实都是上述博弈思维的应用。巴菲特也有类似的思维，据传当年某股神拍得巴菲特的午餐，席间他问巴菲特。

股神问："我买的股票不涨怎么办？"

巴菲特说："等它涨。"

股神又问："如果一直不涨呢？"

巴菲特："那你一定是买错了。"

巴菲特在这里的逻辑很明确，长期的现实证明他是错的，那就不要再固守成见，不涨说明当初的预测是错的。反观我们身边的人，有太多的人因为过度信赖自己的预测能力，在股价暴跌时不但不止损，反而加仓，结果爆仓，此种例子非常多。用事实去修正预测，而不是要预测去塑造事实。索罗斯的反身性本质上就是研究人的观点与股价表现关系的，那是一套更加博大精深的理论，如果有兴趣，大家可以看看拙著《股市极客思考录》第九章，那里有更详细的分析。

彼得·林奇说，不要拔掉鲜花浇灌野草。这句话背后的逻辑就是我上面给出的博弈思维：留下 A，删除 B；而不是留下 B，删除 A。也许有人说我这是杞人忧天，谁会那么傻？还真不是。君不见，很多人股票账户里留着一堆亏损的股，而赚钱的股票都早早地被卖掉了。这种情况非常普遍。这是典型的删除 A，留下 B ，完全跟博弈逻辑反着来，不亏才怪呢！所以，别看上述 A、B 博弈模式逻辑简单，但其法力无边。

第三，收益与风险的博弈。风险背后藏着收益，收益背后潜伏着风险，这是基本的金融逻辑。一切投资，从根本上来说就是解决风险和收益的关系，如果能把这对关系处理好，原则上，其他一切问题都不成问题。

关于风险与收益的关系，经典的财务学和经济学教科书已经有标准的答案，我在这里想从另外一个角度来探讨一下。从我自己的交易实践中来看，想取得超人的收益，其核心在于风险可控的情况下出重手。也就是索罗斯说的，看对和看错都不重要，重要的是看对了你赚多少，看错了你亏多少。我们看个案例。

> 1992 年索罗斯狙击英镑。索罗斯的手下制定了周密的计划，向索罗斯汇报。
>
> 索罗斯问：下了多少仓位？
>
> 答：差不多 20 亿美元。
>
> 索罗斯反问：如果你相信自己是正确的，为什么只投放这么少？
>
> 于是索罗斯扣动扳机，把仓位一下子提高了 5 倍，由 20 亿美元提升到 100 亿美元！这是极大的冒险呀。须知，投资前的调研、分析、预测、估算、下注，这是很多基金经理都能做到的，但是下 20 亿美元赌注和下 100 亿美元赌注，这可是天壤之别，特别是扣动扳机的刹那，是需要极大勇气的。就这一点，索罗斯让整个华尔街佩服得五体投地。很多华尔街人士都说，索罗斯跟他们最大的不同就是投资时的魄力，他们感觉索罗斯投资就像在指挥一场核战争。[①]

索罗斯是赌博吗？他是在拼命吗？不是！他是进行一种风险和收益的博弈：一旦觉得风险可控，而收益无限，就放手一搏，疯狂地去赚个够。当年巴菲特投资可口可乐不也是重拳出击吗？投资最害怕的就是不敢在重大机会面前放手一搏、信马由缰。大师都是风险—收益博弈

① 引自：《股市极客思考录》升级版第 403 页，海天出版社。

的高手，彼得·林奇在克勒斯勒即将破产之际重拳出击，买入该股票的金额到达他基金所能买入的上限，他就是看准了机会，狠狠地博取收益。

去年我给一些朋友推荐证券B，有个人很高兴地告诉我从开头一直拿到最后，我问他买多少？对方回答：100股。我……。

这个博弈的反面是什么？就是风险很大，但是收益有限，这种情况要下很小的注，甚至空仓。我一直反对抢反弹、反对抄底，因为这是典型的收益有限、风险无限的行情。如果懂得了风险—收益博弈思维，就不会选择在悬崖边跳舞。有个故事是这样讲的：

英国伊莉萨白女王一世甄选全英国最好的马车夫，最后有三个人被带到女王面前，由女王亲自挑选。

女王只问他们一个问题："若是我的马车要经过一个悬崖边，你们如何保障我的安全？"

第一个人说："陛下，我驾驶的马车只离悬崖边一尺，也绝不会有事。"

第二个人说："陛下，我驾驶技术更好，马车离悬崖三寸远，也不会翻落。"

第三个说："陛下，我不走悬崖边，我绕道走大路以保障您的安全。"

结果第三个马车夫获得工作。聪明的女王知道，保障安全的最好方法，不是靠"陷于险境时的解围技巧"，而是"避免置身险境"。

这个故事就是风险—收益博弈模型的另外一种情况，当风险很大、收益不大时，不要做任何冒险。走平路照样可以到达，为什么非要走悬崖边？抢反弹就是典型的悬崖边的交易策略。

总结一下，收益与风险的博弈核心就是：当风险有限而收益无限时，我们要疯狂的去押注；一旦风险无限而收益有限时，最好空仓休息。花开堪折直须折，莫待无花空折枝。前半句就是收益大于风险的时候，后半句就是风险大于收益的时候。

注：本文成稿于2015年秋，最初是供稿给摩尔金融内部读者，在此分享给全国的读者朋友。

第三部分

见天地、见众生、见自己

缘起

理可顿悟，事须渐修。

龙头战法的道理好像很容易明白，擒贼先擒王，百万军中取主帅首级即可，但是具体到操作上，往往不是那么回事。因为实战过程千回百转，内部的心法和操作细节别有洞天，不深入其中，难知真法、难窥全貌。

为了让大家了解更多龙头战法的心法和操作细节，本部分我邀请了一些好朋友，让他们从第三视角来写出自己内心的感受，他们有的是投资机构老总，有的是基金经理，有的是民间高手，有的是我亦师亦友的学生。他们的文章有的讲心法，有的讲逻辑，有的讲案例，有的讲学习龙头的心得体会。我向他们邀稿的时候，反复交代：案例要真实，心得体会要发自内心。务必记住：文章千古事，得失寸心知。

其实，做投资既需要独立思考，又不是简单的独立思考。投资的路必须自己来走，外人无法替代你的努力，所以投资必须独立思考。但是有些投资的常识和方法，以及一些错误和误区，有人已经总结、探索出来，没有必要自己再去重试一遍。

而且，真正的独立思考者，纵观人类历史，也是凤毛麟角。人不是被这种思想占领就是被那种思想占领，那我们就选择让那些已经被股市证明至少现在是对的的那种思想去占领。

独立思考不能简单的理解为自力更生，事实上没有人能够自力更生。我平时涉猎广泛，武术、中医、美术无所不去窥探一二，我发现顶级的大师，虽然都天赋异禀，但毫无例外都有传承。武术界的杨露禅、董海川，中医界的叶天士、刘渡舟，美术界的齐白石、张大千，无不拜名师，甚至求百师、尝百草、临摹百家，方达大成。真正自力更生成大才者，从古至今，百无一二。交流碰撞才产生价值。

基于这种思想，我经常召集一些公益的读者交流会，也会受一些投资教育公司邀请召集一些线下的龙头交流会，这个过程中也认识了很多民间高手，凡有一二技之长者，我无不请求赐教。于是我身边逐渐形成一个以做龙头为主的圈子，我把它称为龙头部落。本部分的大部分文章就来自龙头部落的一些高手之手。

需要特别强调的是，他们的观点可能和我的不相同，他们可以敞开心扉谈他们对股市的理解，对龙头的理解。一种好的投资思想，应该是开放的，我不能要求别人跟我的观点一致，所以，我们在这部分看到的文章，有的可能是跟我的观点相互补充的，有的可能是相互矛盾的。为了原汁原味地呈现他们的观点，我基本上不会对他们的文章进行改动。我希望呈现给读者的是百家争鸣、各显风流的气象，所以，本部分的标题叫：见天地、见众生、见自己。

下面就让我们来欣赏他们的所思所想。

3.1 价值龙头之路

在我多年的投资生涯中，经历过研究员、基金经理、投资总监等的诸多嬗变，职业跨度横跨证券公司、私募、国资控股资管机构等，就我多年的市场观察与理解，价值龙头股是投机之路皇冠上的明珠。而事实上无论是投资、投机乃至人生，寻求极致的思路都是大道。在过去的十几年间，由于对投资的极度热爱，我阅读过几千本与投资相关联的书籍，并有幸与诸多投资大家相熟，与精研龙头思想的彭道富先生更是惺惺相惜。我也把我对价值龙头的理解分享出来，希望能与大家交流学习。

一、龙场悟道——由巴菲特到索罗斯

对于投资与投机乃至交易，世人的理解多有不同。对我来说，无论投资、投机抑或交易，无非是时间周期不同，出发点与角度不同而已。相对而言，有伟大的投资家，以巴菲特为代表；亦有伟大的投机家，以索罗斯为代表；更有伟大的交易家，以利佛摩尔为代表。就其本身而论并无优劣之分，只是世人各有爱好而已，就这三种风格而已。在极致的哲学道理上亦相同，都是寻找最极致的本源，寻找事物最核心的矛盾，寻找最具决定性的因果关系。

于我而言，寻找引领社会大趋势，引领时代潮流的公司即为价值龙头股。研究价值龙头股需从三个角度去甄别。首先是研究社会大趋势，研究整体社会根本性的变革；其次是研究价值创造的本源，研究价值龙头股的价值创造来源；再次是研究市场行为的逻辑，实际是研究市场参与者对于价值龙头股的博弈。

价值龙头股追求的是极致的价值博弈，所选择的标的必须是所处行业乃至社会趋势最明确和成长性突出的方向，标的本身必须是选择方向的代表，而且受到市场行为本身的认可。格雷厄姆说过，股票市场本身没有时间进行科学的思考，尽管没有什么正确的价值衡量之法，它必须先把价值确立起来，然后再寻找其根据，因此股票价格不是精心计算的结果，而是不同投资者反应的总体效应。它对实际数据并不作出直接反应，只有当这些数据影响买卖双方的决策时它才作出反应。核心投资原则有三点：一是从安全角度考虑投资。投资者在买卖股票时，不要仅仅看股价日常的变动，更要从商业角度去看，把买股票看作是买公司。二是买进有安全边际的股票。安全边际描述了投资者所要买的股票价格低于估价的程度。如果一只股票值 20 美元，在 14 美元买进时则安全边际为 30%，因此安全边际越高，抵御股价下滑的能力就越强。三是对市场的反复无常和非理性做好准备。投资者买卖股票时要理智的思考，控制情绪显得非常重要。熊市时股票行情萎靡不振，一些投资者因恐惧而抛出股票，而对价值投资者来说，这也许正是买入股票的好机会。在股市非常狂热时，离场观望或许是较好的策略。巴菲特说，我们的投资仍然是集中于很少几只股票，而且在概念上非常简单，真正伟大的投资理念常常用简单的一句话就能概括。我们喜欢一个具有持续竞争优势并且由一群既能干又全心全意为股东服务的人来管理的企业。当发现具备这些特征的企业而且我们又能以合理的价格购买时，我们几乎不可能出错，价值龙头股就是这样的股票。巴菲特注重分析公司的竞争优势和发展前景，甚至看到了企业发展的二十年之后。从长期来说，股票的价格是由企业的经营状况和宏观经济环境决定的。投资者如果进行中长期投资，就需要着眼于长远的企业经营和宏观经济，这就需要投资者具备战略眼光。如果确定企业有着良好的发展前景，宏观经济又处于上升周期，在这样的时机投资股票，就能获得预期的盈利。哪怕股价在短期内发生较大的波动，也可以满怀信心的持股，直到基本面或者宏观面发生变化，除非快进快出的短线炒作。假如对企业未来的经营状况和宏观经济茫然无知，那无异于赌博，正赶上企业业绩下滑和宏观经济步入低谷，那么投资得越多，持有时间越长，亏损会越严重，因此龙头价值股票的作用性不言而喻。价值投资是指以对影响证券投资的经济因素、政策因素、行业发展前景、上市公司的经营业绩、财务状况等要素的分析为基础，以上市公司的成长性以及发展潜力为关注重点，以判定股票的内在价值为目的的投资策略。价值投资者不同于成长型投资者，价值型投资者偏好本益比、账面价值或其他价值衡量基准偏低的股票。

二、社会大趋势

决定社会大趋势方向的基本变量大致包括人口、科技、制度、国家发展阶段、环境约束。伟大的投资家都难以脱离其所处的社会阶段，以巴菲特为例，他的投资理念是一个持续进化的过程，从初期的烟蒂型格式方法，到后来受费雪和芒格影响进化到以合适的价格买进伟大公司。

这个转变过程中，1972 年初次以高市盈率买入喜诗糖果是第一步入门，但是真正的大手笔当属 1988 年买进 10 亿美元可口可乐的股票，从而实现标准意义的十年十倍，而这主要归功于美国全球化和文化输出的时代，从而导致可口可乐销售收入和利润的快速增长。同样伟大的投资家费雪投资的德州仪器和摩托罗拉则是由于美国处于制造业快速增长的阶段，从而成就其成长股投资的地位。以中国为例，典型的价值龙头股如腾讯来源于互联网，尤其是移动互联网的高速发展；贵州茅台来源于居民消费能力的快速提升；中国平安来源于中国金融行业的大发展。所有伟大的公司和伟大的投资者都有其独特的社会背景，都来源于恢弘的大趋势，把握住核心趋势的核心变量是价值龙头股的不二之选。

社会发展的长期动力和股票市场策略投资有什么关系呢？这个关系用俗话说就是“大趋势挣大钱”。什么是大趋势？社会发展的长期动力造成的影响就是大趋势，从某种意义上也可以理解为时势造英雄。一个很简单的例子是，1995 年巴菲特和比尔·盖茨到中国旅游，途经三峡。巴菲特看到长江纤夫艰苦地拉着自己所乘的船，不禁感叹道：“说不定他们中的一个也可以成为盖茨。但是他们生在这里，注定一辈子以纤夫为生。他们没有这个机会，而我们今天的地位纯粹是幸运。”从某种角度来说，天赋与才智本身就是一种幸运，而事业成功的环境更是一种幸运。比如，比尔·盖茨是 1955 年出生，美国 IT 大企业的创始人大多是 1955 年左右出生。当他们毕业的时候，华尔街处于熊市末端，而 IT 革命处于初始期（大趋势形成），他们投身 IT 革命的初始期，因此创立了这些 IT 的大企业，而过早或者过晚都会丧失重要的机遇期，比尔·盖茨就是那个最幸运的人。在股票市场也一样，即使信奉价值投资，但是格雷厄姆在大的“康波周期”向下的背景下投资也没什么亮色，费雪则是在20世纪五六十年代成长起来的投资者，因为美国当时制造业面临革命性变革，他选择的很多股票都属于制造业，涨幅惊人，同样信奉价值投资的巴菲特因为其选择的标的为消费类股票正好适应了当时美国社会向消费转型的特征而成为股神，比尔·米勒则在20世纪90年代投资科技和网络股而功成名就。投资具有深刻的社会特征，一定与当时的社会背景密切有关。优秀的投资者，有意或者无意，其投资一定符合了当时的社会背景特征，也就是符合了社会发展的趋势。最大的投资机会永远出现在经济社会发展的前沿趋势中，前沿的变化最终导致经济领域大规模的变革。

我认为，对于任何证券市场而言，最重要的三个大趋势是人口、技术和制度变革。只不过，不同国家的股票市场，人口、技术和制度变革的组合特征不同，造就的市场机会也就不同。其中，人口变化为社会提供需求变化，并带来收入以及新增投资者。美国学者罗伯特的研究表明，美国40岁人口相对20岁人口增加，美国股市的估值就增加；40岁人口相对20岁人口减少，美国股市的估值就下降。另外，人口变化也对宏观经济发展趋势和宏观经济发展战略有深远影响，比如："刘易斯拐点"。技术能够提高社会的生产效率，创造新的产业部门，带来企业盈利的大幅增加，并且为证券市场投资者带来主题性投资机会，也提升市场和某些技术板块的估值中枢。在美国，每次行情的龙头企业都是当时技术和业务模式领先的公司，大级别的行情伴随着技术革命的进步。根据《技术革命与金融资本》一书，金融资本在技术革命中扮演积极的角色，并且在技术革命的不同阶段对市场和产业的影响并不相同。制度变革，新制度经济学家们的研究表明，经济增长的关键在于制度因素，一种提高适当的个人激励的有效的制度安排是促进社会进步的决定性力量。这不仅对于西方世界适用，对于中国这个大范围制度变迁的经济体更为重要。制度变革影响经济发展趋势，同时也提升和降低证券市场估值水平，而中国的制度变革主要是政府主导的制度变更。因此在这样的背景下，中国股票市场的投资者单纯使用西方常用的纯经济分析方法，比如经济增长和通货膨胀分析框架很容易失效。对经济和投资的研究不得不要求在相当大的程度上具备心理学的、中国社会学的、法学的、政治学的知识。谈到长周期和大趋势，投资者经常喜欢使用“康波周期”一词，并且认为每轮周期时间跨度一样，但是，时间周期有着广泛的争论，比如有人认为持续56年，有人认为是73年，还有人认为是69.3年，等等，实际上这犯了机械主义的倾向。市场本身是无法以某种固定的、几乎是直线的方式预先决定，并且长波也并非仅是经济周期，而是广泛的系统现象，其中技术、社会和制度因素起了关键的作用，不同的人口、技术和制度的变动趋势可能导致每轮周期时间跨度和阶段特征并不相同。人口要素在微观层面对需求和在宏观层面对经济增长有着重要作用，技术要素也如此。在微观层面，技术带来新的企业群或者产业链，带动企业利润增长，为资本市场提供投资机会，特别是在“熊彼特周期”下，每一轮经济向上都应该归结于一类新技术的扩散，每一轮股市向上都应该由一类技术股为龙头带动。中国过去20年的经济增长，技术的作用并不大，因此龙头股多数不是技术股。但未来随着资源与人口的制约，下一轮经济周期的龙头股应该多数是具有“创新”的公司。

在宏观层面，大规模技术创新不是直线出现的，而是以波浪形式螺旋式上升，并且对经济和社会体制产生重大影响，同时社会体制必须去调整以适应技术要素的生产力变化，这样整个经济才能迎来黄金时代。技术的另外一个特征是技术进步呈加速发展特征，体现在互联网便是大大扩大的知识普及和应用，同时新技术的S曲线的时间轴维度在缩短。另外，技术和金融资本的结合往往造成周期性泡沫的形成。正常情况下，市场的根本特征就是不确定性，任何个人、任何机构都不能决定市场方向。美国前财政部长有一句名言：关于市场，唯一确定的就是其不确定性。按照我们的理解，市场变化是全体市场参与者交易行为的统计性结果，在很大程度上客观地反映了市场供给和需求的相互作用，因此，确实是不以任何人的意志为转移的。中国之所以从计划经济走向市场经济，也是因为长期的历史实践证明，市场是不可预测的，因此不可能用人为的计划来替代市场应有的功能。值得我们深思的是，不确定并不是市场所独有，日常生活中的许多方面都具有不确定性，人类绝大多数事业都具有不确定性。虽然如此，当人们追求生活和事业的成功时，并不像碰运气那样简单，一般总要经过系统，一贯努力才能取得幸福和成功。格言说，幸运女神青睐有准备的头脑，就是明证。更重要的是，如果认为事业完全是不确定性的，则它与人们系统和一贯的努力显然是相互矛盾的，这就说明我们不能把不确定性当做市场的全部特征，表面的不确定性背后一定隐藏着其他东西——趋势。投资成功的关键恰恰是要在市场的不确定性中找出相对的确定性。简单来说，市场变化实际上可以划分为有序性和无序性两个部分。有序性部分具有内在必然性，决定了市场趋势。如果我们能够充分认识市场变化中的有序性成分，就有可能捕捉到对我们有利的趋势时机。这就需要从市场本质、趋势原理开始研究，再将趋势原理落实到系统、一致的投资方法中。如何分析大趋势、在何种大趋势条件下买进和卖出，如何选择股票、如何择机买卖时机、如何管理投资组合，从市场的不确定性中逐步浓缩市场变化的可能性。人类生活中具有明确无疑的有限性，这种有限性不仅表现在有形的物质资源方面，也表现在无形的信息、知识、智慧、时间等方面。如果说其他资源尚且通过交换而增加，时间却是一定的，而且在人类生活的任何事物中，时间总是最基本的要素。

三、价值的来源与禅

对于价值投资者来说，价值创造的核心要素包括价格溢价、成本优势、资本效率和持续能力。传统的基于折现现金流的估值法，其优势在于折现现金流模型的预测结果。然而，我们往往拘泥于公司财务报表中的细节，而忘掉了基本面绩效：公司的价值是由 ROIC 和增长决定的。因此价值的关键，是要评估 ROIC 和增长预测与行业绩效之间的关系，以及预测结果与公司历史绩效的比较关系。

依据经济学估值原理可以推断关键价值因素公式为：

价值$=NOPLAT\times[1-(g/ROIC)]\div(WACC-g)$

关键价值因素公式称做金融的“禅”，它把公司价值与经济价值的基本因素：增长(g)、资本回报率(ROIC)、资本成本(WACC)联系起来。因此，现金流的真正驱动因素是公司收入和利润增长速度以及投入资本回报率(相对于资本成本)。

对于价值龙头股我们所需要考虑的核心变量依然是成长性、投入资本回报率以及持续能力。伟大的价值龙头股需要三方面的结合，这方面贵州茅台是典型代表，具备足够强大的品牌竞争优势来维持持续发展的能力，同时不断提价保持足够的投入资本回报率，再次宏观消费趋势需求保证了销量的持续提升。成长性分析是指结合公司、行业基本面的趋势变动对未来进行预测并最终对企业成长性作出基本面向好、向差及一般的分析结论。因此，成长性分析就是公司或者宏观行业的趋势分析，再结合结构分析对公司或行业的未来前景作出预测、判断。企业的成长性主要为规模占比结构变动趋势分析及六大经验能力变动趋势分析，对企业的未来成长性进行趋势判断。而行业的成长性研究则覆盖面比较广，包括行业容量预测，行业六大经营能力趋势及行业政策发展优势分析等。成长性越好的企业做多的动力越强，成长性越差的公司做空的动能则越强，同样，变动趋势向好的行业，其做多的关注度较高，而变动趋势向差的行业，市场做空的关注度也较高。投资是寻求最大回报的，投入资本的目的是追求投资回报率，成本是有代价的，因此投资价值龙头股，投资价值公司，投资股票公司的现有状况和持续发展能力来换取投资回报。价值龙头股，一个好的公司总是能够给投资者带来持续稳定的投资回报，反过来又促进价值投资者进一步投资，从而达到持续稳定的发展。

价值龙头股有三个要素，这三个要素是股票市场的内在、中期的核心驱动因素，分别是流动性、业绩和估值。一般来说，很难建立非常准确的三因素模型去量化市场的波动，但是主要原则是流动性、业绩和估值都有向上的加号的时候，一定是大级别的牛市；都有向下的减号的时候，一定是大级别的熊市。三个因素出现相互抵消的加减号的时候，一般是无趋势波动。流动性指标是大类资产配资的度量器，研究流动性就是要回答一个问题，流动性从哪里来，要配置到哪里去？

流动性配置一般来说有几个类型，实体经济投资、回流储蓄、房地产市场、股票市场、债券市场、海外投资。这需要关注各类资产的收益率，比如中长期贷款利率，现金流，工业、企业利润率，等等。考虑完这些收益比较后，还要比较风险和过去一段时间的波动率，最后可以找出新增流动性的配置主方向。这和当时的经济背景和当时的各资产类型风险收益特征有关。在业绩分析方面，应该关注三个要点：首先需要了解的是业绩总量概念、业绩同比变化、业绩环比变化的历史数据。值得关注的是业绩同比的周期性，以及业绩环比的季节性，需要掌握基础的财务分析知识对每季度公布的数据进行分析；需要对未来业绩的变化做出预测；自下而上的行业研究员汇总的业绩增长数据存在锚定和滞后性，因此需要和自上而下的业绩预测以及产业数据相互印证。需要强调的是，自下而上行业分析师汇总的预测业绩具有滞后性和非客观性，因此仅可以参考，但是千万别当真。另外，行业分析师调整盈利预测数据的变化只能体现在趋势市的动量，不能作为预测业绩的依据。自下而上的业绩预测往往不准确，因此需要结合历史数据和分项数据去分析，另外也需要结合自上而下分析，不过这也不能提供精确判断，仍然需要敏感性分析，值得注意的是单季度利润增长的低点往往是进入市场的时机。A股是中国政府主导型的市场，体现的是政府行为，而政府行为算不算理性的，能不能分析？政策性实际上包括两层含义：一是指我们股票市场的运行主要受到国家宏观政策的影响。这是一种关于政策市的中性认识，不包含政策市好坏或是非的价值判断。二是指政策过多地干预了股票市场运行，导致了股票市场的频繁波动。这是一种关于政策市的带有批判性价值判断的认识。这表明我国股票市场存在着很强的政策敏感性，每一次宏观政策的实施，都会引起股票市场的剧烈波动，对市场造成较大的冲击。中国股票市场是政策市的判断至少能得到统计上的验证。

四、价值龙头股的分类

价值龙头股就其经营特质和盈利情况可以大致分为稳健增长、快速增长、周期成长三种情况。

一是稳健增长类的价值龙头股其核心要义是寻求不变，即在变化的宏观世界中寻求相对的稳定性，所以竞争优势极其重要。稳健增长类的价值龙头股需要对公司价值创造的来源、公司竞争优势的本质有着深入透彻的理解与把握。一般来说，稳健增长类价值龙头股有着如下几项重要的竞争优势：可以带来价格溢价的品牌；足够宽阔的网络效应；锁定客户的转换成本；独特的技术。稳健增长类的价值龙头股以消费行业居多。

二是快速成长类的价值龙头股其核心要义是寻求变化，寻求公司价值快速体现的过程，所以对于行业的发展阶段，公司成长性的来源极其重要，彼得·林奇是这一方面的杰出代表。一般来说快速成长的龙头公司多来源于新兴行业或者新的商业模式和社会需求的爆发性增长。快速成长的价值龙头股以科技行业居多。

三是周期成长。自 19 世纪中叶以来，人们在探索经济周期问题时，根据各自掌握的资料提出了不同长度和类型的经济周期，一般来说分为四种经济周期类型：一是短周期，主要为 3～4 年一次的短周期。二是 1860 年法国经济学家朱格拉提出的一种为期 9～10 年的经济周期，称为中周期。该周期是以国民收入失业率和大多数经济部门的生产利润价格波动为标志划分的，也称为投资周期。三是长周期，是 1926 年俄国经济学家康德拉季耶夫提出的一种为期 50～60 年的经济周期，该周期理论认为，从 18 世纪末期以后，经历了三个长周期。还有另一种长周期是 1930 年美国经济学家库兹涅茨提出的一种为期 15～25 年，平均长度为 20 年左右的经济周期。经济周期可以划分为长、中、短，股票周期也可以相应的划分。周期成长类的价值龙头股其核心要义是公司业绩周期性的变化，其本质是要从宏观经济、供求关系、库存以及行业结构的角度去理解周期，一般来说周期成长的龙头公司多源于实体经济周期的波动。周期成长的龙头股公司以金融行业居多。如何选择周期龙头，还要依靠企业的发展情况去衡量。企业的一般战略主要是解决在所选定的行业或领域内如何与竞争对手开展有效竞争的问题。但仅此是不够的，随着企业规模的扩大和市场需求的变化，管理人员还必须解决企业如何进一步成长和发展的问题，如下一步应该选择哪些领域和行业，在已有的市场内如何扩大企业的市场份额，企业主要通过内部积累还是通过外部收购来寻求增长，企业在增长过程中是以本身的技术还是市场作为考虑的基点和核心等。毫无疑问，成长战略主要涉及战略的可选方向以及实现形式。周期成长分为密集性成长、一体化成长和多角化战略。密集性成长是指企业在原有生产范围内充分利用在产品和市场方面的潜力来求得成长发展，也可称作集约性成长。一体化尤其是纵向一体化是企业确定最佳经营范围时要涉及的核心问题之一，它主要涉及交易费用在决定企业边界以及企业内外部关系时的作用。纵向一体化是20世纪90年代很多大企业面临的最重要的战略问题之一。多角化战略经验也叫多样化或多元化经营，最初是由著名的产品市场专家安索夫在20世纪50年代提出来的。此后，尤其在20世纪70年代，多角化战略风靡一时，各国企业争先采用。它包括两种含义：一种含义是，多角化经营是指一个企业同时在两个或两个以上行业中进行经营，如机械、电子、化工等。然而，随着社会分工越来越细，实际上，传统的行业内已经扩展出许多继而不同的业务。另一种含义是，多角化经营是指企业同时生产或提供两种或两种以上的产品或服务。这种定义方法比较形象，但是其含义并未界定清楚。

五、行为的关键

对于股票来说，博弈对象包括两类资金，其中价值类资金包括国家队、公募、保险、QFII等；投机类资金包括私募、部分游资、大户等；交易类资金包括量化、部分游资、散户等。一般来说，决定价值龙头股最终长期走势的是长线价值类资金。决定价值龙头股中期走势的是中线投机类资金。决定价值龙头股短期走势的是短线交易类资金。所以对于同样的一只股票不同的操作周期和判断，也参考相对应的博弈群体。价值龙头股同样需要选择好的时机介入，估值可以带来安全边际，择时可以带来效率的提升，因此投资股票的策略显得尤为重要。心理偏好及认知偏差和情绪是投资策略的两大主要影响因素，前者属于分析思维范畴，而后者属于大脑的直接反应系统。这两个系统在投资决策中起到替代和互补的作用，通过对接收到的事实和环境因素进行加工处理，形成决策，并动态地对以上因素的变化做出反馈。人类无法做到完全理性，我们不得不接受自己优缺点共存的事实，但是，对投资者而言，情感也不总是敌人，理性也未必总能带来好的金融决策。情感与认知分析过程相互作用，最终形成决策。没有理性制约的纯感情与毫无感情的纯理性，是两个极端，都会让你的投资备受打击。神经经济学家表明，我们充分利用情感而不是完全扼杀它的时候，往往能得到更好的结果。如何树立正确的投资理念显得尤为重要，所谓投资理念，指的是投资者对于股票投资的看法。投资目标，比如，不投资不熟悉的领域；股价走势循环，盛极而衰，否极泰来；买其所值，卖其疯狂；通过预测市场来挣钱是可笑的，市场不可能对明显的错误长久地视而不见等观点。这些观点一旦确定，则对于选择投资方法、标的、期限和收益水平等方面具有决定性的作用。

投资是非常个性化的事情，每个人的投资理念和标准不同，也决定了投资标的是不同的。因此需要从上而下建立个人的投资体系，明白股市上挣不到快钱，价值投资才是永久的、终生的，任何分析方法都有使用的前提条件，需要灵活运用。其次，做好资产管理，从投资体系的建立来说，理念是第一位的，否则你无法确定正确的投资原则和方向。但是从实际操作角度来看，仓位管理才是第一位的，因为生存是投资者驰骋市场的根基，既然你的首要目的是在交易中求得生存，就务必了解运用合理的资金管理措施。资金管理的本质其实就是根据交易损益情况及时调整交易头寸，当交易中遭受损失时，应该减少交易头寸。反之，在交易取得利润时，增加交易头寸。这就是所谓的亏损减少交易，盈利增加交易的应变策略。最后，把握市场情绪和自我情绪，认清自己，把握好自我，奠定了在股市胜出的基本条件。要想在零和博弈中战胜对手，还必须了解对手，而股市中的对手方是不确定的，其实可以理解为市场情绪。市场情绪主要指大盘、板块、个股的热度和市场是否处于过度兴奋状态。市场规律是循环往复，过热必然转冷，恐惧和贪婪往往随行。投资者如果能够在市场转折点到来前及时察觉，就可以处于有利之地。在大多数时间里，众人是正确的，只有在反转点时，众人才是错误的。只有这个时刻，市场才能发挥筛选作用，让成功的投资者脱颖而出。市场情绪驱动了投资者手中的资金，导致股票价格上升、下跌。辨别市场的热度和情绪的过渡是一门艺术，阿姆斯指数可以指示市场是处于牛市还是熊市气氛中，但何时参与和退出市场，无法简单地按照一个数值行事。众多的好友指数给出的数值本身可能都无法准确衡量投资群体对于市场的态度。牛市时，期望和贪婪压倒了恐惧，控制了市场大局，推动股价进一步走高，在这个过程的前期和中期，投资者应该适时跟风介入市场。而在牛市的后期，随着市场越发贪婪，应该及时全身而退，而且坚定立场和遵守纪律非常重要。

六、结语

投资是一条充满荆棘之路，最艰难的路只有自己独自走过，于真理面前我们都是孩童与学生，能在广袤的大海面前捡到些许贝壳，就足以快慰。同样，以我的理解，投资之路的学习更多在于领悟力，保持空灵的澄明之心极为重要。在多数情况下，伟大的投资家皆是相通的，甚至很多时候对于投资的理解和人性的理解也极为相似。交流在于心灵的碰撞，无论是通过书籍还是良师益友的碰撞而得，都是极为难得的。对于价值龙头股来说，其买卖主要取决于三大要素：首先是好的方向；其次是好的公司；再次是好的博弈时机。价值龙头股需要这三方面的合一与共振。

注：本文作者乔三东，毕业于清华大学经济管理学院，工商管理硕士。在科技创新领域曾就职于摩托罗拉（中国）电子有限公司，历任摩托罗拉南区首席系统网络架构工程师，负责过中国3G网络建设，曾主导完成中国第一个4G项目。在投资方面，曾就职于国家开发投资信托资产管理总部，负责公司数百亿规模的战略投资、TMT、大消费等行业的研究工作。战略投资标的包括中国银行、工商银行、中国人寿、中国平安、中国远洋等。就职于国开金信（北京）基金管理有限公司期间，任职董事总经理，负责国开金信全国业务，主要包括产业基金、股权投资、证券投资、金融市场等。乔先生是价值挖掘高手，也是波浪理论高手，其价值龙头思想是龙头哲学的重要分支。

3.2 贵州燃气，一生贵气：贵州燃气案例分析

最近大盘持续下跌，我其实是不想写这篇文章的，多少有点不合时宜，股市每一天都是新的，拿过去的成功案例来说事总觉得不太好。可是彭总很早就跟我约了，我一推再推，出于对恩师的谢意，再推脱就不太好了。我写此文章，也许对那些在股市中挣扎的朋友是一种帮助，一种希望，一种启迪，也算是一件好事，希望是，至少我的出发点是这样的。我知道要帮助别人股市盈利很难，我的想法也不一定对，也许这次贵州燃气的成功只是运气罢了，我想我就算把运气写出来，让大家沾沾这个运气也是好的。

说实话，对初学者来说，做龙头股很难，好多人都抓不住龙头股。但我看彭总的很多学生都抓住了龙头股，似乎也觉得不难了。正所谓难者不会，会者不难。我抓龙头股一般是先看大盘的，如果大盘横盘蓄势向上的概率高，那是很容易抓龙头股的，而且龙头股上涨的持续时间也长一些。一般龙头股是先于大盘突破箱体整理的，这就是老师说的第一性，先知先觉领涨，率先涨停或者强势涨停。

由图 3－1 对比很明显，贵州燃气是先于大盘起动的。去年 12 月 14 日率先涨停，12 月 20 日、21 日二涨停确认龙头地位。而大盘是在 1

月 2 日才开始突破箱体，有了大盘保驾护航由此可以确认贵州燃气可以涨一段时间，这也让我有信心拿住直到翻番。

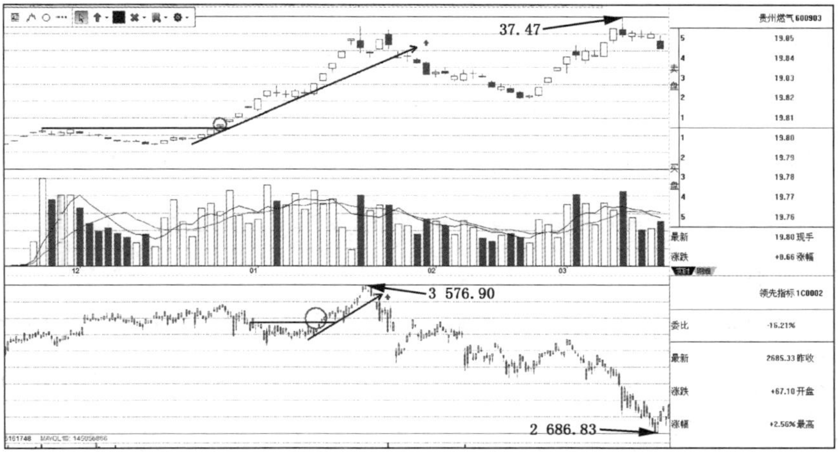

图 3－1　贵州燃气的局部走势图

有人问我，为什么是贵州燃气，而不是佛燃股份是龙头呢？按照龙头股率先涨停的特性，第一个涨停的应该是佛燃股份才对。我是这样想的，底部放量，慢慢悠悠涨停更好，达到了充分换手，让那些刚赚了点钱的人先走掉，主力也趁此机会买到更多的廉价的筹码，何乐而不为呢？当然，在高位涨停板反复开板则很可能是坏事，原因就不多说了，切记切记吧。

为什么龙头是贵州燃气，还有其他原因，比如说 12 月份一直传言天然气涨价的事，这也许就是题材的作用吧。其实，我倒不是很在意天然气是否涨价的题材问题，我倒觉得研究 A 股市场的游戏规则比研究题材等更有用。我非常推崇维克托·斯波朗迪写的《专业投机原理》一书，该书的第一章讲的就是游戏规则，我建议凡是从事股票投资或投机的人都要好好看看该篇章。股票是艺术，不是 1＋1 等于 2，而是 1＋1

在什么情况下可能等于 2 的 N 倍。说的直白一点，就是什么样的股票才有可能成为大家暴炒的龙头股。在现行的 A 股市场游戏规则下，选择低价次新炒作是一个非常好的选择。其一因为是次新股，没有像老股那样有那么多的流通股票可卖，这也符合经济学上的供需原理，定增与限售股解禁一定是未来市场的一个毒瘤。其二是次新股日换手达到 50%以上，主力若想建仓，若干天之内就能轻松完成。如果是老股，凭每天百分之几的换手但又不想影响股价的情况下，建仓是何等的费时费力还不讨好。

买到龙头股之后就简单了，既然是一条大鱼，那就必须用专门的工具来捕捉它，持有它，直到下肚，很多人都抓到了牛股之后浅尝辄止，甚是可惜。彭总有句话，你不能在龙头股上赚到钱，那你休想在其他股票上赚到大钱。

很明显，黄线称为“擒牛线”，只要在黄线上就可以一直持有，如果这样做多数人都可以拿到翻番以上（见图 3 - 2）。当然工具不是万能的，就跟药品一样，都有适用范围，还要在医生的指导下服用。

鲁迅先生曾说：“世上本没有路，走的人多了就有了路。”我想说，世上本没有股市，投机的人多了才有了股市。我也想说，世上本没有龙头股战法，有了一帮赚快钱的人才有了做龙头股的战法。这帮做龙头股战法的人不一定是具体的某某某，但肯定是一帮有特别习性的人，而且不太会被普通人认可，就像一群狼闻到猎物的味道就闻风过去，但这种东西只能意会，很难用语言表达出来，个中滋味也可能只有置身其中的人能懂。

由于篇幅有限，今天写的都是皮毛，如果你也想做龙头战法快速赚钱，还是练好内功吧。

后记：操作贵州燃气的人很多，但是从头吃到尾的不多，能够重仓

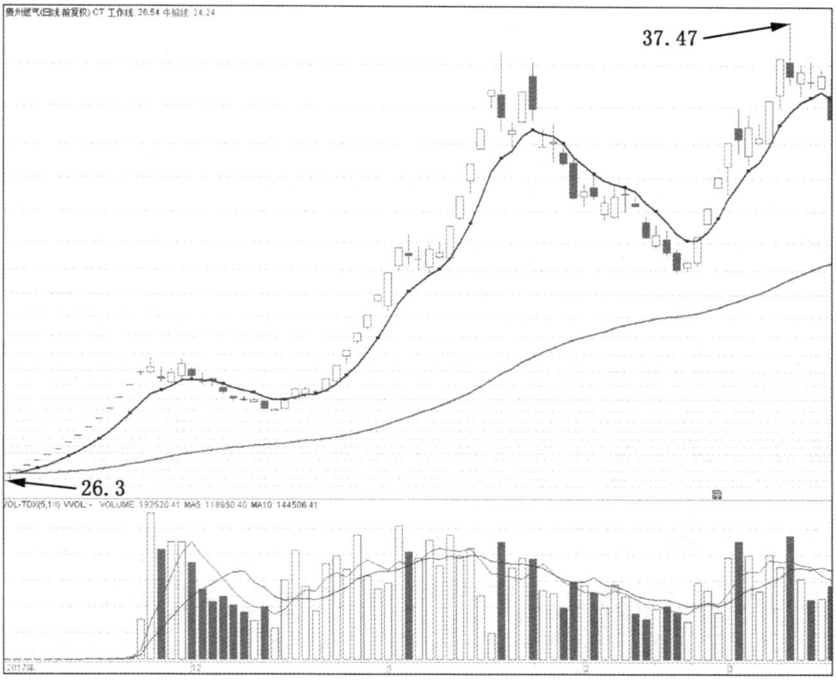

图 3-2　贵州燃气的局部走势图

的更不多。本文的作者不但从头吃到尾,可贵的是重仓,更让人叹服的是所有的账户几乎同时重仓这一个股票。这就是功力。一休同志的回顾文章,简单,低调,谦虚,不要弄花哨,正体现了我号召的龙头股战法的精髓:势大力沉,朴素原始。

注:该文作者为一休,江浙游资,曾任某证券公司老总,本文完稿于 2018 年 2 月初,并于 2018 年 2 月 7 日首载在龙头部落的公众号“股市的逻辑”上。

3.3 三十功名尘与土，八千里路云和月
——探讨未来龙头的可能性

上次彭总让我写了一篇《“一生贵气”——贵州燃气案例分享》的文章在他的公众号上发表，得到了很好的反响。两个月前彭总又得知我又重仓从起涨点开始做了宏川智慧这只股票，所以又劝了我好几次，让我写一篇文章分享。本来是件好事，而我一拖再拖，一直拖了快两个月了。不想写的原因是我怕误导大家，我分享的是成功案例，也有好多不成功的案例，可能因为好多股票我发现错了，亏点小钱走了，只要算总账大赚小赔就行了，而别人可能不这样想，刚开始觉得买入的是龙头，后面发现错了也不改正错误，以至于亏了很多钱来质疑龙头战法。

也怕有些朋友看到了我的成功案例，私下跟我联系想叫我帮忙，我在这里公开劝这些朋友还是断了这个念头。因为，我们的想法是完全不一样的。比如，你请求出家师傅保佑你身体健康、生意发财，出家师傅能帮你做到吗？出家师傅劝你不杀生只吃菜，劝你多修福报，按照佛法做事，你的福报自然就来了。如果这些你也不想做，靠别人替你做，那就是你本来没有发财的命偏想着发财，恐怕对自己是不利的。同理，我也不能替你做，每个人的命是不一样的，所以只能劝你也按股法做股

票，多学习学习龙头部落内部彭总所倡导的内在逻辑和方法 ，那你赚钱也是自然而然的事。前些日子大盘持续下跌，我认为还不是出手做股票的机会。虽然我现在还是认为大多数人还不是很适合，但我觉得未来在某些领域可能出现龙头的机会，所以我才写点东西供大家参考，更希望通过此篇文章能结识几个志同道合的朋友，在龙头股的道路上越走越远。

说实话，对初学者来说，做龙头股很难，好多人都抓不住龙头股。但其实在市场里待久了，我觉得抓龙头股也不难了。不知大家有没有听说过有人在香港靠赌马赚了 10 亿美元的故事。故事的大意是这样的，美国有个匹兹堡富豪叫 Bill Benter 通过修改赛马可控因素（比如天气，风向，骑手状态，马的状态，等）的参数，设计出了一个得奖公式，最终获得了香港当时有史以来最大的赛马三 T 大奖，总奖金 1 亿港元。所谓三 T 大奖，就是要预测指定的 3 场比赛中，跑出前三名的赛马都要选对，从组合方式上来说已超过一千万种。Bill Benter 虽然中了大奖，但一直没有领取，所以直到 2017 年才浮出水面。

我觉得股市与赌马有许多相同的地方。最重要的是跟赌马不同，你赚的不是赌场老板的钱，而是其他散户输的钱，所以监管者不会过份干预你赚钱，你需要研究的是就像赛马大赛一样把影响股票上涨的因素都考虑进去即可，然后不断优化系统，选出最近哪些个股最可能成为龙头个股。我把最近一年我最成功的两个个股案例（贵州燃气和宏川智慧）分享给大家，目的就是找到几个志同道合的朋友，一起成长。

当然，可能有人会认为我居心不良，那是别人的事。大家试想，如果完美做到二只股票，贵州燃气从 8 元涨到 32 元翻四倍，宏川智慧从 30 元涨到 60 元翻一倍，其实已经赚到了八倍，还有比这更赚钱的吗？当然我最好的账户也只是赚了五倍，如果下半年再操作一只翻倍股的话，那一年十倍真的就不是梦了。我以前一直不敢相信一年十倍的神话，现在不但信了，而且更有信心了，只要努力，任何奇迹都可能发生。

在我们宁波地区也确实出现了像徐翔这样的高手，其实像他这样的高手我还认识很多，只是比较低调罢了，在网上我也不指名道姓说开去了。当然也许有人会断章取义，拿一年十倍笑话我，但对于一个真正做交易的人来说，信念和梦想是很重要的。光有把股票做好的信心也是远远不够的，常人是很难成功的，那些大牛为了把股票做好，他们所表现出来的气场跟普通人是不一样的，我听说杭州的某个大游资为了有一种君临天下的感觉，做股票的时候穿一件跟皇帝一样的黄马褂。还有一些大牛的工作室挂着伟人的像，鼓励着自己像伟人一样战斗。这些往科学上讲是心理暗示，套用一句话来说，成功人士的思维模式是一样的，不成功人士的思维模式各有各的不同。下面简单说说我做宏川智慧的思路。

发现宏川智慧是5月9日，当天是烂板，但这不重要，重要的是大盘一直横在3 000点不破，重要的是贵州燃气打开上涨空间太大，整整翻了二倍，按照次新龙头股边际效用递减的规律，下一只次新龙头的上涨幅度至少也有一倍。其次，宏川智慧有龙头相，也算跟原油有关吧，当时有很多群在讨论原油期货上市的事，有题材基础、群众基础。再次，宏川智慧流通市值也不高，也就20亿元不到，换手充分，当天换手58.24%，差不多一半的股票换了主人，新庄进驻可能性很大。只要买入，接下去的事情就相当简单，只要不破擒牛线股拿着就可以了，直到翻番。5月9日发现它，5月10日买入，对好股来说买入也就是那么一天的事，牛股几乎都是我个人觉得最好的位置进去，追涨但我从不追高，这也是我与其他人最大的不同之处吧，见图3-3。

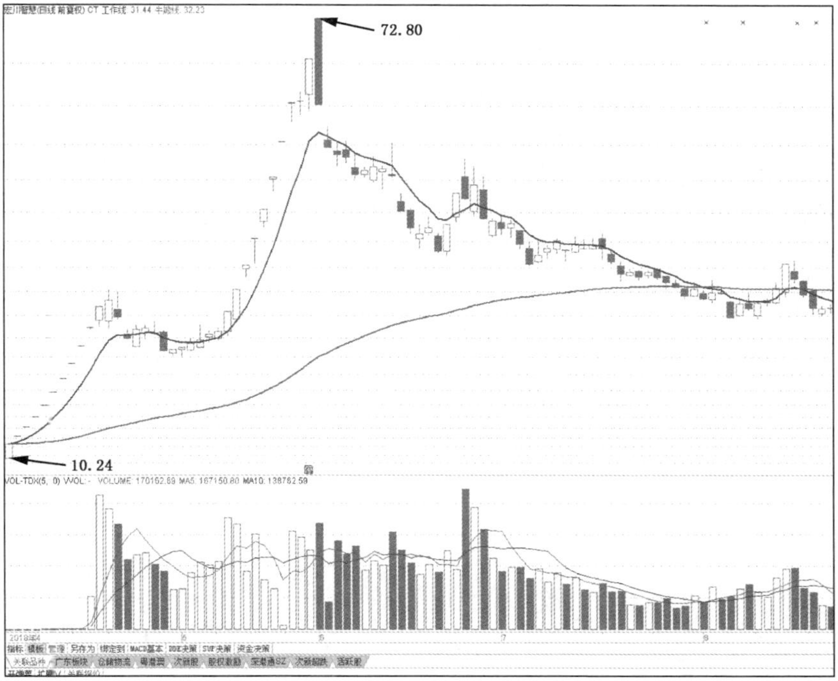

图 3－3　宏川智慧的局部走势图

很明显，最近的市场是很难做龙头的，按龙头部落领袖彭总的理念：水浅不藏龙。所以我最近很少发表观点，把主要精力用来研究怎样做空头。但冬天终将过去，野火烧不尽，春风吹又生，我相信过些日子又会有新的龙头股诞生，我们只需要静静地等待，等待一年一两次这样的机会，只要牢牢抓住，就能轻松翻番。当然，政策在变，现在听说次新换手 30%将会被特停，我不知道会不会影响次新龙头，有待观察。俗话说的好，台上一分钟，台下十年功，我相信连赛马这样难的课题都被攻克了，只要努力练习，股票真的不是什么难事。套用 Bill Benter 的话说：“我觉得真正的商业世界比股票困难多了……”。

那什么样的股票会是下一波的龙头呢？我觉得是独角兽题材。我说的独角兽可能不是大家想像的独角兽，也可能不是现在发行的独角兽。每次龙头的选择都是出乎大家意料之外又在情理之中的，雄安概念出来后普天大涨没有机会，创业环保慢慢悠悠，随时参与。天然气涨价，其他股票涨幅不多，贵州燃气可以尽情参与。当独角兽们成为“毒角兽”时，你是否也能发现那个看似普通的独角兽正款款向您走来……

注：本文作者一休，完稿于 2018 年 7 月份，系龙头部落内部交流文稿。

3.4 赢在龙头价值观

最近偶见一篇英文，翻译甚为精妙，分享给大家：

You are the books you read, the films you watch, the music you listen to, the people you meet, the dreams you have, and the conversations you engage in. You are what you take from these.

You are the sound of the ocean, the breath of fresh air, the brightest light and the darkest corner.

You are a collective of every experience you have had in life.

You are every single day.

So drown yourself in knowledge and existence.

Let the words run through your veins and let the colours fill your mind.

其为人者，所读之书，所观之影，所听之乐，所遇之人，所追之梦，所言之语也。彼之事物，子之所存也。

君为汪洋之声，吐纳之气，灼然之光，阴翳之角。

君为亲历之集。

君为日之所成。

故醉于书海实业，文以化人，彩以斓心。

诚如该诗所述，你的气息里，藏着你走过的路、读过的书和爱过的人，读后颇有感触，以之来印证股市，何尝不是如此。

一、所见即所想

生活中常见到这样的现象：一个人从两个人面前跑过去，一会有追过来的人问这两人，你们见刚才跑过去一个人了吗？一个人说，没看到；一个人说，看见了，跑过去了。其实两个人都没有说谎。我们全神贯注在某一点时，就算周围发生再不合理的事件，我们却仍浑然不觉，这种现象称为“不注意盲视”。

同样的事，有的人遇见了，心中没有动念，视而不见听而不闻。而同样的事，有的人遇见了，就会关注，就会被吸引过来，这就是吸引力法则。同样的遭遇，不一样的结局。

曾有新闻报道有一妇女推婴儿车过路口，两醉酒男子开车过来嫌妇女挡了他们的车，妇女与醉汉发生口角，一醉汉下车直接将妇女推车中的婴儿摔死。醉汉有罪，妇女有错，该妇女错在遇见垃圾人没有及时躲开还去争执。

生活中有太多这样的事情，很多人遇见垃圾事、垃圾人不及时躲避，发生纠缠。同样的事，你不关注不放在心上，就不是事；你关注，事就进了你的心，发酵，生根，发芽，熏习成为种子，深植于心。

不同的人遇到同一件事，因心念不同，发酵转化各异，命运因此而有不同转化。由此可见，命由己作，是真实不虚。

《大毗婆沙论》中有一譬喻:“彼说有染与无染境不决定故,知境非实。谓如有一端正女人,种种庄严,来入众会,有见起贪,有见起嗔,有见起嫉,有见起厌,有见起悲,有见生舍。应知此中,子见起敬;诸耽欲者见而起贪;诸怨憎者见而起嗔;诸同夫者见而起嫉;诸有修习不净观者见而起厌;诸离欲仙见起悲愍,作如是念,此妙色相不久当为无偿所灭;诸阿罗汉见而生舍。由此固知境无实体。”鲁迅也曾说过:“一部《红楼梦》,经学家看见《易》,道学家看见淫,才子看见缠绵,革命家看见排满,留言家看见宫帏秘事”。

我们误以为外境为实,从而错误归因,将自己的命运归结为外部的原因。而实际上,同样的一件事情,不同的人,不同的心,解读也不一样。所谓的世界,皆是心识所现。东西还是那个东西,心不一样,所见不一样。

又譬如今日头条,偶尔读几篇野史,你就发现手机上天天给你推送的都是野史;你喜欢看股票,都给你推送的是股票与财经。算法时代,算法会根据你的阅读习惯有选择、有针对性地推送你喜欢的内容。如果你关注社会阴暗面,它就整天推送社会阴暗面,让你觉得这个社会阴暗得活不下去了。如果你喜欢看《厉害了,我的国》,每天看到的都是阳光、积极、高伟正。

其实,你所看到的,都是你想看到的。什么样的人,什么样的心,什么样的能量,就吸引什么样的人和事。什么样的心,就呈现什么样的境。

苏东坡与僧人佛印是好朋友。一天,苏东坡对佛印说:“以大师慧眼看来,吾乃何物?”佛印说:“贫僧眼中,施主乃我佛如来金身。”苏东坡听朋友说自己是佛,自然很高兴。可他见佛印胖胖堆堆,却想打趣他一下,笑曰:“然以吾观之,大师乃牛屎一堆。”佛印听苏东坡说自己是“牛屎一堆”，并未感到不快，只是笑而不语。苏东坡自以为棋胜一招，回家后得意洋洋地和苏小妹说起，苏小妹素来聪慧，听说完他们的事情后，对他哥哥说：“佛由心生，心中有佛，所见万物皆是佛；心中是牛屎，所见皆化为牛屎。”吃亏的倒是大才子苏东坡。

“天见宝庄严，人见为清水，鱼见为窟宅，鬼见为脓血。”每个人所遭遇的境界是心识所现，是业感所惑，心随境转。我们人人都活在当下的六道轮回，当下欢喜愉悦，当下就是天人境界；心事狰狞，当下就处在阿修罗状态；处于某种欲望的极度饥渴，当下就是饿鬼境界；做出畜生不如的事情，当下就是畜生道中；日夜受病痛及烦恼折磨，当下就在地狱。假设我们日日心情平和宁静，我们当下便处于极乐世界。我们此生的修行，就是要化娑婆为极乐，变地狱为天堂。

二、思维底色决定投资底层逻辑

我们所见外境，皆是心识变现。我们所买股票又何尝不是如此。

A 股三千多只股票，每个人都可以买到，但是结果却大相径庭，之所以不同，源于选股的逻辑不同。而选股的逻辑之依据，发于心识。人不同、心念不同、思维不同、逻辑出发点不同，所买的股票也不同。

在生活中投机取巧的人，喜欢打听各路内幕消息。崇尚实力的人，喜欢跟庄。喜欢阴谋诡计的人，总是分析股票走势背后所蕴藏的各种意图和谋略，总想借道拿贼。不愿意担风险的，喜欢潜伏。贪便宜的，总是想买在最低价。缺乏耐性的，总是在拖沓冗长的箱体中忍不住寂寞最后出局。不愿意等待的，想买在起涨点。喜欢刺激的，喜欢冲击涨停板。喜欢赌的，常常全仓压进，而且融资加杠杆。信奉国家调控力量的，眼睛总是盯住国家有没有政策，政策对企业的影响如何。不相信政策的，总是实地研究企业业绩、产业逻辑。喜欢听故事的，闻风而动找风口。喜欢比较的，总把庄家成本、员工持股价格、定增价格是多少，作为持股的依据。喜欢抓住实在的人，总是看公司过去业绩如何，现金流有多少，有多少分红。

我有一律师同学，见多了企业的生生死死，买股的时候，总是假设企业破产后还能剩下多少。所以他买进某地产股的时候，把资产算得门清，然后大量买进，他的逻辑就是公司即便退市了，还剩下多少净资产，竟然比市值还高，纯粹是和格雷厄姆一样的价值投资逻辑，他的投资逻辑是由他的职业底色所决定了的。

什么样的人关注什么样的股票，什么样的人炒什么样的股，什么样的人赚取什么样的钱。人以群分，物以类聚，股以人分。每个人的价值观不同，持股逻辑也不同。真的是股如其人，你所炒的股里，藏着你走过的路，读过的书，爱过的人。

当我们买进一只股票的时候，我们的思维底色已经决定了我们的选股逻辑。我们的底色中早已融入了无形的价值判断，而这些价值判断犹如无形的手在指挥我们买进卖出，而我们不自知。我们以为我们在买股的时候可以理性决策，但是我们不知道价值观已经融入我们的骨髓并深远地影响着我们。

三、树立正确的价值观

六祖不生善，不生恶，心中不生二元对立判断。阳明先生此心不动外缘生起时，凭良知良能无功运行，随缘而应。这些都是极高境界，我辈难以企及。但是我们可以树立正确的价值观，在外缘（包括善缘和邪缘）来临的时候，最起码可以摒弃邪缘的招引。

什么是价值观？就是对人生的系统思考、看法认知、原则边界、行动指南，指导我们识别机会、甄别机会的原则和方法，就是价值观。价值观是一种价值判断、预设立场，从自己的爱好偏执出发，也许与客观现实并不相符合，在某种程度上是以一种主观想象替代客观现实。

对于价值观这个问题，有的人思考过，有的人没想过。有的人对此有一些模糊的认识，但往往认知前后矛盾或者无比纠结；有的人有着清晰的目标和方向，知行合一，成为时代的宠儿；还有人说，怎么不是个活，且随意潇洒顺心顺意快活一生。但持或者不持态度，本身就是一种人生价值观。不管你对人生持何种态度，价值观底色已经如影随形地和你在一起。

当外缘来临的时候，我们如何运用正确的价值观指导我们甄别机会、选择机会、应对挑战，是我们都要面对的课题。

社会五彩斑斓，真真假假，鱼龙混杂，充满诱惑。现代都市中，人是欲望动物，很容易在各种诱惑前迷失自我。是甘于平庸，还是选择优秀？是坚定原则还是见风使舵？是独善其身，洁身自好，还是难得糊涂抑或随波逐流？怎么选择，才能活出自己的精彩？

平庸的生活，近乎平淡无味；唯有追求极致，才能经历别样的生活。人生如果不追求优秀还有什么意义？

在我看来，我们需要远离垃圾的人和事，拒绝无效纠缠。远离负能量，远离负面情绪，远离碌碌无为，摆脱平庸，就是与优秀同行。人生苦短，与平庸纠缠，就是浪费生命，与垃圾股纠缠，不仅仅浪费金钱也浪费生命。

什么是优秀？优秀是一种不甘堕落的选择；优秀是一种宁缺毋滥的态度；优秀是一种脱离平庸的执著与坚强；优秀是一种超越庸俗的品位和格局。与智者同行，向名师请教，与高人为伍。与智者为友，你会不同凡响；与高人为伍，你能洞察一切；和精英交友，与良善结伴，你能快乐、美满。和龙头股为伍，与涨停结伴，你能富足、美满。

很多时候，我们做出选择时就高下立判，开局就意味着结局。尤其买入龙头股，立即涨停赚钱；买入垃圾股，经常被套割肉。当敲下去键盘的时候，结果就高下立判，开局就意味着结局。

四、龙头思维是用于机会取舍的价值判断方法与工具

龙头思维就是这样一种思维艺术，当我们面临诱惑与迷惑时，能够让我们甄别优秀与平庸。龙头思维有一整套标准和指针，指导我们识别优秀与平庸。

选择优秀，虽然不一定能够成功，但是最起码不至于失败。如果立于不败之地，每天与优秀同行，今天这样做，明天这样做，后天还要这样做，今年这样做，明年这样做，后年还是这样做，你的上一代这样做，你这一代这样做，你的下一代这样做，一直这样做，持之以恒，一直坚持这样做下去，想不优秀都难。

如果我们仔细考量，人生为什么失败？绝大多数人的失败并非源于懒惰，大多源于选择错误。很多人买了房子，房价下跌，在于贪便宜买了位置差的房子；买车出了车祸，源于买了安全性能差的车；读书被引入歧途，在于读了不好的书；婚姻不幸福，在于降低标准，选错了人；买股票被套，在于买了垃圾股。

无数的历史与现实经验告诉我们，地段好的好房子，涨时能涨，跌时能稳；好车性能就是好，开起来就是得心应手，安全得到高度保证；好书一本读完，就能让人恍然大悟，坏书越读越迷惑。无数的经验告诉我们，买入真正的龙头股多多少少都能赚钱，买入垃圾股最终都是以亏钱

告终。

所以，买房要买位置好的房子，吃东西要吃健康食品，喝酒要喝陈年好酒，开车要开安全舒适的好车，我们要尽情拥抱健康、快乐、财富、心灵富足的人，远离疾病、痛苦、贫穷，摆脱内心的纠结和贫乏，拒做低级趣味的人。

龙头思维放之四海而皆准，找对象适用，选择员工适用，找工作适用，选择房子适用，选择项目适用，选择股票更适用。正所谓嫁人要嫁王老五，炒股要炒龙头股。炒股市龙头，做生活强者。

五、为什么很多人在生活中失败了

太多的人不是不聪明，却在现实生活中过得很失败。这又是为什么呢？因为你总以为外部有一只强势股，总是用一颗飘忽不定的心去追逐这个强势股，其实，根本没有一只强势股，只有一个强势的你。

缺少一颗强势的心，心弱到最后，只能向外寻觅和选择。

是什么阻碍了我们的选择呢？因为生活中的我们，并不能秉持龙头思维。我们买东西的时候，不愿意为了好东西支付应有的价格，总是幻想物美价廉，选择了价格低廉的东西，结果用不了多长时间，就开始修修检检，寿命很快就到期了，重新扔掉再买，最后付出的代价比买精品还贵。而表面的物美价廉，最后用下来比买精品的价格更贵，性价比太低。

我们读书的时候秉持的是开卷有益，追求的是读书破万卷，追求的是标新立异、奇思妙论，置经典于不顾，搜索一些奇谈怪论、标新立异的东西，殊不知市场上一些滥竽充数的书遍地都是，看坏了眼睛，污染了精神，一辈子扎在废纸堆里，越读，离道越远。孔夫子读《易》，韦编三绝，赵普半部《论语》治天下，而我们大多数人追求的是读书破万卷，下笔如有神。现实告诉我们，开卷有“毒”。

我们追求的是八面玲珑，闪转腾挪，布局是四面开花，总想鱼与熊掌兼得，却不想一瓶子不满半瓶子晃荡，什么都想做，最后什么都做不好。享受的是多多益善，希望的是鱼与熊掌兼得，却不了解机会犹如指间沙，用力抓攥在手心，结果一颗也没有留下……

正道永远没有捷径，需要一步一个脚印踏踏实实地往前走；正道永远要付出巨大的代价获取，世上没有免费的午餐。前期速度很慢，后期突破瓶颈了会很快，而很多人是难以忍受等待的痛苦的。

正道太慢，因此，好多人都想走捷径，想赚快钱，对选择放松了标准，而对良知放松了标准，对人格放松了标准，最后一步一步滑落，到最后就是作奸犯科。

选择走捷径的人，都会追求鱼与熊掌可以兼得，都会追求八面玲珑，都会追求纵横捭阖，都会追求富贵险中求，都会追求四两拨千斤，都会追求出淤泥而不染，坐怀不乱。

追求纵横捭阖，八面玲珑，可是你是张仪和苏秦那样的天才吗？尝试坐怀不乱，你有柳下惠那样坚定的道心吗？追求出淤泥而不染，你有周敦颐那样清净的心怀吗？追求四两拨千斤，你是张三丰那样的太极宗师吗？

功力不到，则久在河边站，哪有不湿脚的。湿了脚，上了贼船，哪有那么容易下来的。出淤泥，社会大染缸，总把你染得五颜六色，失去了本色。尝到甜头，哪有那么容易放手？诱惑就像鸦片一样，吸食上了哪里由得你呢？

正邪不两立，王道不偏安，因为我们不能秉持正知、正念、正行，不走正道，必然陷入邪道，最后陷入了风险泥淖。秉持邪知、邪念、不走正路，必然不得善果，诚谓因果不虚！唯有走在优秀的大道上，我们才不会堕落，才不会从正道上滑落到邪路上去，才能够走到目的地。

如果我们能够秉持正知、正念、正行、正觉，必然走正道，得正果。龙头股就是股市里的正知、正念、正行。龙头战法，需要坚定的道心，需要高尚的品节。你炒的不是股，你炒的是自己那颗心。

正因为心有所偏爱，有所恐惧，有所愤懑，而不得其正。失其正，正道有所不行，行有所不得。因心失其正，缘动而不能感，或者有所误判。彼心貌似没动，其实底色早已经不纯，早偏离中道，我们不自知而已。王阳明心学所倡导的此心不动，随缘而应，心不得其正是无法做到的，因而无法知行合一。

六、远离垃圾股

老虎看见一条疯狗，赶紧躲开了。小老虎说："爸爸，你敢和狮子拼斗，与猎豹争雄，却躲避一条疯狗，多丢人啊！"。老虎问："孩子，打败一条疯狗光荣吗?"小老虎摇摇头。"让疯狗咬一口倒霉不?"小老虎点点头。"既然如此，咱们干吗要去招惹一条疯狗呢?"不是什么人都配做你的对手，不要与那些没有素质的人争辩，微微一笑远离他，不要让他咬到你。这个必须看明白，因为许多人正在和疯狗斗！

炒股中，我们会碰到大量的垃圾股。有些人就像"垃圾人"。他们到处跑来跑去，身上充满了负面垃圾：充满了沮丧、愤怒、忌妒、算计、仇恨，充满了傲慢与偏见、贪心、不满足、抱怨、比较，充满了见不得人好、愚昧、无知、烦恼、报复和充满了失望。随着心中的垃圾堆积又堆积，他们终需找个地方倾倒。有时候，我们刚好碰上了，垃圾就往我们身上丢……所以，无须介意！只要微笑、挥挥手、远离他们，然后继续走我们自己的路就行！千万别将他们的负面垃圾接收再扩散给我们的家人、朋友、同事、或其他路人。快乐、成功的人绝对不让“垃圾人”接管自己生活当中的任何一天。人生短暂，绝对不要浪费心思和精力在这些事情上。

我们炒股不可能不碰到垃圾股的诱惑。正因为我们往往在垃圾股的诱惑面前不能收手，忍不住想短炒一把的时候，爆赚的时候，抵抗不住下次的诱惑；爆亏的时候，搞坏了心态。所以，从一开始就远离垃圾股，远离垃圾人和事。

七、理想照耀未来

最恐惧的时候，是没有方向的时候。有了方向，其实所有的困难都不是困难。因此，人在困苦中，要再三反问自己，方向是否正确，战略是否正确，是否符合未来趋势，是否值得坚持，而不要只看到眼前的困难。如果能够看到方向，能够看到希望，所有的困难就都不是困难。

股市中不缺少成功，也不缺少失败。很多最终成功的人，都是从巨大的失败中过来的。如何能够从失败中挣扎出来，唯有穿越 K 线，穿越困苦，沿着既定的方向，一路前行。

但是方向是怎么确定的呢？方向是心中的价值观，这个价值观就是是非判断。有任何理想，都要坚持到最后，都要兑现你的诺言。而这个价值观是什么？是诚信与道义。只有金钱支撑的价值观走不了太远，唯有使命与道义才能带来能量的加持，有了价值观的驱使，人就会有方向感。

每个人的价值观不同，每个时代的价值观也不一样。人有了方向感，就会快乐，生活会变得简单，就会在现实中从“纠结哥”变成“淡定哥”。

在股市中，如果你所投资的股票，都是经过深思熟虑的，都是符合未来产业方向的，都是未来产业中的行业龙头，企业内部都是一帮积极向上正能量的团队在操盘，那么，你面对股市中的波动大可放心，把心放回肚子里。

为什么我们无法忍受波动？因为我们把投资当投机来做。关键是我们对未来的趋势缺乏认识，对所投资的行业缺乏认识，对所投资的企业缺乏认识，因此，我们没有信心，没有信念，没有方向，没有把握，所以面对波动，我们痛苦难耐，无法忍受。

投机中，命运未卜，前途未卜，所以疑惑、困惑、迷茫、痛苦充满了我们的内心。人一生有三件最苦恼的事情算不准：第一，算不准今后你要赚多少钱；第二，算不准有多少幸福和痛苦；第三，算不准什么时候、以什么方式离开这个世界。但是如果有价值观、有理想，算账就变得非常简单，人活得就很通透。第一，我们终究有一天要离开这个世界，不管我们恐惧与否都会死。所以我们要珍惜当下，活在当下，争取在有限的时间内活出无限的精彩，当我们离去的时候，无怨无悔，无论何种方式离开世界，都不虚此生。第二，我们尽情享受幸福，享受人生，人生的一切都是一种别致的体验，无论苦与乐的体验与感受都是人生的财富。所有的痛苦都是我们内心的烦恼升起所至，如果我们的内心不对外界不如意的事情有所反应，则根本没有幸福与痛苦的区别，一切都是安乐的、平和的、喜悦的。第三，抱着一颗富足的心，我们应该有自信，无论走到哪里，我们饿不死，我们是富足的，内心是富足的，贫穷必然远离我们。我们相信，我们所拥有的财富必不在少数。

有信仰的人快乐，心里头有方向感的人快乐。理想就是一个方向盘，像是黑暗隧道前方的一点光明。如果失去光明，人会恐惧、会死亡；而有了这个光明，人会行动、会前行。理想只是告诉人要去哪里，至于怎么去，这是每个人的事。所以可以简单地总结：现实是“术”的问题，理想是“道”的问题。也就是说，去哪儿和为什么要去，是由“理想”来回答的；怎么去和什么时间去，能否到达，这是现实中要解决的问题。

缺少了方向的指引，我们很难想象如何在困苦中挣扎出来，如何应对波动与低谷。理想照耀未来，未来指明方向，方向标定路标。成功取决于你所站的高度和你所朝的方向。

八、什么是龙头价值观

龙头战法不是追涨杀跌，是与优秀同行。龙头思维不是小术，而是一种品位和追求，是一种格局，一种信仰，一种精神，一种理想，一种信念支撑，一种人生哲学，从根本上来说是一种人生观、价值观。

龙头价值观，放在投资上，就是选择优秀，排除垃圾。所谓选择优秀，就是选好的行业，选好的企业，选好的时机，寻求优秀的共振，获得最好的确定性，最终选到能涨的股票，能赚钱的股票；所谓排除垃圾，就是排除没有发展空间、不符合未来发展趋势的行业，排除没有业绩支撑、充满负面新闻、排除历来不兑现业绩承诺、不诚信的企业，回避不具备出击条件的时机，排除掉入大坑的危险。

大部分人每天在骂着毒奶粉、假疫苗、官员的贪腐，但好多时候，内心又幻想着自己什么时候也可以在那个位置上也贪腐，不劳而获，自己在自己的行业里也干着偷工减料的事情。事不关己，高高挂起。只有侵犯到我们的利益的时候，我们才痛骂几句。正是大家都缺少价值判断，良知泯灭，社会才变成这样。社会这样，是我的责任，从我做起；不是别人的责任，不要指责别人。做好自己最重要，做好当下最重要。

我们买股票的时候，还是支持这些烂企业，我们并没有用脚投票，有利可图的时候,我们还是选择了利益。置良知于不顾,良知在利益面前,分量实在太轻,这才是一部分人不断掉入一个又一个的投资陷阱的根本原因。

但是,久在河边走哪有不湿鞋,要想不湿鞋,唯有不在河边走。有些钱可以不赚,有些股可以不炒,有所为,有所不为。

我们买卖股票不能放弃价值观的建设。技术分析是定量,价值观是定性。定性是本质的东西,定量为非本质的、表相的东西。如果选股没有价值观,就缺少了定性分析,所以,价值观才是投资最核心、最关键的东西。能不能选到好股票,不在于技巧,在于价值观正确不正确。能否应付各种挑战,不在于技巧,而在于三观正不正,价值观正确不正确。

贪巧求速乃成功大忌。唯有扎硬寨打呆仗,唯有一步一个脚印,久久为功,积久功成。不败在己,可胜在敌。在投资市场中,要想不败,不能寄希望于外境,不能寄希望于来一个牛市,不能寄希望于上市公司良知发现,唯有下苦功夫、深功夫、笨功夫、扎实的功夫,一个一个优选,一个一个排除,优选确确实实的好行业、好企业、好团队、好产品、好市场的企业,凭借好企业立于不败之地,当行情来临的时候,必然可胜。

龙头是人生的榜样,当我们在黑暗中前行的时候,依然可以看到人性的光辉。

注:本文作者趙致暄,系私募证券基金经理,深圳前海荣德金资产管理有限公司投资总监。善于从中国传统文化母体中获取滋养与力量,以诚意正心、正行、正道为投资原则,践行龙头价值理念,日积一功,日日不断,稳健前行,不断扩充放大投资基数。旗下拥有行业价值龙头程序化交易策略、事件驱动龙头股程序化交易策略、行业龙头区间套利程序化交易策略等多种成熟量化程序化策略。该文成稿于2018年10月。

3.5 浅议缠论与龙头

彭总嘱我谈一下缠论与龙头，但缠师的博客108课已把股票说得很清楚了，我再来画蛇添足似有不妥。然彭总有嘱，不敢有辞，有为往圣继绝学之心而无其力，勉为其难，谈谈我对缠论肤浅的认识，也算为弘禅道于股海。

一、怎么理解缠论的意趣

缠师是大家，博客名“缠中说禅”已传达意趣。“缠”描绘了股市中人心的纠缠；“禅”是通过缠论体系带领大家透过禅定，从股市的缠缚中解脱出来。博客名已开宗明义，脱离股市的纠缠束缚，要依靠禅定的力量，达到在股市中的解脱，到达自由的彼岸。

缠论最终落在“禅”上。什么是禅定？“禅”，我的理解，就是与相离相，说的通俗一些，就是透过现象，勘破本质。什么是“定”呢？因为勘破了本质，心就不会再胡思乱想，看破才有了放下，看不破如何能够放得下？

如果我们对这个世界看得真真切切，也就不再胡思乱想、胡乱折腾了，知止而后能定，能止在自己该止的地方，在自己的能力范围之内发力，有所建树。

那缠论怎么帮助大家得定呢？股市K线波动纠缠，操盘者的心被K线牵引起伏，投资者在欲望的天堂中和恐惧的地狱中生死轮回流转，为之所困，不得解脱。缠论中的笔、段或者走势类型等划分体系以及中枢作为参照坐标系，帮助大家从散乱的纠缠中看到规律，杜绝了只见树木不见森林。不管是选择笔、段还是走势类型，都是让大家从散乱K线中看到整体与趋势。但很多人学缠论，陷入到段划分里出不来，正是适得其反，学缠论反而把自己给缠住了。不论笔或段或走势类型，都可以帮助你看到整体与趋势，擅长用哪个就用哪个，没有必要太纠结。

我们不是跑到深山老林，躲避尘世去修定，回到红尘又把持不住，面对股票波动，心狂跳不止。股票涨跌，瞬间赔赚几十万甚至更多，都不以物喜不以己悲，才是真正修定。如在股市中得定，可谓大定。所以一直以来，我倡导红尘修禅，股海炼心，在股市中修禅定境界。股票只是磨刀石，不断地砥砺我们的心，让我们的心更灵明而已，股票是投资者修行最大的助缘。如明镜之心为私欲所遮蔽，不得其正，心生贪著、恐惧，带了滤色镜，真实无法如实呈现，变胖、变瘦、变矮、变高，扭曲成了哈哈镜。此心不为贪婪与恐惧所束缚，则物来则映，身处闹市亦可得定。所以，正行先正心，正人先正己，心得其正，方可在股市中秉持正念正行，走正道方可得正果。

二、怎么理解缠论的系统

缠论包括三个系统：第一个是基本面系统，也就是定性选股的问题。但没有展开详细论述，也没有独创的理论。而我们可以通过自身的基本面研究系统来解决基本面的问题。要强调价值与成长，脱离价值的投机都是无源之水、无本之木，一直继续下去最终必然失败。利佛摩尔最终失败，在于他脱离价值，纯粹投机。纯粹做投机，就相当于在赌场里赌博，而赌场里有系统优势，只要一直赌下去，大部分人是赢不过赌场的，最终要把大部分钱输给赌场。基本面这个系统，相当于对哪些牌可以跟哪些牌不要，预先做了一个过滤。第二个是比价系统，也就是定量选股的问题。这方面缠师并没有非常详细地展开论述。比价系统，也就是估值体系。业绩是影响股价的根本因素，估值水平也是影响股价的重要因素。资产定价是系统行为，系统内部比价存在客观的规律，不同的行业有不同的生命发展周期，享有不同的估值水平。股价高低与估值高低是两码事情。我们介入一只股票的时候，不是根据股价的高低位置来看高低，而是根据估值的高低看股票的位置高低。研究清楚估值高低，也就研究清楚了介入的理由和目标价位。第三个是技术面系统，也就是技术择时的问题。缠论以中枢为参照物定位(所以能找到筹码交错的箱体区域是基本的技能)；下跌到中枢下方后，出现背驰或盘背，根据区间套，可以近似精准定位该中枢定义级别下的一买。一买反抽后再次回探，不创新低或者创新低，是缠论的二买。在中枢中不参与(或高抛低吸)，中枢上观察三买点出现，中枢下观察三卖点出现，走势结构反应了人心的波折变化，结构不到，时机不到。什么样的结构，就自动对应什么样的策略，自行对应情形，所以缠论买卖点是策略自现的。届时无需再思量，买点买，卖点卖，无须思量，此心不动，随机而立，暗合阳明心学精要。按系统操作，可以破缠得定。

基本面系统、估值体系、技术系统，这三个系统彼此间是相对独立的系统。如果综合使用，将博得一个复合系统下的概率，通过系统的共振，可以极大地降低失败的概率。如果优选基本面优秀的公司，估值低估，安全边际较大，通过精心选择买卖点，则通过这样的综合系统来买卖股票，失败的概率是相对较小的。复合系统提供了双重保护，攀高的时候，腰上还是系了安全带，即便滑倒，也不会直接摔到地面。

除以上三个相对独立的系统用来选股外，还有一些诸如宏观分析、信号验证、大势折时、交易策略、交易技巧、仓位管理、风险控制等操作所涉及的子系统，只有对每个子系统做到熟稔，能够对各子系统综合运用，才能够驾驭股票市场的复杂局面。股票市场是复杂博弈，决定了股票交易系统是一个复杂系统。在股市这个复杂生态系统里，单纯依靠一招鲜吃遍天的可能性不大。所以，不能简单地将缠论理解为买卖点的技术，缠论是一个非常完整的体系。

三、如何在龙头股上运用缠论

龙头战法是否可以和缠论相结合，是否可以用缠论来捕捉龙头？我认为是可以的。首先，用缠论捕捉龙头，先要在基本面分析上定性它是龙头，然后看其估值是否处于相对低位，还要看买卖点是否符合缠论的技术结构。三者结合，选择的龙头，所面临的风险都是可控的。当然三结合会筛除很多机会，但不属于我们的机会可以不要，知止而定。其次，缠论技术分析，通过观察大小级别的一二三买点的依次形成，可以清晰地观察不同规模的资金在不同级别的题材下如何依次运作，洞彻主力资金意图，观察筹码结构，从结构上可以找到最小阻力点，清晰地把握不同级别的买卖点。还有，缠论买点构建系统是最直接明了的，如果买在三买点，后边大概率对应的是主升浪；不同级别的题材，对应买点的级别不同而已。有些人说缠论的买点太慢，满足不了快速上涨的龙头股，实际上也有误解，缠论的级别放小的话，也可以清晰地看到快速上涨的龙头的买点。缠论是策略自现，什么样的位置，对应着什么样的策略，届时不用再胡思乱想，直接按照买点该有的策略，对应级别所对应的仓位进行机械操作即可。在股价的结构变化中看到股价波动后的脉络所在，踩准节奏而已。

当然，龙头的本质在于驱动力强劲，完成三买后持续上涨，就不能再死抱着缠论刻舟求剑去找直线上升中的买点。如果抱着这样的想法去运用缠论，就是没有理解缠论的精髓。

学习运用缠论，在于理解缠论实质，掌握基本原理。缠论是帮我们过河的工具，过了河，就没有必要再背船上岸。是我们用缠论来到达自由的彼岸，不是我们被缠论所缚！世上本无缠，庸人自扰之，在股市中得了定，缠也就解了，所以在缠中说“禅”！

注：本文作者赵致暄，该文成稿于 2019 年 3 月。

3.6 A股投资需功守道

从全球来看，证券市场历经百年，是一门很古老的生意。参与者众多，门槛很低，只要开户就行，不乏众多聪明、智慧者，但能流芳百世而系统自洽的当属价值投资策略。价值投资策略在某个时间并非是最优策略，却是凡人最容易上道且能通过看书悟道而开窍的策略。

我自认凡人一枚，尚在摸索价值投资之道，但不妨碍我观察当下其他的各种策略或者是策略背后的人，不断进化及努力的结果是希望实现业绩的持续性及稳定性。但从观察者的角度来看，某种程度上来说，都无异于盲人摸象，都从自己所熟知的和易于感受到的部位结合自己的投资框架去理解市场，最后执行结果的差异归根到底在于个人对确定性的理解，以及是否敢于坚守。

我欣赏并敬畏那些在正确的道路上持续努力进化并坚守的人。彭总在龙头战法领域蹲守若干年，始终沿着同一个体系在不断进化中。我自身也拜读并研究过该打法，结合我自己的投资系统及实践体会，形成以下几点思考，应有助于读者融会贯通，进而提高胜率的稳定性及持续性。

(1)降低对收益率的预期，不追求极值，慢也是快，见好就收。

从人性的角度来讲，喜欢暴涨但不喜欢暴跌，但这是一厢情愿的想法，很多时候是怎么上去就怎么下来。我们日常中听到某人买到最低点卖出最高点，觉得是神人，但仔细琢磨发现运气成分更多，无法进行复制，至少我们更多的时候只是听到某人某次的神操作，但鲜有自始至终的常胜将军。真有这样的神人，市场是他/她的提款机，他/她早已是亿万富翁，可实际上我们身边的亿万富翁却凤毛麟角。所以实际操作中，赚我们自己能看得懂的钱、通过可复制的能力赚来的钱更重要。

再回到日常生活中，或者观察上市公司的创始人，有多少人是一开始创业就顺风顺水的，更多的是经历磨难方修得正果。把买卖股票当作一种生意对待，你我都是创始人，有可能一开始就顺风顺水，但也许一开始挣钱太快，反而在后面持有更多钱的时候输得更惨，错把运气当能力的后果是非常可怕的。不谋万世者，不足谋一时；不谋全局者，不足谋一域。带有蜕变的等待是市场给予的最好礼物。人生如此，股票亦是如此，一开始慢，不等于未来也是慢；从眼前看是不利的，但从长远看却可能是有利的。

(2)提高研究能力，质地是下限，故事是上限，以逸待劳，打埋伏战。

如果把股票投资比作行军打仗，我们每一位都是将军，带着资金冲锋陷阵。军事行动离不开进、退、守三种方式，三者无优劣，关键看如何用、用得是否合适。曾国藩的“结硬寨打呆仗”就是对守的运用。每个人即便再聪明，对某个行业的认知仍比不过行业内部的人，所以要么布局自己懂的标的，要么布局不懂行业的大白马，并等待机会降临是一个比较好的保守策略。

至于研究，其实是一个取舍，核心是研究风险和质地。质地是下限，故事是上限，并在比较中选取风险收益比最舒服的那个。试问最糟糕的时候账上都是盈利的，还畏惧自己拿不住吗？研究让自己明明白白挣钱，研究是给予自己一个较好心态的保障，给予自己一个上下限的期待，使得在标的出现暴涨暴跌的时候敢于坚守。行情来时，总伴随着各种故事，所以追涨只需要一腔热血就能完成，但敢于越跌越买的，唯有研究才能给予自己底气和内心的平静。

(3)配合资金管理及交易系统，要有一定的容错能力。

谈容错能力，其实是考虑到人的心态对操作的影响。我们常听到有人开玩笑说“我一卖就涨，一买就跌”，如果换成分批方式，卖了还能继续卖，跌了还能继续买，也许我们在心性修炼上就能进一大步。

分批买卖及分散配置都是容错的方式，但分批不是简单的今天买明天买就是分批，自律能力比较差的，其实可以借用量化的方式进行。金字塔也好，方形等批也好，其实最好的方式是观察并统计自己的亏损比例，选择适合自己的应对方式才是合理的。

(4)在择股择时上倾向于爆雷的行业或者个股，便宜是王道。

我有的时候开玩笑，如果我的办公桌让我一元买，我二话不说就买了，其实足够便宜的公司都有价值。我们都喜欢选择好行业、好公司及好价格的标的，但往往好公司的价格都不低，什么样的情况下才会产生好价格，出现黑天鹅肯定会砸出一个好价格，我们去选择错杀的，埋伏等待，也许会输时间但绝不会输空间。

物当其时，各有佳期，而证券市场恰恰是一个特别能说明战略方向重要性的场所。如果方向错误，越努力，错误越大。但如果方向正确，持续努力，结果怎么都不会差。故世上方法千千万，唯有适合自己的才是好的！

注：本文作者朱琼，杭州机构投资者，深挖基本面的资深投资人。本文成稿于 2019 年 3 月 18 日。文中倡导价值投资，似乎与龙头战法不是很契合，但

别忘记了，龙头战法体系一花三叶，股权龙头和价值龙头也是龙头战法的重要派系，龙头的价值性会在未来越来越重要，就让我们海纳百川，多角度看龙头吧。

3.7 从佛法的角度正确看待股市与龙头股

我从股市开户至今已经有20个年头了,同时我研究佛法也有20多年,且颇有心得。几轮的牛熊市沉沉浮浮,犹如佛法讲的轮回,看惯了人世间的繁华与萧条,现在看股市的涨涨跌跌,内心更多的是一种淡然。最初我只有一个目标,不求暴富,要在这不易的市场中,寻到合适于己的道路,顽强而深情地活着,活到春暖花开,然后把这种经历变成自己宝贵的财富,过上自己想要的生活。而能使我活到现在的,是我运用了一些佛法中讲的最基本的"道",而不是某个什么片面的技术。这也是为什么彭老师一直强调的龙头股的"道"比"术"重要的原因,下面展开讲一讲我在这方面的认识。

在《股市极客思考录》一书中,彭道富先生首篇讲的就是风险,对于一个久经沙场的股市老兵而言,这不是什么新鲜的理论,但其中关于风险的宿命性的论述深深地吸引了我,想想这些投资大师和股神的投资命运,从曹仁超到利佛摩尔都无法避免某个年份和时期的惨败,普通散户又有几人能超越他们呢?那么又有一个问题来了,命运到底是否可以改变呢?很多人对这个问题又争论不休,仁者见仁,智者见智。而对于一个投资者而言,光是知命、安命是消极的、无益的,而自强不息改造命运才是积极的和有益的。其实，中国的老祖宗很早就给出了这个答案。明代袁了凡所著《了凡四训》中，阐明了“命自我立，福自己求”的思想，指出一切祸福皆自当人掌握，行善则积福，作恶则招祸。书中袁了凡先生甚至给出了具体的积福方法。在日本，四大“经营之圣”之一的稻盛和夫，一生非常推崇此书，而技术员出身、白手起家的稻盛和夫是目前世界上唯一一个先后创办两家企业并把两家企业都带入世界500强的传奇企业家。所以股市投资必须要积福，当你想把千万投资者的血汗钱赚到自己手中的时候，你要扪心自问一下，德配其位吗？《用好你的富缘》的作者嘎玛仁波切曾说，暂时地疏通了财路，不代表不会再堵。想要财路畅通无阻，关键还需要扩大自己的财富管道。这就需要对福德进行播种和培养。作为一个身处风险、危机四伏的股市投资者，这句话我信。

积福有了好命运相当于决定了你的先天格局。如人生下来就有美丑贵贱、高矮胖瘦之分。要想在股市中成功，后天的勤奋和努力也是非常重要的。而古今中外的大成就者，必须是先天优势和后天优势的结合。但斌曾经说过，成功投资人的先天八字（兴趣、信念、机敏、总结）和后天八字（专注、学习、纪律、顺势），值得我们思考和学习。

还有一个终极的问题，读《金刚经》对炒股有帮助吗？有人调侃，道法术人人在讲，可惜这个市场上秀波太多，南师太少。我认为读经有益于投资者锻炼深层次的哲学思维，最终能够决定你能在投资投机这条路上走多远。长期读经，这种长期熏陶、耳濡目染，可以形成你自己最底层的认知逻辑体系和价值体系。就像一个优秀的操盘手在千万次练习后，总会忠实于自己的操盘系统。当行情朝着对自己不利的方向发展时，止盈止损只是顺手而为的自觉行为，他不会再产生知行不合一等犹豫不决的心理。写投资交易方面的书，低层次的是写技术、方法、技巧的，高层次的是不讲方法的，讲的都是思想和理念，因为到了这个层次的交易者深刻理解各种交易方法的建立思想和优缺点，他已经不需要这种机械地条条框框地照搬，他可以根据自己的需求和投资哲学建立自己的方法。彭道富先生传统文化功底深厚，他将龙头股的思想与操作方法集成了他自己的操作系统。他在书中把龙头股战法比喻成香象渡河。香象渡河出自《优婆塞戒经》卷一："如恒河水，三兽俱渡，兔、马、香象。兔不至底，浮水而过；马或至底，或不至底；象则尽底。"比喻大乘菩萨悟道精深，也形容文字精辟透彻。试问我们凡夫的贪、嗔、痴、慢、疑如河水有几时断过?！唯有大气魄、大毅力、大智慧者能当下立断，昔日慧能大师得闻"应无所住而生其心"大悟，犹如香象渡河、截流而过。运用到当今，我们证券投资者面对股市的起起伏伏，如何断除贪婪和恐惧情绪对操作的不良影响？只有自重其身，深刻理解龙头战法的理念和精髓，熟练运用龙头五性，才能渡过股市的河而到达财富自由的彼岸。龙头战法的本质是参与到市场最强势的股票炒作之中去，是千万军中取上将首级、势大力沉的打法，也是最暴利的战法，必须要具备与之相匹配的性格与理念。彭老师在书中教给我们的是如何具备作为一个大作手的心法和气质。

索罗斯参考量子力学理论，从而建立了他的反身性理论，并在金融投资中获得了巨大的成功。《六祖坛经》里有句话"不识本心，学法无益"，现在我们可以参考佛法的意识理论，来看看龙头股在股票市场中到底是如何形成的。龙头是筹码理论、波浪理论、K 线理论、技术指标导致的吗？大多数初学者看了专家的几本书，知道了几个指标，于是摩拳擦掌，认为掌握了所有的要领和秘诀要大干一番。反而因为心浮气躁、急功近利往往不会有什么好的结果。而索罗斯认为金融市场的参与者和量子力学原理一样，参与者的思维会影响金融市场本身，从而让股价的走势不再是独立的，它总是与参与者的思维发生反复的共振，由此可见索罗斯对大众的集体意识研究很深，在这方面很有造诣。彭老师在讲龙头股战法的时候，直指本源，一再强调我们要重点关注和思考的是这些买卖龙头股群体背后操作的人的想法，而股票的涨涨跌跌、起起伏伏只不过是大众集体意识的投射而已。20 世纪初心理学家荣格曾提出“集体无意识”学说，他认为广阔有力的无意识部分则包含着隐藏的种种力量，这些力量乃是在人类行为背后的内力。投资投机市场参与者的贪婪和恐惧几千年来从未改变，这样就决定了其很难淡化自己在市场交易中的得失观，也较难以更长远的视野和更辽阔的胸怀来思考问题、处理交易，这就造成了交易者天然地不利于规避集体无意识现象的干扰。如股票市场中龙头股出现，其波动性和流动性特征是天然地将集体无意识现象所导致的买卖行为发挥得淋漓尽致的外在条件，而这又将进一步“反射”和“强化”参与者的集体无意识。而对人类意识认识最彻底、最透彻的是佛法的意识理论，佛法把意识划分为八个层次，像佛家里的唯识宗，不仅对这八个层次分析得很透，而且对心理的活动也更细微地层层分类，粗的有五六十种，细的有上百种那么多。这样深入细致地研究，而且大多是通过自身的修行，禅定体验来研究，水平是相当高的，可以说即使是最先进的现代心理学与之相比，也远远不如。游资庄家拉抬封板打造市场中龙头股的手法，只不过是运用了这种集体意识而已。如 2018 年 11 月的市北高新，交易所数据表明某些游资借助科创板的这种超级题材和大众的追高热情，仅仅运用两千万元资金，就轻松地将该股连续封了十个一字板，而你还在看 MACD、数波浪、分析筹码和资金流入流出，不觉得有些南辕北辙了吗？最后你可以想象一下在交易所里的那些交易，无数的钱在换手，有银行家的，有企业家的，有普通工人的，有农民的，有大学生的，有贪官污吏的，当各种钱汇聚在这里时，交易开始了。有的人亏损，有的人赚钱，但大家又相互从未见过面。是什么力量促使这么多人的钱互相交换？佛家称这种现象为“共业”。在投资投机市场上，人性的弱点会被无限地放大，一切善恶仿佛很快得到现世报，不必等到下一世，而市场好像就是浓缩的佛法教室！

有本书叫做《鹤林玉露》，上面记载了一位比丘尼开悟后写的一首诗：“尽日寻春不见春，芒鞋踏遍陇头云，归来笑拈梅花嗅，春在枝头已十分”，这首诗是禅宗开悟的写实，是运用形象思维描述开悟前后的情景。这也正如一个操盘手在股市中的“悟道”，在股市中苦苦寻觅操作体系的过程就像尽日寻春不见春，而千万次的试错、失败、打击就像芒鞋踏遍陇头云，而最后火光电石间的灵感突现、瞥见真理就像归来笑拈梅花嗅，春在枝头已十分。彭道富先生在龙头股战法的课上经常会说他只是一个龙头股战法的领路人、剃度者，而投资者最孤独的那一段路要自己走过。《大乘离文字普光明藏经》中说，绝对的真理“非是文词之所辩说”，这也是当年释迦摩尼佛传禅宗时，为什么只拈花示众，不留文字的原因。而在场唯一破颜微笑的迦叶尊者，是悟性，是灵感使然。佛只拈了一朵花当做教鞭，迦叶破颜一笑便心神领会，这是何等美妙的一幅传递心灵内涵的图景！同样，龙头股战法的精髓也是不能用文字和言辞来具体量化的。因为市场的环境时时刻刻在变化，主力游资操作手法也是经常变化的。而教条地机械地理解龙头股战法的人，从来都不是龙头股战法的“法器”。只有深刻理解龙头股的市场内涵，最后将其升华为操盘灵感的人才能真正驾驭龙头股，从必然王国到达自由王国，进入交易的“化”境。

当年释迦摩尼佛在菩提树下的一悟，悟的这个“真如本体、涅槃妙心”，本来是个绝对的东西，概念语言表达出来的总是相对的，用概念来表达是异常困难的，或竟是愈说愈不清楚的。以一般的思维，一般的逻辑想要了解绝对性超逻辑的东西是很不容易的，要认识它必须在概念活动的反面着手，所以佛学中观一派就用破的方法把来自概念性的事、义、理都一一破斥。真理就是剩下那个唯一破除不了的东西，这样，一般人才容易理解。同样，在书中彭道富先生也用同样的手法来破除我们对龙头股的迷执，当然这基于他对龙头股战法的长期思考和深刻理解，而我们现在可以方便的把它拿过来当作筛选龙头股的工具，在解读之后从而事半功倍，在探寻、领悟交易成功之道达到少走弯路的效果。

最后，真诚地祝大家都能在股市和人生中取得进步，富贵吉祥！

注：本文作者阿施，20年股龄自由炒手，该文成稿于2018年岁末。

3.8 正本清源谈龙头

我在股市里沉浮十几年。个中滋味大家都可以想象，十年饮冰，热血难凉。也学习过多种不同的方法。大部分方法都经受不住时间的考验。甚至有些传授方法的老师都已经在这个市场里销声匿迹了。我还曾经把江南第一猛庄的操盘手请到家里来住了三个月临盘教我，后来他账户爆了仓，人也不辞而别。于是我自己在所谓的价值投资与打板技术中苦苦寻求着平衡。曾经我一度以为根本没有什么方法可以穿越牛熊，只能择时等待机会。一个偶然的机会，好友推荐我做了龙头战法的旁听生，我抱着怀疑的态度听了两天。脑子里虽然没有系统的体系，但是老师的几句话就像一道流星在我脑海里划过，为我指明了方向。过后两个月的某一天，我的一个朋友说我现在的交割单变得比以前漂亮了。我一愣，反问他难道我以前的交割单不漂亮吗？他说，以前你有多种模式，现在看起来你只做最强的。我这才醒悟，原来龙头部落的内部分享会让我已经开始向龙头战法靠拢了。千载暗室，一灯即明。于是赶紧找彭老师开始了系统的学习。时至今日，龙头战法已经入我骨血。我发自内心地觉得它是适用于每一个人的圣杯。

龙头思想适合价值投资者。有人说龙头战法是对价值投资的离经叛道，我不这样认为。有一些价值投资派的人对龙头战法天生排斥，他们误以为龙头战法只适用于短线操作。其实不然，我们有很多贯穿年度行情的长线大牛股都是非常适用于龙头战法的。我个人也受益良多。每一轮大行情中都有这样的大龙头，绵延不绝地涨。龙头战法可以让我们不会轻易丢掉长线牛股的筹码。有位价值派基金经理说，一个真正的价值投资者在雷劈的时候一定要在场。我感谢龙头战法让我躲避掉了雷劈的时候，2018 年大部分价值投资者颗粒无收，我的价值投资标的招商银行满仓满融做了两次波段竟然有近 40％的收益。如果理解龙头战法的本质，再回头做这些蓝筹股的票，可以用游刃有余来形容。彭道富老师在熟悉了我的交易模式后总结说我是价值投资和题材炒作两条腿走路。我可以把基本面的分析研究与题材相结合。于是在一些长短庄共舞的趋势加速成妖股的案例中，我都可以享受到绝对的高收益。比如 2019 年元旦前后的几个大龙头，东方通信、雄韬股份、芭田股份、全柴动力……给我带来的收益已经远远超越了全年既定目标。这些题材都是需要从基本面的角度选择板块和个股，用龙头战法锁仓，也就是说基本面的分析与题材这两条腿的结合点就是龙头战法。这样擅长基本面分析和逻辑推演的价值投资者就给自己装上了翅膀，一飞冲天！我的一位老友是基金经理，在这同期看好猪肉板块，价值派都知道这就是猪肉周期的轮动。他的方法和有些基金经理一样，同板块买几只股票，我不断地跟他分享龙头战法对价值投资的益处后，他调仓换股到短期表现最强的一只，市值马上新高。他开心地买了彭老师的书回去研究。

龙头战法适合学过各种其他方法和技术的技术派。我看着那些节假日都还在复盘钻研技术的技术控非常心疼他们。如果没有正确的方法，你所有的努力都是原地高抬腿。即使累得精疲力尽也不会前进一步。把你所有的技术当作圆规的一条腿，龙头战法是圆规的另一条腿。把龙头战法当作核心，用另外一条腿围绕核心，你一定会画出完美的圆。当你学会龙头战法后，其他所有的战术都会有“曾经沧海难为水，除却巫山不是云”的感觉。

龙头战法还适合那些既没有价值体系的估值定价能力也没有看图形交易的技术水平的“泱泱韭菜”。大多数股民大多数时间都深陷在平静的绝望中，龙头战法可以带领你冲出这种泥潭。虽然龙头的诞生成长也伴随着杀机四伏，但是比起永远做食物链最底端的“韭菜”来说，与最强势的资金共进退在最强势的个股上，其实是更安全的明智选择。

龙头战法甚至适合不炒股的人，股票和世界上所有伟大的事业一样（比如下棋、音乐、艺术），把龙头思维和你的学习、经验、人格、苦难、价值观真正融为一体，你的人生会打开一扇更高格局的大门。龙头战法让我学会了一种最核心的思维方式。从这个角度来说，我把龙头战法定义为一种实用的哲学。对现实生活的指导意义可以让我们少走很多弯路。很多女孩子如果在择偶的时候能领悟到龙头战法的精髓就会明白怎样选择一个适合自己的优秀伴侣。并且当你认定了他是你心中的“龙”的时候，当他回撤到低谷之时你就敢放心持股等待龙回头。即使是面对婚后生活的琐碎繁杂，你也要时刻提醒自己聚焦生活的龙头目标，其他的杂毛事宜皆可忽略不争。这样婚姻会更和谐，生活品质会迅速提升。

龙头战法是一种全新的思考股市的哲学体系，我只提醒一点，不可过于执着于追求龙头的形态，龙头战法不应该是你的“术”，而是“道”。同样都是拜师学艺，有人学到最后剑术高超，有人学到最后把剑丢掉了。人剑合一不是说舞剑有多灵活，而是剑在我心中。

最后祝愿所有的读者朋友们都可以在这本书里找到划亮你夜空的

那颗最亮的星。

注:本文作者茜,民间高手,深圳某游资,该文成稿于2019年2月。

3.9 漫谈围棋十诀与龙头股战法

围棋，起源于中国，是我们的十大国粹之一，与中医、武术、书法、京剧等齐名。据传，围棋是中国“五帝”之一的尧帝发明的，至今已有4000多年的历史。中国古代四大技艺——琴棋书画之“棋”，指的就是围棋。

作为一项历史悠久的智力游戏，围棋也被公认为世界上最为复杂的游戏之一，正因为此，围棋被看作是人类智力高地的最后屏障。围棋蕴涵着丰富的哲学思想，充满对立统一的辩证关系，如：大小、先后、攻守、得失、生死、厚薄、奇正、动静、地势、虚实等，既矛盾，又不矛盾，就像八卦中的阴阳调和，不可分割，此乃围棋之道。著名的“围棋十诀”，便是围棋之道的经典注解。

相传，“围棋十诀”为我国唐代名手王积薪所创，是我国古代最有名的围棋理论总结。日本古代有个棋圣级的围棋名人叫秀策[①]，他就把“围棋十诀”挂在卧室里当作自己下棋的座右铭。

今天，我们就来聊一聊围棋十诀和龙头股战法。

---

① 秀策是日本江户时代的围棋棋士，被许多人认为是围棋黄金时代（19世纪中期）中最伟大的棋士，日本围棋三圣之一，日本经典动画片《棋魂》藤原佐为的原型。

围棋十诀：一是不得贪胜；二是入界宜缓；三是攻彼顾我；四是弃子争先；五是舍小就大；六是逢危须弃；七是慎勿轻速；八是动须相应；九是彼强自保；十是势孤取和。

寥寥四十字，凝结了围棋的思想与智慧。细细品来，投资之道，犹如围棋之道。而龙头股战法，更是将这种智慧推向极致。

一、不得贪胜

围棋十诀之第一诀：不得贪胜。这是围棋十诀的总纲。不能为求胜利而被“贪念”所绑架，否则往往求之而不得。在围棋上面，“贪胜”的表现形式有很多，常见的情况有：在优势形势下求胜心切行棋冒进，妄求一举击溃对手，却被对手抓住弱点实现翻盘；又如，贪图局部小利而把棋走重，导致全盘被动甚至满盘皆输。

韩国围棋名将李昌镐将“不得贪胜”作为自己的座右铭，看似平淡无奇，却成就了围棋史上的一段伟大传奇。从 1992 年夺得第一个世界冠军起至 2007 年，李昌镐一共夺得 18 个世界冠军，开创了一个孤独求败的“李昌镐时代”，直到现在 12 年过去了，还没有任何一个棋手超过他的成就。在那个时代，李昌镐就是世界围棋界的大魔王，也被公认为是近现代围棋史上仅次于吴清源的围棋大师。中国著名的围棋国手马晓春九段曾说，如果一手棋的效率满分是 10 分的话，那么李昌镐的棋，每一手最多可打 6 分到 7 分。也有记者问过李昌镐此类问题，他回答道：“我从不追求妙手，从不想一举击溃对手。每手棋，我只追求 51％的效率。”

巅峰时期的李昌镐一旦在比赛中确立优势后，总能将优势一步一步转化为胜势，并最终拿下比赛，很少有对手能够在劣势局面下实现翻盘，因为李昌镐非常善于在优势的盘面形势下简化局面，直取胜利。李昌镐对盘面形势的判断力以及行棋的稳定性在当时来看，可以说无人能出其右。他就像一台冷酷无情的机器，没有情绪的波澜，运行合理而稳定，不追求极致的进攻，也很少漏出防守的破绽，好像一切都在他的控制之中一样。在他的眼中，极品的妙手，就是看破妙手的诱惑后，落下的平凡一子。不贪胜，才可常胜。奥妙之处，也许，正在于此！

在投资领域，“不得贪胜”也同样是一条非常重要的交易原则。克制“贪婪”这一人性弱点，是每一个投资者需要时刻直面的问题，无从逃避。在股票投资上，“贪婪”的后果往往是非常严重的，尤其是在使用龙头股战法被“贪心”所误导的时候，极易在短时间内造成巨大的亏损。比如，在一波行情的初期，我们小仓位买入了人气潜力股，后面经过观察分析后，判断买到了龙头股。为了贪图更高收益，在不适宜追高的位置上加重仓位，完全把“位置理论”抛在脑后，仓位控制成了倒三角。由于后期追加的仓位大大稀释了第一仓的利润，一旦龙头股高位杀跌，特别是遇到“核按钮”时，我们第一仓积累的利润很快就会回吐殆尽，甚至本金也会面临巨大的风险。

又比如，我们很多时候只是买到一些强势股或者跟风股，第一仓出现被套的情况后，如果我们没有及时止损，反而补仓自救，就相当于把棋给“走重了”，把本来可以承受的小亏损变成了不可承受之重的大亏损。可见，“贪婪”是导致投资亏损的一大根源。我们知道，投资的第一要义就是：保护好本金，避免大亏。只有先学会立于不败之地，我们所取得的“胜利”才是真正的“胜利”。因此，我认为，“不得贪胜”也是龙头股战法的总纲。

二、入界宜缓

围棋十诀之第二诀:入界宜缓。在围棋上面是指,攻击敌方阵地的时候要缓慢而稳健地进行。时机未成熟时,切不可轻易冒险出击,没有较大的把握,宁可按兵不动。

我们看到图3-4,黑1选择了打入,右下角的一串白棋尚未活净,而拆边的一颗白棋A也变得危险起来。为何黑1在这个时候变成了一步好棋呢?就是因为右上角的黑棋十分厚实,与黑1形成了呼应,如果没有黑棋的厚势,那么黑1的威力也会大减,而且会迅速成为被攻击的对象。同样一手棋,如果时机不对,一步好棋也会变成一步恶手。

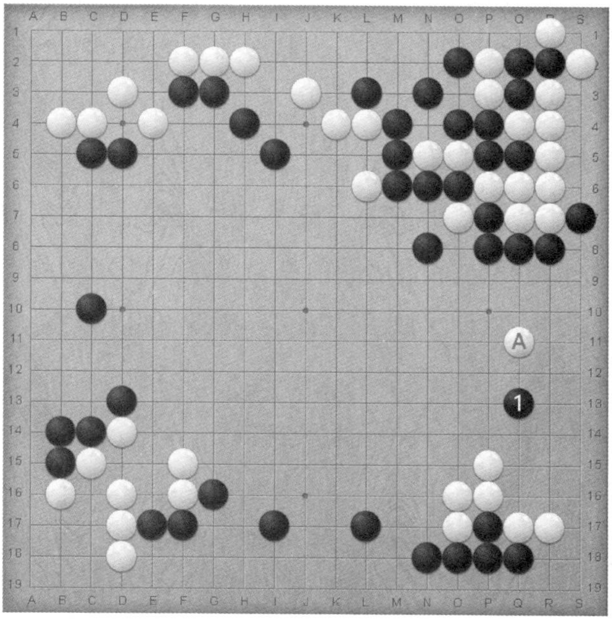

图3-4 围棋中的"入界宜缓"

入界宜缓应用于龙头股战法，可以解读为“配合市场行情”。操作龙头股，首先要学会鉴别行情。只有在龙头股的支撑性行情中，我们才能积极操作，而在非支撑性行情中，我们要懂得降低仓位，减少操作，甚至空仓观望。比如吸毒行情、鸡毛行情、杀师地行情，这几种行情都是非常凶险的，一些强势股看似也能涨停，但却暗藏杀机，此时，“不操作”就是最好的操作。那么，如何来鉴别支撑性行情呢？这需要我们对大盘阶段、题材级别、超短情绪周期这三个方面有一个综合性的研判。

三、攻彼顾我

围棋十诀之第三诀：攻彼顾我。在围棋上面是指，将要攻击对方时，要想到自己的安危与发展，以及和全局的配合。换句话说，就是在行棋时，不能只想着进攻和吃子，而是要兼顾大局，保护好自己的弱点和破绽，尽可能走出攻防一体的棋招。

我们看到图 3－5，黑 1 扳，白 2 打吃，黑 3 长出，白 4 只能粘上。图 3－6 中，黑棋选择对白棋进行征子，而白棋并未放弃，而是选择出逃，因为在出逃路线上，我们看到白棋 A 起到了引征的作用，因此对白棋是有利的，白棋可以取得联络。此时，黑棋走出一手黑 7“挖”。再看图 3－7，一串被征子的白棋强行逃出，虽然最终逃了出来，但行至黑 31 手，标记黑色三角形的一大串白棋全部阵亡，本来这一串白棋吃住了右下角的 8 个黑子，结果这一来一去，白棋损失惨重，哪怕逃出了一串征子，也无法弥补右下角的巨大损失。黑棋在图 3－6 中的黑 7“挖”就是一手攻彼顾我的好棋，利用白棋的弱点，成功将一大串死子救活，还反杀了白棋，大获成功。

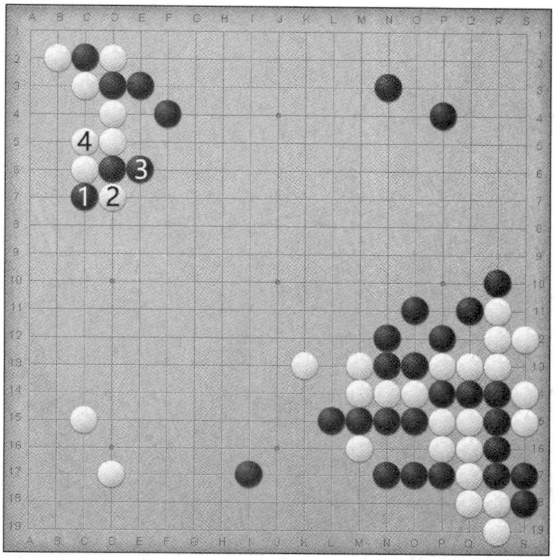

图 3－5　围棋攻彼顾我之一

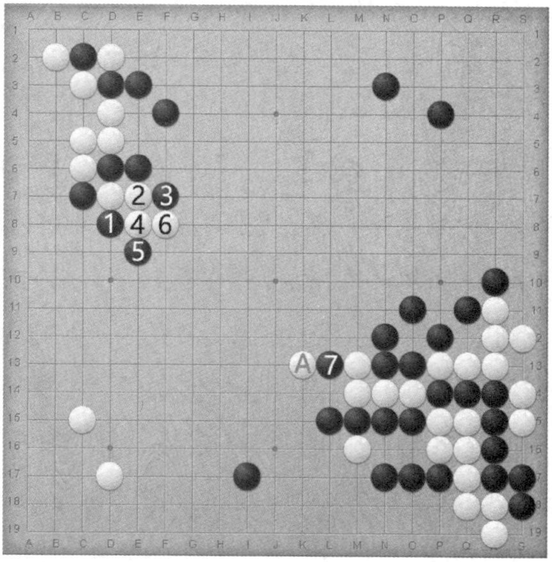

图 3－6　围棋攻彼顾我之二

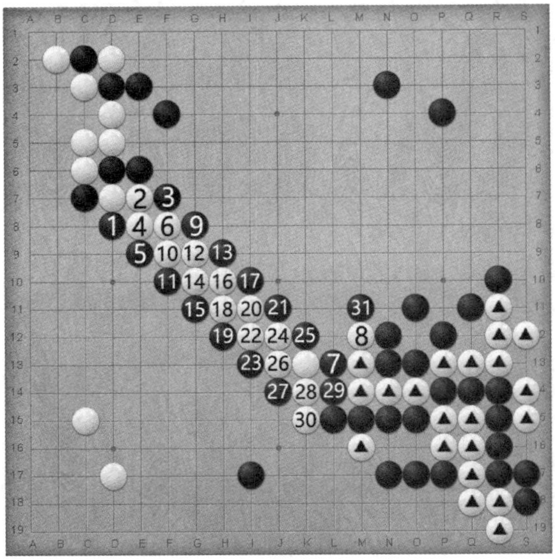

图 3-7 围棋攻彼顾我之三

在龙头股战法中，这也是一个非常重要的指导思想。“强者恒强”定律和“物极必反”定律就像硬币的两个面，是一个辩证统一的整体，不可分割。

龙头股在进攻的时候，气势如虹，一马当先，但我们要无时无刻牢记防守，牢记位置理论。比如，当我们在射程区内买入一个人气潜力股之后，一旦验证定龙，都会根据市场环境和龙头股的运行节奏来伺机加仓。但是，一旦龙头股运行到压力区附近，我们该怎么做呢？一个成熟的交易者往往选择不再加仓或者采用低吸的手法小仓位加仓，而不会再追高大量买入。如果接下来龙头股继续走强，则可以持有待涨。相反，如果龙头股并未走强，甚至弱于预期，则要果断减仓，锁定利润。由于现行的 T+1 交易制度，我们要充分理解，加仓位置和持仓位置不是一个概念。特别是龙头股在高走加速的时候，可以持仓观望，却不能追高加仓。很多巨亏就是发生在这个时候。

有一部经典的电影叫做《这个杀手不太冷》，里面有一个让人印象深刻的镜头，就是男主角昂（杀手，让·雷诺饰演）出于职业习惯，每晚都是坐在沙发上，睁着眼睡觉。我们操作龙头股也是一样，无论多么看好，都不能失去防守意识，而是要始终提防风险的不期而至。

四、弃子争先

围棋十诀之第四诀：弃子争先。围棋的争先，是指争夺先手权。争先的手段有很多种，其中，使用弃子的方法，是行之有效的战术。《棋经》中讲到“宁失数子不失一先”，也是相同的意思，就是指不要因为在小处纠缠而丧失“先手”的主动。在围棋中，经常出现“脱先”的下法，意思就是不应对方的棋，而是走出自己认为更重要的一步棋，让对手来被动应对，牵着对手的鼻子走，从而将主动权掌握在自己手上。

我们看到图 3-8，在左边的战斗中，黑白双方缠斗在一起。对于黑棋而言，必须强杀白 7 以及上方标记黑色三角形的两颗白子才能脱离险境，而白棋则不然，他只需要利用好这三个子，为己方的整体战略服务。我们看到图 3-9，白棋利用弃子的战术，将黑棋封锁，并先手抢到了白 13 挂角的大场，白棋继续掌控行棋的调子。

在龙头股战法中，获得“先手”更是极其重要的一个优势，获得了“先手优势”，相当于成功了一大半。比如，我们经常会遇到这样的情况：我们在同一天买入了三只人气潜力股，其中一只具备龙性，另外两只仅为跟风股。在这种情况下，往往第二天的操作就显得非常重要了。如果第二天跟风股低开，而龙头股高开，我们该如何操作呢？一个纯粹的龙头派高手往往会快速出清跟风股并加仓龙头股，这样做，可能伴有小幅亏损，但他赢得了买入龙头股的“时间”，更赢得了买入龙头股的

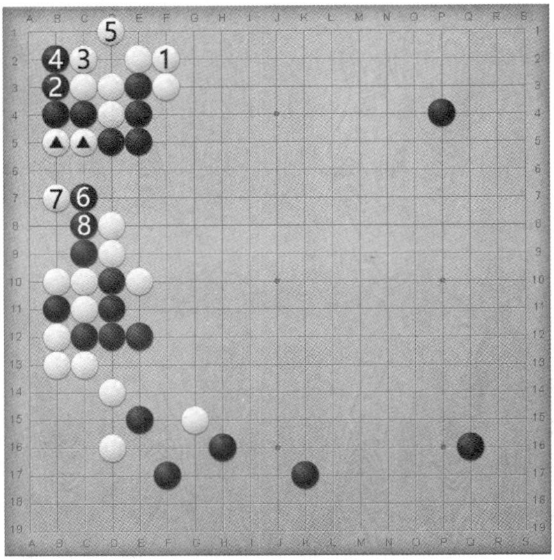

图 3-8　围棋弃子争先之一

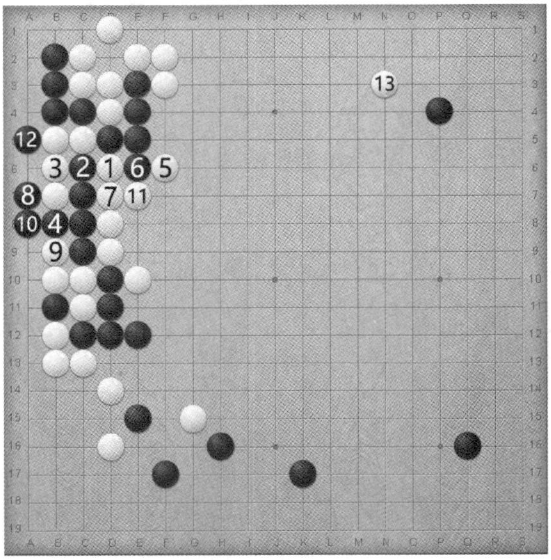

图 3-9　围棋弃子争先之二

“位置”。如果等待跟风股反弹再出局，那么也往往会失去介入龙头股的机会。因为只有龙头股快速上涨，才会带动跟风股的跟风拉涨，当你在跟风股上保本或微利出局的时候，龙头股往往已经涨停了。换言之，我们为了保小利，而失去了操作龙头股的先手优势。很多时候，都是因为我们丧失了“先手优势”，而让我们与龙头股擦肩而过，眼睁睁地看着它一骑绝尘。

我们知道，操作龙头股很难，一是难在如何分析、识别和确认龙头股。二是难在如何以一个尽可能好的位置买入。三是难在如何控制仓位。弃子争先的重点在于“争先”，而“争先”的本质是解决好“机会成本”的问题，你买入这只股，就自然放弃了在同一时间里买入那只股的机会。一旦在真正的龙头股身上失去先手，合适的买点就会变少，仓位也可能受限，操作上就会显得越来越被动，节奏上会产生“一步错，步步错”的结果。

在这里，特别讲一下止损（相当于“弃子”）的重要性。在所有短线交易模式中，“止损”都是一项必修技。对于龙头股战法来说，自然也不例外。很多初学者刚开始学习和运用龙头股战法的时候，很容易比没学的时候亏得更快、更多，大多数的“止损”都是因为在“错误的时间”和“错误的位置”买入了“错误的股票”。“止损”是一种控制风险的手段，但是，不能让“止损”变成一种“理所应当”。因为，这种“理所应当”本质上就是精神鸦片，危害极大。

人是复杂的动物，很多时候都是感性大过理性。有些人频繁割肉，割着割着，割习惯了，割麻木了，不自觉地就会陷入到三种情绪中——自我解脱、自我说服和自我麻醉。自我解脱，就是一种“推倒重来”的心理，一看买错了，立刻就想“明天赶紧割了换股”，每一次割完都有一种如释重负的感觉。自我说服，就是一种“虽然亏钱了，但是割得对”的心理，无脑接纳自己的错误。自我麻醉，就是一种“割了不怕，下一只赚回来”的心理，把希望建立在“下一只股票、下一次操作”上面，而对反复出现的错误视而不见、漠不关心、不加总结。等我们真正重视“止损”这件事的时候，往往已经无“肉”可割，无“损”可止了。

我们做股票交易，不在于“学得多，用得多”，而在于“学得多，用得少”。只有学会在交易中做减法，领悟“执一”的意义，在方法论上化繁为简，在选股上只选核心最强标的，才能真正地减少“无谓止损”，进入更高的交易境界。引用一些大牛的话，比如邱国鹭的“价值投资宁数月亮，不数星星”，赵老哥的“只看市场的兴奋点，只做龙头，只做主升”，可见，无论是价值投资还是投机博弈，顶尖高手无一不是深刻领悟“执一”的人。

五、舍小就大

围棋十诀之第五诀：舍小就大。“大”与“小”，是指围棋盘上一块棋的价值，也是指导我们行棋的第一考虑要素。对弈中，每行一步棋，都是一次判断棋子价值大小的过程，我们要学习选择价值最大的那步棋来走。“小”，即目数少或发展潜力小的子，或只与局部利益有关的子，次要位置的子等；“大”，则是目数多或发展潜力大的子，或者与全局的利益相关（急所、大场）的子，重要位置的子。棋盘上有很多“大场”，我们需要及时发现，及时占领，不要只看到眼皮子底下的小块地盘，而对大场视而不见，从而丧失最佳战机。围棋高手的一大本领，就是在错综复杂、瞬息万变的盘面上，时刻洞察“大场”和“急所”之所在，这样才能更好地驾驭全局。

我们看到图 3-10，黑 1 夹，不仅限制了白棋的打入，对上方的黑棋进行围空，同时也对白 A 产生了威胁，下一步即可将其挖吃。白棋此时既没有救回白 A，也没有在右下角围角或拆边，而是走出白 2 大飞。这步棋不仅限制了黑棋上方的扩张潜力，还进一步借左边白棋的厚势进行围空，这是当前局面下的超级大场，白 2 这步棋即是运用了舍小就大的思维。

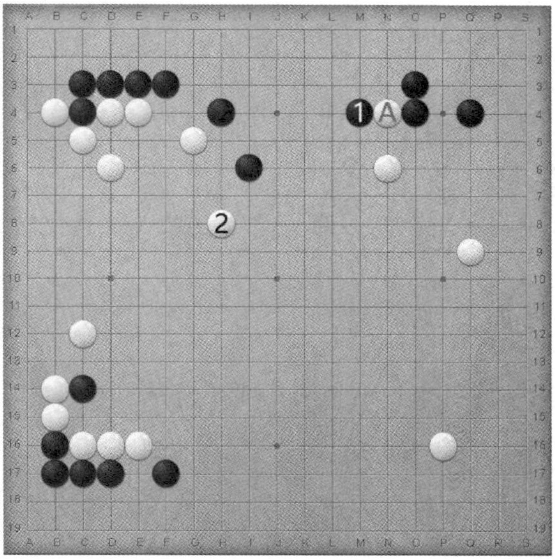

图 3－10　围棋的舍小就大

在龙头股战法中，大场就是指大级别的题材，主流热点。换句话来说，就是当下市场的核心驱动力，而小场就是指小级别的题材，次主流热点，分支热点，过渡题材。我们要学会辨别市场不同阶段中热点题材的“大”与“小”，主动舍弃小场而紧跟大场，牢牢把握大场龙头，才是有大格局，才会是大赢家。大场，意味着题材的级别高，资金的关注度高且介入程度深，跟风股云集，潜在的炒作空间也就更为可观。

我们以 2018 年的行情为例，市场整体处于大熊市的运行阶段，操作难度很大。尽管如此，2018 年还是催生了几次大级别题材行情，独角兽、中美贸易战、壳资源、创投……从这几个大题材中诞生的翻倍牛股就多达数十只，是它们撑起了不平凡的2018年，给冰冷的市场带来了一丝暖阳和希望。

我们再举一个几年前的例子。在2014—2015年的牛市中，哪个题材是这一轮牛市的核心驱动力量？答案就是互联网金融和“一带一路”。当时，从国家意志来看，我们刚刚推出伟大的“一带一路”倡议，同时，在社会民生方面，“互联网＋”的概念开始深入人心，而“金融创新”的大力推动以及“互联网＋金融”的想象空间都使得互联网金融成为“互联网＋”概念的排头兵题材，那一轮牛市走出的几只大龙头，都是和这两大核心题材有关，比如“一带一路”的中国中车（叠加了南北车重组合并，高铁“出海”）、中国中铁、中国交建等个股，互联网金融的中科金财、银之杰、同花顺等个股，都走出了巨大的涨幅，领先于整个市场。如果那一轮牛市，我们对核心题材缺乏理解和感知的话，我们就不会去配置核心题材的核心龙头，那么，结果很可能是跑输市场。

六、逢危须弃

围棋十诀之第六诀：逢危须弃。意思是，当形势不利时（比如，自己的棋已经身处险境而难以逃脱，越想逃可能被连累的棋子越多，损失越大。又或者，在逃跑的过程中，对方可以借攻击的有利局面获得额外的利益），就必须懂得放弃，放弃得越早，损失也就越小。“危”，一般指形势受到损害，棋子受到攻击或遭到某种危险状况。“逢危须弃”，与前面的“弃子争先”“舍小就大”有所不同，其涉及的范围更广，更有腾挪、转身、转换之意。不过其总的要领仍然是相同的：“弃”是为了更好地“得”；“弃”可以摆脱困境，争取主动。

我们看到图3-11，黑白双方在左上角经过一番斗争后，黑棋行至黑12扳，白7已经阵亡，白1、白3、白5、白9也已无力逃生，最多只能做出一个真眼。此时白13脱先，果断弃子，进攻左下角黑棋最为薄弱的地方，开辟新的战场，这里白棋就是运用了逢危须弃的思想。既然左上角白棋已生还无望，再继续纠缠下去，只会把黑棋撞得更为厚实，不如保留一些余味和变化。

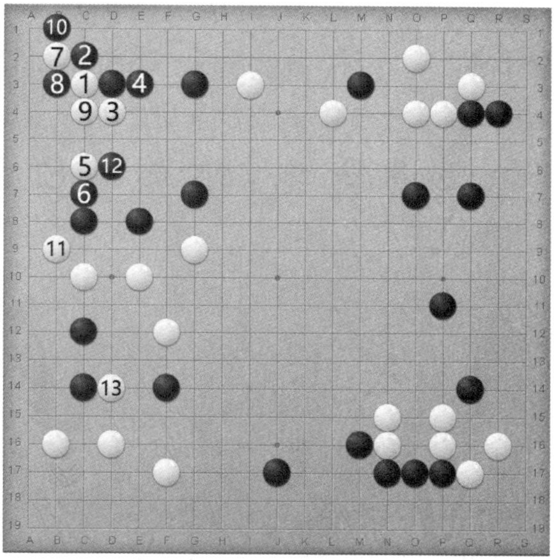

图3-11　围棋逢危须弃

在龙头股战法中，“逢危须弃”就是指：遇到风险，当机立断，坚决止损，绝不拖泥带水。具体来说，我们也可以把这个“危”比喻为市场所流行的“核按钮”。随着市场超短生态“一致性思维”的日益凸显，市场的多空反应也日渐极端。看好的股票被做多资金顶一字板买不到，不看好的股票则被“核按钮”伺候。在这种情况下，我们一旦操作失误，止损的代价也比以前更大。解决这一问题的关键在于，提高我们对于市场的理解力，从情绪周期中预见风险，从市场的预期差中寻找机会。核按钮固然可怕，但做好对核按钮的研究，也会对我们的风控有很大的帮助，因为核按钮的出现，往往对盘面有着重要的警示意义。以下一些规律值得大家重视：一是真正的龙头股，不会轻易出现核按钮，只有跟风股、杂毛股才容易出现核按钮；二是龙头股一旦出现核按钮，往往预示着龙头基本见顶，此时谨防“物极必反，盛极而衰”；三是白马龙头和黑马龙头有所不同，由于机构参与程度深，通常极少出现核按钮，筹码的稳定性更好；四是核按钮的出现，往往预示着行情炒作已经进入了分化期或者衰退期，此时要减少操作，谨防追高；五是核按钮的出现，说明亏钱效应开始扩大，适时空仓应对；六是核按钮会传染，一旦某只个股率先出现了核按钮，谨防同题材、同类型、同级别、同位置的其他股也出现核按钮。

七、慎勿轻速

围棋十诀之第七诀：慎勿轻速。在围棋上面是指，在对局的时候，要重视对手，小心谨慎，放慢速度，耐心应对。围棋界有一句话叫“不下随手棋”，专业棋手和业余棋手的一大区别就在于：前者是想好了再落子；后者是落子之后再后悔，再反思。

在龙头股战法中，初学者往往很容易下出“随手棋”。很多初学者在能力和心性尚未成熟的时候，以为学了几个模型就能驰骋股海，殊不知这个时候操作龙头股的成功率是很低的，极易发生各种各样的亏损。在这个阶段，一旦落入“冲动交易”的陷阱，就会不自觉地进入“频繁交易、反复止损”的怪圈而难以自拔，不仅如此，还会极大地挫伤自己对龙头股战法的路径信仰以及对股票投资事业的信念。

所以说，在龙头股战法中，下出“随手棋”的代价是极其高昂的，上文已经对“冲动交易”和“心理鸦片”有所介绍，这里不再赘述。因此，在模式稳定之前，在克服“冲动交易”的毛病之前，在懂得空仓避险之前，强烈建议初学者用小资金起步练习。

对于老手而言，分析龙头股是一项全面而细致的“技术＋体力”活儿，题材分析、热点分析、涨停分析、情绪分析、资金异动、消息公告等等，都需要我们做出全面而审慎地研判，这不仅需要扎实的理论基础和严谨的逻辑思维，还需要客观独立的投资品格以及丰富的看盘经验，绝对不是翻看几眼K线图或者听哪个大V吹了什么股票那么简单和轻松。

在股票市场赚钱，从来就不是一件容易的事儿。

八、动须相应

围棋十诀之第八诀：动须相应。在围棋上面是指，行棋时要有大局观，时时刻刻都要将全局的形势放在最重要的位置上，每一步落子都要和周围的形势相互配合，彼此照应。“相应”的内涵主要包括：(1)获得周围子力的接应；(2)借用全局力量攻击对方；(3)和全局的形势配合，围空或扩张势力。

我们看到图3-12，白1继续往外跳，黑2压，白3长，黑4继续压，白5扳，黑6扳，白7长。此时黑棋可以选择A位粘上，也可以选择B位虎住，都是常规的下法，但黑棋选择了黑8，这个位置是权衡了大局之后的好点，既补住了A位的断点，也对上方两连跳的三颗白子保持了高压。

在龙头股战法中，也极为重视对大局观的培养。如果我们只是停留在技术层面去分析龙头股，只是从形态、分时去理解龙头股的话，那

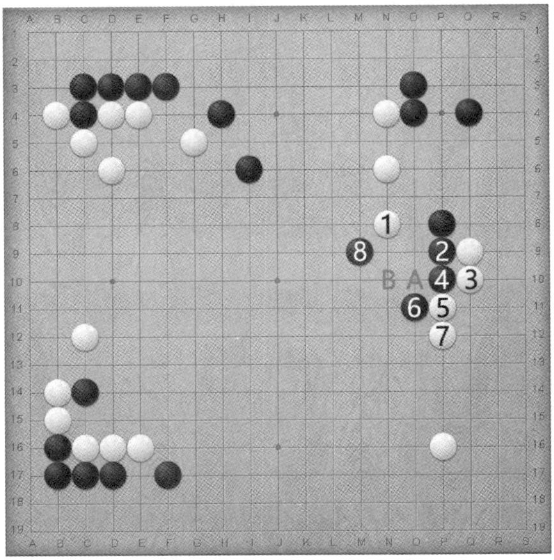

图 3-12　围棋动须相应

么我们只能在较低的层次里厮杀，成为食物链上游的收割对象。

那么，如何培养大局观呢？

在选股方面，我们需要在形态、分时的基础上增加“龙性”“题材”“周期”这三个分析维度，来帮助我们更好地理解和研究龙头股。不仅如此，在盯盘过程中，我们还需要敏锐地发现资金的异动，快速地判断主流题材的发展动向，否则，我们仍然会迷失在混乱的思维中，不知所措，胡乱操作。

大局观的培养，需要时间的沉淀和实践的磨炼，正所谓“理可顿悟，事须渐修”！

九、彼强自保

围棋十诀之第九诀：彼强自保。在围棋上面是指，对方在某一方面有优势，要判断准对方强在哪里，弱在哪里。搞清楚这些问题，是决定如何自保的前提。“自保”是本诀的关键。在对手的强处，棋没有缺陷，无理挑战就会自讨苦吃，遇到这种情况，要以“忍”为上，力求尽快安定（比如，一块棋受制于对手的强势而无法向外突围，“就地做活”就是一种务实的处理方式）；有时候，对手的强处，也有缺陷或弱点，这时候的“自保”就要根据全局的需要，采取合适的策略，利用对手的缺陷或弱点，来完成自己的全局目标。这需要对弈者具备一个良好的形势判断能力，根据不同的局面，采取相适应的“自保”措施。

我们看到图 3－13，黑棋行至黑 1，左边白棋的两颗子 A、B 成为孤棋，白 2 跳，拓展空间，黑 3 刺，阻断白棋与中央进行联络。白 4 小飞，寻求就地做活。因为此时白棋正在黑棋的势力范围中，向外突围无望，只能寻求自保，这就是彼强自保的思想。

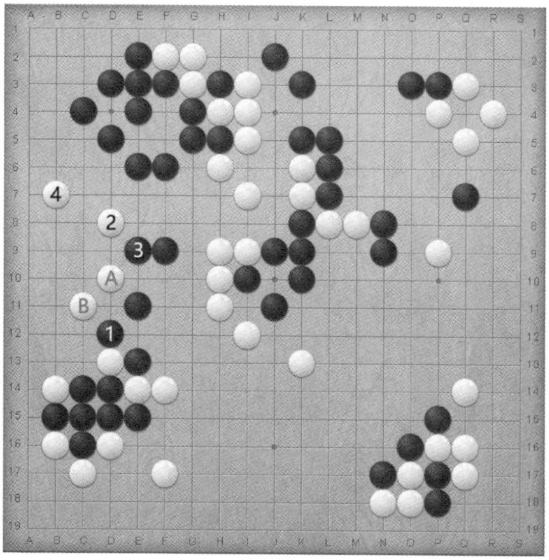

图 3－13　围棋彼强自保

在龙头股战法中，也会经常出现“彼强自保”的局面。在存量资金博弈的市场环境下，市场行情的演变往往是结构性的多空转换。比如，2017 年 4 月初，“雄安”题材横空出世，立刻以一种强势的姿态占据了市场风口，成为当时两市主流热点，对市场活跃资金产生了巨大的虹吸效应，其他板块则是轮流杀跌。我们“自保”的前提就是快速发现这一形势，并及时从别的板块中撤出，“自保”的具体方式就是两种：一是在“雄安”题材的发酵期和高潮期积极参与，而不要去参与其他下跌的板块。二是在“雄安”题材的分化期和衰退期，控制仓位不追高，谨防在亏钱效应周期下出现巨亏的操作。

一只龙头股很强，我们尽早参与其中，这是“自保”的一种方式。正是因为龙头股很强，我们更要回避弱势股，不为弱势股所伤，是“自保”的另一种方式。

尽量跟着强者跑，如果没跟上，也不要跟着弱者混。

十、势孤取和

围棋十诀之第十诀：势孤取和。在围棋上面，“势孤”说明在某一局部或某个方面，对方势力较强，己方子少力薄，强战必然导致失败。但应采取哪种方法打开局面呢？“取和”即是解决这个问题的方法和理论支柱。当然采取“和”的方法，要根据不同的场面而变化，有的场面适宜就地做活，有的场面不能与对方正面作战，需要运用灵活的转身战术，有时又需经过腾挪，再相机行事，凡此种种，不胜枚举。因此，“势孤取和”的意思就是：己方势力弱时，应采取灵活、调和的方针。本诀中又包含了“入界宜缓”“慎勿轻速”“彼强自保”等部分含义，但又与以上三诀有所不同，因为“取和”，是属于一种有准备的、积极的抵抗手段，如果对方“不和”的话，就要预先准备必要的反击手段，这样才能确保“和”的成功，这也是“取和”的真意。

在龙头股战法中，所谓势孤，就是涨势已尽，热点消散。这个时候，我们能做的就是顺势而为，以保全自己为最大原则，千万不要勉强操作，而是学会主动防御。真正意义上的龙头股是稀少的，只有懂得空仓，才是一个真正优秀的龙头派高手。会空仓有两大好处：第一，保证了选股的纯粹性；第二，保证了一旦出现龙头股，便可以第一时间上仓位介入。势孤求和，是顺应趋势、能攻善守、善于变通、懂得自控的处世智慧。

龙头股的思想和围棋十诀的思想天然相通，精神内核高度统一，值得我们深入思考和用心揣摩。

注：该文作者马萧，民间独立投资人，本文成稿于 2019 年 4 月。

3.10 守神与出神:当龙头战法遇到量化投资

我所钟爱的查理·芒格老先生曾经这样描述他眼中最好的投资机会:迎面走过来一个胖子,如果你还需要用磅秤去称,才能确定他是不是一个胖子,那就说明他不是一个真的胖子。

我的朋友邱国鹭先生有一句名言,叫做”数月亮不数星星”,用来形容那些显而易见的价值投资机会。

GE 前总裁,著名的企业家杰克·威尔奇,在他接手 GE 之后有一个著名的理论,叫做“数一数二”。就是任何行业,如果 GE 做不到第一或者第二名,就把那个业务卖掉。

他们说的不是一件事,但是他们说的都是同一回事。那就是——龙头思维。

一、数一不数二:龙头思维的本质

前不久我跟彼得明奇公司的投研小伙伴们喝茶,我抛给他们一个问题——龙头思维的本质是什么?

令狐冲说,一呼百应。我说,这是影响力。韦小宝说,涨幅要足够高。我说，这是身先士卒。虚竹说，市场地位要一等一。我说，这是基本面龙头的必要条件。以上这些都对。但是，如果要我从量化投资的角度来看龙头，也许我会这样来定义：龙头思维就是一个强过滤器。

在量化投资中，过滤器的意思，是对模型的信号进行进一步筛选的方法。比如你有一个短线模型，信号比较频繁。这个时候你可以使用60日均线作为一个过滤器。价格在60日均线上方，只开多。在60日均线下方，只开空。加了这个过滤器之后，你会发现交易的信号就变少了，与此同时，策略的回报可能增加了。从这个角度来看，你会发现龙头思维的本质，就是一种强过滤器。市场有3 000多只股票，用了这个过滤器之后，你筛选到只剩下一只。这就好比渔民打渔，有一种特殊的网，网格特别大。一网打下去，其他鱼都漏走了，只有最大的一条鱼还在里面。这意味着把减法做到极致，只剩唯一。

二、赚赔率的钱：龙头收益的来源

从量化投资的角度，我习惯把所有的交易分为两大类：一类是靠胜率赚钱；一类是靠赔率赚钱。龙头思维的本质是后者，靠赔率赚钱。抓龙头的胜率也许并不高，不到50%，甚至远低于这个数。但是一旦你抓住一只龙头，就可能赚一倍甚至更多。用一次做对的盈利，来弥补多次试错的亏损。这是典型的赔率驱动型交易。

不要满足于此，请继续思考一个非常重要的问题：龙头的高赔率的来源又是什么呢？我总结了几个东西。第一个东西，叫做第一名红利。我曾经问我的同事，你能说出名字的高尔夫球星有几个？他们都不打高尔夫，但是都能说出一个名字——泰格·伍兹。但也仅仅就能说出这一个。任何领域，相比第二名，第一名都有着巨大的红利，不是多一点，而是可能多十倍，甚至更多。这个第一名红利，是龙头高赔率的重要来源。第二个东西，叫做红帽子效应。行为金融学有一个概念，叫做“红帽子效应”。就是乌泱泱的一大群人在你面前，如果其中有一个人戴了红帽子，你一眼就能看到他。有学者也专门对股市做过研究，涨停板的股票，就相当于戴了红帽子的人。当一个人面对数千只股票不知如何选择的时候，涨幅排名靠前的股票，更容易进入他的选择范围。第三个东西，叫做高预期共识。因为历史数据告诉我们，龙头股的涨幅往往巨大，所以当一个股票逐渐地越来越具备龙头相的时候，人们就会把对它的预期不断调高。涨幅大，你就越来越具备龙头相，你的龙头相越足，人们又进一步调高对你的预期，两者相互促进。这就类似于索罗斯讲的反身性。这也是龙头股高赔率的一个来源。

三、人为市场立法：我眼中的量化投资

下面我们来聊聊另外一个非常重要的概念：量化投资到底是什么？也许你会说，听起来好高大上啊，像是数学或者计算机博士才能干的事。

如果我们说量化投资的“形”，那么可以说出一堆定义。比如利用数据挖掘找到市场的统计特征，比如说利用计算机来做决策和执行，等等。这些都对，但这些都是“形”。

如果要说“神”的话，在我看来，量化投资的“神”就是六个字——人为市场立法。首先说明一下，这六个字不是我的原创，最早这句话也不是用来形容量化投资。这句话出自青泽先生的《澄明之境》一书。我看到这个说法之后很是喜欢，就六个字非常有力量，跟我的想法不谋而合。

让我们进一步回归事情的本质，先来逆向思考一个问题——投资者亏损的原因是什么？我看过很多的大数据研究，其中一个共同的结论是：绝大部分投资者亏损的首要原因是四个字，叫做过度交易。过度交易有两个危害：第一，如果你的交易次数过多，说明你做了很多你并没有那么大把握的事情；第二，即使你的分析判断能力不错，但是过度交易会产生大量的手续费，这也会吞噬你的大部分甚至全部的交易利润。

理解到这里，你已经算是一个水平不错的投资者，但是依然不够。让我们再往下挖一挖，为什么那么多人都会过度交易呢？一个根本的原因在于，当一个人面对金融市场的时候，你会发现这个市场给你提供的机会，在理论上是无限的，我称之为机会无限供给。所以这个领域跟我们日常生活工作中遇到的大部分领域都不一样。我们遇到的几乎所有其他领域的机会都是有限供给，甚至是非常珍贵的。比如说我们最熟悉的应试场景，高考的机会对于很多人来说一生只有一次，如果你想要第二次，要付出极大的时间和其他成本，机会是非常宝贵的。但是有一天你来到了金融市场，你会发现，突然一下子机会变得无限供给了。打个比方，如果你做期货，期货是 T＋0 交易，而且还自带十倍杠杆。你会发现，理论上，一天当中你就可以有无数次发财致富的机会。

当一个人在所有的领域都习惯了机会有限，但是忽然来到了一个机会无限供给的地方，会发生什么？通常，他就懵了。他用几十年的时间在日常生活中习得的一些模式，他会依然沿用，但是这些习惯和模式在金融市场变得不好用了。在其他领域导致他成功的原因，在金融市场变成了导致他亏损的原因。让人情何以堪。

大部分人在日常生活中习得的一个重要的模式叫做不放过任何一个机会。这很容易理解，因为机会是非常稀缺的，当你闻到机会的味道，在看清楚之前，你就应该扑上去。你把这个模式带到了金融市场，那么直接表现出来的就是过度交易，因为你看每一笔交易都觉得像是自己的机会。这说明什么？这说明你太过自由了，这就是绝大部分人亏损的最重要的原因——你太自由了，缺少约束。

市场不会来约束你，直到你的本金亏光。所以你要做的最重要的事其实是自我约束，但是自我约束其实是一件非常困难的事情，因为它反人性。所以你要立法，法律不就是用来反人性的吗？

人为市场立法的过程，其实就是给自己增加束缚的过程，就是把自己交易的权利不断地关到笼子里的过程，就是不断的让自己从自由走向自律的过程。在这个过程中，你的交易次数会越来越少，你的亏损会越来越少，你赢的概率会越来越大。其实这就是量化交易的本质，或者说，量化交易是天然的最佳立法工具。

每一个量化策略，每一个交易模型，表面上看是一堆计算机的代码，本质上都是一套法规，这个法规界定了一个很重要的东西，就是哪些机会你要出手，哪些机会你不能出手。所以量化投资的本质就是：第一，人为市场立法；第二，你把这些立法写到计算机程序里，让它自动执行。这才是量化投资的“神”。

四、在面不在点：两者的结合

刚才我分别讲了龙头思维和量化投资，那么这两者之间到底有什么关系呢？龙头思维的本质是强过滤器，而量化思维的本质是人为市场立法。两者简单的结合，你可以理解为，你为市场立法，这个法是一个强过滤器。没错，这的确是一种结合的方式。

如果是价值龙头，我们可以首先用一些经典的价值指标，比如说

ROE，来筛选出一些质地优良的标的，然后再对这些跟踪的标的去执行一些量化交易的算法。

如果是趋势龙头，我们可以把一些筛选龙头的方法，比如 K 线形态，比如资金分析，甚至于主题分析，把它量化之后，写进计算机的程序里面，去执行。这是第一个层次。

价值龙头的量化这里不展开谈，我们来谈一下散户们最熟悉的趋势龙头的思路。我要告诉你的是，我们团队在这个方面做了大量的研究和实践，我们发现在现实中的效果并不是很理想。我们认为，这其中有一个原因是，中国股票市场的无效性很高，所以市场中表现出来的趋势龙头，往往是以连续涨停板的形式去展现的。这是一种纯博弈游戏。在纯粹的博弈游戏中间，计算机的机械执行，相比于经验老道的操盘手，一定有优势。这里面牵涉到一些重要的点，比如对主题大小的判断，对对手进退意愿的把握，这些目前来看还不是计算机的强项。所以，直接把量化策略应用于我们通常说的打板策略之类的，实际效果往往并不理想。

但是不要灰心，量化思维与龙头思维的结合，并不仅于此，其实，还有一个更深层次的结合。中国有句古话，叫作：金鳞岂是池中物，一遇风云便化龙。龙头的产生，除了自身的属性之外，还有一个非常重要的因素，就是风云。这个风云体现在金融市场，就是背后的周期。如果说量化投资在捕捉龙头这个点上并没有太大的优势，但是在对背后的周期的判断上，是有优势的。周期就是市场的潮汐。量化的思维和工具能够辅助人，去对市场的潮汐进行更精准的判断。我们认为，这是对龙头思维更深入的理解。

五、再进阶:出神入化

在中国文化里面,把一个东西修炼至高明的境界,往往都是阴阳互济的。我把它总结为:成为高手要做到极致,成为大师要懂得进退。孔子说,随心所欲而不逾矩,这就是一个表面上看起来矛盾的表述,但是骨子里是阴阳互济。

桥水基金的瑞·达利欧,他们公司有大量的量化模型,但是他在做决策的时候并不是百分之百的纯量化,也会有一些主观的调整和干预。他称之为"人机结合"。他在《原则》中也讲到,任何原则都会有极个别的例外的时候,这本身也是一条原则。比如当公司进入特殊情况,实行宵禁的时候,日常的原则就不再适用。我刚才讲到,量化投资的神——人为市场立法。能坚持做到这一点,一个人在投资领域已经是高手了。

但如果你还想再进一步,向大师迈进,那么,你要做的是"出神"。古人云,出神入化。出神的意思就是,你不但要为市场立法,你还能够在某些时候跳出这个法,来看你,看市场,看你和市场的关系。这有点像瑞·达利欧在《原则》中讲的,跳出机器,俯视机器。

换句话说,你不但要为市场立法,你还要在立法的同时就知道每一条法都是有边界的,都是有适用条件的。知道适用边界,是真正用好法的前提。然后你就能够知道在什么时候你要出神。但是切记,先做好守神,你才能出神。顺序千万不能颠倒,切忌拔苗助长,急于求成。个中火候,请自己玩味。

注:本文作者谭昊,彼得明奇资产管理公司 CEO,在金融市场有二十多年

的主观与量化投资经验，已经连续多年实现稳定盈利。他是《优势投资法则》的作者，雪球、证券市场红周刊等知名平台的专栏作家。本文成稿于 2019 年 3 月 16 日。

3.11 写给每个踽踽独行的股市投资人

我并不是一个纯粹的龙头交易者，但彭道富老师的龙头思维对我做自己的交易很有启迪！也正因为他深刻的洞见所给予过我的帮助，我们成为了很好的朋友。

在我写下以上这段文字的时候，《流浪地球》的票房已轻松越过10亿，而且其劲头貌似很有超越《战狼2》的锐不可挡之势。关于吴京投资电影的神话也随之铺天盖地席卷而来，因为他很有可能成为中国历史上第一个创造票房100亿元的投资人、导演和演员。是的，想要被闪电击中，你就要站在雨里。吴京如果不是一个在电影圈摸爬滚打了20余年、努力到有足够沉淀和深刻认知的“真正”电影人，他又如何能看到《战狼》和《流浪地球》的精神内核，从而连续几次可以有这样的厚积薄发、命中三元。

股市，亦然。你只有长期沉浸在股海，不断的学习、搏击和修炼，才有可能经常击中涨停板、龙头或妖股，也许那时候，笑傲的也早已不只是这一片江湖！彭道富老师的第一本关于龙头股的书《股市极客思考录——十年磨一剑之龙头股战法揭秘》可能就是你在股海里搏击失去方向迷茫时，那闪耀着星光指引着前行之路的灯塔。

我以前在大国企担任高管，离职后有闲情了，我喜欢分析研究一些很厉害的人：比如李小龙，他到美国读大学攻读的居然是“哲学”；比如企业界的稻盛和夫，他给企业家讲课是讲“人生哲学”而不是企业经营；比如很多华尔街在过去二三十年里涌现出来的十年可以做 2 500 倍的“金融怪杰”和国内一些在股市里“兴风作浪”的顶尖游资的成长故事。他们可能天赋异禀，极天才的真的没有经历什么大的回撤或亏损能一直保持超高稳定性，他们有些只使用基本面分析，有的采用技术分析，有的兼而有之，有的长线，有的可能按照分钟及小时级别进行交易。也就是说这些大神的交易方法差异巨大，但在交易态度和交易原则方面却有着极大的共性：他们无一不是把风控和纪律放在首位，同时有着对股市极深的热爱和信念……

分析了太多不同领域的牛人后，我发现，哲学观、心法和信念才是一个人的高阶能力啊！这才是一个人人生操作系统的上层建筑。这个操作系统让人能不断地拥有更多的思想层级，从而拥有更强大的理解力和洞察力，从而不断地打破自己的能力边界，这些能力是趋动一个人不断上升的精神内核。

不同于书店里眼花缭乱的炒股秘籍，彭道富老师引导我们的是“以道御术”，是帮助你如何更深刻地去理解股市哲学，通过掌握心法去驾驭并升级你的股海搏击之术。

股市修行之路漫漫，不管是在股市的成功还是对于龙头战法的认知，我认为自己都还没有资格对股市本身做更多的分享。在这里，我只能把个人在股市的真实的成长历程和感受，以及彭老师给我的启迪，坦诚地讲给你听。

初识彭道富老师和龙头战法时，是我专职做股票 18 个月后。我从股市白痴（连十字星是什么都不知道）开始学技术的第二个月就遇到

2015年的大股灾，吐回了牛市带给我的大部分利润，真是肝肠寸断！后来的一年半里，我奔波祖国南北东西陆续和五位不同的老师学习了几类不同的股市技术和操盘模型（我承认自己是一个特别喜欢并擅长学习的人）。那一年里，我每两个月打一种模式，去实验每种模式的成功率和赢利率，那时候我完全痴迷在对技术的研究中。

那年12月，同是做股票的闺蜜看到我手机交易软件上显示近两个月每月高达90%以上的赢利成功概率，她惊呆了，然后燃起了强大的信心……然而，与此同时发生的事情是：每一次买错股票后，都会让我痛不欲生，然后不停地去寻找更高级、更好的技术、更完美的模式。每一次的亏损，都会让我更多地怀疑自己以及所用的技术和操作模式；每一次新的学习的同时，都让自己感觉如获至宝，然后再次去置疑它们的有效性……

在2017年3月我从老家返回杭州的几次出手连续失败后，我退出了手机里近200个微信群组，对人生和股市之路进行了深入地思考！都说股市和赌场一样，是赤裸裸照见人性的地方。而且因为其只需在一买一卖按键中就燃起你对人生极大的渴望，也可以瞬间摧毁你的所有（如果你借钱或者融配资炒股的话），所以在这里不仅会放大且会扭曲人性的贪婪与恐惧。所有人都知道大道至简，然而很多人知道了很多大道理却依然过不好这一生。

但其实，拉开人与人之间距离的并不是对复杂事物或更多道理的了解，而恰恰是对于殊途同归的大道至简的认知深度。实际上，技术易学，心智难磨！心智之所以难磨，是因为我们对自己的人性并没有真正地好好去剖析、琢磨过。

彭道富老师说过一句话：“有时候，对了，也是错的。”天下唯一确定的事就是其不确定性，任何决策都是均衡几率的结果，我们却总想要在充满不确定性的股市去追求绝对的确定性和极致的完美性，这本身就是件滑稽的事。明白了这些，我要做的事情就变成了如何更深刻地认识并理解这个市场、更深入地了解并认知自己。我要去学习的是如何做对的事并把对的操作做得更好，而不是用结果去衡量自己的对错。我开始做的是在目前自己的能力圈内、通过权衡几个大概率成功且适合自己个性的模式中选择两个，然后不断地去打磨、优化它们。

在这个市场上，我们（这里不包括对市场一无所知只听消息炒股的不学习者）曾经日复一日、年复一年地犯着同样的错误，判断失误时不及时止损、逆势交易、狂妄自大或垂死挣扎时的孤注一掷、急躁冲动、管不住手不按模式操作等等，这些现象几乎长期困扰着大多数市场参与者。技术很重要，了解市场的趋势并理解股市的交易情绪很关键，建立并优化自己的操作模式是核心，风控方案是保命的护城河，因为这些都是你来到这个市场的基本武装。但交易者想要成功，最重要的是要去了解并战胜自我。

时至今日，我越来越清楚的是：人生的各个方面（不只是股票期货的投资），其实都是一个人过去的认知在当下的变现。一个人或者说一个投资者的最终命运，深层次的原因是取决于一个人的综合素质，这就是一个人的人生修养和境界。一方面是一个投资者对市场的理解、对交易中一些重大的原则性问题的基本态度；另一方面是投资者对自我的认识（这些认识既包括对人类进化而来亘古不变的本性，如希望、贪婪、恐惧、侥幸、自负等的洞察和了解），也需要投资者对自己特殊的心理弱点、性格缺陷、思维及行为习惯等主体身心活动的深刻反省。同时，对市场的理解和对自我认识，本质上又是相互影响相互制约的。所以，投资其实是一个心灵升华的过程，是一场以己为敌的内外互搏，是人类不断超越自我的过程。

投资者对人性的认识越深刻，对市场的理解也就会越深入。投资人在市场交易中所犯下的数不胜数的所谓错误，只有在时过境迁、随着投资人的思维、认知、境界达到了一定层次后才能恍然大悟。大多数市场参与者像噩梦一样无法摆脱的错误，投资中的止损问题和冲动性交易，既不是孤立的问题，也不是简单的技术性问题或者自律问题，只能随着个人的修养和境界的提高才能被超越、被消解。

星星还是那颗星星，月亮还是那颗月亮。市场依然波澜壮阔，每天的涨停板就像点点星光一样吸引着一批批的飞蛾扑火，视死如归。然而此时，这一切，可能在你眼里已经有了完全不同的意义。

股市有如一个魅力无比却又凶残成性的魔鬼，它能给你最通透的人生境界，更能吞掉你的金钱，甚至还能吞噬人的灵魂与生命。投资的旅途和人生的修行一样，没有捷径可走，都是一个螺旋式上升的过程。这是一个漫长而孤独的旅程，这里也可以成为自己人性修行的最佳道场。而最苦、最艰难的那一段，只能靠自己踽踽独行才能走过。然而，一旦你突破了自我的局限和人性的藩篱，超越了层层障碍的颈线，就会开启你自己人生的主升浪，到达那个通灵之境的彼岸。到那时，你不但会实现财富自由，心灵也早已自由！

愿你拥有一颗真正勇敢的灵魂，做自己领地的国王！

注：本文作者徐燕杰，西子湖畔的自由投资人，本文成稿于 2019 年 2 月。

3.12 白马龙头股方大炭素实战案例

——不一样的龙头战法：见路不走，顿悟股道

由于我生性喜欢自由，不喜繁多的会议和人际应酬，几年前我卖了自己的公司，后又辞去了上市公司的高管工作，全身心地投入到我认为可以当终身事业的投资行业，从事基金经理工作。

遇到彭道富老师的《股市极客思考录》这本书之前，我是没有完整的投资哲学和操作系统的，游移在巴菲特的价值投资理念和费雪的成长股投资理论之间，不成体系。当看到彭总的书后，如获至宝，这才是贴近A股市场的最实用的投资体系，我不仅自己看了好多遍，还买了十多本送给我的股市朋友看。

后又因为书友会与彭总结缘，并在方大炭素等大牛股的操作上与彭总有深入地探讨交流，更折服于彭总的无私分享与大格局，所以，十分有幸地成了龙头部落的一员。

这次彭总约稿，要我写写另一类型的龙头股——白马龙头方大炭素的操作，其实我是很不好意思的，2017年在方大炭素一役上盈利几千万上亿的高手很多，我来写这个案例，实在是有点班门弄斧。后来彭总打来电话，鼓励我写出来，一则总结自己的经验教训，也是一种学

习；二则能够给在股市不断摸索前行的同仁们哪怕一句话的启示，也是有意义的……

真正的龙头战法绝非单纯的技术，它是一套操盘体系。它是源于投资者对市场环境、政策导向、主导资金、热点题材、周期轮动及人性的深刻理解。只有拥有这份综合的市场理解力(很多人把这个叫做大局观)，您才可能真正地理解和运用好龙头战法。

一、当时的市场环境

专做龙头股的投资者都知道，市场环境“安全”、有“赚钱效应”是出龙头股的必备条件之一。而 2017 年 5 月—6 月恰恰是“赚钱效应”最差的一段时间。监管层对雄安、高送转等概念股炒作严监管，同时对市场操纵与游资打板施加政策打压。游资与打板一族在操盘模式上感受到了很大的压力，连续四个涨停板就可能面临停牌核查、电话指导撤单等监管风险。很多超短选手和打板族在那段时间亏损累累。经历过那段时间的投资者当时都有这个体会：原来单纯炒作概念题材的“连板龙头战法”遇到了挑战，甚至很多炒股高手在那段时间纷纷怀疑“龙头战法是否到头了”。

我当时也在苦苦思索：市场在快速进化，我如何看懂当下的市场？如何顿悟股道？

在我的操盘室，有一块我们当地最大寺院方丈大师写的“见路不走”四个大字，这也是我操盘的理念。很多人初看到这四个字时，都不大明白什么意思。其实，它的意思很简单，就是“实事求是”，其核心就是破执，不唯经验，当然也不是否定一切经验，而是要根据市场具体情况，选择最佳策略。“见路不走”就是提示我们，不要拘于以前经验、教条，要走因果，要客观的独立思考，至于跟别人一样或是不一样，这不用去考虑。也许是一样，也许是不一样的。

做股票，当然也要“见路不走”。既然当时纯情绪推动的题材炒作连板龙头股环境不好，那我们能否通过政策导向和市场主力资金走向来发掘新的操盘模式呢？首先，监管层在对纯题材炒作模式打压的同时，加大了对所谓“价值投资”的引导，贵州茅台、格力电器等白马股那一段时间风光大涨。其次，当时的市场资金生态也发生了很大的变化。过去由游资主导一支独秀的模式，变成了国家队超级主力（加上公募基金机构资金）与游资主力共舞的模式，且环境和政策更倾向于超级主力。所以，才有了 2017 年杭州大游资孙某跟随国家队超级主力在 5G 白马龙头中兴通讯一只上就狂赚 15 亿元的经典战役。

当时的白马股赚钱效应（题材股亏钱效应）加上监管层对“价值投资”理念的引导（对纯题材炒作打压），再加上当时市场上起主导作用的主力资金是国家队和公募基金（游资被限制和监管），那么，我们就应该趋利避害，顺势而为，往市场的最小阻力方向找“龙头”。正好这时，在 2017 年，最让股民记忆犹新、惊心动魄的宇宙总龙头方大炭素出现了。

二、白马龙头股的“双突破”和领涨性

（一）基本面突破

我在 2017 年的 5、6 月，陆续看到招商证券刘文平、光大证券王招华的研报，推荐买入方大炭素，就开始留意和收集相关信息。我还在我们私募公司内部写了推荐重仓买入方大炭素的研报，写内部研报的时候，方大炭素的总市值还只有 186.2 亿元。

经营情况：一季报营业收入 6.93 亿元，同比增长 46.36%。一季

度归属净利润为 7 352 万元，同比增长 566.34%，扣非净利润为 7 015 万元，2016 年年度归属净利润为 6 744 万元，扣非净利润 1 853 万元。

市值股本：总市值 182.6 亿元，流通市值 182.6 亿元，流通股本 17.19 亿元，每股净资产 3.44 元，每股公积金 0.97 元，每股未分配利润 1.31 元。

核心题材：2025 规划、材料行业、甘肃板块、核能核电、沪股通、融资融券、上证 180、石墨烯、新材料、证金持股、中证 500。

主营业务：石墨及炭素制品、铁矿粉的生产与销售。

由于众所周知的钢铁行业去产能，政府清理地条钢，低端产能退出带来电炉钢产量增长。电炉钢产量增长带来必需消耗品石墨电极需求增长。石墨电极供不应求，持续涨价，以及方大炭素在石墨电极行业的绝对龙头地位以及对上游针状焦原材料的提前布局，方大炭素完成了基本面的突破，并具有一定的垄断地位。由于方大炭素的基本面，相信 2017 年做过这只股票的人都已经烂熟于心，这里就不花笔墨过多描述。而且，方大炭素的基本面是动态变化的，我们对石墨电极的价格就有一个网络团队每天持续不断地跟踪，甚至 7 月份，我们还有朋友专门和券商一起到方大炭素兰州总部做了上门调研。

当然，需要说明一个问题，企业盈利能力的巨大改善甚至爆发性增长是股价上涨的重要推动因素之一，但并不代表就一定会成为市场领涨的龙头股，龙头股还要具备其他的一些特性。

(二)技术面突破

市场上基本面非常好的股票也有许多，但并不是能够随时买入，股价还需要有大盘环境、当下主流题材风口以及主力资金的配合才能走牛。技术面不是用来选股的，技术面是用来择时的，那些技术图形没有走好的，也套你没商量。对于国内 A 股市场，欧奈尔的杯式柄状结构(Cup with Handle)上升中继形态就是一个非常好的技术买点(见图 3 - 14)。

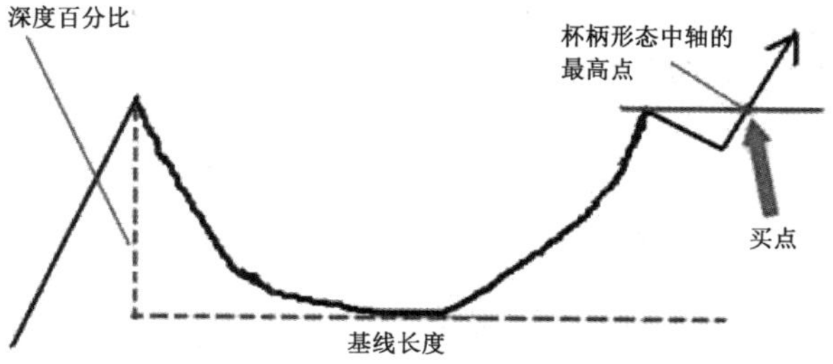

图 3－14　欧奈尔杯式柄状结构图

而我个人的经验，对于白马蓝筹股来讲，只要有一根涨幅 5％以上的突破阳线，突破前期的高点大概率就是主升浪的开始。所以，我在方大炭素 6 月 23 日涨幅 6.34％之后的周一，集合竞价就挂单买入了（见图 3－15）。

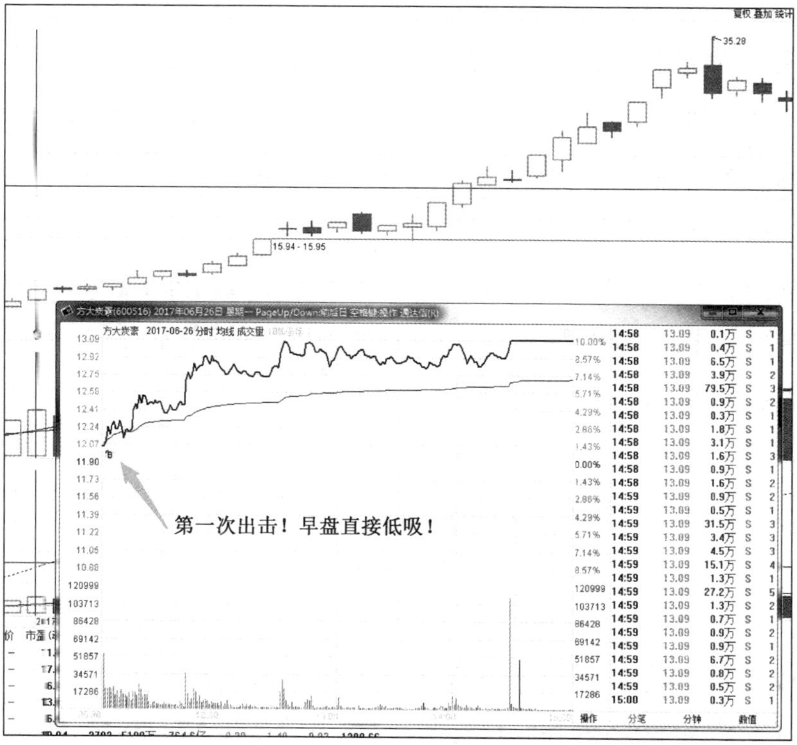

图 3－15　方大炭素局部走势

需要说明的一点:对于龙头战法来讲,技术面(技术指标)的东西不要太复杂和搞得很神秘,指标是用来看趋势的,简单实用就好。技术指标只是多空双方用来博弈的工具,纯技术指标的应用是单薄的,还必须综合其他知识,形成我们自己真正的市场理解力。

(三)龙头股的第一性、领涨性

方大炭素 6 月 26 日的涨停,突显了龙头股的本质,那就是第一性和领涨性。方大炭素的走强,带动了后继一众资源涨价股小弟(沧州大化、西宁特钢、北方稀土、神火股份、盛和资源……)的主升浪,而且持续时间达一个月之久,这是 2017 年非常难得的一段容错率很高的运用龙头股战法稳定获利的时间段。

尤其是 7 月 7 日,方大炭素的再次涨停彻底激活了人气。将方大炭素推向高潮,游资大佬孙哥 4 个亿封盘。看到这个 4 亿元买单的龙虎榜,你就要高度重视了,游资主力 4 个亿都一次性打出来了,你还在犹豫进不进?上不上大仓位?那你真的是与龙头战法无缘了。

由此,也可以得出一个结论:只要符合龙头股本质第一性、领涨性特征的股,就可以叫龙头股。这也是龙头股战法的升华。而不应该由单纯以几连板来判定是不是龙头股、必须以“两板定龙头”来确定哪只是龙头等错误观念。这也是龙头股战法的破执!

三、白马龙头的持仓和卖出

很多做题材股龙头战法的投资者有一个铁的纪律,继续涨停则一直持有,不涨停或者不能在上午强势涨停,都必须及时出货,称之为“唯快不破”。很长一段时间,我的操盘计划对持仓股卖出也是这样规定操作的。

然而，白马龙头股与概念龙头股有一个重大的区别，就是要捂股，而且在关键位置上敢于不断加大仓位。方大炭素完成三倍以上的涨幅，其实涨停板仅有五个，我身边就有很多高手朋友按概念龙头的操作系统，因涨停板而上车，因不连续涨停而下车，只赚了一个宇宙总龙头涨幅的零头，事后也非常可惜。

对于白马龙头股来讲，只要不出现高位的放量大阴棒，上升途中的小调整，都是低吸加仓的好买点。所以，对于市场确认的白马龙头股，只要上升趋势没有破坏，要尽量的捂股、捂股、捂股！这就是所谓的“涨势宁做错，别错过”。

而且，随着中国资本市场的不断对外开放，A股外资进入越来越多，这一类的白马龙头股肯定会越来越多，这就需要我们“见路不走”，破之前连板题材股龙头的“执念”，不断优化自己的市场理解力，从而不断优化自己的操盘系统。

2017年7月13日，方大炭素出现了第一次−4%以上的阴线，尾盘是很好的加仓点，见图3-16。

2017年7月17日，我完成了方大炭素的最后融资加仓，满仓满融方大炭素，这个账户仅7月份就完成了翻一倍多，单一个账户就取得了近8位数的收益。

随着7月28日涨停，然后特停，8月2日放出再次涨停，方大碳素加速赶顶状态，特别是8月4日的放量大阴线，技术面高手都知道，这是见顶的标志。我也在这一天上午，完成了方大炭素的清仓出货(当时早盘就卖，还有一个考虑，是想全卖了以后，可以多融些资再买更多回来，然后，出现了振幅16%的下杀……方大炭素的主升浪就这样走完了。)

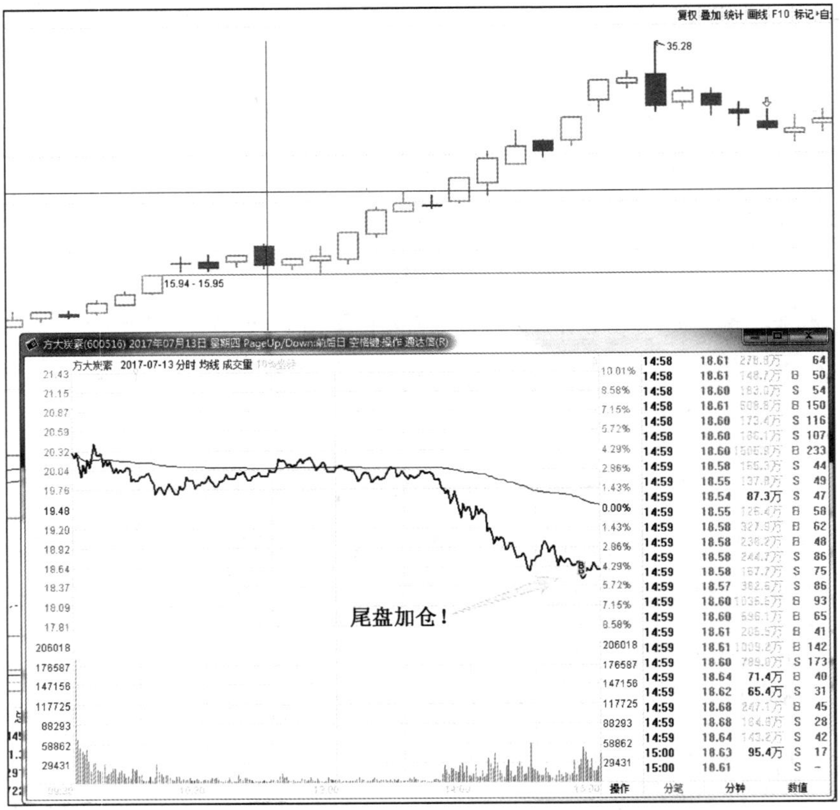

图 3-16 方大炭素走势

四、白马龙头股的"第二春"

由于白马股的业绩一般是持续向上的，所以白马龙头股有"第二春"的概率要比纯概念龙头股大得多，所以，对于这类白马龙头股第一波做完以后，我会留 100 股在账户里，一旦白马龙头股结束了市场波动，出现"第二春"的买点，我会豪不犹豫地再次买入，往往都有 30％多的涨幅。去年做过的白马龙头股"第二春"有方大炭素、三钢闽光、云铝股份等，盈利很稳定，还可以上大仓位。

五、白马龙头股类似案例

其实，只要掌握了龙头股的本质和精髓，2017 年，可以应用“双突破”买入持有的白马龙头股很多。比如：高科技大白马龙头京东方 A（000725）、白酒大白马龙头贵州茅台（600519）、光伏白马龙头隆基股份（601012）等几十只。

未来，这一类的白马龙头股也一定不会少。关键还是要有“见路不走”的理念，放下题材龙头股必须连板的执念，无限接近当下市场的真相，无限接近主流资金的思维，你一定也能重仓骑上大白马，实现心中的梦想！

注：本文作者包进，系湖南某私募基金经理。

3.13 道可道,“可常道”

有道无术,术尚可求;有术无道,止于术。这句话是彭道富老师在龙头实战会议上告诫全体同学的,我深有体会,不仅引以为戒,把它作为学习的指引。在学习彭老师的龙头战法之前,我也喜欢给我身边的朋友分享和讲解股票,而且自认为精于术,对术的理解和应用已达到一定高度,且往往能抓住大牛股。学习了龙头股战法之后,回顾过往做过的成功的案例往往都对应着大题材,暗合了龙头股战法,擒龙是有方法的!

第一次听彭老师分析龙头的会议,既震撼又迷茫,震撼的是原来可以从这些角度思考股票,迷茫的是很多专业用语以前没有听过,但是越听越有味道,在思想深处不断引起共鸣。于是,一发不可收拾,只要彭老师搞线下龙头交流会议,每次都是必到,每次笔记本都记得满满的,经常会议的时间是两天加一个晚上,回来之后复习花的时间往往是一个礼拜。学了道之后,需要做减法,而我不仅仅做减法,还在做除法,十八般武艺我得一样样的放弃,靠减法达不到加速的目的,犹如龙头股的走势要不断加速才能成功一样,我要做除法。主动的放弃并不容易,原来得心应手的工具,原来站在讲台上侃侃而谈的思路，原来的朋友时不时咨询我技术上的疑问，等等，这些都无形之中不断地把我往老路上拉。为了尽快熟练掌握道，我常常研究到晚上十点，也常常跟龙头会议里的同学讨论到深夜，反复阅读龙头战法内部资料，反复回味龙头战法讲解的内容，反复复习笔记对照案例思考。终于，那些专门用语再也不像第一堂课听的时候生涩难懂，而是变成了脱口而出的常用语。

瞽者善听，聋者善视，绝利一源，用师十倍。我放弃了原来使用的很多指标和方法，只留下龙头股常用的语言，K线精简到只要4种，技术指标也重点只看新高①，选股注重的是龙性和题材的结合，弱化了原来精通的价量时空。在选股上不断精简，在操作上也不断优化。

通过不到三个月的努力，我的变化有如下几点：

（1）明显降低了交易次数，只做符合龙头股特征的股票。

（2）选股的数量和交易的数量大大降低。

（3）交易质量提高，成功率也提高了，只在市场的热点上交易。重在选股而不是交易，90％的时间选股，10％的时间交易。每天关注的股票只有A股不到1％的股票，只关注少数股票，在模式内进行交易。

我发现市场在不同时期的表现不同，但是涨得好的股票却都一样。通过一段时间的交易，带来的结果就是盈利稳定提高了。

原本以为通过认真反复研读书本，多看笔记，结合自己的经验可以理解和掌握龙头股战法，但是听了彭总讲龙头之后，再读、再听书又是另外一层感受，感觉对龙头股战法的理解更进了一步，对书上原来知识体系的认识更深刻和全面。现场交流会调动的是全身心的注意力，还有参会者和老师的互动，圈子内同学之间的碰撞，完全是一个人看书所

① 龙头部落内部对新高的认识是革命性的，新高被细分为若干具体的表现形式，并非历史新高一种，新高理论是龙头部落内部核心理论之一。

没有的学习氛围。而且参加现场会议学习等于多了一个交流平台，这个平台上遇到更多的高手，大家相互讨论，进步更快。

道可道，非常道。然而我要说道可道，“可常道”。龙头股战法就是一个可以说得清清楚楚的东西，下面结合龙头股战法简要介绍自己当下的学习收获。

还是先从我做过的大牛股西部建设回忆起吧，见图 3－17，这只股票彭总在龙头会议上也反复提起过。西部建设在 2017 年 1 月份到 5 月初走了一个完美的结构，符合欧奈尔模型，是周线级别的结构，我在创新高突破的时候买入，后面进入主升。现在回顾起来，当时“一带一路”的题材如火如荼、轰轰烈烈，“一带一路”多大的题材啊，连续出了好几个大牛股，形成板块效应，还有关键的龙头启动语言涨停板(注：龙头部落内部反复强调：涨停板的最大价值在于开启波浪，而不是简单的打板，做好这一点可以第一个板就买入龙头，实现彻底的先手)。这个股

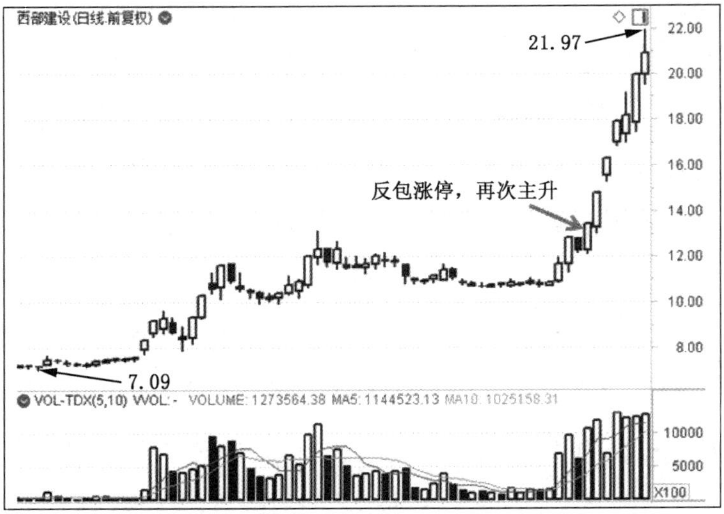

图 3－17　西部建设局部走势

票完全符合龙头股战法的黄金三角[1]，黄金三角的三个角全部具备了，那么完美，现在看来在这个股票上的成功原来暗合了龙头股战法。

黄金三角有龙性，涨停板里有龙头，黑马龙头往往离不开涨停板。先从涨停说起吧，涨停就是极的表现，是一个股票当天涨到不能再涨的表现，背后是资金的认可。因此，从涨停板里找主力，可是涨停板之间也有巨大的区别，背后的主力有强有弱，也有强的故意示弱，也有弱的装强。如何区别涨停板背后主力的强弱？通过涨停板本身的K线图、通过连板、通过涨停板的位置、通过涨停的时间可以判断龙性，然而这并不全面和安全，因为涨停板是表象不是内在。内在的是什么？

当然是题材！题材在黄金三角里占有重要的位置。但我们不能随便拿个题材来做，因为每只股票都有题材，只有当题材变成热点才是我们的目标。题材怎么才能变成热点呢？怎样的热点才具有群众认可性呢？热点怎么演绎才具有可持续性呢？从题材到热点需要资金的催化，需要新闻的点化，需要我们对题材进行加工。热点里出龙头，龙头带领热点，跟着热点分析题材的大小和本质，寻找最受益的具有唯一性的股票。而题材的分析正是我缺的，在这方面我下了不少功夫，终于对题材有了立体的认识，学会了对题材分等级，通过横向比纵向比确定题材大小，用内求法分析题材大小，从市场题材多寡分析判断题材对应的板块高度，从是否具有革命性等角度认识题材，对题材的学习让我如虎添翼！

有了涨停板和题材还不能全面解决问题，股市是人性集中的地方，这里充满了尔虞我诈，有首鼠两端的人，也有大刚大勇一往无前的人。通过对股票的龙性分析找到大刚大勇的人，跟他们站一起搏击股海。

---

① 黄金三角是龙头部落关于龙头多维共振的理论，该理论认为，多信息和多维共振，比单一角度认知龙头更加确定、真实，把维度锁定为三个关键因子，既实用又简单，所以称之为黄金三角。

股市是资金永不眠的场所，更是一个战场，有主战场和分战场，我们要锁定主战场。

热点题材的出现往往带动一批股票涨停形成板块，这里有领头羊有跟随者。而龙头股是主战场，它展现着龙性，领导着板块，反过来板块又不断抬高龙头股的空间高度。

如果一个板块具有持续性，这个板块的龙头自然水涨船高，2018年3月份的万兴科技（见图3－18）就是如此。当时整个次新板块不断涌现龙头，小弟们高度也不断变高，市场氛围非常好，水涨船高，万兴科技又拔高四个板的高度。

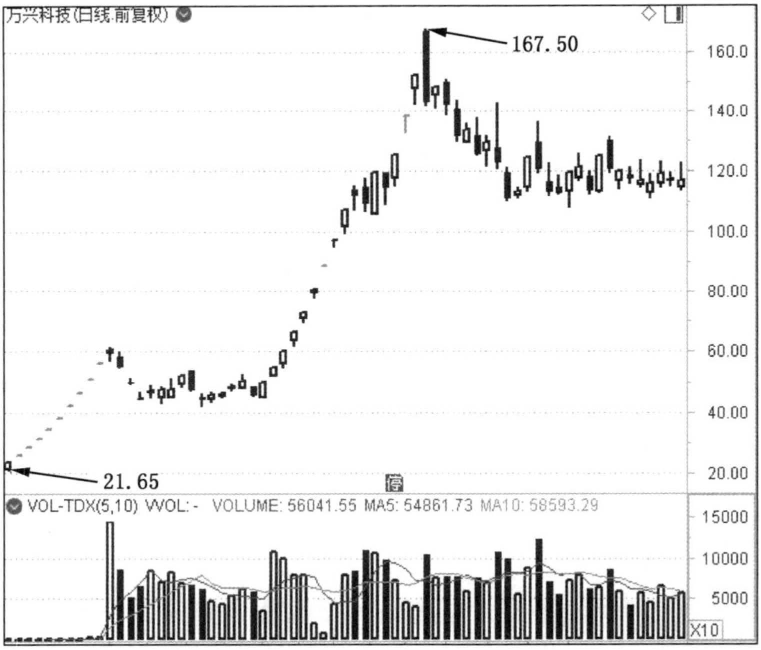

图3－18　万兴科技局部走势

而2018年5月份的宏川智慧（见图3－19），当时市场的呼声也非常高，在它6月1日复牌的时候，因为同板块的小弟们已经提前几天纷纷倒戈，它高开之后如期下跌，仅仅因为失去了板块的支撑。所以板块和龙头相互依存相互扶持，龙头领板块，板块支撑龙头，反之也一样。而板块的龙头怎么寻找？根据龙性、题材受益度、资金认可度等方面可以找到龙头股。通过板块共振和题材共振寻找龙性，根据龙性找龙头。龙头是众望所归，是资金认可的产物，它具有时间上的领先性和空间上的高度，它是人气的聚集地，龙虎榜的常客。

图 3－19　宏川智慧局部走势

所有的一切再完美，最终要接受分时盘口的一票否决制，也就是如果分时不认可，要么它不是龙头，要么选错了龙头，要么市场发生了变化。如果分时认可，每一步都走得对的，当然是坚定地买入。

2018 年 8 月 30 日，我从其他股票上分身出来，瞄上了德新交运，为什么？因为它有涨停，而且在这个小平台左侧有连续涨停，那代表了强。那几天电视新闻天天播放西部大开发和援助非洲，援助非洲是“一带一路”的一部分。而德新交运是新疆的股票，当之无愧的西部概念，在新闻的点化下成了热点。从“一带一路”的角度看，新疆是桥头堡的位置，这个题材也非常大。它不是一个人在战斗，而是有板块、有助攻。8 月 30 日的分时图也走得对，我就是在这天买入，见图 3－20。我现在还是通过龙蛇合击买卖股票，也许通过不断努力，等我忘记了原来精通的十八般武艺之后，直接香象渡河。

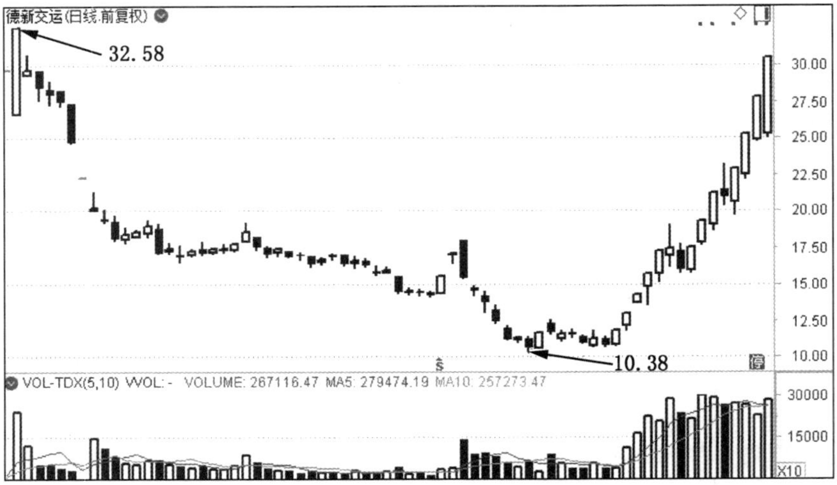

图 3－20　德新交运 2018 年 8 月 30 日日内分时图

在我的世界里一切都是可以定量的，尤其股票交易，一切必须定量，我做到了并遵循着。龙头股战法的道并不是孤立的，而是通万事万物，龙性是道，规则是道，守规则也是道，我们要守交易规则、守选股规则。人性是容易飘忽的，要坚守道并不容易，需要修炼，而股市正是这个修炼的最佳场所，定量正是修炼的方法之一，所以我说道可道，“可常道”。

注：本文作者汤沪平，系上海滩股市高手，曾是上海某三甲医院眼科医生，止于对投资的热爱，辞职做投资，在投资理论和实践中都取得了让人钦佩的成绩。该文成稿于2018年10月。

3.14 见性不留佛，悟道不存师

当把思想摆正，学会了一套交易体系后，你会发现一个个个股就是一个个赚钱的工具。股市做的是整体的布局，布置格局的是人，而人用思想布置格局，这个过程往往就体现了人性，也顺应了道。格局大的人看到全世界甚至宇宙，而他们往往能在小事件中看到大格局，也能从大格局中看到小细节。

道，既不是来源于个人摸索，也不是来源于老师的言传身教，而是来源于自然规律。例如，水流湿，火就燥。云从龙，风从虎。故圣人万物睹，仰于观天文，俯以察地理，故知幽明。所以，在股市中，只有撑握了道，懂得了规律，提练出一套完整的交易体系后，就会发现一个个个股就是一个套利工具，仅此而已！没有其他任何的价值与意义，因为股市做的是整体的布局，否则，盲目交易就如磨砖求镜，亏损连连。道就存在于那里，对每个人都公平，就看你对人、对世间规律的了解和掌握，看你能不能先把亏盈放一边，专心顺应道的规律而交易。

术，是道的表现形式，如梦幻泡影，如露亦如电，应作如是观。兵家预谋天下，必先利其刃，股市亦然。但大部分股民又把术的东西看得太重要，更有甚者，夜夜挑灯研究 K 线、MACD、分时结构等等。搞得人鬼不知，那岂不是盲人摸象，指鹿为马。而且在买入后天天意淫，活在自己的价值观之中，最后亏损连连，只能等时间来解救自己，你说可笑不可笑。当然，研究个股业绩也是一样，它也等同于研究个股指标，不能拿业绩说事，更不能说业绩好就一定涨。股票涨跌有其规律，背后也得有资金推动，所以侧重于术方面的研究，必将走到市场的另一端，最终还是亏损出局。

很多股民看了我前面的总结，肯定会问，你说的道是什么，你说的术又是什么？怎么把他们融合在一起？

那么，我就把我对市场的理解分享一下。

道一，水流湿，火就燥。云从龙，风从虎。一切来自于大自然，人是大自然的一部分，由人控制的股市也是。股市和潮水同日月一样，它有涨有跌，有阳光的时刻，也有黑暗的过程，我们修道的目的就是避开黑暗，拥抱阳光。那么我们是要根据它的涨跌，去选择更好的参与机会，是不是？如果不按照这样的规律，岂不等于在夜里工作，而在白天睡觉，最后肯定是透支体力和生命。所以，要想做好股票需把握好大格局，看好大周期，把握潮起潮落的时间节点，该干活的时候干活，该休息的时候休息，不会空仓就不会炒股。也就是说，我们要顺应自然规律，利用自然规律，方能生息不止！

道二，谈人性。人是股市的主体，而非上市公司，所以想做好股票必须是研究人，而非用大量的时间去研究股票本身。人可以控制资金，资金可以推动股价，就这么简单，所以成功的投资大师都是思想家、哲学家而非经济学教授。而且股市里面高学历的人往往难成大家，亏损连连更数不胜数，究其原因，就是他们喜欢用数学的方法去解决哲学的问题，结果可想而知。

那么，在股市里面人性是如何反应的呢？我简单讲几点：一是群体性；二是领导性；三是革命性。所谓群体性，就是人喜欢群居，而非独居。那么股市里面股票也一样，都是板块运动，而非单打独斗。所谓领导性，就是股票跟人一样，有领导，也就是头目，就是大家平时说的龙头、利佛摩尔讲的领头羊股。革命性就简单了，就是一个题材被炒过头了，就会被另一个题材代替，被革命了。

道三：把握规律。重视股市里面的规律，研究资金的气势，顺势而为，快乐炒股，很多细节不是能讲出来的，而是亏了以后认真总结出来的，大部分人需要通过亲自实践才能感悟到其中的道理，需要不断修炼自己思想上的行为，慢慢顺应道。道无形无状，无处不在，在股市中表现得更强烈，因为股市是人性的放大场。所以就更需要不断学习别人的经验，更好地总结自我的成功和失败的心得和案例，方是修道的捷径。

下面再讲一下术，其中可能包含一点案例，希望对股友们有帮助，但是千万不要用过去的术去幻想未知的将来。

术一：快——天下武功，唯快不破。（龙头前期发育阶段：第一板、第二板、第三板），所有的快板，都是为了能在时间上领先于大盘，领先于板块的其他股票。快也是龙头股票前期的一个特质，如果个股分时慢慢吞吞，那么它将淹没在很多的涨停板之中，而不能成为明星股，更不能成为那个市场的唯一。

下面我将用案例说明龙头股的第一特质——快（见图 3－21）。

案例：德新交运

这里面要解释一下，这里的快必须是领先于自身的行业或者概念板块的，它的逻辑是某些先知先觉的资金在快速抢筹，我们是追随者，观察领导股的行为是我们的基本功。但是也要记住不是最早、最快的就是领头羊，如果那样理解就太肤浅了，市场才是检验它的唯一法器。

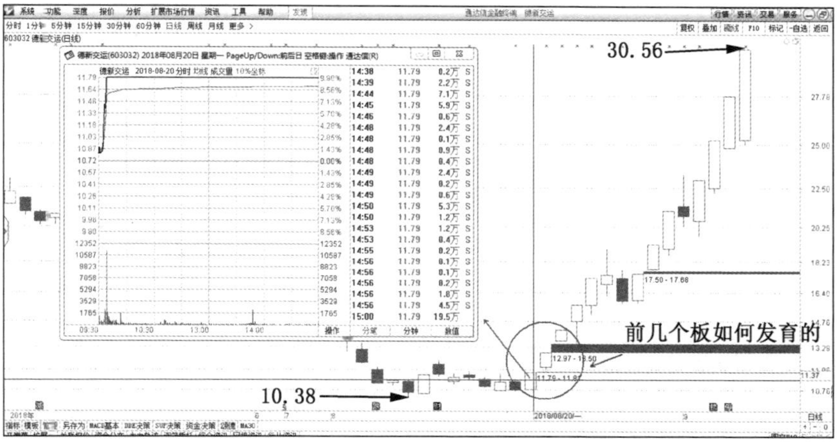

图 3 - 21　德新交运案例

术二：气势凶悍而怪异。这句话怎么说呢，就是如果一只股票要想成名，必须手法独特，只有成名了，才能变成市场焦点，才能不断吸引人气，才能不停地换手，才能不停地被买卖，才能越走越高。案例就不举了，因为股友们认真复个盘就知道我在说什么。

术三：炒图形。不是炒一波流，就是炒反包；不是炒题材，就是炒老妖。细节大家好好复盘一下，感受这些盘中节奏变化。

术四：交易纯粹、简单。纯粹来自于交易时候的知行合一；简单来自于不停的熟悉位置之刻意练习。大道至简，心无旁骛。

股市的运行很复杂，看懂了也很简单。看懂了，去做了，最后再修炼好内心，必将在投资界做出成就。股市的规律其实很简单，股市的修炼却很不易，寥寥数百字无法表达我对股市的认知和理解，也许明年的此时此刻再看这篇文章时，我心中又是一片感慨。格物致知、道法自然、知行合一、万法归宗。祝股友们投资顺利！

注：本文作者松林，系上海滩民间投资人。该文完稿于2019年3月21日。

3.15 大道至简，御风而行

在写这篇文章之前，我问彭总："我写出来的东西可能跟龙头战法这个主题有所偏离，这样合适否？"彭总大方地鼓励道："就按照你自己的想法来写，我们阐释的都是一种理念，目的是希望大家能稳定盈利。"听罢此言，无比赞叹彭总的发心。

股票市场，百家争鸣，书籍浩如烟海，股票讲座也遍地开花，如火如荼。对于很多人尤其是新手来讲，往往因为缺乏辨别能力而走错方向，舍本逐末去研究过于细微或片面的东西，结果必定是事倍功半，难遂人愿。第一次看彭总的书，便被深深地吸引，书中以独特的视角，系统、客观、辩证地分析了中国股市的主要驱动因素，入木三分，令人耳目一新。彭总在私下的龙头交流会上也旁征博引，用大量具体案例鲜活地揭示了热门股票的潜在运行规律和主力资金的惯用玩法，令大家受益匪浅。

五千年的华夏智慧注定了A股市场的投机氛围异常激烈，同时也魅力无穷，A股市场的自身特色决定了其跌宕起伏的程度非同寻常，暴涨暴跌背后的故事精彩动人。徐翔、Asking、赵老哥这些富有传奇色彩的人物，成为了标杆和旗帜，激励着无数追梦人。对中小投资者来讲，主题(热点)投资可能是A股市场最流行、最受欢迎的方法，而龙头战法是主题(热点)投资的精髓所在,如同皇冠上的明珠,熠熠生辉,光彩耀眼。彭总的书对主题(热点)投资和龙头战法做了生动形象、细致入微地描述和总结,无须赞誉,值得大家细细斟酌。

龙头战法广为传播,日趋流行,降龙捉妖的喊声此起彼伏,不绝于耳。尤其是这半年,从贵州燃气、华森制药到万兴科技、宏川智慧等妖股的拔地而起、逆市狂飙,让龙妖成为大家最为津津乐道的话题。很多人把龙头战法用得风生水起,屡有斩获,但也有不少人看时听时心潮澎湃,实盘交易却有诸多无奈。是龙头战法本身出了问题吗?毫无疑问,龙头部落内部“明一者皇”这种核心理念和指导思想是绝对没错的,对于价值投资或国外股市甚至是现实生活一样适用。只不过每个人的理解不同,玩法不同,执行力也有天壤之别,结果自然大相径庭。下面我结合自己的交易经验谈谈陋见,抛砖引玉,供大家批判或借鉴。

股票的基本面,技术面,题材面,资金面,已知的,未知的,有形的,无形的,过去的及未来的等诸多因素共同影响着股票的量价时空,最终的合力决定着未来的走势。这些因素之间相辅相成或此消彼长,共同组成一个有机整体。热点题材领涨等这些都是无形的因素,也是主要的驱动因素,技术层面和股票盘面是具体的表现形式,反过来影响着资金判断。如果只盯着个股的走势而忽略热点和联动,那就是只见树木不见森林。但是如果过于看重题材领涨,而忽略了大盘氛围、市场情绪和赚钱效应,或无视位置高低盲目追涨,那么,成功的概率就会大打折扣。龙头思想是战略和宏观方向,我们临盘交易需要具体的战术来将它落地。我在龙头战法的指导思想下,临盘交易以热点题材的驱动为先导,进而融合技术分析,把技术上的买点作为交易的一个把手和切入点,再结合大势进行综合研判,屡有惊喜。古语讲得好:“道为术之灵,术为道之体;以道统术,以术得道。”股票是股道的载体,而技术分析就是具体的术。技术分析如同一把屠龙刀，为能驾驭他的人增加无穷威力，如果和龙头战法配合完美，那就是：道术并用，股海纵横。

为什么我这么强调术（技术分析）呢？因为走势是股票具体的、直观的、唯一的表现形式，是市场合力的最终体现。走势，可以代表和说明一切。但走势、K线或成交量的变化也只是表象，我们要更进一步，更深一层，通过这些外在的表现形式去分析资金的真正意图，因为这才是股价变动的根本驱动力。不管价值投资、技术分析或热点投机，背后都是资金的预期在博弈，多空的博弈和转化才是股价变动的主因。故逻辑分析和推理才是投资分析的核心。

预期带来了波动，拐点给出了机会，趋势形成了空间，走势说明了一切。这就将投资分析简化具体到走势上了，万法归宗。既然走势是股票唯一的表现形式，我们就可以用走势、拐点这种思维把技术分析或龙头战法甚至是价值投资进行完美的融合。我们可以只在趋势的拐点做交易，因为这个趋势的拐点是变盘点，意味着一波新的趋势可能要开始。但一个完整的走势有很多个拐点，是不是只要是拐点都是买点呢？我们可以借鉴一下老祖宗的智慧，先把股票的生命周期同《易经》中的乾卦对照一下，如图3-22。

通过这个图就可以清晰地看到我们最想要的拐点——主升浪的启动点或强势股中途强势整理后的再度启动点。在这个位置，股票上涨概率大，下跌概率小；上涨空间大，下跌空间小；时效性强，涨跌立竿见影。这个点我称之为暴涨临界点。

这个点在整个股票走势图中的位置见图3-23。

对于拐点，我们有选择，那么对于股票，我们一样要筛选。如何筛选呢？我们首先要了解股票市场潜在的一些规律。龙头部落内部喜欢应用《道德经》上的这句话：天之道，损有余而补不足；人之道，损不足而股价生命周期和走势构造：

(1) 潜龙勿用：建仓吸筹期，不关注不介入。

(2) 见龙在田：崭露头角或蠢蠢欲动。

(3) 或跃再渊：要么一跃而起，要么挖坑洗盘，见机行事。

(4) 飞龙在天：主升浪，万众瞩目，启动（临界点）介入。

(5) 亢龙有悔：① 亢奋过程中有停顿或回调。

② 亢奋之后的没落，衰竭，落袋为安。

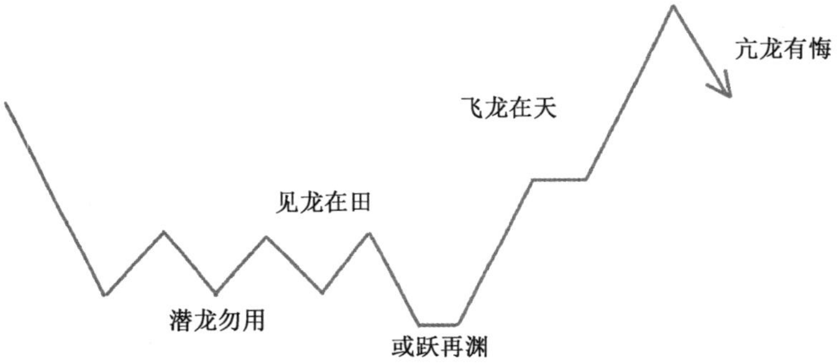

图 3-22 股价运动图

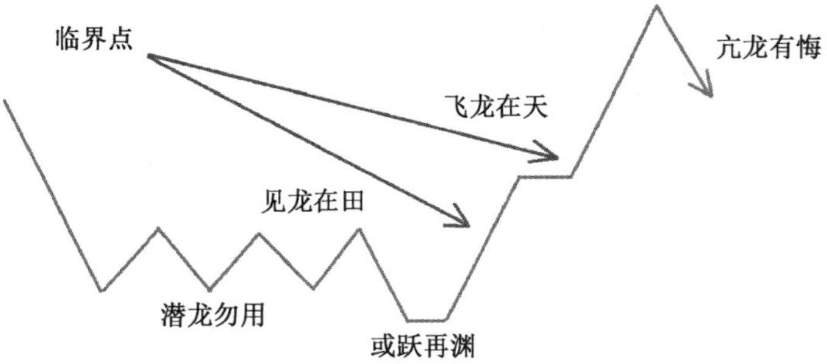

图 3-23 拐点示意图

奉有余。股道就是人道，强者恒强就是天理。股票的核心和精髓也就一个字：强，或涨，如果再修饰一下就是领涨，如果领涨的是整个盘面，那这只股票就可能具备龙妖的潜质。明白了这些道理之后，就不会拿着这个图形去随便套股票或滥用技术分析(如果不能读懂K线的语言，那是对技术分析的亵渎)。我们只做强势股、明星股的最佳拐点，并且只在当下的热点里面做文章。

我自己的交易系统，就是用这个临界点去做有事件驱动的完美形态启动点。如果题材特别强，就淡化对技术层面的要求；如果技术层面特别好，就放松对事件驱动或领涨的要求。也许在这里不应该叫龙头股，那我就称之为强势股或涨停，但大家要知道龙头都是涨出来的，是从强势股演变过来的。我立足于热点和盘面领涨，从一些特殊形态入手，从涨停或首板做起，启动不成功就当做一个涨停来做，一旦出现持续涨停或演变，那可能一个新的龙头就诞生了。如果在启动点介入了，那么，当这只股票走强开始吸引眼球之时，因为有底仓和盈利，就可以放心地金字塔加仓，一路拿到涨不动为止。也许是之前亏多了亏怕了，后来不敢轻易去追高，不是高位不能买，而是我自己没有那种勇气和魄力，所以我守成守拙，只做临界点。

刚才提到的股票特殊形态非常重要，我们进一步展开详述。懂车的人，离很远就知道是宝马、奔驰还是奥迪，甚至是晚上只需瞄下尾灯便可以分辨出是这个车系的哪一款。一则因为熟悉。二则这些车都有家族风格或自己独特的特征。股票也一样，不同的龙头股会有不同的走势，但相似的走势则有共同的特征，并且有一定的规律可循。龙有龙形，虫有虫相，如果你能把握这些规律，熟识这些特征，瞄一眼就知道它下一步可能怎么走，甚至不需要知道它是什么股票，炒作什么概念。下面举一些具体的案例来看看。

我们来看最近的一个实盘案例，亚夏汽车，我是在6月7日开盘翻红进入，见图3-24。

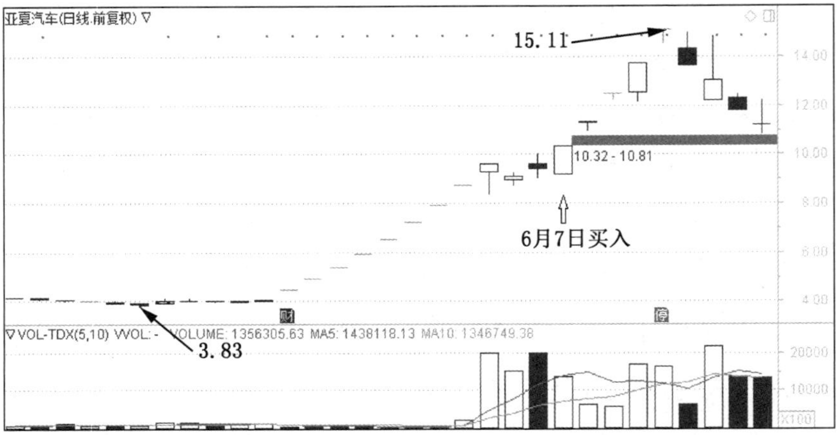

图 3-24 亚夏汽车局部走势图

如果你做过上港集团、华伍股份，并且印象深刻，记忆犹新，那么看到亚夏汽车时你就不会犹豫，当机立断上车。来看它们连续涨停打开后的走势，见图 3-25、图 3-26。

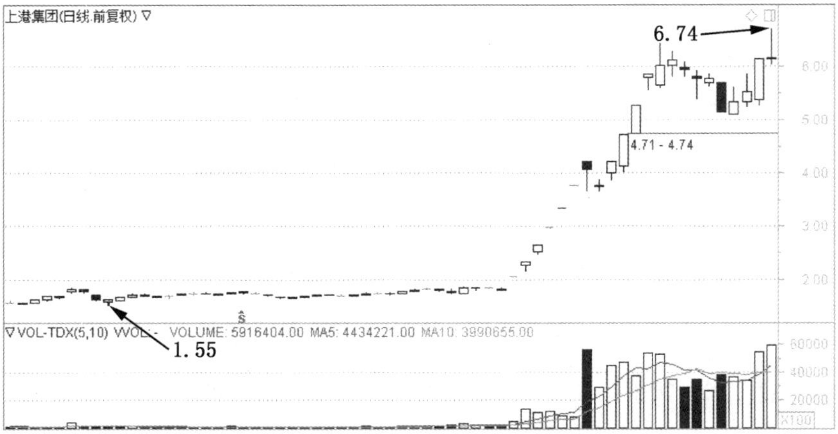

图 3-25 上港集团局部走势图

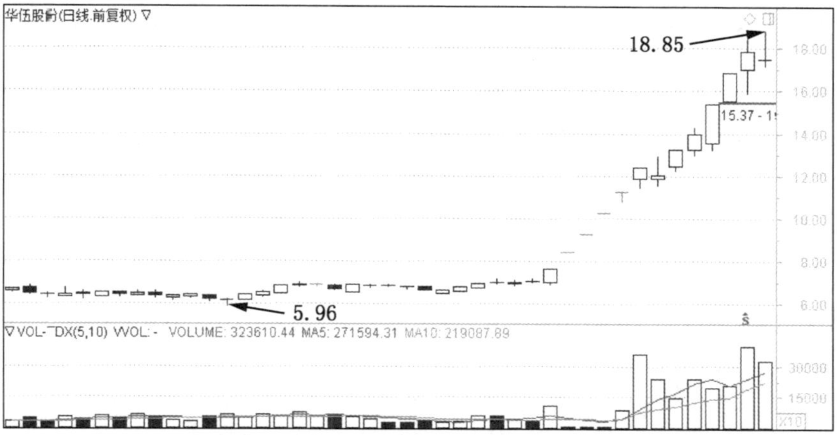

图 3－26　华伍股份局部走势图

再来看去年的贵州燃气第二波走势，见图 3－27。

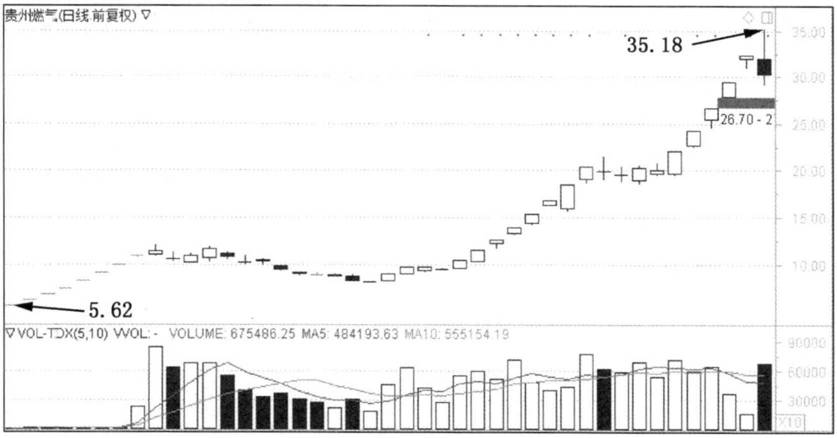

图 3－27　贵州燃气局部走势图

不要觉得高，要看市场资金认不认可这个高度，只要它在这个位置能站稳，能够充分换手，启动时就可以再度加仓。有很多这类的先例，还记得几年前的大牛股成飞集成吗？你看它们走得多么类似，见图 3－28。

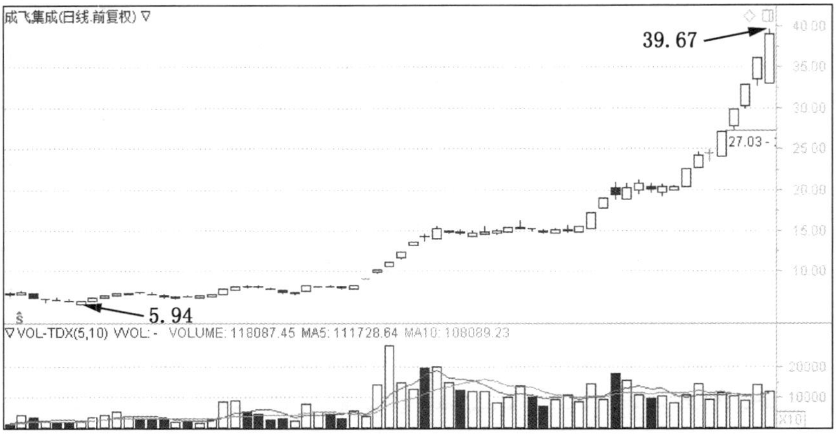

图 3－28　成飞集成局部走势图

再回头去看四川双马、国栋建设(ST 正源)、冀东装备等，暴力拉升后强势整理，启动时间无非早几天晚几天而已，我们完全可以守株待兔，后发制人，见图 3－29、图 3－30、图 3－31。

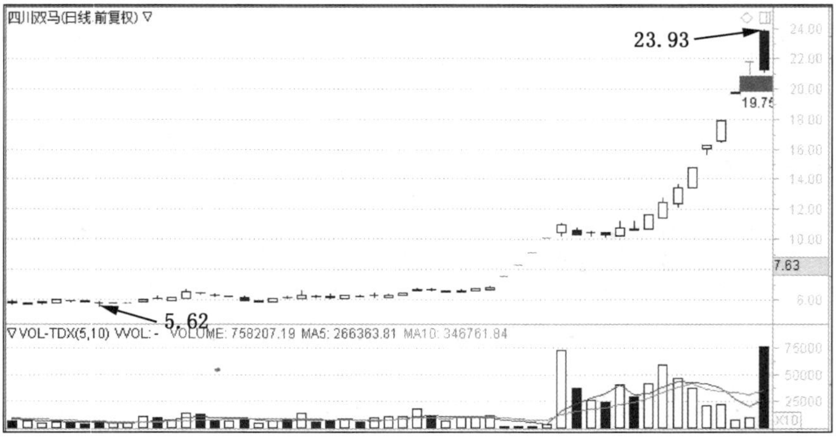

图 3－29　四川双马局部走势图

图 3-30　ST 正源局部走势图

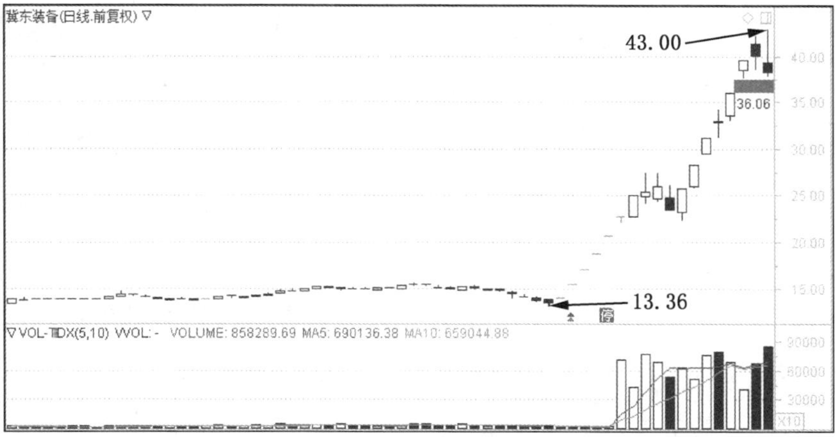

图 3-31　冀东装备局部走势图

强势股，人气之王，典型形态，是这类股票的共同特征，我们可以只在这类股票当中找机会。方向有了，方法有了，摧枯拉朽，势如破竹。很多年前，我听别人说不用复盘，不用看新闻，只用竞价和开盘来选股票，就可以轻松做涨停，我总觉得不大可信，当自己掌握了这些规律和诀窍后，才知道：一切皆有可能。之后通过长时间的实战总结，提炼出十余种出现频率较多，参与性较好，成功概率较大的交易模式，就守着这些模式内的走势做，交易一下就变得简洁、清晰、有效。

为什么要以守为攻呢？当一只股票走出来之后，拿各种理论都能很好地解释通，或者只给一只股票，你会从容自如地找到它的买点或卖点。但在盘中就不容易淡定了，三四千只股票，资金涌动，此起彼伏，令人目不暇接。我们往往会因为诱惑和冲动去追涨杀跌，结果顾此失彼。如何解决这个困扰每一个人的难题呢？老子云："大道至简，抱元守一。"就给了我们努力的方向：修心为上，控制欲望，减少方法和交易，只做经典，我们就可以在这个纷纷扰扰的股市中做得相对简单和轻松。

巴菲特在他的投资体系中，用的也是类似的策略。被称为"史上最佳击球手"——波士顿红袜队的击球手泰德·威廉斯，对巴菲特的投资理念影响极大。在棒球运动员中有两类击球手：一类是什么球都打，每次击球都全力以赴，力求全垒打；另一类则只打高概率的球。世界排名前十的击球手，都是后面这类人，而泰德就是这类人中的高手。泰德有一个鲜明的观点，不要每个球都打，而是只打那些处在"甜蜜区"的球。他把击打区划分为 77 个小区域，每个区域只有一个棒球大小，只有当球进入理想区域时，才挥棒击打，这样才能保持最高的击打率。否则如果去击打处于边缘位置的球，击打率会非常低。所以，在比赛当中，对于非核心区的球，即使嗖嗖地从身边飞过，泰德也绝不挥棒。这种策略听起来简单，但在实际比赛中却非常难操作，特别是在决定胜负的关键时刻。几万名观众绷紧了神经，用期待的眼睛看着你，当球飞过来的时候，如果不打，就将迎来全场的嘘声。这时，坚持"只打高价值的球"就需要极强大的定力和冷静的内心。

巴菲特把这种策略应用到了投资领域，形成了自己独特的投资哲学，只投资高价值、有护城河的公司，其他的根本不看。我们要向股神学习，不要把自己想像得无所不能，四面出击、八方征战的效果不一定比抱元守一好。我们要摒弃诱惑和冲动，用足够的耐心等待最想要的走势和完美时机，一击必中，连续涨停。圈子里有几个朋友是从几十万元靠交易一步一步做到几个亿，他们都有自己的方法，并且数十年如一日坚持只用自己的方法，由衷赞叹他们的定力和平和的心态。

身边也有朋友，他们用这种“守一”的方式只做龙头和妖股，只从三板做起，因为三板是一个重要的分水岭，如同百米赛跑到了最后二十米，很快强弱之分就展现出来。能够三板的股票并不多，所以他们的目标范围就很小，便于把时间精力花在分析龙性上，分辨谁是第一和唯一，有没有跟班和助攻，评估这样的大盘氛围以及炒作的主题是否支撑涨势继续下去。他们对龙头是如此的痴迷执着，非龙头不做的耐心和定力非常人所及。他们常说：龙头振臂一呼便应者云集，攻城略地气势如虹，集万丈光芒于一身，是整个盘面的灵魂！真是艺高人胆大，手熟能生巧，我只能望其项背，自叹不如。不由得想到一个人——町井勋，他是日本居合道的顶级大师，很值得我们学习和研究，由于篇幅问题这里不再详述，大家到百度里面搜索关于他的详细介绍和视频，看看炉火纯青、出神入化是什么概念。

回到股票上来。单单靠趋势和拐点还是远远不够的，因为这些还是宏观上的，为了这个拐点更成功，我们必须进一步深入、细致地探讨。平日看盘我基本上只看裸 K 线，偶尔参考一下成交量。均线、MACD、KDJ 等指标都是根据价格（K 线）的变动而变动，K 线（价格）才是最根本的驱动因素，那么我们就不要舍本逐末，要把目光聚焦在 K 线上。我看 K 线时，除了看价格的变动，主要看整体 K 线的走势和重心，以及走势所构成的几何图形，利用物理学原理关注走势或图形的平衡状态以及平衡被打破后的动态平衡，平衡被打破的这个点就是很好的交易机会。

多空对决如同天平，势均力敌则相对平衡，上下小幅晃动则不分伯仲，当一方胜出时则迅速变化，倾向胜出的一方，直至达到新的平衡或突然转向。（至于卖点，物理学中的动能和惯性可以很好地帮助你判断离场点。）

怎么去判断变盘点以及变盘能否成功，这是大难题，继续借用我们老祖宗的智慧来帮忙。《易经》坤卦云：履霜坚冰至。告诉我们万事万物的变化都会提前有一些显性或隐性的征兆，大部分股票也都是如此。股价大涨大跌前都是有征兆或说有信号的，比如出现某类特殊的 K 线，或 K 线组合或某类分时走势，或成交量的变化等，这些信号，如同下雨前的闪电、乌云、刮风一样，都是不充分不必要的重要条件。《黄帝阴符经》里面也说：观天之道，执天之行，尽矣。就明确给了我们研究股票的方向——寻找股道。何谓股道？即股价的运行规律以及产生这种规律时的特定条件。股价运行是有规律的，但这些规律的成功一定要伴随某些特定条件，如同下雨需要温度、湿度、凝结核一样。我们要的就是这些规律、特定条件和信号，把握了规律，看懂了信号，就会会心一笑，见微知著才是股票的微妙玄通之处。

这些东西很多高手都知道，但很多人避而不谈或不愿详解，讲的都是心法和听了都说好的道理。这也正常，股票这条路，无论是谁，成长的过程都非常艰辛，别人夜以继日、苦思冥想用真金白银试出来的心得，没有义务和盘托出，我们不必苛求。我们只需知道道理听起来很好，临盘交易需要把手来作为具体的切入点。我们可以从他们的成长经历来找自己努力的方向，少走弯路。从他们的席位或交割单去总结规律，测试验证。从他们的心法当中去悟道，化为我有。当你水平到了一定的程度，就可以从他们的只言片语或蛛丝马迹当中了解很多东西。

我为不少学员分析过几位顶级游资的交割单，他们听后无不感慨，原来这些大神在主题（热点）投资中把技术分析发挥到了极致，甚至说平时很多时候纯粹就是在玩技术。所以，我们不要简单盲目崇拜，要听他们怎么说，还要看他们怎么做，要独立思考，要虚心学习但不失自我。行云流水、信手拈来描述的只是一种境界，要达到这种境界必然要有正确的方向并具备一些具体的方法，在达到这种境界的过程中还必然要经历一些考验，这也要求我们要百折不挠，不懈精进。

临界点交易，说起来简单，具体运用起来一样很难，对各种因素的评估需要拿捏适度，还要灵活变通，没有很长时间的勤学苦练、试错，这个变通或拿捏是很难做到的。投资分析中，我虽倚重技术分析但从不排斥其他方法和理论，反而在积极深入学习，力图站在更高的高度以更全面的视角来综合辩证分析。价值投资，技术分析，主题（热点）投资，龙头战法，法无定法，各有优劣，目标一致——盈利！大家对任何高手、任何模式不要简单机械地去模仿，了解自己很重要，要根据自己的时间、精力、专业知识、性格等具体情况找到最适合自己的方法，八万四千法门都是不二法门，得一即可。日常交易中要充分考虑到大盘环境、市场风格、资金性质、收益预期、交易能力等因素，综合考量。

股票的术都是小儿科，看到好的书，遇到对的人，实战中再多总结思考，交易能力就会大幅提升。但方法和技巧懂得多不多，跟能否稳定盈利是两码事，不择时机频繁随性交易，只会亏得更多，亏得更快。要有颗平静强大的心和坚定果断的执行力来做保障，才能把术用好。还要顺天、应势、待时，才能在股票市场有大成。学习股票之路或投资生涯是个人的修行之路，什么时候把我去掉，把执去掉，能够驾驭欲望和冲动，行云流水就真的来了。那将是孙子所云："水因地而制流，兵因敌而制胜。故兵无常势，水无常形；能因敌而变化者，谓之神。"

股市里，不确定性是唯一确定的，再好的方法也会有短板，所以我坚决反对重仓或全仓买一只股票。一旦失误，必将造成大的回撤，而回撤最大的成本就是时间。资金波动也会带来情绪成本，进而影响交易状态。跟外面的世界一样，一心想暴利想赚快钱的一定不会长久。青春易逝，生命宝贵，我们没有几个三年五年来折腾，敬畏市场，步步为营，把股市投机这个微弱的胜算概率通过时间来慢慢放大，即可基业长青。

感谢诸位良师益友，祝愿所有人如意，圆满。

注：本文作者郭帆，龙头部落内部“剑宗”派的代表。十年实战，穿越牛熊，汲取百家之长，独辟蹊径，用经典交易模型直击临界点，简洁实用，稳健进取。该文完稿于2018年6月。

3.16 执着与去执

大家都知道职业炒股很难，具体有多难，某游资曾经对炒股有段真实的描述：最少经过一年牛熊行情的更替，你才会初步掌握。再经过一年只此一招的训练，两年后在这招上你肯定也是好手。前两年的亏损第三年可能轻松就赚回来了。

但这三年还得具备四个条件：第一，得有足够的精力，这里的精力不仅仅是时间的空耗，而是实实在在地专注在这一件事所能达到的学习力、毅力和悟性；第二，得有足够的金钱来维持这三年家庭的生活支出及股市上实践的费用，说实话，每一笔单子都是真金白银实打实地打出来的才能真的有所悟，与模拟交易无关；第三，得有完全支持你的家庭做后盾，无论成败，无论得失，都无怨无悔地支持；第四，也是最重要的一点，你得有能领你入门的师傅和一群共同修行的朋友。

当这几点你认为还可以的话，我们将面临着目标与心态、性格及客观因素匹配的问题。股市拥有太多的包容性，可以让各种方法各种理论都能赚到钱，虽然每种试错成本确实很高，但大部分人得一开始摇摆之后才能选择出真正适合自己的路，这与自己的性格匹配度有关，还与个人的发展环境有关。无论短线还是长线，无论价值还是技术，没有什么好坏之分。但无论如何，我们个人这一匹配和试错过程一定要短，人生最怕的三件事是不会选择，不坚持选择和不断选择，尤其是不断选择是最致命的！

至此，既然选择了这条路，没有什么比执着的走下去更重要了，比如选择短线的目的就是希望资金使用效率最大化，为此要承受可能带来的不确定性的风险，因此，如何加大投资确定性，控制风险成为我们一定要重视的核心问题！我们可以通过仓位控制来被动规避风险，但因此也有可能失去行情机会。

所幸有龙头战法！龙头战法实际上是站在我国特殊国情的角度上去理解股市的一种战法，龙头战法所追寻的至高、至强实际上是对未来走势大概率的一种判断，由于这种判断包含了对题材、板块、热点、技术、资金、价值以及趋势等多维度的考虑，所以大大加强了确定性。

而简单的将龙头战法等同于追涨停的看法只能是管中窥豹，是否有题材、题材的可持续性及介入位置的高低才是战法的核心。简单地只从盘面上总结出的涨停理论可能存在刻舟求剑的风险。因为市场是不断变化的，当市场中大部分人都通晓某一种方法的时候，那么这个方法就已经失效了。主力就会利用此方法来出货，但从题材的角度去看问题，从本质的方向上与主力同步，目存高远才能“不畏浮云遮望眼”。

案例一　分时二板之欣锐科技

欣锐科技(300745)当时正好是一波以亚夏汽车为代表的由强转弱市场的一个空窗期，而且正好叠加中美贸易战打得如火如荼，当时市场上三个方向的板块：以华纺股份为代表的汇率受益板块，以晓程科技为代表的芯片板块和以欣锐科技为代表的锂电池新能源汽车板块，在

2018 年 6 月 26 日当天都顺利二板。但是，当时的情况下华纺属于贸易战分枝题材，板块也不硬。虽然是三只股票中率先涨停的，但属于超跌反弹。晓程科技下午涨停，而且存在题材不够新、股票不够新的逻辑。而欣锐科技属于次新，今年次新从贵州燃气到万兴科技再到宏川智慧，基本存在着记忆，其锂电池新能源汽车和次新叠加所带领的板块够强够大，所以我在二板的时候在这三股之间选择了欣锐科技（见图 3－32）。

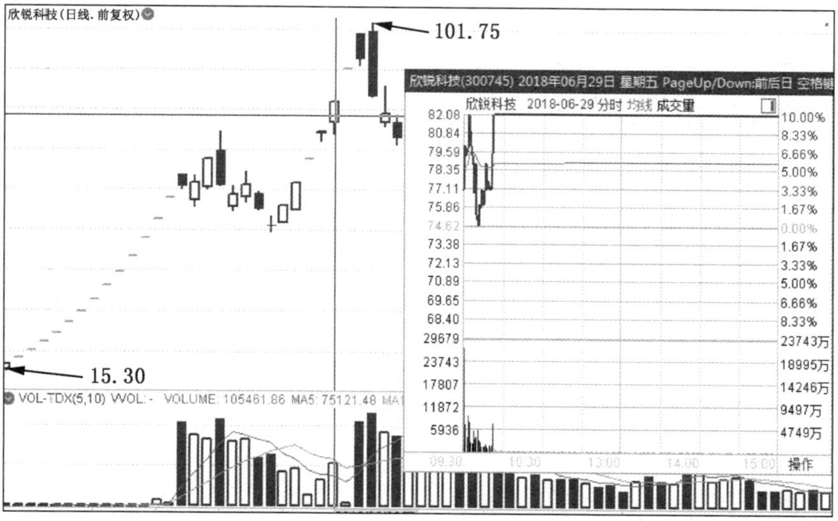

图 3－32　分时二板之欣锐科技局部走势

第三天，欣锐科技一字，第四天 T 字板，这是破前高的分歧转一致，当时对此开板时也是非常紧张，因为它现在所在的位置正好是前高的位置，面临着可能一次性突破不过去的困难，而且目前股价已近 75 元，但是作为另两只分枝龙头，这时华纺股份和晓程科技却都在走龙头的趋势，在这个三转四的过程当中就有可能被淘汰。

现在彭道富老师带领的“龙头部落”的龙头涨停理论来看无疑就是

在强势当中打了一个 T 形的钉子，让这个板更牢！然后等到四板的时候出现了分歧转一致，大量换手，在这个位置由于拿不准，所以就出了一半。这时候的华纺股份没有封板，其板块当中其他几只股票也都阵亡。而晓程科技是一路换手上来的，股价也不高，但它缺少欣锐科技的板块效应。果然，晓程科技止步于五板，而龙头战法的位置理论这个时候在欣锐科技起到了决定性的作用，54 元到 100 元，然后第六天非常轻松的出货走人。

总结一下，以后再出现多个分枝板块龙头时，首先，从题材角度可以排除华纺股份。第二，针对于两军实力相当、势均力敌的情况下，不妨在两个题材当中都可以配置一部分来分散风险。第三，尤其是当欣锐科技四板的时候，在当时的市场环境、氛围均支持继续的情况下，已经分歧转一致并过前高，确定性有了的时候，应该再加仓，而不是先落袋为安！

案例二　N 字板之建新股份

建新股份（见图 3－33）我是在 1 月 12 日涨停板时买入的。当时的买入逻辑比较简单，就是纯技术选择的 N 字型买入。首板之前位置低且走势平缓，均线黏合，首板后连续六天小阴小阳没破首阳最高价，均线金叉，量价配合很好，N 字二板就是技术好板。

但关键是我拿了几天后，没有再涨停，不合我的预期，我就卖出了，没有再拿住，更没有抱住 2018 年来最牛个股（至 2018 年 9 月底，除去次新股以外，建新股份以 154％的涨幅名列两市第一！）

总结一下：第一，从量的角度来看同样存在量价配合的问题，第二次涨停后，没有连续涨停，但也没有放量，一直延 5 日线上涨，在走独立

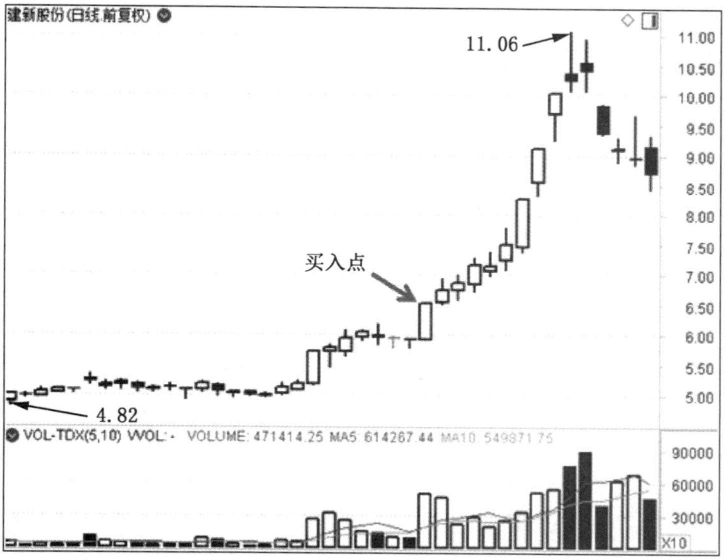

图 3-33　建新股份局部走势

的趋势走势。第二，对龙头战法的核心还是没有搞清楚，当买入三天没有涨停时，就开始从板块的角度去找，没有板块效应就放弃了，没有抓住该股炒作的本质是什么！建新股份是在环保趋严行业格局下的全产业链鳌头！ODB-2 全球仅有约 4 家企业在产，间氨基苯酚实际有效产能也远远低于名义产能，公司当前已经具备较强的价格话语权！业绩更是几十倍的增长！第三，龙头战法的核心不是表面上的涨停，涨停板的图型只是具象的一种表现形式而已。在这种形式下，有没有题材才是核心，涨停板战法能保证买得不错，而题材决定能走多远，位置决定风险。如果对题材有深刻的认知后，就不会在建新股份上丢西瓜拣芝麻了。

案例三　N 字板之东方钽业

同样这只股也是 N 字板，7 月 13 日首板后我见它[东方钽业(见图 3－34)]三日未破首板最高价，且延 5 日线上升，量价配合完美，后回调时于 7 月 19 日买入。

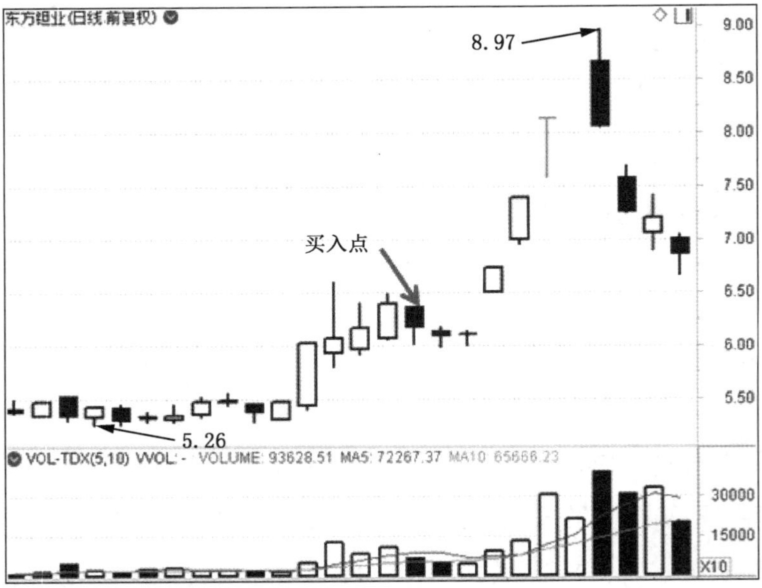

图 3－34　东方钽业局部走势

总结：认知圈的问题，价值投资讲究在个人认知圈内投资有护城河内的企业。超短虽然更讲究氛围、主力和逻辑，但对于题材所决定的高度，却与价值投资龙蛇合击。但我个人对期货和稀有金属在产业链中的作用及工艺比较欠缺，因此当此类个股上涨时，时常不敢买，买了也抱不住。而对一些逻辑清楚、业务简单、自己熟悉的板块如大金融、房地产、建材等就比较敢于投入，这方面是自己的短板，下一步应从研报和全产业链中去学习。

案例四　保护板、新高模型之宁德时代

宁德时代（见图 3－35）次新开板后并没有大幅下杀，盘子小题材好业绩好是主因，我一直在盯着它，均线黏合后，首次突破于零轴处进入，第二天涨停，然后走出一波趋势。

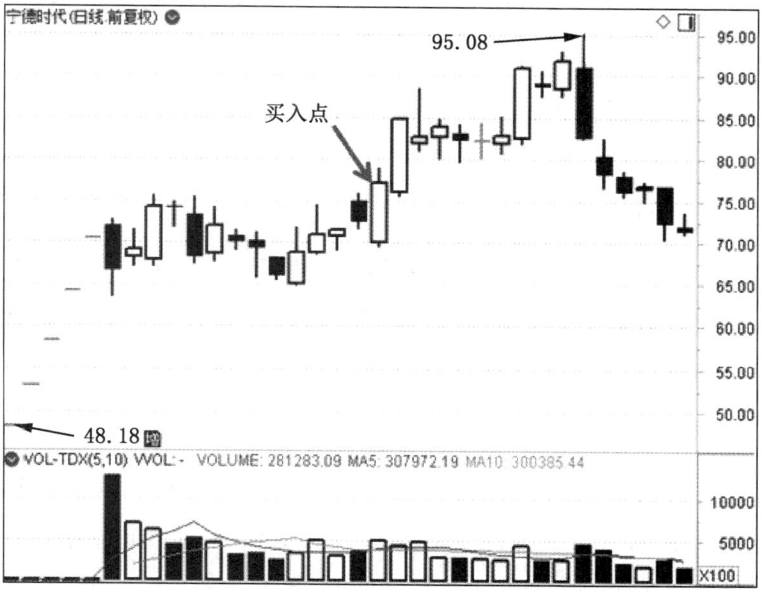

图 3－35　宁德时代局部走势

总结：第一，对于这类市场比较瞩目的个股，除游资外，也是各类外资、基金关注的对象，容易引起合力，又具次新属性，应放入自己的股票池中，经常翻看，不然等走出来就没有先手。第二，保护板（保护板是我们龙头部落的独有提法，特指一种高胜算的涨停板）提供了一种信号，也是一种低吸的方法，以后可以采用三三制手法买入，即 1/3 在保护板

尾盘界入，若第二天盘口在4%～7%，开盘再进1/3，剩余在涨停处界入，若走势不及预期，留有先手可第二天出货，损失不大。必须是龙头，能带动一波行情的龙头，这方面得在前期个股形态走势中就分析出来，多加关注。

股市的血雨腥风绝对不是一两天能够经历的，临门一脚的杀伐决断也不是仅仅靠执着于股市当中就可以形成的，这需要我们一方面不断地坚定我们的信仰和坚持我们的理想。另一方面要跳出这个圈子去看问题，我们的大局观和格局观，要站在一个较高的高度上去思考，我们不难得出一个结论：股票市场的上涨归根到底要与宏观经济的发展保持同步，政策牛市未来再次出现的概率难以事前估计。任何时间节点上，脱离了经济环境而谈论牛股，这一行为本身没有任何意义。这才是龙头战法的核心。

龙头战法不是只讲涨停，龙头战法是讲逻辑，讲方法论。而涨停只是这种方法论的一种极致的表现方式。我们更应跳出每日追涨杀跌的圈子，谋求更大、更宽领域的角度来看股市。

注：本文作者冯瑜，房地产领域的高管，平时工作很忙，在外行看来，做龙头股需要专职，工作忙没有办法做龙头。其实，这是对龙头战法的误解，龙头战法如果做好了，最省时间。龙头战法的核心在于盘后的复盘和思考，真正的交易所需要的时间，其实很短。在龙头部落里，核心作战时间有时候也就半个小时，既省时，又高效。

龙头战法是一种哲学。冯瑜不止一次的跟我交流，他说，龙头思想在房地产领域也照样实用。冯瑜是一个特别善于思考的同学，也非常善于学习。此文是他中秋之夜写给我的，虽然有待完善，但是已经摸到了龙头的门，实乃可喜。

该文成稿于2018年10月。

3.17 从德州扑克的角度看永和智控复牌该怎么打

永和智控明天复牌，这牌怎么打？

前几局牌况概述：华锋股份总龙头十二天十板打出空前人气和高度，停牌被关。永和智控作为华锋在位时的最高上将，并且在五板顶一字的情况下，次日六板再度顶一字扛旗，走了两个无换手空板（获利盘非常重），随后被关。后续有继续接力的新光药业六天五板被关。市场继续发酵填权主线，后排四板往下均有接力。作为第一个被放出关的龙头之一，明天这牌怎么演绎比较好？

这里有三个关键点：第一，它是填权概念龙头，它的表现对整个填权板块的表现有很大影响；第二，它是第一个“出狱”的高度板，它的表现关系到后面出狱大佬们的表现，同时承上启下，对上下都有影响；第三，也是最复杂的一点，它有20%的筹码断层，明天出来不管怎么打都相当于超池下注，基于这个赔率，后位正EV选手理论上是不适合跟的。

首先单纯基于对手大额超池下注（20＋以上浮赢），大多数人基于正EV（期望值）决策，不管对手是不是虚张声势，理论上都是选择不跟。但是如果这个是锦标赛，这局彩池的胜负直接关系到进入钱圈的命运，这牌就不能弃了。如果不弃牌，那么接下来的博弈思考就是双方对盘口会怎么诱导下注。(理论上先手希望后手参与进来进行接盘，同时做大底池。)

首先如果这手牌不能弃，也就意味着它今天必须涨停。

第一种，开盘继续顶一字(继续满池下注)，就前面两个空心板读牌来看，对手的牌桌形象不太好，格局小，喜欢吃独食，不喜欢分钱局面，这种情况超池下注太多，容易引起获利盘大量出逃砸盘，承接好的话，通过砸板的方式完成换手。

第二种，弥补之前觉得手牌太好下注过重没人跟的局面，平开或者小幅高开或者合适的高开(open，即公开下注时下轻注)，此时赔率合适，人气会蜂拥而至，纷纷跟注。

第三种，打走部分弃牌率，减少竞争对手的方式，高开后直接下杀到绿盘，直接把后排跟风拖下水搞死，然后基于龙头首阴深得人心的影响力，在绿盘涌起接力再上板。

第四种，最坏的情况，顶一字开被砸死，大家不陪它玩，这牌就打烂了。

注：本文作者因为工作原因，不愿意署名，她是某神秘私募操盘手，该文成稿于 2018 年 5 月。

3.18 龙头悟道

这篇文章是学习龙头战法的心路历程，我想，分享自己的成长对有些朋友更有意义吧。我喜欢剖析自己，这些发生在我身上的问题，我相信也曾出现在同样学习龙头战法的你的身上，去克服、去战胜是一个过程，也是一个目标，我愿意做一面镜子，在看到我的同时也能看到你自己。这就是这篇文章存在的意义。

一、说多了都是泪

个人经历：2015 年 5 月 28 日开户，进门就是股灾，连股票都不知道从哪里找的我，看着账户上爆亏 65%后那可怜巴巴的一点点钱，有无数的不甘心，熬到 2015 年 11 月，听人说西部证券好，什么也不懂的我加了点钱全仓进去竟然吃了将近两个涨停板，然后又听人说，光华科技好，又全仓上了光华科技，收获将近 7 个板的我，看着不断增加的资金账户，开始认真地思考炒股这件事情。得出的结论是：原来炒股真的可以挣到钱，而且这么迅速，我要干！

当天去新华书店把几乎不同类别的十几本关于炒股的书都抱回

家，开始我的啃书之旅。孩子年幼，不到三岁，每天白天看孩子，做家务，兼顾盯盘，晚上拼命学习，看书到夜里 1～2 点是家常便饭，看到严重的颈椎病，头晕目眩，恶心！办个卡做推拿，继续学！三个月高强度的学习让我渐渐有了自信，不再是一无所知的股市小白，竟然开始不亏钱甚至小赚了，不能不说勤奋是最重要的东西！

2016 年初遇到一个人（此人看过我在别人的 QQ 群里发的交割单），这位大哥一手拿着一个一百万元的账户，一手提着一摞书来找我，让我帮他炒股。至此我炒股 4 个月，感恩信任的同时，我婉拒了这个“利好”，很简单，我没有这个自信。

2016 年 3 月 28 日，开盘上了恒信移动，做波段的我，这个波段 30 多个点，有点小得意，拗不过他一再的请求，在自信心无比膨胀的情况下，接了对方的账户。4 月 11 日开仓第一笔，罗平锌电，第二天涨停，第三天竞价走，11 个点，开门红！然后重仓，然后大盘一波强势调整，亏 14 个点，然后我们不欢而散。

虽然这次的事对我有打击，但是却给我指明了一条路，做一个股市的专业技术工人操盘手会是我以后的方向。

一直感激这个大哥送给我的一摞书，里面就有彭道富先生的《股市极客思考录》，当时已经看了第一遍，渐渐对做次新有了心得。恰逢 4 月、5 月、6 月次新牛市，我又重新找回自信！8 月、9 月已经切换到复牌股上来，之后遇上了股权变更的牛市，所以也收获颇丰。

有个问题一直萦绕在我心里，那些涨幅巨大的牛股我也做过，但都是挣 10 个、20 个点，多的 30 几个点就走了，怎么样才能从头吃到尾呢？什么样的股票才能涨这么多啊？带着这些困惑我给书的作者写了一封邮件，于是有了缘分加入龙头部落，进入龙头战法的核心圈子。

二、掘金铲子

股市在很多人眼里是金矿，而龙头股犹如金矿中最璀璨的明珠，吸引着每个入市人艳羡的目光。即使在股灾期间，龙头股一样发出耀眼的光芒，它一直都在，而我缺少的是一把把它放进我的行囊的工具！

（一）掘金铲子之空杯心态

这是一个绝大多数人并不陌生的词，百度上是这样解释的：空杯心态是一种对工作、学习、生活、生命的放空、低头、吐故纳新。放得越空，拥有越多。做事的前提是先要有好心态，如果想学到更多学问，想提升职业能力，先要把自己想象成“一个空着的杯子”，而不是骄傲自满，固步自封。

其核心就一个，即吐故纳新。很多人渴望龙头战法是因为自己掌握的模型没有龙头股涨的猛，没有龙头股暴利。也就是从心理上是认可龙头股的，潜意识是想学习的。

在龙头部落交流会议上，很多人听到用分时图判断龙头的时候热血沸腾，觉得自己找到圣杯了，股市就是提款机了，哪里有那么简单。

俗话说舍得、舍得，先舍后得。不舍得吐故就不会纳新，不舍得敞开心怀就难以接受真心。彭总毫无保留地把自己十几年的研究成果公之于众，这种分享的精神就值得很多人仰视。

很多老股民三观定型，思想固化，难以接受新的东西，这就涉及原有交易系统和新的龙头战法相互较量的过程，是较量而不是融合。一边艳羡龙头战法的巨大涨幅，一边又突破不了自己的心理障碍。然后就不断来回切换，原来的嫌慢，新的又不能全盘接受，就造成资金的频繁亏损。看到某个龙头呼呼涨起来后悔不迭，看到之前的模型买点又抱怨太慢，看到群里做龙头战法的同学不断地贴着炫目的交割单，心情开始烦躁，心态开始浮躁，情绪开始暴躁，于是进入了散户的死循环——不断的变换模式，不断的检讨自己，而没有一种模式坚持下来，直到摸清这种模式的命门。

做波段、做超跌、做庄股、做龙头、打板等等来回切换，哪一个都看不清，学不精，学不透。事实上，没有人可以练着武当剑法同时又学少林拳，然后还觊觎着凌波微步，可以学精一样以此为基础增加别的，盈利的同时修正模式，删繁就简，但绝不可以同时试探几种模式，那样只会哪个井都挖不出水来。

身边有个股友，几乎学遍天下，还有各种以学习为名义的交流，但是就是买点很乱，哪个股票都没有十分的把握，没有足够自信的结果就是见不得分时洗盘，一洗就出！多少牛股被放跑！整天后悔不已！

还有个原因是阻碍龙头股操作的重要一环：龙头股不常有！龙头股不是天天都有，好多时候一个月出一个半个，也就是说，大多数时候是要等待的，但是大多数股民没有这个功力，都想天天操作，天天挣钱。没有龙头股怎么办？就做之前的模型，走回头路，这一做不但是资金被老的操作模式占用，就连思考方式也被老模型占用，失去了对市场的敏锐察觉力，在普通股票的慢慢地涨跌中，思想钝化。以上问题的解决方法就是标题——空杯心态！敞开心扉，简单，相信，干！

初学完龙头战法，回去第一件事就是把之前所有的股票清仓。既然知道龙头好还有什么好犹豫的。第二就是放弃立即暴富的想法，全新的模式想进门就挣钱那靠的是运气不是能力。第三重新建立股票池，把 2016 年所有的能被市场上称为龙头的股票都找出来一个个看，未来是藏在历史中的，要想预知未来，必须先研究透历史，每一个走出来的龙头股都是一本教科书。

在这个阶段我犯了一个很严重的错误，我过度迷恋各种术，我学龙头战法只学了个皮毛，学的是“形”而不是“意”，于是，我把自己又放空了，默默收拾行李，带着谦卑的心再去参加龙头部落的交流会议。

（二）掘金铲子之站桩

喜欢看武侠的都知道令狐冲学了风清扬的独孤九剑后独步武林，步入顶尖高手之列。龙头战法相当于独孤九剑，为什么很多同学学了没有独步武林呢？

咱们先看令狐冲学独孤九剑的前提：华山大弟子，学艺十几年，天资聪颖（与师妹创了个好看的冲灵剑法），被田伯光打了很多次，很想打败田伯光。

切换到龙头战法就是基本功扎实，有一定的交易经验，盘感好，亏损很多次，屡败屡战，心理素质好，目标明确。

我想令狐冲学武功的时候，肯定没少站桩，站桩是学武功的基础，龙头战法如同股市的独孤九剑，要想修炼成功，必然要具备一定的经验和足够多的思考。彭总的著作《股市极客思考录》，是目前市面上众多炒股书中精华中的精华，很多观点颠覆了以往的概念，是否熟读三遍以上？对于龙头股的概念是否清楚？彭总分析龙头战法，旁征博引，信息量极大，如果自己私下没有思考过股市，很多东西掌握得不好，跟不上节奏，就更谈不上消化吸收了。基础知识的特点是枯燥乏味，我四天看完技术书籍，看得头晕目眩，脑子都转不动了，但是知识一拿到盘面上，顿时觉得股票的走势清晰了很多。

基础知识掌握熟练了，看每一个走出来的龙头都是一副美轮美奂的图画，能看得懂主力的精心布局，精雕细琢。看得懂才会心里不慌，才不会成为追涨杀跌的韭菜！

站桩这个过程很枯燥，没有什么捷径可走，而且重要的一点是，走过来的人用的都是笨方法，就是认认真真地都学一遍，世间的成就都离不开一个“勤”字，多学，多看，多练没有学不会的，只要不是进入技术指标的陷阱（见过有朋友学指标学到走火入魔的，整天盯着小结构的东西看，很辛苦），因为技术指标只是股票涨跌的表现形式而非涨跌的根本原因，我们要做的是找到源头。

（三）掘金铲子之盘感

和好多朋友探讨过“盘感”这个问题，每个人给我的回答都不一样，都说不清具体是什么。我所认识的“盘感”是一种理解力，如同学生学习成绩好的基础一定是语文好一样，阅读多了，理解能力强，其他学科才不会那么生涩。在股市中，同样看到一种现象，你能联想到什么？思考到什么？从而延伸到什么？这就是你的盘感，是行军打仗中的情报分析，这就是做决断的基础。

做龙头股的必修课是5分钟涨速榜，一只股票跳出来，你能迅速反应出什么板块、什么概念、和谁会有联动、会带起谁。主力发动的意图是什么。点开这个股票，扫一眼就能判断趋势、形态、压力位、支撑位，一分钟内就能得出上车与否的结论。如果你再点开F10，看主业是什么、属于什么概念，对不起，我已经涨停啦，明天请早。这样的反应速度至少要半年以上天天盯着5分钟涨速榜看，并且把已经联动的、异动的分门别类做记录，建立股票池，储备能力的时候也储备资源，有了鱼苗才能逮到大鱼。

这里有个小建议：如果你有两个以上的屏，可以一个看2分钟，一个看5分钟。一旦一只股票在2分钟上蹦出来，并且，有相同板块的股票也蹦出来，好，开始联动。这个时候看5分钟涨速榜，能持续多长时间，持续时间越长，股票越多，安全系数越高。当然，一旦在5分钟上大面积出现，这个时候龙头已经涨停了。所以要对板块的接力有个预估，这时候才不会放跑龙头，很多时候，题材不强的情况下，只有龙头会涨停，其他进去是没肉吃的。

又比如，昨天有强势股反包第二天低开低走，你今天还会去参与反包的股票吗？再比如，最近几天，十几个亿利好复牌的个股都是补跌，你今天还会参与吗？但是突然有一天，一个几个亿的没有多少想象力的利好复牌就能涨停或者一字开板，你是不是该做些什么了？还有，次新很火，你知道次新的几种参与方式吗？是开板就进，还是三天五天八天技术图形能看出端倪来再进？还是一两个月后主力收集好筹码了，准备做主升浪了再进？还是买那些看起来很低的超跌？

还有板块怎样衔接、转势的时候大多会有什么现象表现在盘面、资金最近的喜好等等，这些都是“盘感”，是一种能一生二、二生三的理解力，是一种独立的思考能力，也是每个高手都具备的独有的核心竞争力。“盘感”的淬炼时间单位都是以年来计算的，没法速成！唯一的诀窍就是离盘面近，越近，形成越快！每天 10 个小时和每天 2 个小时是完全不同的概念。

(四)掘金铲子之复盘

如同行军打仗，复盘就是制定作战计划，明天资金该进该出，从哪进，从哪出，都要有详细的计划。

复盘很重要，非常重要，重要到决定你的盈亏。但是很多人却不复盘，每天收盘后的复盘就是看看各个公众号写的盘面一二三，更或者，收盘就是下班。

怎样复盘呢？彭老师给每个学员一个复盘的册子，很详细、很重要，一定要仔细看。

当天的涨停板要看，是首先要看的，那昨天的涨停板呢？前天的呢？一周内的呢？要不要看？不看你怎么做回踩后的主升浪？不看你怎么能发现天山股份?

龙虎榜是不是要看?熟悉一线游资的套路是做龙头股的必修课,虽然这个课很难修。

涨停要看,那异动看不看?异动说明有资金在做动作,肯定要看。不但要看,一定要把异动单独放进一个股票池跟踪,多少大牛就是在异动中产生。异动包含量异动、价异动、形态异动等等,这些是不是要关注?

公告是不是要看?利好要看,利空是不是也要关注一下?万一你股票的兄弟股出个重大利空呢,会把你带坑里的。

板块强弱、资金流向要不要看?板块之间的轮动能找到它们之间的联系吗?能像熟悉自己老公或者老婆的脾气一样熟悉股市的涨跌脾气吗?

重要财经新闻是不是也要看?这可是龙头产生的摇篮。

还有个重要的板块也要看,就是之前的龙头(这个在平时有没有收集建成股票池是另一个话题),反复操作是资金一贯的喜好啊。

好的地形容易产生龙头,那有没有经常选一些好地形的股票建个池子"等风来"?

最重要的复盘——复盘自己,一只眼睛盯着自己,我每次连续几笔盈利后只要一嘚瑟肯定巨亏!就是那只盯着自己的眼睛懈怠了!很多人是巨亏后休息,我是大赚后休息。

这个复盘的过程很辛苦,腰酸背疼眼抽筋,但是成长不就是一个艰辛的过程吗?没有艰辛的量变怎么会有华丽的蜕变?看各个公众号、微博的快餐式复盘文章,快的像吃了包方便面,不但没有营养,还有副作用。而真正的复盘就像慢工细火炖的红烧肉,且不说炖的过程会增加厨艺水平,出锅的时候是有成就感和幸福感的!

我问过好多人怎么复盘的，大多数都是各个公众号浏览一下，不错，这样能节省很多时间，但是我们的独立思考能力呢？分析能力呢？做一个跟随者貌似很安逸，但是也很危险，因为依赖，因为你没有在不断思考的过程中培养自己预知危险的能力，所以，如果真正的危险来了，依靠那种本能而逃跑的感觉就会缺失！

还有，各个公众号会自觉不自觉地推荐一下股票标的，这个时候你是分析呢？还是相信呢？不要让自己的账户成为别人信息的跑马场！

复盘工作量大，很多人坚持不下来，可以找合作者，一起分工合作，这样也能避免部分风险，因为每个人对信息的解读角度是不一样的，在你认为是机会的时候也许别人认为是风险，有人一起复盘是一个相互监督、相互促进、相互帮助的过程。

(五)掘金铲子之学习力

百度解释：所谓学习力就是学习动力、学习毅力和学习能力三要素。学习力是指一个人或一个企业、一个组织学习的动力、毅力和能力的综合体现。学习力是把知识资源转化为知识资本的能力。

还有次彭总分析投资时引用过一句话：

“形而上者谓之道，形而下者谓之器，化而裁之谓之变，推而行之谓之通，举而措之天下之民，谓之事业。”

学习力就是“化而裁之谓之变”的阶段，但凡一个新思想的形成都会有其形成的基础思想，这个基础思想给它养分，而它的精华再加上自己独特的思考，从而形成新的体系。

电影《长城》大家都看过，我的解读是通篇表达了一个思想——学习力。无论是将士还是饕餮，都是在进步的。这个进步的决定因素就是学习力。将军领导的一众士兵，每日勤学苦练在进步，但是饕餮的进步更是神速，能利用人的弱点去攻击防卫，其学习力远远超过将士，所以在一次过招中以一计暗度陈仓，避开将士的防线，成功进入长城内。在惊叹饕餮的高明外，更多的是赞叹它们的智慧升级。影片中多次提到它们的进步，这就是进步的集中表现，最后的胜利也是学习力提高的绽放。军师用自己的新发明——热气球，载林海将军、威廉进入皇宫，在磁石控制住饕餮护卫的瞬间用炸药灭了妖王，这也是一步步学习、总结、运用的结果，这场大战异常残忍，谁弱一点，整个种族就会被灭掉，到最后拼的就是学习进化的速度。

如同股市，今年常听人说炒股越来越难，我入市时间不长，才两年时间，不知道以前是怎么个炒法。但是今年，尤其这半年感觉如果两天不复盘，就跟不上市场的节奏，只要不是全天跟盘下来，就不知道市场发生了什么事情，第二天就不知道怎么下手。最突出的，一旦市场认可一种方式，立马第二天就会有效仿，速度之快令人惊叹。如果你不是盘中发现了这一现象，然后复盘选出类似的标的，人家第二天涨停，你还不知道怎么回事，完全是一个浑然不觉的状态，这样的状态怎么能赚钱?!

我们的对手盘很强大，他们都是团队，集十几个人、几十个人的智慧操作一只股票。本身资金的优势就是巨大的武器，再加上对市场的分析理智而客观，所以作为小散的我们如果不能持续不断地学习并在快速敏捷上发挥优势，那只能被这个市场残酷地消灭!

龙头战法是市场最暴利的方法，我们学了，我们的对手盘也学了，并且用龙头战法的一些要点，比如分时龙波来制造假龙头，令很多人落入陷阱。2016 年底到 2017 年初这段时间，市场上出现很多大资金一笔波拉板，学过龙头战法的同学认为是龙波信号，追进去，第二天低开低走，它们迅速收割被这些假象蒙蔽的股民，尤其很多喜欢打板的同学更是深受其害。说到底就是“饕餮”进化了，而我们进化的速度比不上它们，我们的学习力比不上它们。

我认为学习力的高低关键在一个词——转化。学龙头战法学的是意，而不是简单的形。龙头战法的很多知识点和模型随着时间的推移会逐渐弱化，但是龙头战法的分析思路却会随着时间的推移和运用次数的增多而逐渐强化清晰，这才是根本。这个分析思路就是彭总说的能把零件组合成工具的思想，你能用这个思想自己把零件组合成工具而不是用彭总已经组合好的工具，彭总组合好的工具很多人都会知道，但你所具备的组合工具的本领很多人都不具备，这就是你的核心竞争力。

学习龙头战法几个月后，我渐渐有了心得，之前一直有个问题，因为技术分析应用比较多，所以好多时候有点依赖技术分析，就觉得龙头战法学得不纯粹，心里很忐忑，打电话给彭总，彭总就一句话，你认为对你有用就是对的。我想是啊，有用啊，而且很有用，擅长用技术分析跟庄做主升浪的我把技术分析用在龙头上不是一样把天山股份预报在起爆点嘛。尤其在杭州龙头会议上听了两个同学的分享，才知道自己这种叫剑气合一。[①] 顿时豁然开朗，进入“化而裁之谓之变”的阶段。

(六)掘金铲子之一对矛盾

众所周知，龙头股不常有，妖股更不常有，大多数时候是在等待，利润虽然很高，交易的频率却很低、很低，如同很多人的理想是抄底重仓进，摸顶清仓走！这里面有个很重要的条件，那就是你要密切关注市场的动态，能感知里面的风吹草动，就是要有敏锐的触觉。那怎样才能做到这个呢？你会发现空仓等待的时候你的感觉会钝化，并且如果连续不操作你对盘面的关注会失去兴奋度，再操作下手的时候会犹豫、会忐

① 剑气合一也叫剑气合击，是龙头部落内部的经典战法，原名叫龙蛇合击，主要讲多维共振做龙头，该方法犀利的时候可以做到首板介入龙头！

忑,甚至会怀疑自己的判断,当龙头来的时候你甚至都不敢上。

这个问题就是保持手感的问题,要有敏锐的触觉必须离盘面很近,时刻都能看清市场轻微的变化,并且随时准备出手,这就要求最好每天都有交易。量可以很小很小,甚至小到1手,但是一定要参与,因为只有参与了你的关注度才会提高。即使只买了1手,当账户变成绿色的时候也一样很不爽,所以哪怕是1手也会逼着你认真的选标的。这和频繁交易不是一个概念,这是保持持续敏锐感觉的重要方法。其根本区别就是仓位要严格控制,不乱加仓。

空仓等待和保持手感中的天天交易并不矛盾,空仓等待是仓位,天天交易保持手感是心态准备。二者不在一个频道,更何况还有仓位的严格控制做后盾。所以这是一个两全其美的方法。

三、格局有多大,舞台就有多大

入股市的每一个人最初的梦想都是一样的——挣钱!但你会发现,你越想得到的东西越难得到,因为高收益的预期会让你失去理智,就会去更多的冒险,就意味着你的出错率要高出好多个基点,股市本来挣的就是别人判断失误损失的钱,你出错,就意味着你被别人挣钱。

我也一样,进入股市就想挖一筐金子,但是却被狠狠地咬了一口,而这一口也应验了老百姓常讲的一句话:任何行业都是内行人挣钱。要想在股市中挣钱,就必须让自己成为内行人,而成为内行人的唯一途径就是学习。我和家人约定,以一年为期,老公赚钱养家,我不工作,不管生意,只潜心学习。学习的过程也是一个验证学习能力的过程,中间起起伏伏,亏损一点点减少,判断成功率一点点增高,每一个涨停板都给我前进的动力和被认可的成就感。不知道什么时候形成一个学习→

成长→验证→正确→再学习的良性循环，内心也不断地充实，突破。当有一天看到这样一句话：内心的成长是最高的奖品，诸如鲜花、掌声、利润都是附属品！我知道，我越过了追求利润的阶段，而利润却不请自来。

自从我定位自己做一个牛气的操盘手后，我自己账户上的那点资金的涨跌再也引不起我内心巨大的波动，它们只是我验证逻辑的试金石，我知道我将来会有一天挣的钱比以前一年乃至十年多得多，这只取决于我有没有一把挖掘金矿的铲子。而这个铲子就是我稳定的盈利模式。从此我的关注重点不再是账户资金的涨涨跌跌，而是我心态的训练，交易模型的精化，技术的精准判断。

我曾经非常地钦佩山东帮的投资风格，和战友聊天，说将来我厉害了山东帮会不会请我去操盘，而我的战友却说："你应该藐视山东帮这个标签，应该是全股市的独立一派，龙虎榜上有你的专属一席！"我当时听完这句话，心就被狠狠地撞了一下子，震撼了，他说出了我一直在想，但是不敢说出来的那句话。我为我有这样正能量的朋友而感到骄傲，特别印证了那句"近朱者赤"的话，和什么样的人在一起很重要，和你同类的人在一起，他才会懂得你的理想，才知道这个理想的价值。而不懂你理想的人只会各种讽刺、打击和不屑。是的，我今天资金很弱小，但是我在走向强大，事实上每个牛气的操盘手也都是从弱小走过来的，内心驾驭不了的，现实中肯定得不到！只要你有操盘大资金的心，当这一天大资金到来的时候，也许只会淡然一笑，并没有什么狂喜和冲动，因为在你的内心你早已经在按这些资金量操盘了。

格局有多大，舞台就有多大；心有多大，世界就有多大！

你的心准备好了吗？

四、我对“道”的理解

彭老师讲课的时候多次讲到“道”和“术”的论题，龙头战法之题材分析是“道”，而技术运用是“术”！这个我赞同。因为之前我也是过多地运用“术”的东西，致使自己亏不知道怎么亏的，盈不知道怎么盈的，因为没有“道”做指导思想。

在此之外，我有另外的观点，我认为的“道”落到每个人身上，就是这个人的思想体系，是一个人的三观；而“术”就是一切能促使成功的方法。拿到股市中，一个人的“道”就是他的综合能力，而“术”就是具体方法。“术”能不能发挥作用，取决于“道”的指导。

一个积极心态的人他会想尽办法去成功，门进不了进窗户，窗户进不了墙上凿个洞，总之只要他自己不放弃，没人打击得了他。遇到什么困难他都笑颜以对。而消极心态的人身上满满的负能量，整天各种怨天尤人，所有的问题都是别人造成的，从来不去想想自己做的哪儿不对。切换到股市中就是积极心态的人会不断学习，调整自己的心态，精化交易模式，喜欢和高手论道，吸收能吸收的每一点阳光雨露。而消极心态的人每次的失利都会怨证监会不作为，怨制度不健全，怨大资金割韭菜，怨熊市，从来不想想同样的天空下别人为什么能挣到钱。

一个性格开朗的人因为喜欢热闹不喜欢坐冷板凳，所以喜欢做强势股，尤其对龙头股青睐有加，他不害怕，相反能在这种高效的节奏中体会到无与伦比的快感。而性格犹豫腼腆的人做的股票大多是半死不活的，遇到回调也多是看看吧，再等等，或许还能再涨上来，而不是迅速止损。

我刚毕业的时候在一家公司做业务，老板是个积极上进的年轻人，每天带我们看各种成功学的书，每天早晨读羊皮卷。真心感激这位老板，那时的学习奠定了我的思想基础，积极、上进、不言败，乐观、开朗、无畏惧，简单，相信，感恩。后来又有机会接触到直销鼻祖安利，虽然没挣多少钱，但是对我内心的成长却帮助很大，因为安利也都是以成功学的东西为指导思想。

刚开始做股票下定决心学习时，我也是做了一番衡量的：失，账户上的资金，一年做生意的利润，一年的时间，朋友间的各种聚会社交！而得，只有一个——人生改写！算算失败和成功的几率各半，但是成功了可是灿烂的人生啊！可是财务自由啊！这个巨大的动力让我在股市中从来没觉得苦过！即使没时间走亲访友，即使看书，看盘，严重颈椎病，即使有各种冷嘲热讽，我依然坚定，依然坚强！当形成学习的良性循环时，我已经不再在意当初的衡量，因为，对股票，我变成了热爱！这种主观能动的感情让我进步神速，快乐而幸福！

至于学了什么，怎么用，这都是术的问题，有了方向就剩下一件事，抬起脚，一步步走！

你，找到你的源动力了吗？

五、剑气合一范例之罗顿发展

剑气合一虽然“剑”在前，但其实“气”才是基础，“气”就是题材属性，罗顿发展作为海南地方股，只要海南有点什么事它肯定是要出来表演的。博鳌论坛的召开这么大的动作，罗顿发展不拉两个涨停都对不起它的龙头地位，何况这么超人气的股性简直没的说！

罗顿发展大图形是一个上升三角形，已经三次摸高但都很快被打下来了（见图 3－36）。以我自己做突破的经验，越是从底部上来涨幅越大的拉升，越是不容易突破，往往到前高就出货走人，有良心的横个一两天，没良心的直接拉一梭子把你放在高高的上影线上喝西北风，它潇洒地走人。

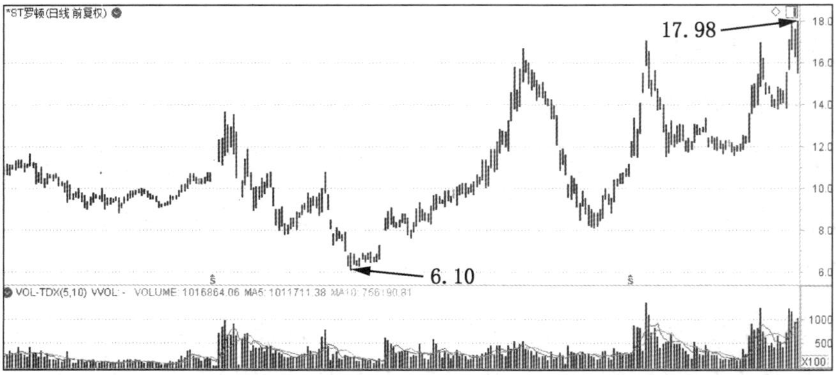

图 3－36　罗顿发展局部走势

从 3 月 10 日左右，我就一直关注龙头的底部反弹了，在很多次新股底部反弹的时候，一些龙头股调整到位的也开始新一轮的行情，有多有少，差的一个板还是有的，就在很多龙头设定了位置预警。前龙头的拉升有个特点，很喜欢拉一下，横盘，然后再拉，就是走平台式，像 3 月 14 日的金轮股份，上午 11:00 多预警出现，但是就一直横，横到我忘记了，下午一笔拉涨停，同时出现的有好几个。

罗顿发展那天出现的时候也是 2、3 个点，吸取教训，我把它单独放在一个显示屏上(我是专业操盘六屏联动电脑)。当接近 1:30 大单出现的时候，我以最快的速度跟上，一波拉到 8 个点的时候，上方开始有大单抛出，我帮着吃掉了些，无奈资金少，力量有限，只能干着急！(哈哈，我都开始助攻了!)

你肯定会问我为什么这么大胆在 8 个点的时候还加仓吃货，答案很简单，因为我知道今天是一个确定的涨停板。

为什么？

罗顿发展股性特别好，每次启动都是一个涨停板，成为龙头后这种特征更加明显。龙性是什么？是号召力，是一出现信号资金就蜂拥而来的冲锋号。这就是龙性下技术关键位置资金的共同期待。而且我判断这次大概率要破前三波的高点。即使破不了，拉到前高不也有将近20个点吗？干！

第二天主力数次上攻，16.99元作为前高一个重要的价位，攻击了4次都没有形成有效突破。但是却有一个很重要的现象，攻击后的回调没有大幅度的向下调整，这就说明资金的预期是突破，只是兵力还不足，我在8个点左右开始减仓。下午开始回调，收盘收在3月10日最高点上方，是个帅气的长上影。这个位置很好，下方有缺口支撑，又有前高次高点垫脚，明天只要不大幅低开就能有高点，当天收盘，我与我的战友商定，明天只要高开在上影线加仓，肯定还有个涨停。

3月24日跳空高开，开盘位置很妙，在1月5日开盘价2分钱的位置，也就是已经破了前三波高点的实顶。K线分析中开盘在上影线的反推成功率很高，就像是对昨天有分歧的资金的一个号召，“别害怕，我们一起上”，于是毫不犹豫地又进去一些资金。相对仓位很少，毕竟位置很高了。尤其大盘连续两天的深V不是什么好事。罗顿发展开盘阶梯式上攻，稳健而有力，相比西部建设带起的“一带一路”的飙升，它显得低调含蓄，因为它的任务更艰巨。它今天不但是面对突破平台的重要压力，更要面对历史前高的重要关口。两波拉高都在历史前高17.78元下方，但是回调很少，说明资金做多意愿强烈。果不其然，10点半开始封板。很快，封单开始撤单，我在战友的提醒下，迅速赶在最后一笔封单被吃掉前出掉了之前所有的仓位，只剩下当天进去的资金，然后全天我都没再买任何股票。当晚罗顿发展被停牌。

罗顿发展的操作完全是技术分析在龙头股上的应用，也就是剑气合一的案例。所运用的K线、形态、成交量等都是一些基础知识，一点也不复杂，之所以能成功，关键还是龙头的号召力，大旗一挥，资金相聚。

这个案例一点不玄乎，完全是彭总"第二春"的思路，只是我自己加上更细致的分析，因为都是我熟悉的套路，所以比较笃定，写出来给大家分享，目的只有一个，龙头股不复杂，你所担心、害怕的也许是一些简单的东西就能搞定的。

六、剑气合一范例之亚夏汽车

亚夏汽车(见图3－37)从第一个一字板开始就每天在我的股票池里，八个一字，逼近历史高点，终于，爆量开板。

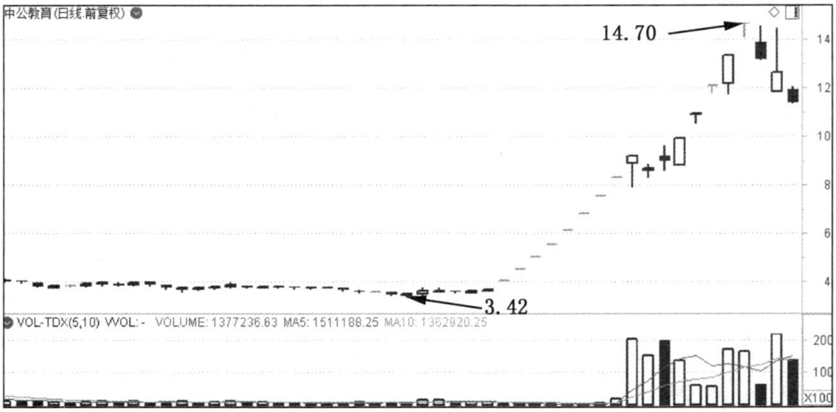

图3－37　亚夏汽车局部走势

亚夏汽车是185亿元中公教育借壳上市概念，不同于一般意义上的十几个、几十个亿的并购重组，这个力度很大。2017年IPO的加速发行，导致壳资源廉价，很多想上市的公司不再借壳，转而排队，2018年初至今还没有一个像这样的题材，但凡借壳上市的都要炒作一波，有的是直接来，有的是回调一波再炒，这个具体要看当时的行情。我记忆比较近的有贝瑞基因、中航黑豹、三六零等，这些打开一字后都有超短操作的机会。

每个牛气的股票大都有一个参照标的，这次的亚夏汽车是借壳题材，我没有把它和同类的三六零或者贝瑞基因之类对比，也就是没有和借壳题材的股票对比，我把它和三江购物比，奇怪吗？之所以将三江购物作为对标有个重要原因：三江购物当时一字开板的时候是混沌的，看不明白，不知道新零售是个什么东西，也不知道阿里投资三江购物到底意味着什么，它是到了三个板以后才被人热议的。而亚夏汽车第一个涨停在大盘刚刚经历暴跌后，当天只有四个连板，也就是连板亏钱效应很强的时候，超短选手都不敢出手，尤其不敢做连板的时候，更何况是这么多一字涨停后！当时市场上没有热点，处于青黄不接的季节，非常需要一个应时的比较正统的概念，才能把市场带离混沌状态。三江购物的背景是混沌，亚夏汽车当时的市场背景也是混沌，两个标的很相似。

亚夏汽车开板后的买点：第一天，一字开板当天涨停后，我群里有小朋友就各种惋惜，觉得错过了涨停，我说，量太大，要下来的，别着急。之所以这么笃定它会回踩，是因为这种利好复牌的数据我之前跟踪过很多。果然第二天回踩。第三天开盘高开 5 个多点，这个和我定的剧本有点不一样，我判断会踩两天呢，结果只有一天，开盘马上进去，仓位很重，7.5 成。结果当天坐了一个过山车，收了一个完美的影线。第四天低开一点迅速翻红，然后就开始了一波一波向上的冲板之路。当天收盘盈利将近 7 个点。第五天，周五秒板，这天减仓了三分之一，因为担心被二板高开后的大阴棒杀了，那几天那样的高开大阴棒实在太多了。第六天，周一一字开盘微换手后继续封死涨停。第七天，周二，分歧日，因为上面没有更高连板了，我开始减仓三分之一，手里还剩三分之一，也就是总仓位的 2.5 成，下午分歧转一致，又涨停。第八天，周三开盘出现急杀，又减仓，最后手里只剩下不到 6 000 股，已经非常少了，安心拿到尾盘，中间经历几次开板放量，都不慌了。因为存在停牌预期，所以放量很正常。万一复牌回来再涨停呢？就算跌停，回撤也是很少的。最后复牌回来因为大盘暴跌，出来两个跌停，捂着胸口说，还好还好。两个跌停回吐了十分之一的利润，可见仓位的控制多么重要。

这里有几个技术点：(1)高位放巨量。(2)上影线的最佳位置(因为之前专攻了几个月的影线，所以出现影线那天一点都不怕)。(3)最强二板。(4)6 月 12 日那天剧烈分歧没有清仓，龙头要拿到下午。(5)正三角仓位，一路涨一路减仓。

亚夏汽车能起来是题材遇到了好的时机，不然很有可能像贝瑞基因那样回调一阵再起来，所以掌握节奏很重要，无论是个股节奏还是指数节奏，顺势而为是根本。

亚夏汽车在第一个涨停那天我曾在群里分析过当时的暗线，利好复牌概念，当天有 8 个涨停，但是直到亚夏汽车反包板出现才引起市场的注意。之所以能先看到，是因为我每天都坚持看第二天的复牌股，每个月建立一个利好复牌的股票池，果然，没有白下的功夫，所谓好运气就是机会恰好遇见了你的努力。

龙头的高贵就在于它的稀少，亚夏汽车的属性就是稀少，所以它成了万众瞩目的焦点。

看到这里你一定心里有个疑问，文章的名字是“龙头悟道”，你到底悟到了什么呢？

其实，很简单，这世间没有人的成功能绕开一个“勤”字，什么是好运气？就是机会恰巧碰到了你的努力。

最后，引用一首大家耳熟能详的广告歌来结束我的分享：

世间自有公道，
付出就有回报，
说到不如做到，
要做就做最好。

注：本文作者水木菁华，系跟随龙头部落成长的股市小将，她是我眼看着一步一步向龙头靠拢的，为人勤奋，善于思考。该文成稿于2018年春。

3.19 龙头感悟

认识彭道富并听他分享龙头战法有两年多的时间了。两年多来，我在龙头部落圈子里听了彭总的龙头战法分享会议先后不下六次，每一次听完后都有不同的感悟和大步的提高。从一开始误以为龙头战法就是买那些高高在上的强势股，到真正理解龙头战法的真谛，这个参悟和提高的过程是对龙头战法思考和总结升华的过程，也是在龙头部落圈子里跟老师碰撞交流的过程。

龙头战法对每个人来讲各有不同的感悟和得益，因为在股市每个人的基本功是不同的。对我而言，龙头战法最大的得益是让我深刻地理解了真正的龙头股所产生的条件和环境土壤，彭总反反复复强调的龙头股的高、大、新和唯一性。真正的龙头股是敢于担当勇于救主的，深刻理解了龙头股新高的主动性和一般强势股新高的被动性之间本质上的区别。理解了这些核心要点，对龙头股和强势股的操作就有了很明确的心路。

今年(2018 年)行情不好，很多强势股鱼龙混杂，会让很多不能真正领悟透龙头战法精髓的人误以为它就是龙头而追高被套，但当你真正理解了什么是真正的龙头战法并熟知了它的产生条件和操作方法时，这个困惑是可以迎刃而解的。今年出现的亚夏汽车、罗牛山都是得益于我对龙头股题材唯一性的深刻理解而成功捕捉到的龙头股。亚夏汽车在一字板开板后的第二个分歧换手板上，我从容地买入了，成功拿到了最后的一个板。罗牛山的题材在A股市场也算是够新、够大的，它虽然没有像贵州燃气一样的疯狂，但市场对它的认可和资金的合力也让它升幅很可观了。在这么低迷的世道面前，龙头战法反过来可以帮助我们做好强势股，因为心中有了两者之间的界定，你就能明确地知道它们之间各司其职大概率能走多远了。

这里我说一个亲身经历过的案例，今年7月10日的大通燃气我在第一个板时打板上了车。上车的理由是根据形态量能位置符合我的买点逻辑而打板的，结果它出乎预料地来了三个空板，这时市场媒体到处在臆测它可能成为龙头。对此我冷静地分析了大通燃气只不过是市场上经常出现的股权转让的题材，没有龙头股的高、大、新和唯一性的影子，爆发前的K线形态和股性也没有做龙头股的基因。所以我果断地作出判断，它不可能是龙头股，既然不可能成为龙头，那开板后就是它的终极高度。第四天一开盘，它再度诱多高开，我毫不迟疑地在竞价第一时间就全部卖出，事实证明这个判断是非常正确的。

再分享一个做通产丽星的案例(见图3-38)。

通产丽星(见图3-38)2018年12月8日公告称，公司以55亿元收购力合科技100%股权，股价来了六个一字板。从题材的表面上看，公告只是收购整合别家公司的资产。可从龙头战法对题材的大新强的背后逻辑中我们不难挖掘到，通产丽星收购的公司是一个高科技含量极高的公司，力合科技主也是科研成果转化和创新企业孵化为主的科创类企业，特别是在国家刚刚大力支持新兴产业科技公司上科创板的风口上，它就是一家受益最大、最有想象力炒作的新题

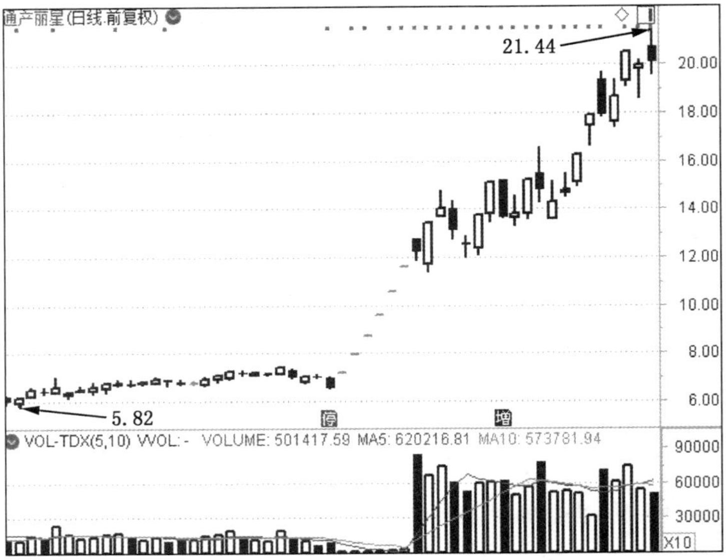

图 3-38　通产丽星局部走势

材,资金岂能放过这样的好题材。当我深刻地理解了这个题材背后的重量时,我开心地笑了,认定它的高度不可能只是区区的六个板就能走完的大题材。

为此我高度重视接下来的走势,当它在 12 月 18 日打开涨停板时,获利盘蜂拥而出,龙头是换手接力上去的,在这里得到了印证,也是老师所说的龙回头低吸的好时机。我坚定了信念,在它打下的时候从从容容地买进,并一路坚定不动摇地抱着它直到高位出现了见顶的 K 线组合后从容下车。整段利润吃了 70%多。

这两年经过对龙头战法的学习和实战,我的操作水平有了质的提高,思想上时时刻刻惦记的都是市场上最强势的股票,眼睛里看到的都是最强势的股票。

在此感谢龙头战法,让我深深地领悟到要想在股市获胜,就必须与龙头为伍,必须与强势股为伍。

注：本文作者李小珠，系广东梅州交易高手，有一套独特的交易系统，喜欢把龙头与技术结合运用，龙蛇合击做龙头。

3.20 香象渡河有感

想起龙头，就想起初读《股市极客思考录》，当时就爱不释手。这也是我读了关于投资市场几百本书后，又一本极力推荐的好书。它使我茅塞顿开，解决了为什么很多同类的股票，同样具备好形态的股票，有些就可以成为大牛，有些就是走不出来，也许两个涨停就结束了，而有些却可以走出 7 个甚至 10 个涨停板的疑问，这也是我们研究涨停板战法多年疑惑的问题。

本书从我们很多人炒股类似的经历开始，懵懵懂懂地进入股市，跌跌撞撞地开始炒股，从莫名其妙地赚钱，到糊里糊涂地亏完，再到到处书山文海寻找答案，然后世界各地拜师学艺，再到茅塞顿开（顿悟），接着仍然头撞南墙，凭着那股坚持不懈的狠劲，逐渐明白投机市场的道理（渐悟），这也是彭总一直强调的“理可顿悟，事须渐行”。再从千锤百炼中把理论变成自己的精髓，这样才能在每次实战中不断地总结、提高自己，而同时市场又是在不断的变化中，追随市场才能做到始终跟随，不断进步。

市场在 2018 年产生巨变，在这一年中，几乎所有的投资方法——量化对冲、高频、价值投资、股票多头等等一系列的战法都失效了。这一年也是龙头股战法大放异彩的一年。周边有一年十倍的龙头股战法的股神，也有曾经八年一万倍的赵老哥，有龙头股战法的发明者总舵主，有溧阳路孙哥孙国栋，成都校长，南京小鳄鱼，这些名扬天下的著名游资，也只有这个方法是我们小资金快速成长起来的方法，章盟主5万元做到20亿元，这一切一切的神话，使我们刻骨铭心，去追求操盘手法中最极端，也是最具备进攻力的战法——龙头股战法。同时这本书将在即将到来的牛市前夕再出版，也许更多的有缘人看到了，会在这次牛市中个人资产出现指数级爆炸式的增长。

初识彭总，第一印象就是彭总是一个温文尔雅、满腹经纶的才子，温柔的外表带着气自华的霸气。在投机市场的手法，让人叹为观止，犹如风清扬的“独孤九剑”一样，独孤求败，每个龙头股的买点总是比我们更早一点，更快一点，成本更低一点，这也许就是江湖所说的炉火纯青吧。而彭老师的理论知识、操盘手法都是我辈一直追求的目标。

再见彭先生，已经是在福州龙头战法年会上，给我们分享“香象渡河”式龙头接力和空间估值的问题，这次的龙头股战法——香象渡河，也使我明白了一个道理，有很多投资名人说过，当机会来临的时候，你要毫不犹豫地满仓、重仓介入股票。我一直没有明白这其中的意思，何时为机会来临的时候，一般人都理解，天天都是大机会，天天都是发财的时刻。只有当大周期(也就是大牛市)要来临的时候，我们需要毫不犹豫地做出决策，因为那是人生不可多得的几次暴富的机会(也不是我们理解的天天、每周，类似2005年的1 000点附近，2013年的2 000点附近，也许还有现在不远的时候)。这让我恍然大悟，原来巴菲特、芒格他们说的重仓买入一个公司，是在上一个大周期要结束和下一个大周期要开始的时候——那才是我们重仓的时刻，也不是我们普通价值投资者认为的天天满仓、持有所谓的“价值”股等穿越牛熊。这也是“香象渡河”在投机市场中的最根本的应用。

龙头股战法书是彭总十几年投机市场的心血总结，容纳了古今中外的多位名家、前辈的技术要点，是一本值得期待的，有用的，能指导我们投资交易决策的好书。当然，刀再好，还是要看用的人。而且，跟武术一样，从站桩基本功开始到一个武术高手，要经历无穷的磨难才能锻炼成长，投机市场也不例外。一个小白就算拿着屠龙刀，要成为张无忌，也要历尽千辛万苦经过无数磨难和感悟，有时候甚至要付出不撞南墙不回头的刻苦训练，方有可能获得在资本市场稳定赚钱的能力。就犹如利佛摩尔，经历过 1931 年的格雷厄姆，1981 年的索罗斯，经历过 1994 年的总舵主。要练好一把属于自己的心性之刀，要经历过磨难、经历过高潮，才能真正的打好那把刀。而这本书就是这把刀，舞刀的功夫，就要靠各自的修行了。回到彭总的那句话：“理可顿悟，事须渐修”。

注：本文作者房平，系汕头叁才资产管理有限公司经理，网名牧羊人，具备 15 年证券市场交易经验，在市场经历过 2 波牛熊，现在为叁才私募基金的投资经理。经过无数方法的测试和考验，最终明白能穿越牛熊交替的也只有龙头股战法，出自涨停板战法，更胜于涨停板战法，也是国内游资最擅用的方法，有着总舵主的光环，有着赵老哥一万倍的神话，龙头信仰也成了职业投资人最快的也是最崇拜的投资策略。该文成稿于 2019 年 1 月 27 日。

3.21 龙头战法学习心得体会

我于2018年1月13日加入彭总的龙头圈子，4月14日—15日，6月7日—6月8日，系统而全面地在龙头会议内部学习交流两天，我的投资时间太短，所经历的市场磨练太少，定有不妥之处。龙头股战法是一个逻辑体系，不仅仅是一个简单的方法。涉及哲学、信仰、基层思维模式、人性、行动力、学习方法、还有沟通意愿，甚至还涉及如何学习它的问题，所以，我的介绍难免会杂乱，但是我保证提到的每一个点都是我深刻体会过的，只会遗漏，不会多余。

第一个阶段：迷茫，不知从何入手。接受龙头理念，带着满腔的热情，面对盘面却迷茫了，不知道怎么把理念落实到盘面上来。学了本领但没有变成自己的，空有屠龙宝刀却不知如何要出招式。这个过程我深深体会到了漏洞太大的苦痛，于是我继续研读《股市极客思考录》，对照书本慢慢回忆会议上的内容，根据学习内容在盘面寻找感觉。那个时期，我常常深夜徘徊于苏州河畔，一面听书一面思考。

第二个阶段：按图索骥，根据图形寻找龙头股再用题材佐证。每天复盘寻找三四个已经涨停的股票，看它们涨停的理由、看它们涨停的这几天K线形态，看涨停以来的成交量和换手率等指标。这个阶段三板之内的股票看不懂,因为它们的龙性没有走出来。实际操作中高位买了同洲电子被套,也幸运地在四板那天买到永和智控。这个阶段让我深刻体会到同一个板块只有一个龙头,其他都不是真正的龙头。卡位龙头不是真龙,既然不是龙头,就不能用龙头股战法来做非龙头股。在这个阶段我其实根本没有理解和掌握什么是龙性!

第三个阶段:根据题材寻找龙头,但是孤立地看待题材和个股。这个时候只要看到题材风吹草动,看到某个股有点异动马上就买进。结果要么过早潜伏湖南盐业,要么根本就在不强势的时候买了美力科技,也有运气好时第五板买进妖股宏川智慧,总之不是按照真正的龙头股战法买股票。这个阶段主要是过于自我,太我执,不懂得看整体板块变化情况,不懂得题材需要盘口确认,没有掌握真正的龙头股战法。

第四个阶段:依然迷茫,不得其法。前几天,大盘不强,市场上没有连续的热点,面对两个连板的亚夏汽车却不知如何判断它有没有成龙潜质,根本不敢买。对重组这个题材以及它和大盘的关系不知道如何处置。我开始考虑该如何学习龙头股战法,幸运的是龙头部落又号召我进入圈子学习交流,多么及时!

第五个阶段:豁然开朗,洗骨易髓。北京的龙头会议,我从头到尾都在仔仔细细地听,精神高度集中。好多知识一下子融会贯通,仿佛被打通了任督二脉。对题材重新认识,对股票群、对有题材的个股和大盘的关系等等全部有了新的认识。回来之后,面对亚夏汽车在第四板被打到水下,从容不迫而坚定地大胆买进,这是从未有过的那种清晰的感受,简直是一种享受。到 6 月 19 日亚夏复牌的那天大盘暴跌,千股跌停,我在亚夏汽车回升的过程中又从容坚决地平了仓,也就在那天下午,猛狮科技涨停板打开,我犹豫片刻看清形势之后迅速果敢买进,仿佛不买是错的,买进才是唯一正确的决定。苦苦追求的杀伐果断、行云流水似乎不请自来。

这一个个阶段走来，心路历程甚是复杂，下面我介绍关键的几个问题和自己的心路历程。

首先，把基础打扎实。《股市极客思考录》我读了不下八遍，笔记记了至少三遍，还抄了小半本的书，利用开车、等人甚至做菜的时间反复听书。如此反复精读，为后期融会贯通奠定了坚实的基础。在学习的过程中，对趋势有了非常深刻的认知，对捂得住龙头股有极大的帮助。因为趋势的形成需要一定的条件，同理，趋势要被打破也是需要极大的外力，这个外力可能来自于偶然原因，可能来自于监管，可能来自于题材被证伪，可能来自于前高的压力，可能来自于盘口重大利空，等等，如果没有这些意外发生，就应该持股不动，等待盘口信息。书中"行情结构"的篇章，让我的思想摆脱了大盘的束缚，对行情有了全新的认识。书中对股市名人深刻的分析、风险的控制、止损的正确性、向内求等方法无一不灌溉着我的心灵。每次进去龙头圈子学习之前，彭老师推荐的电影和电视剧我都统统找来观看，一遍看不懂其中深意的，就看第二遍，觉得有深意的看第三遍，这些看似不相关的电影、电视在无形中发挥了润化的作用。好比《百鸟朝凤》，小芦苇管换大芦苇管吸水的过程，也是我们学习的过程，新时代取代旧时代，随之改变的是价值认同的变化。好比《兵临城下》，优秀的狙击手可以扭转整个战局，这不就是龙头股拯救大盘一样的道理嘛。

其次，学习过程中一定要及时沟通交流。彭总多次在群里诚恳地对大家说："你们遇到问题一定要跟我说，不要硬撑，自力更生有时候就是闭门造车。"而我几次思想上的转折都是被彭总的三言两语点醒。第一次是七一二，我惨亏 14 个点而止损，彭总回复我："太我执，未随市场而变"，于是我下定决心接受龙头正信正念。第二次是宏川智慧，自以为对龙头股找到了感觉，彭总回复我："你还没有真正找到感觉，这感觉不是那样的！"一记警钟让我挣破心魔，走出迷途继续探索龙头股战法的真理。第三次是汇报亚夏汽车的买入心得，彭总回复："心法＋细节"。这一次的回复，我知道我已经暂时处于正确的跑道上了，内心大悦，思想上更加放得开了。

第三，实战是找"漏"的过程，是修炼的过程，是纠正自己交易行为的过程。宏川智慧被彭总点醒之后，我找来量和分时图的书补漏，看了《论势》、反复听了《股票大作手》等书，但我不是根据书上的思路学习，而是从龙头股战法视角学习，一切皆为龙头股战法服务，实战中，即使对这些理解再深刻，面对股票急跌的时候依然害怕，不敢果断下手买进，这些都是"漏"。书中提到分时图是桩功，而我是缺乏的，就看了最近一年的龙头股在主升浪每天的分时图，慢慢体会。遇到经典的案例打印出来反复揣摩，想通了其中道理，盘中、心中慢慢有数了，后来发现最大的收获还是在龙头会议上听到的分时图的讲解，因为那是经过彭总整理过的龙头股分时图。实战中我还困惑于为什么总是要等四板了龙性大召天下了才敢买入，为什么我试图降低高度在一板二板买进却总是被套，这可是一个"大漏"，带着这个最大的疑惑，带着彭总说我没有真正找到感觉的不服气，通过反复再学习，发现我对题材真的没有理解透，对如何分析当下板块内部结构和板块之间的关系没有深刻理解，我的"漏"正在慢慢补上。

第四，不要把投资简单地理解为"自力更生"，要多参加高水平的交流学习，龙头会议能来尽量来，每次都会有精华，这是重中之重！北京的龙头会议，因为有了前面那些铺垫，我迅速地、较好地理解并吸收了好多浮在水下的知识：资本永不眠、降维攻击、龙头股的天、标杆理论、装修理论、位置理论、真正的龙头股永远有买进的机会，缺口和缺缺口理论、缺口叠加理论、分时图缺口，分时图一字波、分时图生死线、分时图承接力、分时兜住气，龙头股 DNA、聚散性、盘口确认、题材的再认识、股票群的研究思路、显性题材与隐性题材、情绪周期、股票级别、题材级别、长短共舞、仓位管理、新高等等。当这些知识交织在一起时，它们仿佛自动融会贯通了，就如一片片羽毛一夜之间覆盖了雏鹰，我具备了初飞的能力。后来我要做一道生炒仔鸡的菜，根据想要的效果，倒过来思考，做的过程不能放水、要多放油，初期火不能大，料酒什么时候放，青椒什么时候放，一切都想定之后，依次操作，果然炒出我想要的效果，面对这盘生炒仔鸡的成品，我突然醒悟：仔鸡就是题材，题材就是仔鸡，我是决定怎么做这个仔鸡的人。炒仔鸡的过程如同主力炒作题材，一个股票的主体 K 线走成什么样是由题材和题材背后的主力事先预定好的，而不仅仅是后来走出来的。若给我一个题材，犹如这次烹饪，我也可以是那个操盘手。于是，我似乎领悟了彭总说的题材，现在我看到的题材不仅仅是题材，而是带着一定位置高度的题材。在实战中我要做的事情就是第一时间找到当下最热的题材，只要对应的股票是最强势的，只要当下盘口认可，就敢买进，等待市场验证。彭总还反复强调，不要我执，不能"生吃"题材（"生吃"题材是龙头战法最大误区之一，很多见到热点题材就上，这并非龙头正朔，这是"生吃"题材），必须对题材进行加工，这也是我今后要加强学习的地方。

第五，要刻意训练自己的学习和思维方式。学习龙头股战法后，通过彭老师的言传身教，我一直在刻意训练"比较思维"的能力，并且把比较思维的方式放于一个人底层思维模式的重要位置来训练。按照龙头股战法的需要，我做了一些比较方面的练习，如何判断最题材，如何确认一个股票是最强股票，如何预判当天要不要准备抛股票。我还原了药石科技当时走出来的背景，以及药石科技对贵州燃气的重要作用，这个回顾的过程也是学习和训练的过程，有了深入的体会和收获。

说说从第一次上课以来，这个阶段我理解的龙头股战法。龙头股战法是一个博弈价值极高的方法，它立足于题材，通过对开盘、分时、强弱变化、位置、自我比较和板块比较等盘口技术的分析决定买、卖、止损、止盈交易。龙头战法的题材只选择当下热点，从主流价值观的角度看题材，用独有的方式对题材进行加工，不“生吃”题材，最高境界的买入方法是根据题材“香象渡河”式买入。在达到这个至高的境界之前有龙蛇合击的过渡阶段，龙就是龙性，蛇就是配合龙头股战法的技术，具体技术有龙头股 DNA、分时图、缺口、开盘、关键位置的量、是否新高等，而买点和卖点则完全融合在位置理论和分时图甚至是开盘中。入门靠心法，深入靠细节。我才刚刚入门，需要重塑投资品格，将按照见天地、见众生、见自己的原则修炼自己也用来寻找龙头，将按照“四心”的要求训练自己，熟练掌握核心的心法和关键细节，从“龙蛇合击”开始，努力做到知行合一，破我执建立适合市场的我执，最终的目标是一眼花开。

最后我以最近操作的一只股票作为案例。因为具体的细节过于核心，我仅仅大致描述，2018 年 6 月 19 日下午整个 A 股自然涨停的股票只有 8 只，龙头股亚夏汽车轰然倒下，跌停直到收盘，恐惧和悲观笼罩着整个 A 股，而我却发现一个宝贝，逆大势涨停的猛狮科技。通过发掘猛狮科技的基本面，发现它符合当下的最热题材，具有锂电池等相关题材，还有一个可能的超跌反弹题材，股价离上面的压力位很远，还有实际控股人的股份被司法扣押的风险警告“绯闻”。6 月 19 日下午被砸开再回封，我犹豫片刻，确认了它是强势的，于是迅速下定决心，挂涨停价买进。第二天盘口得到确认，6 月 21 日又有“猛狮科技携手康奈尔大学发力氢燃料电池产业”的消息发布，这是消息面确认。6 月 21

日实控人持股股份被司法冻结二年内不能卖，等于股东不仅不能减持而且流通股还大大减少，在动不动就大股东减持的如今，这可是好消息。最终猛狮科技获利约40%。

注：本文作者季高哲，系上海独立投资者，龙头部落内部优秀分子，从懵懵懂懂成长为龙头战将。

3.22 龙头股的交易哲学

一、认识龙头股

苏格拉底说,我唯一所知的是我一无所知。

当我在 2016 年 6 月期间误打误撞操作维宏股份(300508),领略了它莫名其妙地天天凌厉升势和之后的一路冷血下杀,因为不知所措而进退失据,之后机缘巧合阅读了《股市极客思考录》,才知道了股市有一种类型的股票叫龙头股。

我在杭州第一次参加龙头高级会议的时候,听着都觉得很对,看别的同学都分析得头头是道,我却似懂非懂,再次在上海复听,觉得自己搞明白了,但实盘操作,依然屡屡受挫。

龙头股是看着美艳无比,而实际上是难以捉摸的妖孽! 从偶然到必然,看似一步之遥,实在天差地别。

由此我踏入了股市驯悍记的探索之旅。

二、菜市场的交易启示

存在于中国各城市和地区的大大小小的菜市场，是自有人类以来就存在的最古老的集市，是演绎市场机制如何运作最生动的案例。首先是供需关系，然后是同类物品的质量价格比较，讨价还价，货与银的交割，完成一单交易。循环往复，形成交易的平台，就是市场。

交易就是在一个固定场所内、在一定时间框架内的钱和物的交换。需要收集信息，研究供需，形成价值优劣判断，做出最佳选择的买卖行动。菜市场就是中介，依赖价差生存，低买高卖，高买高卖，还是高买低卖，决定了参与交易的个体的收益或损失。人在这个平台上活动，由人促成交易，时间框架形成量价对应关系，时间是市场的管理者。

其实，股市和菜市场在交易的本质上并无不同，股市是公司发展所需资金的筹集场所，股票交易则是交易风险，交易利润是获得的风险补偿。

股市始于并不久远的1603年荷兰东印度公司组建后，又经过1688年后在伦敦充分发展，1792年的“梧桐协议”延伸到纽约发扬光大，至今不过400年。中国在1978年改革开放之后重启股市，其本质依然摆脱不了市场这个自有人类就存在的古老实体的核心，就是通过价格竞争过程，发现价值。

决定价格的是交易者，决定价值的是公司的生意模式。股市中长期存在的是价值投资还是投机的分歧，如果把交易作为股市生存之道的，更大可能就是投机者，追逐单位时间内收益的最大化，就是唯一目的！

就像任何一个行业，任何一个细分市场，任何一个群组一样，在人们的认知里，都会有平庸中等和优异，股市也有选美，龙头股就是在一段时间内形成共识的选美冠军。

它们突然以一种连续上涨的姿态在极短的时间内爆得大名，涨幅最大，令人瞠目结舌却望而生畏。例如最近这段时间的恒立实业（000622）、通产丽星（002243）、东方通信（600776）、风范股份（601700）、新疆交建（002941）、银星能源（000862）。

三、龙头股交易的稳准狠

从事后的角度看，龙头股都是那么明显。但是在发轫阶段，如何尽早辨认出龙种？如果对 What、Why、How 这三个 W 问题的判断快人一步，那么优势的乘数效应会使得交易收益不成比例暴增。

龙头股通常是由内行启动，有着某种附着力特别是多重题材叠加引发认同，市场迷茫无方向或出现新的政策导向的大环境下出现病毒式的共识，形成风潮，用股市的语言说就是形成最强烈的趋势。

股市的 K 线就是记录和描述交易者的买卖轨迹，是人对供需认知博弈后的价格行为，不同程度的认知形成不同时间框架下的价格形态。集中爆发的购买需求，在共识形成过程中提供了引发股票急剧上涨的动力，情绪共振达到高潮或者短期无法形成共振，后续购买力匮乏，一场盛宴自然完结，随之而来的断崖式跌落也是应有之义了。

按照交易逻辑创造动力、交易时机产生信号、市场结构提供确认的三维模式，龙头股的交易哲学是交易殿堂的最高级别，需要做到稳、准、狠三字诀。

稳，指的是心态；准，则是判断更贴近事实真相；狠，既是进出果断，更是仓位够集中。

稳在第一位，就是用强大的心理素质去面对压力和不确定性，心态是人认知世界层次的体现。特别是实盘交易行为很类似竞技运动的比赛场合，平时训练得再好，临场表现才决定一切。恐惧和贪婪是人性，不带任何情绪去交易，其实更危险。因此形成好的决策模式是维持心态稳定的基础。交易是某种形式的博弈，如何提高博弈的胜率？需要对交易技巧的不断刻意练习，也要能区分技能和运气对决策结果的影响。

准，是判断如何逐渐更加接近事实。判断形成信念，信念促发行动，行动带来结果，结果是判断的反馈。龙头股萌生于混沌和分歧之中，所以最佳的行动时机可能就在价格形态将成未成之时，当价格形态百分之百确认时，交易获利的先手优势可能就丧失了。提升判断的精准度，只有通过对过往龙头股的前世今生，不同时间框架下的价格形态的研读，才会不断对可能形成的价格走向有更准确的预估，还要对可能引发共识的板块、概念、题材、级别有快速的框定。只有题材才是决定交易逻辑的力度指数。判断是交易行为最为关键的一步！

狠，是决定交易结果的核心，交易是个闭环过程，在计划时间内的买卖结算。一个好的交易时机，没有足够的仓位，结果会大打折扣。一个高度不确定的交易时机，仓位过重，一天之内的地天板会重伤交易的信心。如何进退自如？留有余地是必要的，不符合预期的及时撤退更是控制损失的约束办法。人的思维，除非经过多年刻意训练，都会潜意识偏向确认性思维，而不是探索性思维。也就是说会对自己的判断有选择性地收集证据来证实，而非证伪。该进没进，该走不走，变成在下跌中幻想，在上涨中恐惧。

龙者，必须表现强悍！这需要交易者自身有强大的心态对应，克服知与行的差距、锚定而畏高、怕犯错的心理障碍，要练就果断跳上疾驰列车、果断跳下迟缓列车的高强本领。

龙头股的交易，需要有纯粹的高标准严选标的，特别是分时和日 K 线的 4 个价格都需要走势清晰不含混，封板时间同样也是竞价强度的判断标准。不仅仅是知，更重要是行，不断优化自身的交易行为形成一个交易模式的闭环系统。

这既要对题材的逻辑足够的敏感，更要在盘中，对异动的个股在极短的瞬间用买单去配合判断，盘后再对这笔交易做相对全面的诊断，是快思考与慢思考的综合运用，形成高层次的直觉。

也就是说，既要对近期已成为龙头股所属概念、板块、价格形态的全面深入地分析、归纳，也要熟知相关的资金参与者的操作惯性，更要有足够客观的预判、观察、校准、执行、复核、知行浑然一体的一气呵成，而实盘如何面对不确定的震荡，才是考验交易者是初学者、进阶者、合格者、专家还是大师的最关键环节。

打磨精湛的龙头股的交易，必须勤于思，敏于查，勇于行，止于断；是通过股市驯悍记，找寻真实的自我，完善生命的价值，更是寻找交易圣杯的终极之旅！

注：作者盛洁，万科、中原地产前高管，2015 年牛市高峰开始进入股市。她经历了龙头战法之惊艳、惊悚到悟道的探索过程。此文成稿于 2019 年 2 月，实操经验分享。

3.23 由东方通信谈龙头与流行的共性

我大学学的是工业设计，从大一开始就期期必买《ELLE》中文版，从时装开始了解流行。流行，其实颇像流感，由几个平时颇有时尚感的个体率先组合出一种装扮，接着传染到这些核心个体的周围人群，然后忽然有一天，发现出现了某种装扮的趋势，之后就会以势不可挡的姿态迅猛侵占某个年龄段的绝大多数人，等到最不敏感的那个年龄段的人开始做此装扮时，那些率先者们早已抛弃了这一套，开始了新一轮的流行循环。

后来在深圳做了很多地产项目的营销，开始明白如何定位、概念、包装、推广，开盘引爆销售。每次看到售楼处人头攒动，人潮如涌的场面，就明白销售目标基本会完成了。

2016 年，我开始接触龙头股的概念，貌似明白，但其实是懵懵懂懂，感觉莫名其妙，对自己该如何参与，更是思维混乱，节奏错乱，屡屡受挫。经过这几年的不断学习和实盘，面对自己的问题，修正思维，修补知识的短板，不断思考，特别是 2018 年国庆节前在上海第三次参加龙头课，我才慢慢有了一丝头绪。而在参加培训而认识的有缘人的不断帮助下，终于粗浅地悟到了龙头股的一些内核。

龙头股不就是股市里的潮流标杆吗？英文的“Trend”通常译为“潮流”，在股市里同样一个词，翻译出来就是“趋势”。我脑中突然出现了一道闪电，貌似一下子接通了脑路。

我知道东方通信(600776)是2018年11月26日那晚的复盘，5G之前也曾有过一波行情，是中兴通讯被美国巨额罚款之后，有几只5G通讯次新股都曾兴风作浪，这次也是同时还有盛路通信(002446)，因为之前我做东方通信亏过钱，所以我选的是盛路通信。结果11月27日东方通信二板，而盛路通信最高也有7%，已经分出了胜负，我获微利出局，没想到东方通信很快封板，没机会上车。然后就没关注了，等到12月11日再次三连板，我主观认为已经到了阶段性顶部，再说吧，就再次取消关注，现在想来，这就是思维的盲区啊！损失实在不敢想象了……

这次过了春节2月11日再开市，东方通信再次稳健封板，我理解是反弹，关注重点在当时的新龙头银星资源(000862)，几次欲上车，未能如愿。在2月14日这天，终于看清楚了东方通信的强势，上车，当天收盘收到好友的善意提醒，我自己也不坚定，第二天开盘19元就抛了，毕竟周五，而且，好友的判断，尾盘也验证了，我还庆幸自己明智，并及时又取消关注，以免受到诱惑。

没想到，下周一开盘再次涨停，周二更是迅速封板，中间开板，尾盘还能封上。这一次，我仿佛明白了东方通信的使命，这样凌厉的升势可能没我之前判断得那么简单吧。

晚上，我复盘涨停板股票之余，从11月26日开始分析和联想，中美贸易谈判到了关键节点，华为前景微妙，中国股市因中美贸易战而激烈波动，东方通信一直被认为是5G代言，而且确实是这一波通信股行情涨势最凶悍的那只，那会不会就是2019年春季行情宇宙总龙头呢？

我又回顾了自己以前操作地产项目的经历，谁是那些少数的内行？东方通信的附着力因素又是哪些？外在贯通的影响力是什么？正好彭道富先生转发了《东方通信从头吃到尾的这帮人》的独家揭秘，豁然开朗，东方通信符合通信行业板块是基本属性。这一波中美谈判尚未有明确结论，而华为因为5G引发了各类争论占领了全世界媒体的头条和重要版面，这就是附着力因素。而中国股市又新换了证监会主席，这是外在环境的变化，中国政府如果希望在中美贸易中占据优势，必须要有重要筹码给各方传递信心，东方通信这个名字本身就很有感染力……股市交易的是不确定性，收获的是风险溢价，东方通信大概率就是这波趋势的潮流标杆股。它的高度，可能是天高任鸟飞吧。

判断仅仅是第一步，而知行合一，要靠龙头信仰。既然我认为这会是宇宙总龙头，那至少同比加仓吧，让走势来证伪。我周五果断加仓，盘中排除信号噪音，收盘看，还是符合预判的。2019年2月22日周五是东方通信对中国A股的引爆点。

注：本文作者盛洁，简介参见上文，本文成稿于2019年2月24日。

3.24 龙头战法之我见

不知不觉从事证券行业已经十余年，从普通员工做到营业部负责人再到现在的分公司老总，一路走来感慨颇多。证券行业属于金融服务业，归根到底是为广大投资者服务的，所有从业者们从内心深处都希望客户首先能够保护好自己的本金安全，再抓住股市上的机会赚得盆满钵满。但现实往往很残酷，股市"七亏二平一盈"的现状还是一直持续着。每逢大盘暴跌客户账户市值缩水时，我们都会接到客户着急的询问，面对电话那头客户焦虑的声音，我们内心也非常煎熬。但还是要稳定心态安抚客户，全盘分析，一一解答，从宏观到大盘到行业再到个股，待客户满意挂断电话，已经满头大汗了。

长期处于这样的工作状态，也对我们从业人员提出了很高的素质要求，于是我也投入了很多的时间来研究股市涨跌的奥秘，希望在投资工作上做得更为出色，更好地服务客户。中国的股票市场是 1989 年开始作为试点，本着试得好就上，不好就停的理念建立的，到现在也就运行了 30 年。如果把它比作一个人，也就是个 30 岁的小伙子，牛市熊市的转化都没经历过几轮，要研究能采集参照的数据还略显不足。追溯证券交易市场产生的历史，最早的证券交易市场诞生于 17 世纪的荷兰——一个郁金香的炒作都能蔓延为全民运动的国度，之后在欧美发展了500多年。前人积累下来的学术经验肯定是一个大宝库，于是我又买了很多国外投资大师的书籍开始啃。巴菲特、彼得·林奇的著作读起来确实让我受益匪浅，我相信股价就是围绕着公司的真实价值上下波动，只要对公司的价值研究透彻，就能把握住股价的长期走势。从学习中我总结出投资就是找好行业、好公司、好价格。那时候我热衷分析行业、分析公司的基本面，遇到感兴趣的公司，招股说明书、财务报表、研究报告肯定是要抓来啃一遍，找到基本面无懈可击、成长潜力高的公司我也会很兴奋。不过，这样的公司被研报挖掘出来之后，股价往往就不便宜了，于是我又想到了巴菲特从格雷厄姆烟蒂派投资模式到合适的价格买入优质公司的转变，也跟着摸索出一套运用行业平均值与个股对比估值的方法，只要股价不是太贵、成长性又确实不错，就值得买入。看着我挖掘出来的公司股价在一天天上涨，内心也充满着成就感。那时我还会对标行业里的明星公司，心里暗自喜悦，明星公司从底部涨上来股价翻了这么多倍，而我选的公司基本面条件和业绩成长性都超过它，而股价上涨之路现在只是刚刚开始，将来一定会登上牛市顶峰把它踩在脚下。结局当然跟想象的不一样，股价还没登上顶峰，牛市就结束开始漫漫下跌的“熊途”，明星公司从顶部跌下来是腰斩又腰斩，而我选的公司股价也是从哪里来回哪里去，跌回了起涨点。这轮“过山车”行情，让我一直处在困惑的状态，一直找不到答案，让我憋屈了很久，甚至我都想放弃之前所学，重新找寻一条投资之路。

那时候刚好也接触到一些技术派高手，他们通过分析K线和分时的走势来预判股价下一步的走势。我本科学的是计算机专业，对于这种数字和量化的方法学起来上手很快，很快我就会动手编程把一些行情指标量化。其实，K线的变量不多也就是量价和时间，我发现如果单纯通过技术分析，也是很难做到精准预测，而且量化的预测结果是在盘中随着这些变量变化而随时调整的，比如股价一拉升所有指标都呈现良好，只要股价盘中一下挫，指标又马上“变脸”了。所以技术分析可以告诉你过去和现在发生的情况，未来还是不确定的。同样的K线组合，可能因为大盘环境、情绪氛围、新闻题材等原因导致后续的股价走势天壤之别。这些也是我在接触到彭道富的理论体系后才想明白的。最早接触到彭先生也是看了他写的书《股市极客思考录》，当时它排在当当网财经类畅销书前几位，我一时好奇就买了，阅读之后就爱不释手，我发现作者的投资观点非常新颖，描述中国股市也非常接地气。之前阅读的投资书籍要不就是欧美的理论性太强，要不就是国内的写得都比较浅、读起来深度和广度显得不足。也有可能是“教会徒弟，饿死师傅”的心理导致作者有意保留，彭先生则是把他多年来在投资上付出的血泪教训和总结出来的宝贵心得都无私地分享给读者。认识彭先生也是缘分，当时我的营业部也刚刚开业，他要在厦门办公益性的读者见面分享会，刚好会在福州逗留，我很幸运地抓住了这个机会与彭先生见面、交流，到后面成为了很好的朋友。彭先生给我的感觉是非常健谈，没什么架子，不像有的作者以大师自居，端起来放不下，而且他喜欢研究佛教、道家文化，每到一个城市最想去的地方不是什么名胜景点，而是想去最出名的寺庙、道观学习参悟，这也让我领会到了不一样的人生境界。在跟彭先生交流后，更是感觉到了他对投资的理解之深和知识之全面，当场我就决定带着重要客户一起去厦门参加他的读者见面会。果然现场分享和书中得到的东西完全不一样，看书只能得到你想看到的，而现场交流能传达的东西是立体的多维度的。所以各位读者如果认可书里的内容，有机会一定要和作者面对面交流，一定会有所收获。在这里我想特别感谢彭先生真诚邀请我参加他举办的龙头高级会议，那简直就是投资知识的盛宴，不仅解决了我一直存在的困惑，也让我想通了投资上的很多事情，对我现在的投资观的重塑功不可没，而且通过这个平台我认识了很多专业的投资高手。看着这么多同学全身心的投入到投资学习中，并且水平持续的提升，我也不敢在学习上松懈，总结的投资体系也在不断完善。但学无止境，学的越多会发现有更多要参透的地方。回到彭先生写书无私分享的初衷，我不敢藏拙，以下就把我对龙头战法投资体系的一点心得写出来分享给大家。可能由于我是从业人员的关系，我理解龙头战法的角度不会紧盯着涨停又涨停、翻倍又翻倍的黑马龙头股的表现，也不会因为短时间获得暴利的可能而激动不已，我更想从底层的逻辑上来把龙头战法的理论体系做个梳理。

一、潮涨潮落皆是人心

《坛经》中云："时有风吹幡动。一僧曰风动，一僧曰幡动。议论不已。惠能进曰：'非风动，非幡动，仁者心动'。"初次听到这个典故的时候并没有太多的感触，认真学习龙头战法之后，用它来诠释股价短期波动再深刻不过。以前钻研基本面的时候，我清楚上市公司股价的长期走向是由其内在价值所决定的。但现实中客户大多耐不住寂寞，无法做到长期持股价值投资，而是更多地关注股价短期的涨跌起伏，经常股价一波动就会问及原因，但这些却无法简单的用基本面来解释。股价短期上涨背后的原因是什么？通俗的回答是资金推动，即更多的资金愿意出更高的价格购买该个股。而决定资金投向的是背后人的行为，决定人的行为的是人心，也可以说是他们大脑里的思维方式。而诱发他们买入个股想法的就是热点，即短期最热的能够影响股市的新闻题材，也许是国际上发生的大事，也许是国内某项政策，也许是产业新闻，总之会对某类板块个股产生影响。这些大资金对这些新闻题材进行整理加工，得出可能会影响投资者对该上市公司价值增长或者减少的心理预期，进而对股价产生上涨或下跌的影响。就像选美比赛一样，你自己觉得美不美不是最重要的，最重要的是要判断评委们、观众们会认为谁最美，才能押宝对冠军。所以想要深刻理解短期个股的涨跌、板块的起落，对热点新闻的解读能力，对题材的加工能力，是必备的能力。这背后又需要很高的综合素养，包含对全球、全国经济、政治全方位的理解，对金融证券的钻研能力，对大众人心和多方博弈的深刻掌握，等等。

二、位置理论揭示本质

我依然记得听到位置理论说法的时候带给我的震撼，国外投资教科书告诉我买股票买的是其背后的上市公司，而彭先生的书却告诉我买股票其实买的是它的位置，他独创的位置理论可以说是揭示了股市的博弈本质。以前常看到新闻说股市是击鼓传花的游戏。以前一直不理解怎么个击鼓传花方法，通过彭先生的会议分享我算是充分理解了，要在股市上赚钱，如果股票的分红不多甚至没有分红的情况下，只能依靠资本利得，说白了就是低价买入股票，等待股价涨到高位再转给愿意接盘的投资者，赚取差价。如果股价能继续上涨，接盘的投资者依然能以更高价格转手卖出，赚到这中间的差价，以此周而复始，直到股价上涨到最高位没有人愿意出更高价接盘了，那么最高位接盘者就会因为股价下跌而承受账面上的亏损。所以我也在此提示大家，不要迷恋个股冲顶的漂亮走势，也不要沉迷它高位的利好新闻。你高位买入股票就意味着替一路低价买入的投资者买单兑现利润了，而所有的风险都转给自己。除非你能找到愿意更高价接盘的人，否则只能接受套牢的结局。市场的博弈就是如此残酷，人往往自我感觉良好，都觉得能当前面的胜利者，都把别人当作后来接盘的傻瓜，就如同买彩票者都觉得自己会是那小概率的幸运儿一样，兴冲冲地掏钱进场了。不过彩票没中奖一般只是损失小钱，而在资本市场如果不能保持清醒的头脑和深刻的认识，那就是风险的开始，望各位投资者珍重！

三、拥抱龙头接近真理

彭先生在《股市极客思考录》中的“极”字，可谓是全书之核心所在，也道尽了龙头战法体系的精髓。也许最早的龙头战法体系的发明者关注到的只是近期涨幅最大、最凶猛的股票，但这套理论体系同样也适用于一直在发展中的人类社会。我的理解是，事物发展到了极致，就会产生溢价，而且是一系列的多维度的溢价，比如解决问题的主要矛盾、高概率延续性、整个领域的代表性等等。比如我把龙头战法的精髓运用在工作上，我们券商从业员经常服务的重大客户就是上市公司。上市公司融资项目涉及的人员非常多，想要抓住业务的主要矛盾，就要营销项目的核心领导，而且是具备拍板决定权的核心领导，可能是公司的董事长，可能是公司的大股东，也可能是公司的实控人。如果搞不清状况，把营销精力错误地投入到只能被动执行的经办人，不仅浪费资源且无法对业务结果产生任何影响，还延误战机给竞争对手创造机会，最终可能将机会拱手相让。而且一旦业务谈成一单，只要继续和核心领导保持良好的合作关系，大概率下一单业务也会顺利通过他来落地。切换到大家关心的投资领域也是一样，巴菲特就是该领域极致的代表，他的一句话能影响股价，他的一顿午餐能拍出天价，这样的例子在人类社会中太多太多,我就不一一例举了。看看那些近期股价涨势最凶猛、最吸引市场眼光的龙头股们,它们就是股票市场的极致、多头资金的总代表,它们的一举一动牵动着多少投资者的心,引领着多少板块起起落落,甚至影响到大盘走向。投资者想在市场上获得丰厚回报或者我们从业人员想做好客户服务,就应该花更多心思在这些龙头股领域的研究上,而不是整天盯着那些股价不涨不跌或者一路趋势向下的垃圾股。因为那些资金量成交最大、涨停板最多的龙头板块,蕴含着当前市场最大的博弈机会。

我分享的这些感悟只是龙头战法的冰山一角,也许因为是从券商从业人员的角度解析,能看到龙头战法呈现出的别样的一面,希望对读者有所帮助。

注:本文作者邱华颖,系某上市券商分公司总经理,他对龙头思维的贯彻比较彻底,在其企业管理、日常生活中,无不用龙头思想指导其办事。

3.25 龙头股的核心逻辑——“强”

作为龙头股战法的受益者，我有资格谈龙头，我也希望我对龙头的理解，能助力一批深陷亏损的股民走出困境。

我是2009年入市的，浸淫股市多年，看了好多书，参加过好几个培训班，历经牛熊转换，但一直没能走出亏损的泥潭，被股市折磨得身心俱疲，伤痕累累。当我对股市不抱希望，准备放弃的时候，2016年6月我接触到龙头战法的经典之作《股市极客思考录》。第一次阅读就爱不释手，我如饥似渴地一口气读完，被书中深邃的思考、启迪智慧的哲理、精妙的表达所折服。以前学的都是“术”，整天拿着放大镜研究量价线形，结果是只见树木不见森林。而龙头股战法从“道”的层面去剖析，研究的是股市背后的逻辑和本质规律，最大的特点是说“理”，讲“道”，提升理解力。有一种山高我为峰，一览众山小的感觉。从此，我选择了龙头战法这种投资哲学。

龙头战法实践越深，越明白一个道理，技术不过是最粗浅的东西，单纯停留在技术的层面只能是交易机器，生命是用来参悟的，投资市场最终比的是操作者的境界、心性及见识。

经过两年的龙头实践和在龙头部落里的碰撞、交流和努力，目前我已经走出了困境，实现了稳定赢利。

两年来我深深体会到，选择比努力重要，做股票选股比买卖重要，做龙头股最关键的一步就是选定龙头，这就需要把握龙头股的核心，龙头的核心是什么？是强者恒强的逻辑，是强势哲学，是龙头股的根本属性，是龙性，是领涨。龙头思维就是拥抱强者，迎合强势及遵循强者逻辑。根本原因就是强者恒强，龙头股就是一个板块中或者整个沪深两市中最强的那一只。它的强主要表现在以下几个方面。

题材强：龙头股产生在主流热点题材中。第一个特点是级别要高。要么是来自国家层面的利好政策，影响面广并且深远，要么是具有革命性、颠覆性的技术、产品、重大事件。如设立雄安新区千年大计、上海自贸区、二孩政策、5G 技术、禽流感、盐湖提锂等等。第二个特点是鹤立鸡群。尽管一个题材级别不高，但在当时的众多题材中属最热门的一个，如 2017 年 12 月的天然气涨价题材。第三个特点是业绩增长。表现在产品涨价、销量增加，如 2017 年六七月的方大炭素，目前的浙江龙盛等。第四个特点是题材具有新颖性，即最近发生的，同时必须集中，即数量不能太多。

龙性强：龙头股具有极高的市场地位，必须获得主力资金的认可。龙头股产生在主流热点中，该题材要有板块效应，龙头在该板块中处于领涨地位。也就是说龙头股是主流热点题材中的领涨股，占据板块的老大地位，只有成为板块的龙头，才有可能晋升为市场的龙头。

走势强：首先市场向好，大盘走势向上，或者处于下跌结束向上反转的转折点上，或者处于强震荡阶段，最起码大盘不能暴跌。

龙头股的领涨首先表现为起步早。当一个板块成为主流热点的时候，这个板块中早一天涨停，或当天第一个涨停的往往是龙头，如华创阳安（600155）2019 年 3 月 29 日率先涨停，成为这一轮证券板块的龙头。

龙头股的领涨还表现在涨幅大、跳得高。如果一个板块龙头一字涨停，开盘后涨得最快、跟得最紧、涨得最多往往是龙头。

强中强：龙头股选的不是简单的强，而是强中的强者。有连续的涨停板就不选中间有回调的，如“仙人指路”、黑太阳反包。有主升浪的股票就不选反抽浪的股票。有向上调的就不选向下调的。

龙头股的特点就是大步流星往前走，稍作休息就启程，连续涨停或稍作停留再度涨停。我们要优中选优，强中选强，不要更强，只要最强。

注：本文作者王兆生，系民间投资人，龙头战法的忠实信奉者，他比较完美地贯彻了龙头的气宗思想，以大气磅礴之势做龙头，大开大合，春风得意。

3.26 题材获取及工具应用

一只股票在短期内股价快速上涨的背后逻辑是由资金的堆砌而成，而资金的背后是市场的认知，市场认知的背后却是消息和市场情绪所引发。

当消息、情绪及逻辑共振时，就会引来市场短线资金的认可，随着资金不断的堆砌，涨幅越来越大，吸引广大投资者的眼睛，形成较强的人气，于是一只牛股就此诞生。

既然短线的牛股形成的背后是由消息和情绪、逻辑构成，那么，我们先要知道如何第一时间捕捉到消息面，复盘时如何获取有关于股市的各类消息。我就如何获取各类消息和个人的操作流程做一简要的介绍。

一、消息获取主要途径

1. 中国证券报
2. 证券时报
3. 上海证券报
4. 巨潮资讯网
5. 上海证券交易所和深圳证券交易所网站

6. 各相关行业网站

7. 盘中动态实时获取消息：财联社等各类资讯工具 APP 都可以

二、关注官媒对市场的引导动向

1. 证监会网站
2. 发改委网站
3. 人民日报社
4. 新华社网站
5. CCTV 网站

三、工具应用

1. 问财网：https://www.iwencai.com/，可查阅各类属性的相关个股
2. 启信宝：https://www.qixin.com/，企业信息查询平台
3. 深交所互动易、上证 E 互动，查看公司互动消息
4. 行情交易软件自带期货工具，查看一些特殊的价格走势
5. 各证券公司的研报查看
6. 百度，万能查询工具

每天收盘后，除了正常的个股及盘面复盘外，通过上述途径查看各类股市相关信息，提取相关题材（题材如何判断其价值，请广大读者参考《股市极客思考录》书中的介绍），将相关题材筛选后记录在笔记本或电脑文档中。

例 1　我若想挖掘独特产品概念的个股，如最正宗罂粟概念的个股。

第一步　通过查询工具百度，涉及合法种植罂粟的企业（见下图）。

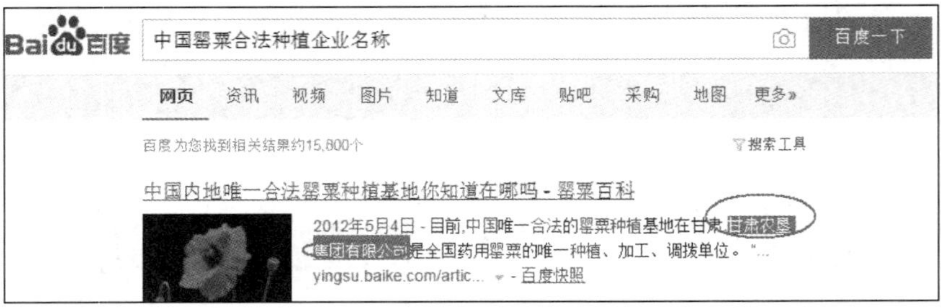

注：该图片系在 https://www. baidu. com 网上查询截图。

查询结果：甘肃农垦集团有限公司，非 A 股上市公司。

第二步：运用企业信息查询平台，查询相关持股上市公司（见下图）。

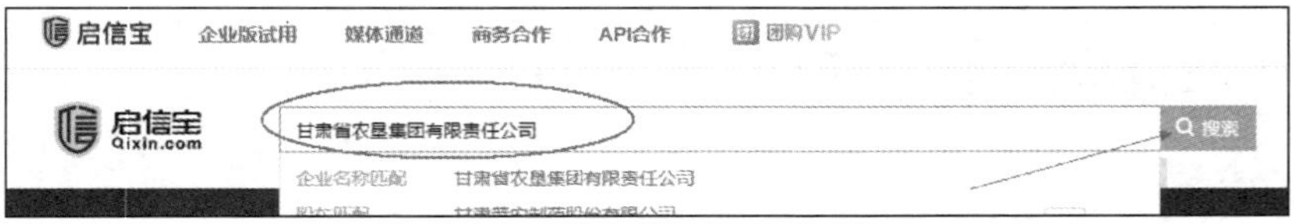

注：该图系在 https://www. qixin. com/网上查询截图。

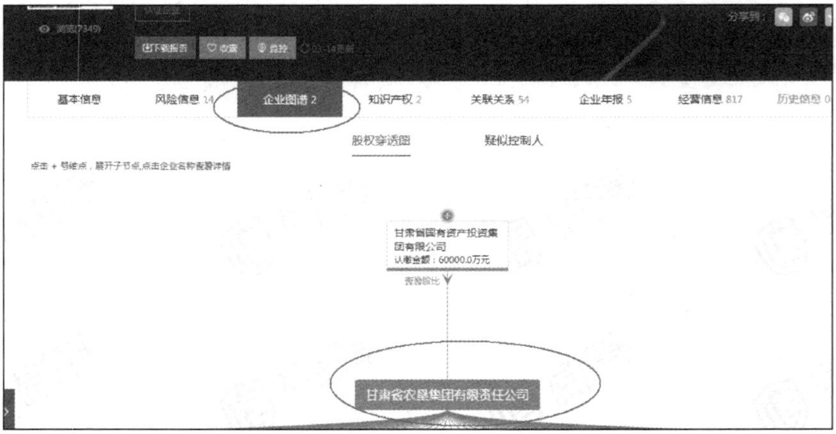

注：该图系在 https://www. qixin. com/company-chart/structure/5f22400b-b970-4288-b200-db164d85d878 网上查询截图。

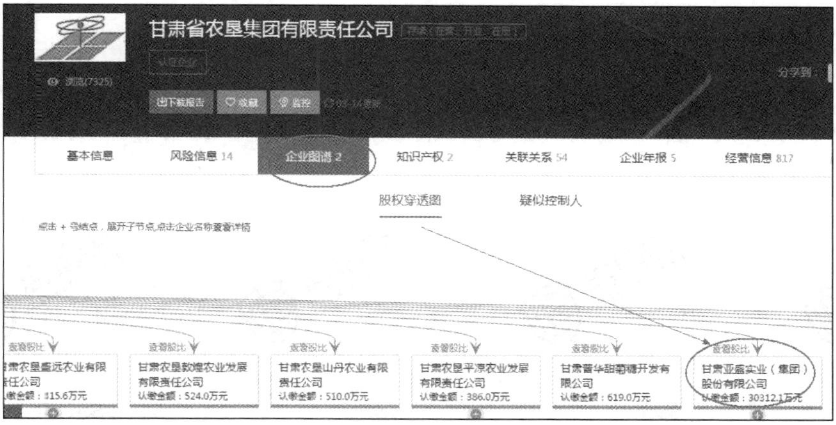

注：该图系在 https://www.qixin.com/company-chart/structure/5f22400b-b970-4288-b200-db164d85d878 网上查询截图。

查询结果：亚盛集团（600108）。

例 2 【财联社 4 月 11 日早间新闻精选】（1）发改委正就长三角一体化发展规划纲要征求意见；（2）长三角地区将新设自贸区，媒体称可能会落地江苏省，且主要包括了苏州工业园区等地方。

这题材可直接通过问财来挖掘江苏本地股。

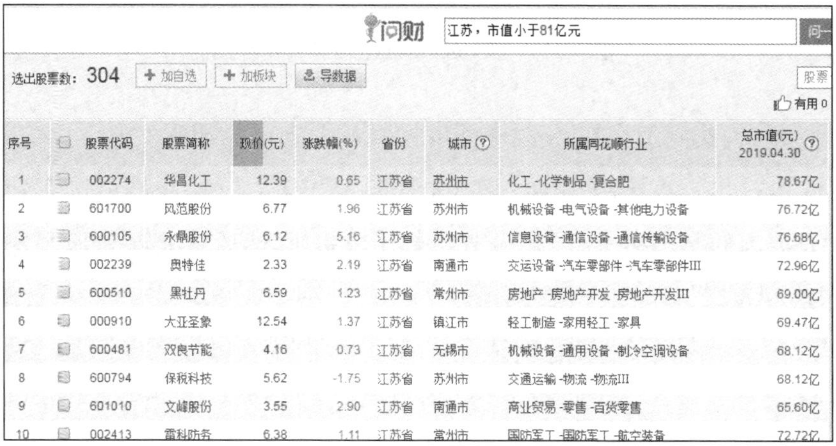

问财 江苏，市值小于81亿元

选出股票数：304 加自选 加板块 导数据

序号	股票代码	股票简称	现价(元)	涨跌幅(%)	省份	城市	所属同花顺行业	总市值(元) 2019.04.30
1	002274	华昌化工	12.39	0.65	江苏省	苏州市	化工-化学制品-复合肥	78.67亿
2	601700	风范股份	6.77	1.96	江苏省	苏州市	机械设备-电气设备-其他电力设备	76.72亿
3	600105	永鼎股份	6.12	5.16	江苏省	苏州市	信息设备-通信设备-通信传输设备	76.68亿
4	002239	奥特佳	2.33	2.19	江苏省	南通市	交运设备-汽车零部件-汽车零部件III	72.96亿
5	600510	黑牡丹	6.59	1.23	江苏省	常州市	房地产-房地产开发-房地产开发III	69.00亿
6	000910	大亚圣象	12.54	1.37	江苏省	镇江市	轻工制造-家用轻工-家具	69.47亿
7	600481	双良节能	4.16	0.73	江苏省	无锡市	机械设备-通用设备-制冷空调设备	68.12亿
8	600794	保税科技	5.62	-1.75	江苏省	苏州市	交通运输-物流-物流III	68.12亿
9	601010	文峰股份	3.55	2.90	江苏省	南通市	商业贸易-零售-百货零售	65.60亿
10	002413	雷科防务	6.38	1.11	江苏省	常州市	国防军工-国防军工-航空装备	72.72亿

注：该图系在 https://www.iwencai.com 网上查询截图。

例 3　美股映射 A 股题材挖掘。

“人造肉第一股”BeyondMeat 公司股价在上市首日便暴涨 163%，创造了 21 世纪以来美国公司(市值 2 亿美元以上)IPO 首日最佳表现(见图 3－39)。

图 3－39　BeyondMeat 上市首日走势图

那么，我们怎么在 A 股中深度挖掘相关上市公司呢？

第一步　直接用“百度”把人造肉百科出来，从中，我们可以看到关于人造肉的基本概念，了解人造肉是什么东西，然后才能深入地去挖掘相关公司。

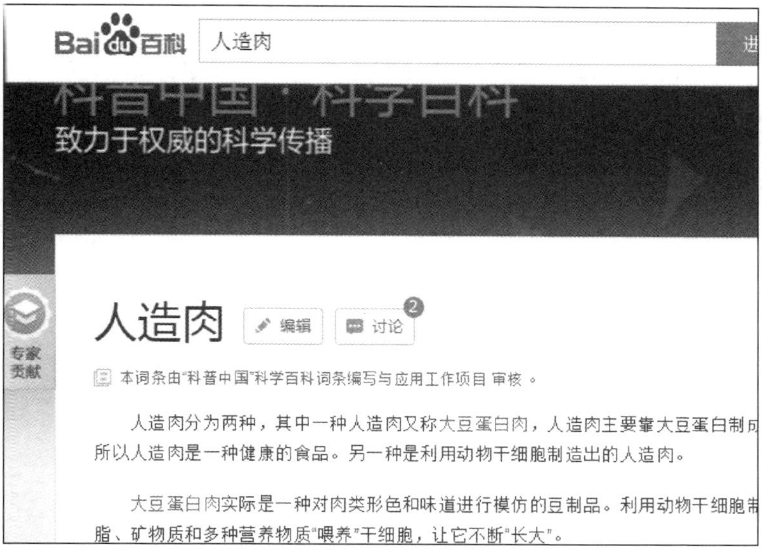

注：该图系在 https://baike. baidu. com/item/%E4%BA%BA%E9%80%A0%E8%82%89/409760? fr=aladdin 查询截图。

第二步　再用问财等工具即可挖到 A 股相应的企业。问财中输入关键词，就可以看到相关上市公司了。

注：该图系在 https://www.iwencai.com 网上查询截图。

从图上我们可以看到 A 股中与人造肉有关的部分上市公司，如果嫌数量不够，我们可以改变关键词来反复搜索，这里就不再赘述。

总之，工欲善其事，必先利其器。善于用互联网来挖掘和搜索题材信息，是做龙头股的关键一步。很多股票表面上看，是技术面的问题，其实背后，都是有强硬的信息面和题材面支撑的。必须善于利用这些东西来多维共振，综合做出交易决策。

注：本文作者陈乃林，系浙江温州民间投资人，善于龙头游资作战，其对题材的挖掘独具一格。

3.27　龙头思想在期货实战中的应用

我是2017年3月份在杭州与龙头圈子结缘的，之前我一直以操作期货为主，较少涉及股票。在一次圈内朋友交易交流会上，经刘总介绍，见识了彭总的龙头战法，顿感此法对提升期货交易境界很有帮助，便迫不及待地参加彭总的龙头圈子。受益于彭总对龙头信仰的精细分享，加上我自己长期的磨合，成功吸纳进我的期货交易系统，并成为我交易系统的顶级思维。现在将我的所思所想分享给大家。

一、在期货市场什么是龙头

在股票市场，我们称为龙头股，在期货市场，我们称为龙头品种。龙头品种在价格形态方面表现为在多头市场领涨、回调时抗跌，在空头市场领跌、反弹时无力。一旦形成趋势性行情，便会走出非常凌厉的上涨或下跌形态，资金会不计成本的涌入市场，每一次回调都是一个极佳的入场点。在资金利用方面表现为暴利性，资金利用效率最高，在最短的时间内获取合理、大部分的利润，开仓即获利且得到大幅拉升。在交易风险方面表现为风险最低、安全性最高，抗风险能力最强，最容易实现真正意义上的损小赢大。如有基本面的题材配合和技术面的形态共振、合二为一最好。

解析:铁矿石是我认为的2019年上半年的龙头品种(见图3-40),原因有以下几个方面。

一是领涨抗跌。领涨板块指数和文华商品指数,抗跌性强,回调空间小,始终强势。

二是集暴利性和安全性于一身。开仓后大幅拉升,迅速脱离成本,短时间内获得暴利,风险得到极大缓释。

三是底部入场后,一直没有出场信号,坚定信仰,捂好持仓。同时每一次的回调都是加仓或入场的机会,心中有了信仰才能克服恐惧,不因价格的攀高而仓皇出场或望而却步,如果没有或不坚持龙头信仰,这波行情极易踏空。

四是资金不计成本的蜂拥入场,也许天空才是尽头。

五是有以巴西淡水河谷尾矿坝事故为导火索的全球影响力题材的配合。

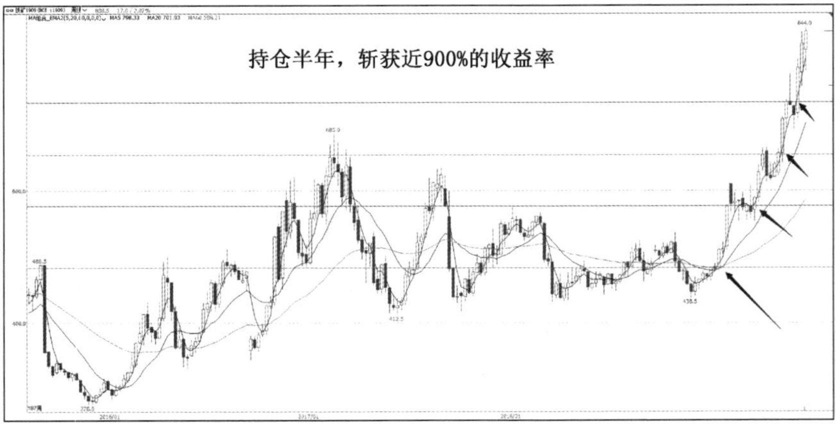

图3-40 铁矿周线走势

二、我们为什么要建立龙头信仰

第一，风险管理的必要。我们来到这个市场的目的只有一个——那就是赚钱。投机市场的魔力吸引了而且会一直吸引大批能人志士加入到这个市场中来。可实际上，在这个市场上赚钱的人实在太少，究其原因也只有一个——没有认清、更没有把握好风险。把控好风险了，收益就会水到渠成。

(1)最大的风险来自于认知的风险。就像我们小学课本学的盲人摸象的例子，以点带面、以偏概全造成的认知风险会给我们带来灾难性的打击。所以说，交易前我们必须把对市场认知的风险、对交易系统认知的风险和对自我认知的风险这三个方面的风险有个科学的评估，制定出一套符合自我的风险预警、识别和化解等全面的风险管理策略。

(2)充分认识风险和收益的不对等性。交易中如果亏 50%，需盈利 100%才能回本，无论收益翻多少倍，破产仅需一倍，这就导致了风险和收益的不对等性。这就要求我们交易过程中始终把风险放在第一位，把握好风险，科学规避风险。

第二，获取投资收益的必要。龙头信仰挑战人性极限，这体现在两个方面：一是管住手，只做具备龙头属性的商品，学会放弃和做减法，不具备龙头属性的坚决不做，明一者皇，必须坚定一个信仰，最简单的事情往往最难做。由于期货是 T+0 交易制度，原则上日内可以进行无数次交易，正是受日内可以多空双向交易的诱惑，大部分交易者难以控制自己，陷入了频繁交易的漩涡，导致一直处于亏损状态。龙头信仰要求交易者要放大格局，懂得放弃，减少交易的次数，精心打磨自己的交易系统，耐心等待交易系统的信号并坚定执行、用信仰来执行。二是要大胆出手，一旦发现符合龙头特征的品种，要坚定不移地积极开仓入场，克服自己的恐惧心理，如果没有龙头信仰，就会因恐惧心理而望而却步，越是在大行情面前，越恐惧。

所以，在投机市场，尤其是在期货交易市场，由于是保证金制度，各品种平均加了10倍的杠杆，注定了期货的交易风险远远高于股票。加上市场充满了各种诱惑，自我控制力不足导致过分看重收益而忽视风险等各种不确定性。所以要想成功，核心就是在不确定性中寻找确定性，寻找风险与收益的平衡。而市场中唯一不变的是变化，变化又恰恰围绕着不变展开，这个“不变”就是我们寻找的确定性，就是信仰——交易的“魂”。如果定不下这个“不变”，我们只能永远在变，变的越来越迷茫，永远处在交易旋涡中。

三、龙头信仰要把握哪些核心

风险是第一位的，平衡好风险和收益的关系，控制风险的第一要务是做好资金管理。举一个比较贴合我们生活的例子，我们在高速路上坚持低速行驶是对社会资源的浪费，而在颠簸的泥泞道路上高速行驶会带来极大的生命危险。应用到我们期货投机交易中，在方向不明朗的震荡区间或者不具备领涨的品种上，应降低仓位；在龙头品种上理应加大仓位，否则就是对资金的犯罪。如果我们专心只交易一个品种，那么只有在该品种至少成为板块的龙头品种的时候才交易；如果我们全品种交易，我们就积极寻找龙头板块的龙头品种，并适当重仓交易，带动资金曲线的平滑拉升。

精心打磨一套适合自己的交易系统。根据龙头品种的属性，结合自己对市场和自我的认知，逐步完善形成一套自己的龙头交易系统，这个系统必须集大成，不一定是最好的系统，但一定是最全面的系统，包括交易模型、风险管理、人性控制等。而且要坚持明一者皇，这个系统在日常交易中是唯一的，而不是数套交易系统，坚定树立龙头信仰。

四、实战经典案例

1. 苹果2018年二季度的行情

2018年1季度底，文华商品指数出现了明显的筑底形态并开始反弹，从板块指数看最强势的是化工板块和农产品板块，从技术分析角度看，苹果暂不具备最强势，但是属于调整最充分的品种（见图3－41）。突然这个时候出现了一个预期持续半年的热门题材，西北地区受冰雹冻害天气影响，不同地区出现了40％～80％的不同程度的减产，加上库存下降和干旱预期，这引起了现货和期货双方势力的极大关注。各路资金蜂拥而入，资金不计成本的开仓入场，这成了当下最大的题材，最热门的题材。从技术形态上分析，符合交易模板。基本面和技术面的共振，出现了我们要关注的龙头品种，2018年4月23日，周一，开盘跳空，立刻定龙，追单入场，高开高走，入场后将龙头信仰发挥得淋漓尽致，主要体现在：

（1）领涨且抗跌。涨幅最大，回调幅度较小，资金不计成本的蜂拥入场。

（2）集暴利性和安全性于一身。开仓后大幅拉升，迅速脱离成本，短时间内获得暴利，风险得到极大缓释。在风险管理策略的指导下，逐步做好止盈止损，科学规避持仓风险。两次持仓8周斩获近600％的收益率，不因价高而仓皇出逃、不因价高而望而却步，坚定持仓、坚定信仰。

(3)受年初自然天气等基本面影响，基本面和技术面共振，合二为一，引发了市场共振，走出了一波流畅的行情。

(4)在整个2018年，苹果就这么一次交易机会，而且带来了丰厚的收益。没有出场信号坚定持仓不动，防止一旦下车后步步踏空，在大行情中亏大钱。

(5)龙头信仰带领我们克服恐惧，建立信心，不因价格攀高而畏惧，在领涨品种中每一次回调都是勇敢上车的机会，同时仓位要适当重仓，不像股票的一字板没有机会。

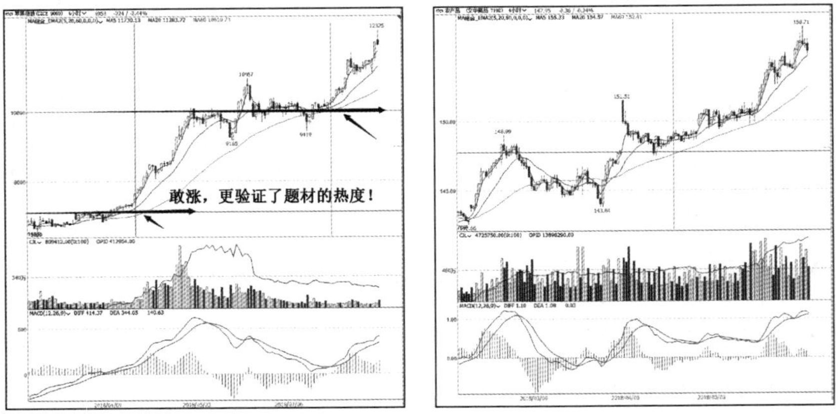

图3-41　苹果2018年二季度行情与农产品板块文华商品指数对比

2. PTA2018年下半年的行情

2018年下半年，文华商品指数逐步走强，在组成文华商品指数的各个板块中化工板块是最强的(见图3-42)，在化工板块中PTA是最强的，具备领涨基因(见图3-43)。按照龙头信仰，我们优先选择PTA，入场后PTA将龙头信仰发挥得淋漓尽致，主要体现在(见图3-43)：

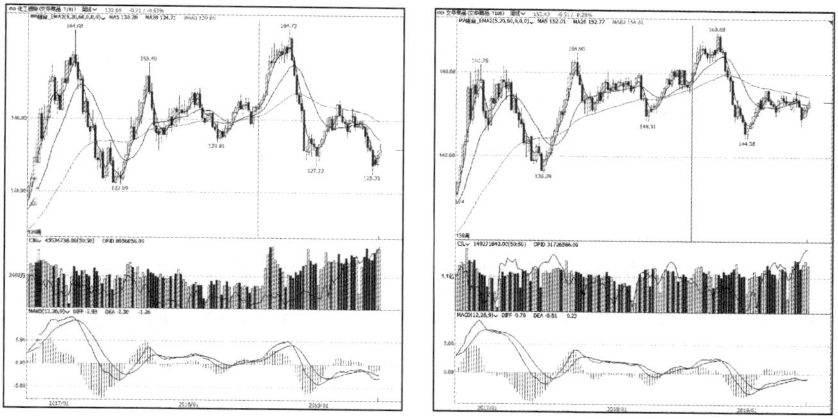

图 3-42　化工板块走势与文华商品走势对比

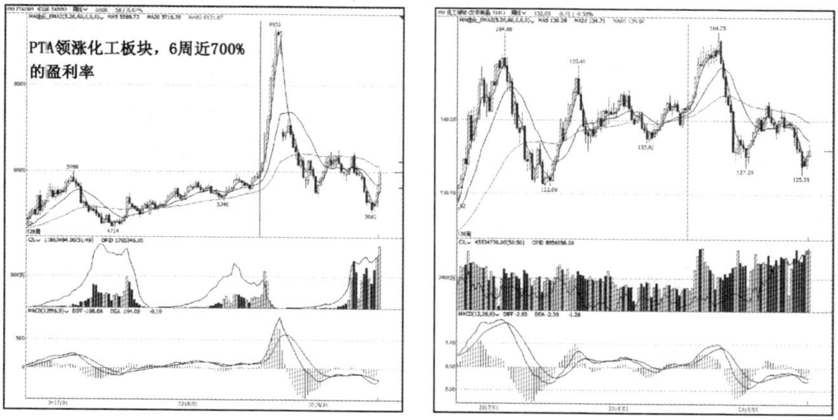

图 3-43　PTA 与化工板块 2018 年下半年走势对比

(1)领涨且抗跌。涨幅最大，而且基本不回调，资金不计成本的蜂拥入场。

(2)集暴利性和安全性于一身。开仓后大幅拉升，迅速脱离成本，短时间内获得暴利，风险得到极大缓释。在风险管理策略的指导下，逐步做好止盈止损，科学规避持仓风险。持仓 6 周斩获近 700%的收益率，不因价高而仓皇出逃，不因价高而望而却步。坚定持仓、坚定信仰。

(3)受下半年 PTA 基本面影响，基本面和技术面共振，合二为一，引发了市场共振，走出了一波流畅的行情。

(4)在整个 2018 年，PTA 就这么一次交易机会，而且带来了丰厚的收益，持仓不动，坚定龙头信仰。

(5)龙头信仰带领我们克服恐惧，建立信心，不因价格攀高而畏惧。在领涨品种中每一次回调都是勇敢上车的机会，同时仓位要适当重仓，不像股票的一字板没有机会。

3. 红枣 1912 合约 2019 年 5 月份行情

2019 年 5 月 13 日，周一。文华商品指数触底反弹，在文华商品指数构成中，农产品板块是最强的，在农产品指数板块中红枣 1912 当时不是形态上最强的，但是我从技术形态和基本面消息的配合来看，红枣 1912 是最具龙头领涨气质的(见图 3－44)。按照龙头信仰，一开盘我果断多单入场，持仓 4 周斩获近 500%的收益率。入场后红枣 1912 合约将龙头信仰发挥得淋漓尽致，主要体现在：

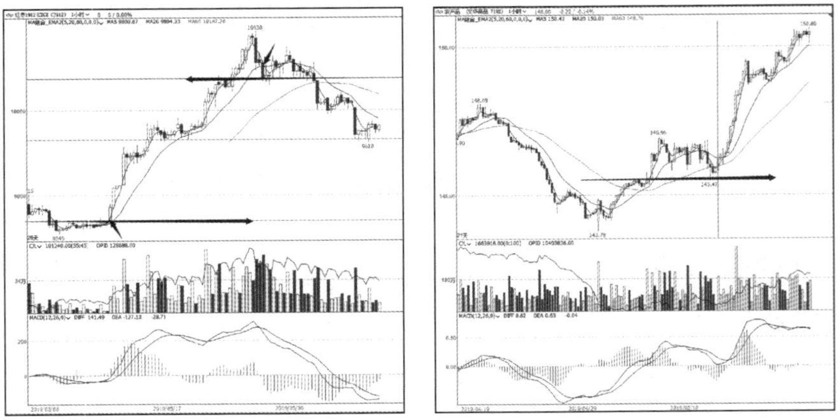

图 3－44　红枣 1912 与农产品(文华商品)板块走势对比

(1)领涨且抗跌。涨幅最大，基本不回调，资金不计成本的蜂拥入场。

(2)集暴利性和安全性于一身。开仓后大幅拉升，迅速脱离成本，短时间内获得暴利，风险得到极大缓释。在风险管理策略的指导下，逐步做好止盈止损，科学规避持仓风险。持仓 6 周斩获近 700%的收益率，不因价高而仓皇出逃，不因价高而望而却步，坚定持仓、坚定信仰。

(3)受基本面的影响，基本面和技术面共振，合二为一，引发了市场共振，走出了一波流畅的行情。

(4)龙头信仰带领我们克服恐惧、建立信心，不因价格攀高而畏惧。在领涨品种中每一次回调都是勇敢上车的机会，同时仓位要适当重仓。

4. 沥青 1912 合约 2019 年 5 月份行情

2019 年 5 月 22 日，文华商品指数走弱，在所有板块中化工板块是最弱的，而在化工板块中沥青 1912 又是最弱的，所以夜盘中一开盘果断开空沥青 1912 合约，第二天一开盘跳空低开，低开低走，走出了一波流畅的下跌行情，持仓两天斩获了近 100%的收益率(见图 3-45)。

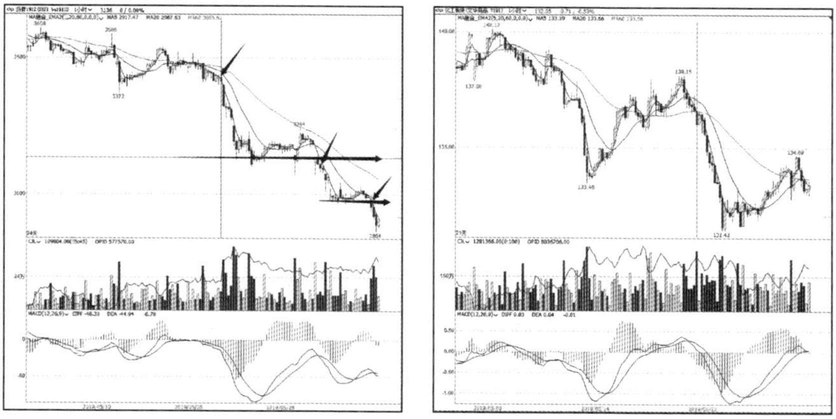

图 3-45 沥青 1912 与化工板块(文华商品)走势对比

五、总结

对龙头交易的信仰其实需要一套完整的策略，是个有形的东西，但随着交易的深入、习惯的自然养成，这个有形的东西又变得无形。当交易中，我们在极短的时间内不经过思索迅速锁定龙头品种并完成开仓，就算初步成功了，把龙头信仰深深地镌刻在心里并坚定不移地执行。

格局有多大，舞台就有多大。龙头信仰是一种很大的格局，需要不断突破自己、蜕变自己才有可能真正领会、深入到骨子里。

以上是我将彭总的龙头信仰转化、应用到期货交易中的一点感悟，由于操盘资金仅在千万级，所以重点从技术分析上抓龙头品种，对基本面和政策面的信息考虑权重略小。

注：本文作者毕经锴，一线投资者，经过多年的拜师学习和自我总结，形成了一套相对成熟、全面的“一招鲜，吃遍天”的期货交易系统，组建了一叶知秋期货交易团队，精于分析价格结构和交易心理，善于捕捉大的趋势性行情，在实盘操作中创造了较好的成绩。

3.28 我心目中的龙头股和龙头股战法

彭总跟我交流时说：对龙头股和龙头股战法的思考，要经得起时间的考验，要具有一定的超越性，最好能够重塑一种价值观，引领市场。受此感召，我将自己对于龙头股和龙头股战法的一些心得整理成了如下内容。

一、缘起

我是一名律师，学习股票至今已经四年了。在最初三年里，我闭门造车，虽然勤学苦练，但收效甚微。最近一年，我跟着彭总和龙头战法圈子里的朋友系统地学习和实践，有了显著地进步。

这种进步，只是相对于过去的自己而言，如果在这个圈子里横向比较，竞争对手遍布全国，圈子里高手如云，我的水平不值一提。因此，我写下自己的心路历程，只是给其他人（尤其是与我的性格或经历或人生愿景类似的人）一个参照，使他们减少一些无谓的弯路，尤其避免南辕北辙的悲剧。

在这个世界上，不缺少勤奋的人。很多人缺少的，其实是人生方向。先找对方向，然后快马加鞭，你才能顺利到达目的地。如果你南辕北辙，无论如何快马加鞭，结局都是悲惨的。

股票这个圈子，毕竟还是太神秘了，至少在我最初进入这个圈子的时候，市场上并没有找到《股市极客思考录》这样干货满满的书籍，也没有找到彭总这样愿意分享的人。很多游资大佬虽然如雷贯耳，但他们的操盘细节几乎一点都没有公开过，他们的功名和操盘方法，对我的进步几乎没有任何实际意义。因此我一路走来历尽艰辛，走了很多弯路。

总之，希望本文能够给别人一些启发，让别人少走一点弯路，这就是本文的初衷。

二、关于天赋

在股市中，无论你如何努力，都要面对一个残酷的现实：80%甚至更多的参与者，只是给少数能盈利的参与者贡献盈利的。前述比例可能不够精确，但在股市里面持续稳定盈利的人凤毛麟角应该是显而易见的事实。因此，对于那些以失败告终的参与者，很多人认为他们缺少天赋。

根据我的观察，股市的确需要天赋，但这里的天赋与智商关系不大，因为你可以看到很多学历很低（比如高中毕业）的股市成功人士，他们的智商相对平庸，但仍然从小资金迅速做大成为大佬。股市需要的天赋主要指性格，在股市中，性格决定成败。

股市中需要的性格天赋，主要包括两方面：一个是持续的学习能力；一个是百折不挠的坚韧。这两种能力，不仅是股市需要的，也是任何行业成功者的必备要素，已故的“亚洲烟草大王”褚时健先生 75 岁时从零开始学习橙子种植并最终使“褚橙”品牌达到年度净利润过亿元的传奇经历，能够很好地说明这个问题。

股市，是一个没有硝烟的残酷战场，是一场马拉松式的竞赛，你的竞争对手只有昨天的自己，因此你需要不断超越和更新自己。无论你的学历、行业和起点是什么，在明师指点且你自己能够勤学苦练的情况下，也要至少给你自己三年时间。

“欲速则不达，财不入急门。”靠着一时狂热，是无法在股市获得成功的。正因为股市几乎没有门槛，所以成为高手的人更加凤毛麟角。只有那些具有持续学习意识、严格的自律精神而且能够数年如一日如痴如醉地去研究和实践股票的人，才有希望最终实现财富梦想。

在股市里，很多人经常以为自己顿悟了。所谓顿悟，只是一瞬间你明白了某个道理，但在“知道”和“做到”之间，相隔一个太平洋。你经常发现自己顿悟了，然后实际操作仍然一塌糊涂。因此，对于大家都在追求的“知行合一”，需要你在“知道”和“做到”两方面都有很深的造诣，股票是一个需要持续学习、反思和实践的领域，而且这种持续学习永无止境。

综上，那些具有持续学习和坚韧不拔性格特质的人，在名师指导、方向正确的前提下，成功是水到渠成的过程。反之，如果你缺少这种特质，在股市里面成功会非常艰难，在其他行业也是如此。

三、关于态度

有了性格天赋，还需要有专业态度。根据我的观察，股市里面存在两种人：一种是专业的，一种是不专业的。

我曾经观察和统计过我的同学中的高手群体，发现他们几乎都在股市中浸淫过多年。很多人曾经是证券分析师、私募基金经理、证券营业部高管等，或者不断主动找游资或实战高手学习、切磋，在股市里面曾经得到过相对系统和正规的训练。这个群体的人无论水平高低，都有基本的专业操守，例如重视复盘、看盘、资讯收集、持续学习等等，是这样的态度让他们逐渐职业化，部分人通过持续训练和学习，最后成为了高手，虽然淘汰率也很高，但这部分人中还是产生了较多的实战派高手。

另外一个群体，很多是在其他行业混得不如意的人，例如公务员、律师、医生、小老板等等。他们或者厌倦了人情世故，或者在原有行业赚不到钱，被迫转向股票谋求机会，但很多人仍然以原有行业为退路，没有破釜沉舟的勇气，对股票的投入和态度都不够专业化。对于半路出家的这个群体，最终走出来的难度极大，成材率更低，主要原因还是态度不够专业，导致投入的时间和精力不够，和上述职业股民的差距越来越大。

总之，专业和不专业的主要区别，在于态度和付出。一个淘股吧股神“退学炒股”的背后，是多少成长路上的眼泪和汗水。一般人只看到退学炒股的辉煌战绩，没有看到他破釜沉舟、背水一战的决绝拼搏精神以及付出的大量时间和精力。股市是残酷的战场，想要以此为生，就需要专业的态度和足够的付出，这和其他行业没有区别。

我有一句人生格言：尽人事，听天命。但是多数人（包括我在内）远远没有做到“尽人事”，你至少要努力到将你自己感动得痛哭流涕的程度，然后再谈听天由命，否则就只能成为股市里面的炮灰，以此与各位同学共勉。

四、关于圈子

在我成长的过程中，对我有决定意义的一步，就是我在 2018 年 6

月初终于摆脱了长达3年的闭门造车。当时，在我妻子的劝说和支持之下，因为长期闭门造车而郁郁不得志的我，最终决定打开心扉，认识更多做龙头战法的人，融入了彭总的龙头圈子。彭总以及这个圈子里面的高手，给我很多关键的启发，让我不断拓展自己的认知边界，并在加入这个圈子之后的一年时间里取得了明显的进步。因此，除了自己的刻苦努力以外，你还需要开放性的心态，不断向高手学习。

登高才能望远，平台决定你的视野。圈子，就是你的平台，你从圈子里面汲取营养，不断成长。彭先生和同学中的高手，是我很重视的一个圈子。作为一个有财富梦想、上有老下有小、负重前行的中年人，我一直很勤奋，积极自学、永不言弃。但直到我进入股票高手圈之后，才充分意识到自己的狭隘无知，以及这个圈子多么藏龙卧虎。

近朱者赤，近墨者黑，接近高手并学习高手，见贤思齐是任何一个行业里面超越平凡并达到卓越境界的必经之路，股票行业更是如此。无师自通的人凤毛麟角，早日找到你的股票高手圈，虚心向高手前辈学习请教，你才能有日新月异的变化。

五、关于操作系统

(一)操作系统的重要性

根据我的观察，市场参与者主要分为两类：有操作系统的人和没有操作系统的人。前者操作靠纪律，攻守都有章法，属于正规军；后者的操作靠荷尔蒙，靠心情和感觉，属于杂牌军。因此，一个成熟的操作系统，是稳定赢利的前提。

根据我自己的体会，操作系统是一个包括择时、择股、买入和卖出的闭环，任何一个环节都需要你自己独立思考。结合你学到的知识以及你自己的实际操作，反复揣摩和深入思考，最后将很多“知识”融入血液和潜意识的过程。

根据我的观察，在实践中，很多市场参与者并没有明确的操作系统，认知层面不够透彻和深刻，也影响了实践的效果。而且很多人缺少一套独立思考、总结、反思的系统，不断从各种市场公开信息（例如各种所谓大V、微信公众号、订阅的资讯等）里面寻找二手信息，替代自身的独立思考，每日看似忙忙碌碌，但收效甚微。

我在建立了自己的操作系统之后，已经删除了前述几乎所有的公开信息（仅保留了每天复盘需要的财联社、开盘啦等少数资讯类网站），我每天按照自己建立的独立操作系统去解读市场和参与市场。这一套独立的操作系统和电脑、手机使用的操作系统没有本质区别，是每个市场参与者最核心的财富。

（二）我自己“里程碑式的改进”

在我建立自己的操作系统过程中，我有一个“里程碑式的改进”，这个改进，就是我开始用表格方式系统地跟踪和统计我自己的每一笔实际操作，包括买入时间、买入股票、盈亏情况是否符合自己的操作系统等等。形成这个统计的习惯之后，我反复查看这个统计表格，寻找盈利和亏损操作的“共性规律”，进一步指导自己的实践，改进和完善自己的系统。

我会通过上述统计数据不断复习自己的愚蠢操作，从而尽量避免重复出现类似的失误。同时，不断复习让自己盈利的操作的共同特点，在潜意识中形成“正向的强化”。

另外，每一笔操作的具体盈亏金额，也让我扯掉了最后的遮羞布，不得不坦然面对自己的账户，因为无论你如何夸夸其谈，你的账户盈亏会让你回归冷静和理性，账户是最终的裁判。因此，这个表格是我直面自己的丑陋和光荣的一面石碑，上面记录着我前进的每一个脚印。

回首往事，在上面这个习惯养成之前，我发现自己是非常健忘的。那些亏损的操作（无论金额大小）并没有给我警醒，因为我会迅速遗忘那些愚蠢的操作，然后迅速开始新的愚蠢操作，而且很多愚蠢的操作都是重蹈覆辙。

通过上述不断的统计、根据统计结果进行改进和更新，我逐渐形成了自己的操作系统，而且我初步实现了自己的第一个梦想。在 2019 年春节的时候，当我回首 2018 年的操作，我突然发现自己几乎没有重仓买过任何一个龙头股（尤其是翻倍以上级别的大妖股），因此我当时给自己许下了一个梦想：将来能够重仓买到所有的龙头股。现在，我的统计表格中已经出现了几乎所有龙头股，多数都是重仓、有意识地买入，虽然具体的操作仍然有改进空间，但对于我自己而言，做到这一步，已经是非常显著的进步了。

知易行难，龙头战法其实人尽皆知，但多数人还是叶公好龙，当你实盘操作真正接近龙头战法的时候，才会明白实战和理论之间的巨大鸿沟。如果你想跨越这个鸿沟，通过表格形式不断统计、总结和反思自己的实际操作，是一个很好的习惯。

（三）你最大的敌人——意淫

意淫，或者股票圈里经常使用的“YY”（意淫的拼音缩写），是我看到的包括我在内的几乎所有股票操作者最为普遍的一种病。这种病与生俱来，而且很难根治。在大家总结操作失误的时候，经常把“意淫”列为主要原因，这也是你在建立操作系统过程中的最大敌人。

意淫，是一种主观臆想；与之相对的，是客观的操作纪律组成的操作系统。在桥水基金创始人瑞·达利欧写的那本风靡全球投资界的《原则》里面，其实已经写出了股票操作系统的精髓：首先，建立你自己的操作纪律（原则）；其次，执行你建立的操作纪律；然后，不断更新和改进你建立的操作纪律。操作纪律是客观的、刚性的，是每个人经过理性思考和千锤百炼得出的行业精髓，是经过历史案例统计和论证过的盈利方法，可以有效对抗每个人的主观“意淫”和临时拍脑袋决定的非理性操作。

总之，对于每个股票操作者来说，最重要的就是建立属于你自己的操作系统，早日成为正规军，摆脱靠荷尔蒙和心情操作的散兵游勇状态。

六、关于龙头战法

在股市中，龙头战法是一个主流方向。这个主流方向是谁定的？在杰西·利弗莫尔那两本著名的《股票作手回忆录》和《股票大作手操盘术》里面，已经有龙头战法的明确阐述：“追随领头羊，集中注意力研究当日行情最突出的那些股票。如果你不能从领头的活跃股票上赢得利润，也就不能在整个股票市场赢得利润……”，前面这段话，是被整个股票行业的从业人员公认的经典结论，几乎没有人反对这个结论。区别在于有的人做到了，因此逐步实现了梦想；有的人做不到，逐步陷入亏损的深渊。

在我自己学习并实践龙头战法期间，由浅入深对于“龙头股”有了深刻的体会，这种深刻体会，是建立在正反两方面的经验积累上面的：一方面，我逐步开始重仓操作市场上公认的龙头股并取得盈利；另一方面，我操作过很多非龙头股（可以称为跟风股或者杂毛股）并承受了巨大亏损。

一正一反，日积月累，我终于努力摆脱了非龙头股，拥抱龙头股。

这个过程非常艰难，因为我的头脑有太多杂质，性格中有太多弱点。即便在我自己对龙头战法有了明确的认知之后，很多时候我仍然会发现我的操作莫名其妙、鬼使神差。我仍然偶尔会买入非龙头股，仿佛我的大脑和我的手是两个不同的系统，我会有一些明知故犯的低级错误。很多时候，我按下买入键之后几秒钟之内，后悔就如洪水一般淹没了我。这就是我前面说的“知道和做到，相隔一个太平洋”，在我有能力分辨龙头股和非龙头股且能够制定明确的操作计划的前提下，我在实际操作中仍然会受到很多盘面干扰，违背自己的操作计划。

当我在盘后反复总结和反思并且与彭总和其他高手朋友沟通的时候，上述悔恨的感觉一次又一次洗刷我的身心，我经常会在内心恨铁不成钢地质问自己：怎么会买那种股？为什么会有那样白痴一样的操作？闲暇的时候，我会一遍又一遍重复这个过程，努力让自己记住曾经的愚蠢。

经过这样的千锤百炼之后，我对龙头股和非龙头股的“界限感”越来越清晰，这是重要的第一步。因为如果我们在复盘和操作中无法分辨两者的界限，说明我们仍然处于非常懵懂的阶段，距离你“摆脱非龙头股，拥抱龙头股”还有很长的路要走。

坦白地说，我目前仍然会买非龙头股，很多时候是莫名其妙、鬼使神差一般地买入非龙头股。但与过去显著不同的地方，在于我目前能够重仓买入市场公认的几乎所有龙头股。在我做到这一点之前，我曾经在进入股市的前三年里面，几乎没有重仓操作过一次龙头股。

如人饮水，冷暖自知。如果你有过和我类似的经历，应该能够感同身受，知道我上面所述的两种情况的巨大差异。

真正的裁判，是你的股票账户。在我努力做到上面这种境地的情况下，我的股票账户开始向上走了，在龙头股上面累计取得的盈利也变得可观。因此，在我目前这个阶段，我的主要任务仍然是“拔毛”——拔掉账户中的“杂毛股”，拔掉心里的“杂毛”，让心中充满正心正念（即能够让人赚钱的方法，对我来说就是龙头战法）。

七、关于择时

（一）概述

择时，是决定你盈利的最大因素，也是决定你亏损的最大因素，因此，其重要性排在你操作系统的第一位。

几年前，我从一个朋友的微信公众号看到一句话：择时＞择股＞买卖点。一路走来，当我走到目前的阶段，我才终于发现了这句话的深意。因为我目前最大的问题不是攻击力，而是防守力，而防守的功力，主要体现在对“择时”的理解上面。

虽有智慧，不如乘势；虽有镃基，不如待时。股票的全部精髓，就体现在“时”与“势”上面，审时度势，伺机而动。

以我自己 2019 年 6 月的实际操作为例，我在中简科技上面全仓取得了 30％的盈利，在银河磁体上面全仓取得了 20％的盈利，在铭普光磁上面全仓取得了 10％的盈利。我的前述几笔盈利，是择时和择股正确的结果。其中择时最为关键，重仓买入的时候，或者能够借助大盘的势（比如中简科技买入当日出现的中美贸易战缓和新闻），或者能够借助题材和板块的势（比如银河磁体买入当日出现的稀土涨价的消息面刺激）。因此，这两笔操作都是顺势而为，这两笔操作贡献的全仓盈利 50％，只是市场对于“顺势而为”的一种奖励而已。

我在 6 月份出现了 3 次较大失误，这 3 次亏损，除了“择时”的因素以外，都存在选股方面的偏差，但择时不慎是这 3 次亏损的共同原因，而且加大了我的亏损。在市场赚钱效应良好的时候，你的失误可能不会导致暴亏（单笔10%以上的亏损），但市场亏钱效应很强的时候，你的失误很容易导致暴亏（2天亏损30%不是梦，参考2019年6月日丰股份和蔚蓝生物见顶当日和次日的走势）。

（二）我亏钱的主要时间段

做股票，统计是非常有必要的，因为股票就是概率游戏。经过统计，我发现我亏钱的主要时间段，在努力掌握这个规律，我目前仍然会在这个时间段里面亏损。以2019年6月为例，我全部的3次亏损都发生在前述时间段，这绝不是巧合。这个统计结果表明：只要你敢挑战规律，规律就能碾压你、蹂躏你，让你头破血流、灰头土脸。

对于“阶段性龙头股”，根据牛熊氛围不同，这个标准是在变化的。例如2019年3月的阶段性龙头股和2019年6月的阶段性龙头股，肯定是完全不同的。从我2019年6月份的3次亏损来看，分别发生在阶段性龙头股金力永磁见顶当日、阶段性龙头股欣天科技见顶以后第3个交易日（含见顶当日）、阶段性龙头股电魂网络见顶以后第4个交易日（含见顶当日）。

想必很多人都研究过淘股吧实战派高手“退学炒股”和“林疯狂”的交割单，他们的交割单有个共同特点：赚多亏少，极少出现重仓单笔10%以上的暴亏。这些几万元小资金做到上千万的高手（包括淘股吧的若荼、榜中榜等人，都有交割单和实盘验证，属于公认的高手），基本都是全仓一股进出，他们做大的本质原因，除了攻击力强以外，最重要的原因就是前述那一点：极少出现暴亏的操作。这说明了一个问题：他们的盈利模式和操作系统是相对成熟的，攻守兼备稳步复利。正因为如此，我建议大家反复研究自己交割单里面重仓暴亏10%以上的操作，这样的操作只要出现一笔，足以说明你可能还没有入门，或者你的操作系统存在巨大的缺陷,因为你的操作只是你的操作系统的外在表现而已,你一定要通过暴亏的操作总结出本质规律,进而完善你的操作系统,否则你的血汗钱就白亏了,而且下次你一定还会在同样的原因上面暴亏。

(三)我赚钱的主要时间段

前段时间我看到一位高手的一句话,让我印象深刻。他说:"一般情况下,当傻瓜都能赚钱的时候,我才会选择重仓出击。"其实,经过统计,当傻瓜都能赚钱的时候,也是我自己赚钱的主要时间段。这个时候拼的是仓位配置、选股的理解力和操作系统的成熟程度,如果你的水平还不错,你在这个时间段里面一定比傻瓜赚得多。同时,因为傻瓜都能赚钱,你如果稍微精明一些,你亏钱也是很困难的。

如何判断"傻瓜都能赚钱的时候"呢?以 2019 年 6 月份为例,当欣天科技第 5 板巨单封死一字板的时候,虽然当时没有刺激大盘的消息面变化,但一般人看到这个信号都应该知道行情来了,又有几天可以赚钱了。当电魂网络第 6 板巨单封死一字板的时候,是因为市场当天出现了贸易战缓和的明确利好,一般人也应该知道行情来了,又有几天可以赚钱了。对于短线选手而言,行情变暖其实是可以感知的。这种否极泰来的时候,就是你重仓出击的时候,概括起来就是六个字:顺周期,买龙头。

但是知易行难,实战中远没有上述这样简单。对于赚钱效应和亏钱效应的判断,是一门极其重要而且具有一定难度的功课,上述只是列举两个显而易见的例子而已。

(四)关于空仓

空仓,是择时的重要组成部分,也是防守体系的关键要素。

空仓这项技术,是普通散户成为高手的必经之路,而且这个环节的淘汰率极高，因为能够做到的人极少。当你扪心自问并持续观察你周围的散户日常操作的时候，你估计不会反对这个观点。

仍然以2019年6月我的实际操作为例，我在这个月对空仓的理解和执行有了新的变化，体现在两个方面：首先，我将空仓和自己的操作系统结合起来，让空仓成为交易系统的一部分；其次，我通过有效的制度设计逐步实现了有意识空仓，最后整个月下来，我的操作频率比之前大为降低。

从操作系统角度来说，我的操作系统是龙头战法，而且是讲究纯粹的龙头战法，纯粹到我要求自己的交割单里面不能出现一笔非龙头股。在这种情况下，如果我当日复盘没有发现龙头股，那么我当日就做好了次日直接关掉软件空仓的准备。

上述理念背后的深层次原因，是因为你每天早盘要操作的龙头股，其实应该是你昨天复盘时选好的龙头股。那些盘中临时选择的所谓龙头股，可靠性极差，多数都是你意淫的龙头股。

如果当日出现新的题材和板块，你顶多错失一个涨停板，而且对于新题材的第一个涨停板，其实你很难分辨哪个是龙头股，不如让龙头股自己多走几步，通过板块内部的充分竞争之后，由资金和市场自然遴选出一个大众情人一样的龙头股。这个理论基础，是我自己空仓的依据，如果你在深层次的理解力层面无法接纳空仓，实际操作中也很难做到空仓。

空仓还有一个深层次的原因，就是要让深刻的你占主导地位：每个人都有两个系统，一个是深刻的你，一个是肤浅的你。当你每天收盘后静下来深思熟虑反复推敲的时候，是深刻的你在工作；当你每天开盘后盯盘超过30分钟、专注力开始涣散的时候，肤浅的你开始工作。如果你不能有效制止肤浅的你，肤浅的你能够让你亏到怀疑人生……

当肤浅的你在盯盘时头脑发热，临盘意淫一些股票并胡乱操作一通的时候，你仿佛失去了控制。直到木已成舟亏损不可避免的时候，深刻的你终于跳出来，指着肤浅的你，恨铁不成钢地大骂："你怎么能有那么傻瓜的、莫名其妙、鬼使神差的操作啊……"，对于股市的参与者来说，本质上是肤浅的你和深刻的你在不断地进行斗争。

对于空仓，我是从功利角度看待的，因为我终于意识到空仓能够提升我的盈利能力，能够让我超越市场上绝大多数竞争对手，而且经过研究，很多顶级高手的心路历程，我越发认识到了空仓的必要性。因此，我是将空仓作为一项技术来进行专门训练的。

对于小资金，空仓——全仓龙头——空仓，是做大的最好模式，淘股吧很多实盘赛高手已经证明了这一点。但即便是对于本金只有几万元的散户而言，做好这一点也是极难的，因为这种模式需要具备几个前提条件：(1)能够选准龙头，否则全仓买到杂毛会导致暴亏；(2)需要盈利模式足够成熟，择时、择股和买点需要尽量无懈可击而且经过你自己的反复锤炼，全仓一股出击时能够坚决果断；(3)对于空仓和情绪周期的理解和实践，需要经过刻意地训练，这是淘汰率最高的环节，至少能够刷掉80%的市场参与者。但正因为如此，从这个环节走出来并能控制回撤稳定复利的人们，将收到市场给予的丰厚馈赠。

根据我的观察，股市中最难的部分，就是对于空仓和情绪周期的理解，都属于"择时"的范畴，如果解决了择时和择股，小资金是可以在1～2年之内完成蜕变的。人类都是趋利避害的，因为我认识到了这一点潜在的巨大价值，所以我有意识地训练自己对于空仓和情绪周期的掌握。全仓龙头代表进攻，空仓代表防守，做到这两点，就是攻守兼备的小资金，进阶指日可待。

例如，我在2019年6月的操作次数比2019年5月的操作次数降低了 50%，盈利能力也得到了显著提升，因此我已经开始从有意识的空仓训练中受益了。尝到甜头之后，我会结合自己对于择时的理解进一步强化空仓技术。

关于空仓这个话题，2019 年 6 月份我在郑州彭总组织的龙头会议上交流学习时，一位 1993 年入市的股市骨灰级老大哥跟我说过一句话，让我印象深刻，作为空仓这个话题的结语：别迷信什么股神，如果你能控制回撤，你也是股神！

八、关于择股

关于择股，显然是要选择“领头羊”，也就是龙头股。龙头股背后一般都有跟风小弟，共同形成一个板块，板块效应也是龙头战法最核心的观察指标和选股标准，我每天复盘的主要任务，就是选择当日“最强板块的龙头股”。

关于何谓最强板块，可以从板块涨停个数、板块持续时间等方面界定，通过与其他板块的比较进行选择。选择好当日的“最强板块龙头”之后，次日集合竞价还要观察该板块的开盘情况。如果板块总体开盘情况良好(比如多数高开，大幅低开者很少)，则可以买入前日选出的最强板块龙头；反之，则可以放弃买入。

对于板块而言，由于单只股票的容量有限，因此，在市场出现某个题材和板块的时候，市场上的大资金一般会集体介入某个板块的多只个股，然后通过树立该板块的标杆个股(即该板块的龙头股)的赚钱效应，从板块其他个股上面通过“比价”等方式同时获利。因此，龙头股往往是所有板块参与者需要共同维护的一面旗帜，一旦这面旗帜倒下了，板块其他跟风个股的出货会变得艰难，这也是板块龙头股最为安全的主要原因。

选股是操作系统排名第二的要素，选错了股票，就是输在了起点。至于如何选择板块龙头股，反而是一个比较简单的问题，一般情况下，最高最强者就是板块龙头股。

如果你的技术分析能力较差，可以等待“傻瓜都能分辨出来的龙头股”(比如整个板块有 10 只涨停股票，其中一只股票是 2 连板或 3 连板，其他都是第 1 板)。如果傻瓜都能分辨出某只股票是板块龙头，说明市场对于该股的整体认同度非常高，而且没有板块竞争对手争夺龙头的情况，根据我的经验，越是这种情况，越是大赚的时候。反之，如果只有你自己觉得某只股票是板块龙头，或者你在选择某只板块龙头时非常纠结，在板块内多只股票之间犹豫不决，那么这种情况下非常容易选错龙头。不如等板块内多只股票充分竞争之后，等待市场遴选的大众情人一般的真龙出现。

总之，选择最强板块龙头是关键因素，但并不是很有难度的一环，根据我的观察，很多人都能轻易选出龙头股，但总是飞蛾扑火一般地扑向龙头股的跟风小弟，所以选择龙头股很多时候不是技术问题，是信仰问题。只有你多次在龙头股上面吃到大肉，同时多次在跟风股上面吃到大面，如此千锤百炼和反思总结之后，你才能拥抱龙头股远离跟风股。

九、关于买点

2019 年 7 月初，有一只股票让我非常震撼，直接影响了我的防守体系的完善，这只股票就是泰晶科技。我的一个好兄弟在第 6 板买入泰晶科技，最终在这只股票上面亏损过百万，教训深刻。

最重要的是，泰晶科技第 6 板其实也是我之前操作系统的买点，我当天竞价全仓买入星云股份，侥幸逃过一劫。但在之后的较长时间里，我一直在围绕泰晶科技这个案例反复总结背后的规律，并收集同类案例，完善我自己的防守体系。

泰晶科技第 5 板时，是新周期启动当日（因为 G20 峰会上中美重新开启贸易战谈判且美国对华为解禁），而且由于美国对华为解禁直接利好华为，因此当日出现了全场最强板块——华为概念板块。泰晶科技就是华为概念板块的龙头股，同时也是全场最高的“空间板”，由于之前的小周期里面出现了欣天科技的 8 连板和电魂网络的 8 连板，因此，对比之下，泰晶科技第 6 板属于我的目标股买点。因为该股当日开盘时封单过大，我后来放弃了该股。基于前述原因，在泰晶科技第 6 板买入并遭遇将近 40％暴亏的龙头战法信徒也不在少数。

后来，经过统计和总结，我把 2019 年 6 月和 7 月出现的宝德股份、中原环保、泰晶科技等类型的股票，统称为“龙头股中的垃圾股”，并且作为危险的一类股票有意识回避。因为这类股票存在龙头股属性，因此很容易吸引龙头战法信徒重仓买入，如果你遇到泰晶科技第 6 板重仓买入亏损将近 40％这种风险，可能会给你造成毁灭性的打击。最终，我通过对历史龙头股走势的统计，改善了龙头股的买点，并且将日线结构中存在两个以上一字板的股票作为“一票否决”的条件。

此外，根据我对历史牛股的统计，一旦一只股票在最需要换手打地基阶段的底部 4 板中出现了两个以上一字板（或者换手不充分的秒板及 T 板），该只股票就丧失了博弈价值，买入风险很大。

换手决定高度，因此换手的充分程度，既是进攻的重要参考标准，也是防守（过滤垃圾股）的重要参考标准。即便是龙头股，最好在充分换手的日线结构下再考虑买入。其中的机会和风险，大家可以从历史龙头股以及你的实际操作中寻找答案，我有很多暴亏的操作，都是因为在选股层面对于“换手”的理解出现了问题。这是我目前仍然非常重视并反复总结研究的一个课题。

总之，如果你从充分换手的角度入手，很容易找到龙头股的买点，在龙头股充分换手之后再进场接力，也是很多民间高手恪守的标准。

关于这个问题的实战意义，可以参考我在 2019 年 7 月 4 日星期四的一个实战案例——汉宇集团。由于该股的最强板块(垃圾分类板块)龙头属性及市场最高连板等特征，这只股票在当日早盘吸引了很多市场资金的目光。我根据上述换手规律(该股连续 4 个涨停板换手都不充分)，开盘就坚决否定了汉宇集团这只股票，不但坚决不买入，而且预判到了这只股票当日会炸板见顶并且对全场造成亏钱效应的影响。结合对于周期和情绪的理解，最终我当日 0 仓位，保持了空仓的防守状态。

十、关于仓位配置

对于一个完整的操作系统而言，仓位是最核心的要素之一。仓位配置和资金量大小密切相关，大资金需要考虑流动性，仓位配置要求很高；小资金在不考虑流动性的情况下，如果想要做大，其实只有一个选择：重仓龙头股，而且能够在顺周期持股吃到主升浪。

每个人都需要独立建立自己的操作系统，包括择时、择股、买点、卖点。每个环节都需要内在融会贯通形成闭环，而且只有操作系统足够成熟的情况下，才适合全仓一股进出(主要指小资金)。

淘股吧有实盘验证的小资金(起步时的本金是几万、十几万，最多几十万)做到上千万的实战派高手里面，例如独股一箭、若荼、榜中榜、林疯狂、退学炒股、淡淡烟火等等，无一例外都是全仓一股进出，因此，对于小资金而言，这几乎是唯一能够做大的途径。

在上面这些高手资金做到几百万的阶段，他们多数人仍然是全仓一股进出，因为几百万遇到的流动性困扰其实也不大，最典型的是退学炒股，2019 年 2 月 12 日至 4 月 22 日，在短短 2 个半月中，他将资金从 300 万元做到了 1 000 万元，作为起步资金不足 5 万元，曾经生活拮据，举步维艰的小资金，退学炒股通过这次千万一战成为淘股吧第一励志股神。在这个过程中，他在 500 万元以下的阶段基本也是全仓一股进出（后来因资金变大主动分仓）。

上述高手能够几百万全仓一股进出，是因为他们从小资金起步阶段就是这种模式，这个模式是他们能够迅速做大的根本。但一般的小资金想要模仿他们这种仓位配置，需要择时、择股两个方面都做到非常成熟，否则，你可能成为淘股吧另外一个知名人物——×××（一个多次爆仓的名人），同样是全仓一股模式，他经常上演短时间内资金腰斩的亏损奇迹。

根据我自己全仓一股进出的心得，这是一个小资金值得努力追求的方向，是小资金对自己的最高要求。当你做对的时候，你能够一次性全仓盈利 30％甚至更高，资金使用效率达到了极致。当你做错的时候，亏损也会非常可观，但亏损的操作一定是择时和择股出现了重大偏差，因此要珍惜你每一笔暴亏的单子。我在建立操作系统的过程中，给我最大启发的就是让我暴亏的单子。每一笔暴亏几乎都意味着你的操作系统存在巨大缺陷，如果能够通过反思进行查漏补缺，你的操作系统将得到升级。可以说，暴亏的单子让我不得不冷静和谦虚，也让我受益最多。

十一、结语

龙头股战法，自利弗莫尔时代开始，已经有百年以上的历史考验，历久弥新。择时和择股，是龙头股战法最核心的两个要素，每个人都应该围绕这两个要素去建立自己的操作系统。

此外，换手是龙头股的命脉，也决定龙头股的高度。股票本质还是击鼓传花的换手游戏，没有充分换手的股票，如同地基不牢的高楼，随时可能坍塌。因此，对于换手的理解，也是龙头股攻守两方面的核心要素。总之，龙头股战法是让小资金脱贫致富的主流模式，值得有心人去研究和实践。

注：本文作者系北京曹律师，曹律师勤于思考总结，对龙头战法有自己独特的认识。特别是经过几年的探索，龙头股战法越来越纯粹。

参考文献

[1]彭道富. 股市极客思考录(升级版)[M]. 深圳:海天出版社,2017.

[2]彭道富. 龙头信仰——股票投资深处逻辑的破执与取舍[M]. 北京:中信出版集团,2019.

[3]威廉·欧奈尔. 笑傲股市[M]. 北京:机械工业版社,2015.

[4]江南,钮怿. 沃伦·巴菲特管理日志[M]. 杭州:浙江大学出版社,2013.

[5]邱国鹭. 投资中最简单的事[M]. 北京:中国人民大学出版社,2014.

[6]但斌. 时间的玫瑰——但斌投资札记[M]. 北京:中信出版集团,2018.

[7]南怀瑾. 金刚经说什么[M]. 上海:复旦大学出版社,2016.

[8]吴清源著,王亦青译. 中的精神:吴清源自传[M]. 北京:中信出版集团,2016.

[9]李昌镐著,许丽译. 不得贪胜[M]. 北京:化学出版社,2012.

[10]聂卫平,王端阳. 聂卫平围棋人生[M]. 北京:文化艺术出版社,2011.

[11]梦入神机. 龙蛇演义[M]. 南京:译林出版社,2012.

[12]林慧光. 中医九大经典[M]. 北京:中国中医药出版社,2012.

[13]熊逸. 王阳明:一切心法[M]. 北京:北京联合出版公司,2018.

[14]李零. 兵以诈立:我读《孙子》[M]. 北京:中华书局,2006.

[15]百度百科. http://baike.baidu.com/view/24364.htm.